Filosofia antiga

ANTHONY KENNY

UMA NOVA HISTÓRIA
DA FILOSOFIA OCIDENTAL

volume I

FILOSOFIA ANTIGA

Tradução
Carlos Alberto Bárbaro

Revisão Técnica
Marcelo Perine

Título original:
A New History of Western Philosophy
Volume I: Ancient Philosophy
© Sir Anthony Kenny 2004
ISBN 0-19-875273-3

A New History of Western Philosophy. Volume I: Ancient Philosophy was originally published in English in 2004. This translation is published by arrangements with Oxford University Press. For sale in Brazil only.

A New History of Western Philosophy. Volume I: Ancient Philosophy foi originalmente publicada em inglês em 2004. Esta tradução é publicada de acordo com a Oxford University Press. Para venda somente no Brasil.

Preparação: Maurício B. Leal
Capa: Viviane Bueno Jeronimo
Diagramação: Ronaldo Hideo Inoue
Revisão: Maria de Fátima Cavallaro

Edições Loyola Jesuítas
Rua 1822, 341 – Ipiranga
04216-000 São Paulo, SP
T 55 11 3385 8500/8501 • 2063 4275
editorial@loyola.com.br
vendas@loyola.com.br
www.loyola.com.br

Todos os direitos reservados. Nenhuma parte desta obra pode ser reproduzida ou transmitida por qualquer forma e/ou quaisquer meios (eletrônico ou mecânico, incluindo fotocópia e gravação) ou arquivada em qualquer sistema ou banco de dados sem permissão escrita da Editora.

ISBN 978-85-15-03526-7
2ª edição: 2011
© EDIÇÕES LOYOLA, São Paulo, Brasil, 2008

Sumário

Introdução 13

1

Origens: de Pitágoras a Platão 25

As quatro causas 25
Os milésios 28
Os pitagóricos 33
Xenófanes 35
Heráclito 37
Parmênides e os eleatas 41
Empédocles 45
Anaxágoras 50
Os atomistas 52
Os sofistas 54
Sócrates 58
O Sócrates de Xenofonte 61
O Sócrates de Platão 63
A filosofia de fato de Sócrates 68
De Sócrates a Platão 71
A teoria das Ideias 75

A *República* de Platão   83
As *Leis* e o *Timeu*   87

2

Escolas de pensamento: de Aristóteles a Agostinho   93

Aristóteles na Academia   93
Aristóteles, o biólogo   97
O Liceu e seu programa   102
Retórica e poesia segundo Aristóteles   104
Os tratados éticos de Aristóteles   109
A teoria política de Aristóteles   111
A cosmologia aristotélica   117
O legado de Aristóteles e Platão   120
A escola aristotélica   122
Epicuro   124
O estoicismo   127
O ceticismo na Academia   130
Lucrécio   131
Cícero   134
Judaísmo e cristandade   135
A Stoa imperial   137
A primeira filosofia cristã   142
O renascimento do platonismo e do aristotelismo   143
Plotino e Agostinho   144

3

Como argumentar: a lógica   147

A silogística aristotélica   148
O *Sobre a interpretação* e as *Categorias*   154
Aristóteles sobre tempo e modalidade   161
A lógica estoica   168

4

O conhecimento e seus limites: a epistemologia   179

A epistemologia pré-socrática   179
Sócrates, conhecimento e ignorância   182
O conhecimento no *Teeteto*   186

Conhecimento e ideias 191
Aristóteles sobre ciência e ilusão 195
A epistemologia epicurista 201
A epistemologia estoica 204
O ceticismo da Academia 208
O ceticismo pirrônico 211

5

Como as coisas acontecem: a física 215

O *continuum* 216
Aristóteles sobre o lugar 219
Aristóteles sobre o movimento 221
Aristóteles sobre o tempo 224
Aristóteles sobre a causa e a mudança 227
A opinião dos estoicos sobre a causalidade 230
Causação e determinação 232
Determinismo e liberdade 234

6

O que existe: a metafísica 237

A ontologia de Parmênides 238
As Ideias de Platão e os problemas por elas apresentados 243
As formas aristotélicas 255
Essência e quididade 257
Ser e existência 262

7

Alma e mente 269

A metempsicose pitagórica 269
Percepção e pensamento 273
A imortalidade no *Fédon* de Platão 274
A anatomia da alma 278
Platão e a percepção sensorial 281
A psicologia filosófica de Aristóteles 282
A filosofia helenística da mente 289
Vontade, mente e alma na Antiguidade tardia 292

8

Como viver: a ética   299

Demócrito, o moralista   299
Sócrates e a virtude   302
Platão sobre a justiça e o prazer   306
Aristóteles e a *eudaimonia*   308
Aristóteles sobre a moral e a virtude intelectual   311
Prazer e felicidade   317
O hedonismo de Epicuro   320
A ética estoica   323

9

Deus   333

A teologia natural de Xenófanes   333
Sócrates e Platão sobre a fé   335
A teologia em evolução de Platão   337
Os moventes imóveis de Aristóteles   341
Os deuses de Epicuro e dos estoicos   347
Sobre a adivinhação e a astrologia   353
A Trindade de Plotino   356

Cronologia   363
Abreviações e convenções   365
Referências bibliográficas   369
Ilustrações   379
Índice remissivo   383

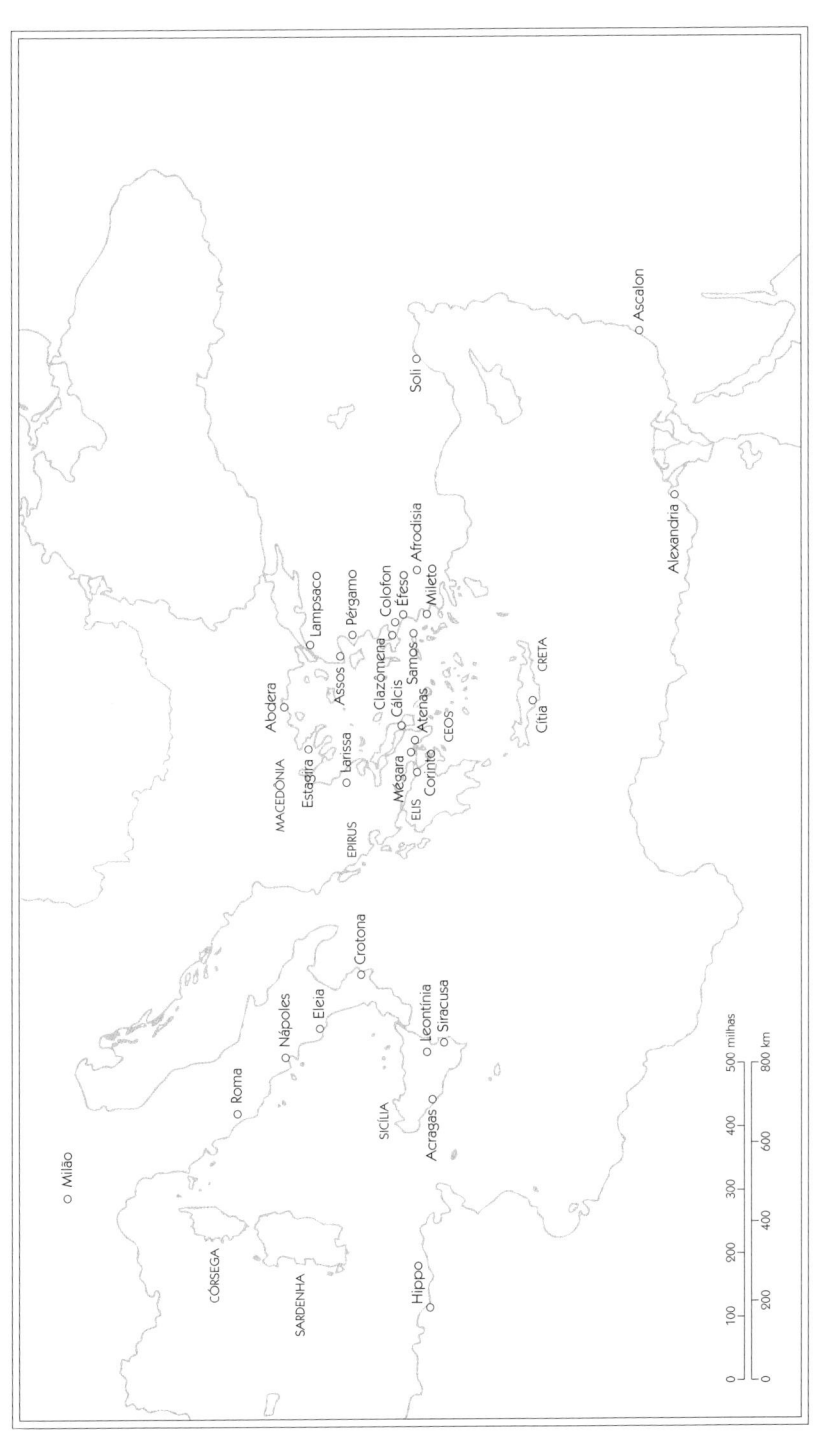

Introdução

Por que alguém deveria estudar a história da filosofia? Há muitas razões, mas todas convergem para dois grupos: filosóficas e históricas. Podemos estudar os grandes filósofos mortos com a finalidade de jogar luz sobre os temas de investigação filosófica do presente. Ou, antes, podemos acalentar o desejo de compreender os povos e sociedades do passado, lendo sua filosofia para apreender o ambiente conceitual em que pensaram e agiram. Podemos ler os filósofos de outras eras em busca de auxílio para a análise de problemas filosóficos de permanente importância, ou para penetrar de forma mais completa no mundo intelectual de uma época que findou.

Nesta história da filosofia, das origens ao presente, espero desenvolver esses dois objetivos, mas de modos diversos e em diferentes partes da obra, como tentarei deixar claro nesta Introdução. Mas antes de delinear uma estratégia para escrever a história da filosofia deve-se parar para refletir sobre a natureza da filosofia em si. A palavra "filosofia" significa diferentes coisas em diferentes oradores, e, de modo correlato, "a história da filosofia" pode ser interpretada de diversos modos. O que ela significa depende do que determinado historiador considera essencial para a filosofia.

Isso se aplica a Aristóteles, que foi o primeiro historiador da filosofia, e a Hegel, que esperava ser o último, já que julgava estar conduzindo a filosofia à perfeição. Os dois possuíam diferentes visões a respeito da natureza da filosofia, no entanto partilhavam a mesma concepção de progresso filosófico, a saber, que no curso da história os problemas filosóficos tornam-se mais claramente definidos, podendo ser respondidos cada vez com maior exatidão. Tanto o Aristóteles do primeiro livro da *Metafísica* como o Hegel das *Preleções sobre a história da filosofia* encaravam os ensinamentos dos primeiros filósofos que eles mencionam como estágios na direção de uma visão que a cada um deles caberia expor.

Somente um pensador provido de suprema confiança em si como filósofo poderia escrever sua história de tal maneira. A tentação para a maioria dos historiadores da filosofia é encarar a filosofia não como algo que culmine em suas próprias obras, mas, em vez disso, como um progresso gradativo no rumo de qualquer que seja o sistema filosófico que esteja na moda na ocasião. Deve-se no entanto resistir a tal tentação. Não existe força que assegure o progresso filosófico em qualquer direção programada.

Na verdade, pode-se mesmo argumentar se a filosofia progride afinal. Alguns afirmam que os maiores problemas filosóficos continuam a ser debatidos após séculos de discussão, sem que estejam sequer próximos de qualquer solução definitiva. No século XX, o filósofo Ludwig Wittgenstein escreveu:

> Ouve-se sempre alguém afirmar que a filosofia não evoluiu e que ainda hoje estamos às voltas com os mesmos problemas que já preocupavam os gregos. Mas os que fazem essa afirmação não compreendem o porquê de ser assim. A razão é que nossa linguagem permaneceu a mesma e sempre nos apresenta as mesmas questões. [...] Leio que "filósofos não estão mais próximos do sentido da 'realidade' do que esteve Platão". Que coisa extraordinária! Quão notável que Platão pudesse ter progredido tanto! Ou que não tivéssemos sido capazes de ir além! Será isso porque Platão fosse *tão* mais esperto? (MS 213/424)

A diferença entre aquilo que poderíamos denominar a posição aristotélica e a posição wittgensteiniana quanto ao progresso em filosofia está relacionada a duas diferentes visões da filosofia em si. A filosofia pode ser encarada tanto como uma ciência quanto como uma arte. A filosofia é, de fato, singularmente difícil de classificar, assemelhando-se tanto às artes quanto às ciências.

A filosofia parece ser uma ciência porque o filósofo está em busca da verdade. Aparentemente são feitas descobertas na filosofia, e o filósofo, à semelhança do cientista, partilha a excitação de pertencer a uma contínua, cooperativa e cumulativa empreitada intelectual. Se é assim, o filósofo precisa estar familiarizado com os escritos atuais e a par das discussões mais elevadas. De acordo com essa visão, nós, filósofos do século XXI, temos uma vantagem sobre os praticantes anteriores da disciplina. Apoiamo-nos, sem dúvida, nos ombros de outros e grandes filósofos, mas situamo-nos acima deles. Nós aposentamos Platão e Kant.

Nas artes, porém, as obras clássicas não ficam datadas. Se quisermos aprender física ou química, e não a história dessas disciplinas, não leremos hoje nem Newton nem Faraday. Mas, ao lermos as obras de Homero e Shakespeare, o fazemos não apenas para aprender algo sobre as coisas singulares que passavam pela cabeça das pessoas nos distantes dias há muito passados. O mesmo, pode-se bem argumentar, é verdadeiro quanto à filosofia. Não é meramente com o espírito de uma curiosidade de antiquário que lemos Aristóteles hoje em dia. A filosofia é essencialmente o trabalho do gênio individual, e Kant não supera Platão mais do que Shakespeare supera Homero.

Há verdade em cada uma dessas explicações, mas nenhuma delas é totalmente verdadeira ou apresenta toda a verdade. A filosofia não é uma ciência, e não há ponto de culminância nela. A filosofia não é uma questão de expandir o conhecimento, de aquisição de novas verdades sobre o mundo. O filósofo não se encontra em posse de informações que são negadas a outros. A filosofia não trata do conhecimento, mas do entendimento, vale dizer, de organizar o que se conhece. Mas por ser a filosofia tão abrangente, tão universalista em seu campo, a organização do conhecimento que ela exige é tão difícil que somente gênios podem realizá-la. Para aqueles de nós que não são gênios, o único modo pelo qual podemos esperar chegar a lidar com a filosofia é aproximando-nos da mente de algum grande filósofo do passado.

Embora a filosofia não seja uma ciência, ela partilhou uma íntima relação com as ciências por toda a sua história. Muitas disciplinas que faziam parte da filosofia na Antiguidade ou na Idade Média tornaram-se desde então ciências independentes. Uma disciplina permanece filosófica enquanto seus conceitos permanecem não esclarecidos e seus métodos controversos. Talvez nenhum conceito científico seja na verdade totalmente esclarecido e não haja métodos científicos que sejam de fato totalmente livres de controvérsia: se é assim, há sempre um elemento filosófico que permanece em toda ciência. Mas, uma vez que os problemas podem ser postos de forma não-problemática, no momento em que os conceitos são universalmente padronizados, e quando um consenso resulta como uma metodologia de solução, então temos uma ciência estabelecendo-se de forma independente, em vez de um ramo da filosofia.

A filosofia, denominada em certa ocasião "rainha das ciências", e também sua "aia", talvez seja mais bem pensada como o útero, ou a parteira, das ciências. Mas a verdade é que as ciências procedem da filosofia não tanto como de um parto, mas como resultado de uma fissão. Dois exemplos, entre muitos outros, podem ajudar a ilustrar isso.

No século XVII, os filósofos muito se ocuparam em pensar o problema sobre quais de nossas ideias seriam inatas e quais seriam adquiridas. Esse problema se dividia em dois, um psicológico ("O que devemos à hereditariedade e o que devemos ao ambiente?"), outro pertencente à teoria do conhecimento ("Quanto de nosso conhecimento depende da experiência e quanto independe dela?"). A primeira questão foi repassada à psicologia científica. A segunda permaneceu filosófica, mas dividiu-se em várias questões, uma das quais foi: "É a matemática uma mera extensão da lógica, ou é ela um corpo de verdades independente?". À questão sobre se a matemática poderia ser derivada da lógica pura foi dada uma resposta precisa pelo trabalho dos lógicos e matemáticos do século XX. A resposta foi matemática, não filosófica. Assim, temos aqui uma primeira, e confusa, questão filosófica, a qual se ramificou em duas direções — rumo à psicologia e rumo à matemática, restando na interseção um resíduo filosófico a ser esmiuçado, relativo à natureza das proposições matemáticas.

Um exemplo antigo é ainda mais complicado. Um ramo da filosofia ao qual Aristóteles concedeu lugar de honra é a "teologia". Ao lermos nos dias de hoje o que ele dizia, a disciplina parece ser uma mistura de astronomia e filosofia da religião. Cristãos e muçulmanos aristotélicos adicionaram a ela elementos retirados dos ensinamentos de seus respectivos livros sagrados. Foi quando Tomás de Aquino, no século XIII, estabeleceu uma aguda distinção entre teologia natural e teologia revelada que teve lugar a primeira importante fissão, removendo da agenda filosófica os apelos à revelação. Levou mais tempo para que a astrologia e a teologia natural se separassem uma da outra. Este exemplo demonstra que aquilo que pode ser expelido da filosofia não precisa necessariamente ser uma ciência, mas pode ser uma disciplina das humanidades, como os estudos bíblicos. Além disso, mostra que a história da filosofia contém exemplos tanto de fusão como de fissão.

A filosofia assemelha-se às artes por relacionar-se de forma significativa a um cânone. Um filósofo situa os problemas a ser abordados relativamente a uma série de textos clássicos. Por não possuir nenhum tipo de assunto específico, mas tão somente métodos característicos, a filosofia é definida como uma disciplina a partir das atividades de seus grandes praticantes. As primeiras pessoas a quem reconhecemos como filósofos, os pré-socráticos, foram também cientistas, e muitos deles também foram líderes religiosos. Eles ainda não pensavam em si mesmos como pertencendo a uma mesma profissão, a qual nós, filósofos do século XXI, professamos continuar. Foi Platão, em seus escritos, o primeiro a fazer uso da palavra "filosofia" em um sentido aproximado de nosso uso moderno. Aqueles de nós que hoje nos autodenominamos filósofos podemos de forma legítima afirmar ser os herdeiros de Platão e Aristóteles. Mas somos apenas uma pequena subdivisão de seus herdeiros. O que nos distingue dos outros herdeiros dos grandes gregos, e nos faz merecedores de herdar seu nome, é que, à diferença dos físicos, dos astrônomos, dos médicos e dos linguistas, nós filósofos perseguimos as metas de Platão e Aristóteles utilizando-nos apenas dos mesmos métodos que já se encontravam à disposição deles.

Se a filosofia situa-se em algum lugar entre as ciências e as artes, qual é a resposta à pergunta "Há progresso na filosofia?".

Há os que pensam que a maior tarefa da filosofia é curar-nos da confusão intelectual. Segundo esse modesto ponto de vista sobre o papel do filósofo, os objetivos a ser abordados diferem ao longo da história, uma vez que cada período precisa de uma diferente forma de terapia. Os nós em que a mente indisciplinada enreda a si mesma mudam de época para época e impõem-se diferentes movimentos para desatá-los. Uma doença predominante em nossa própria era, por exemplo, é a tentação de pensar a mente como um computador, de modo símile aos que, em épocas anteriores, foram tentados a pensá-la como uma conversa por telefone, um órgão de pedal, um homúnculo ou um espírito. Males de épocas anteriores podem estar adormecidos, como a crença de que as estrelas fossem seres vivos, ou podem retornar, como a crença de que as estrelas podem capacitar alguém a prever o comportamento humano.

Todavia, a visão terapêutica da filosofia pode dar a impressão de permitir apenas uma variação com o passar do tempo, e não um progresso legítimo, o que não é necessariamente verdadeiro. Uma confusão mental pode ser esclarecida de maneira tão satisfatória por um filósofo que não mais atraia o pensador desavisado. Um exemplo ilustrativo de tal caso será objeto de detalhada consideração neste primeiro volume de nossa história. Parmênides, o fundador da disciplina ontologia (a ciência do ser), baseou muito de seu sistema em uma confusão sistemática quanto aos diferentes sentidos do verbo "ser". Platão, em um de seus diálogos, ordenou os tópicos de modo tão bem-sucedido que nunca mais houve uma justificação para os embaralhar novamente. Na verdade, o que é agora necessário é um grande esforço de imaginação filosófica para compreender o que, afinal de contas, exatamente induziu Parmênides à confusão.

Um progresso desse tipo passa com frequência despercebido em razão exatamente de seu próprio sucesso, pois tão logo um problema filosófico é resolvido ninguém mais o considera um assunto da filosofia. É como a traição no epigrama: "A traição não deve prosperar, e qual a razão? / É que tão logo prospera ninguém mais ousa chamá-la de traição".

A forma mais visível de progresso filosófico é a do progresso ocorrido na análise filosófica. A filosofia não progride fazendo adições regulares a uma soma de informação, pois, como já se disse, o que a filosofia oferece não é informação, mas entendimento. Os filósofos contemporâneos, naturalmente, sabem algumas coisas que os grandes filósofos do passado desconheciam; as coisas que eles sabem, porém, não são temas da filosofia, mas verdades que foram descobertas pelas ciências produzidas pela filosofia. Mas há também algumas coisas que os filósofos da atualidade compreendem que mesmo os maiores filósofos de gerações anteriores foram incapazes de entender. Por exemplo, os filósofos esclarecem a linguagem ao distinguir os diferentes significados das palavras: tão logo uma distinção seja feita, os filósofos do futuro terão de levá-la em consideração em suas deliberações.

Tome-se como ilustração o tópico do livre-arbítrio. Em certo momento da história da filosofia foi estabelecida uma distinção entre dois tipos de liberdade humana: liberdade da indiferença (ou a capacidade de fazer de outro modo) e liberdade da espontaneidade (a capacidade de fazer o que se queira). Uma vez feita essa distinção, a questão "Os seres humanos desfrutam de livre-arbítrio?" tem de ser respondida de um modo que a tome em consideração. Mesmo quem acredita que os dois tipos de liberdade sejam coincidentes tem de fornecer argumentos que o demonstrem, e não pode simplesmente ignorar a distinção e esperar ser levado a sério nesse assunto.

Não surpreende assim, dada a relação da filosofia a um cânone, que uma notável forma de progresso filosófico consista em confrontar, e interpretar, o pensamento dos grandes filósofos do passado. As grandes obras do passado não perdem sua importância para a filosofia — mas suas contribuições intelectuais não são petrificadas. Cada época interpreta e aplica os clássicos filosóficos a seus próprios problemas e aspirações. Isso se tornou mais identificável, em anos recentes, no campo da ética. As obras sobre ética de Platão e Aristóteles são tão influentes para o pensamento moral de nossos dias quanto as de quaisquer moralistas do século XX — o que se pode comprovar com facilidade pela consulta a qualquer índice remissivo —, mas são interpretadas e aplicadas de modos um tanto diferentes daqueles com que foram aplicadas no passado. Essas novas interpretações e aplicações contribuem de fato para um avanço legítimo em nosso entendimento de Platão e Aristóteles, mas é claro que é um entendimento de um tipo diverso daquele que é dado por um novo estudo da cronologia dos diálogos de Platão ou a partir de uma comparação estatística do estilo[1] presente nas várias obras éticas de Aristóteles. A nova luz que recebemos assemelha-se antes à apreciação destacada que podemos ter de Shakespeare ao assistir a uma nova e inteligente montagem de *Rei Lear*.

O historiador da filosofia, quer tenha a filosofia ou a história como objeto primeiro de seu interesse, tem de ser filósofo *e* historiador. Um historiador da pintura não precisa ser um pintor; um historiador da medicina não precisa, *qua* historiador, exercer a profissão. Mas um historiador da filosofia não pode evitar a prática da filosofia na própria escrita de sua história. Não se trata simplesmente de que alguém que não souber filosofia será um péssimo historiador da filosofia, pois é verdade também que alguém que não tiver o mínimo talento para a cozinha será um péssimo historiador da arte de cozinhar. A ligação entre a filosofia e a história é de um tipo muito mais próximo. O trabalho histórico em si força os historiadores da filosofia a parafrasear as opiniões dos sujeitos de sua pesquisa, a oferecer razões pelas quais os pensadores do passado mantiveram as opiniões que possuíam, a especular sobre as premissas mantidas implícitas em seus argumentos e a avaliar a coerência e a força das inferências que conceberam. Ocorre que o fornecimento de razões para conclusões filosóficas, a identificação de premissas ocultas em argumentos filosóficos e a avaliação lógica de inferências filosóficas são em si mesmas atividades filosóficas íntegras. Em decorrência, qualquer história séria da filosofia deve ser em si uma prática tanto de filosofia como de história.

---

1. No original, *stylometry*, que não pôde ser aqui traduzida como "estilometria", palavra já incorporada ao vernáculo português, mas pertencente ao ramo da arquitetura, descrevendo a "arte de medir colunas". O *Oxford English Dictionary* define a *stylometry* como "a técnica de proceder a análises estatísticas de um estilo literário, especialmente com a utilização de um computador". (N. do T.)

Por outro lado, o historiador da filosofia deve possuir um conhecimento do contexto histórico no qual os filósofos do passado escreveram suas obras. Quando explicamos as ações históricas, estamos indagando a respeito das razões de seus agentes; se encontramos uma boa razão, julgamos ter entendido sua ação. Se concluímos que não possuíam uma boa razão, mesmo em seus próprios termos, temos de encontrar uma outra explicação, que seja mais complexa. O que se aplica à ação se aplica também ao ponto de vista filosófico. Se o historiador da filosofia encontra uma boa razão para uma doutrina de um filósofo do passado, então seu trabalho está completo. Mas, se concluir que o filósofo do passado não possuía uma boa razão, terá um trabalho adicional mais difícil: explicar a doutrina em termos do contexto no qual ela surgiu — e talvez tanto social como intelectualmente[2].

História e filosofia estão fortemente ligadas até mesmo na busca direta por iluminação filosófica original. Nos tempos modernos isso foi ilustrado de forma brilhante pela obra-prima do grande filósofo alemão Gottlob Frege, *Os fundamentos da aritmética*. Quase metade deste livro é dedicada à discussão e à refutação das visões de outros filósofos e matemáticos. Enquanto discute as opiniões de outros, Frege providencia para que algumas de suas próprias percepções sejam insinuadas com mestria, o que facilita a apresentação de sua própria teoria. Mas o principal objetivo de sua extensa polêmica é convencer os leitores da seriedade dos problemas para os quais ele irá posteriormente oferecer soluções. Sem tal preâmbulo, ele afirma, estaríamos privados do primeiro pré-requisito para o aprendizado de qualquer coisa: o conhecimento de nossa própria ignorância.

Muitas histórias da filosofia, nesta era de especialização, são obras de vários autores, especialistas em diferentes campos e períodos. Ao convidar-me a escrever, sozinho, uma história da filosofia de Tales a Derrida, a Oxford University Press expressou a crença de que há algo a ganhar ao se apresentar a evolução da filosofia de um ponto de vista particular, unindo as filosofias antiga, medieval, pré-moderna e contemporânea em uma narrativa única atenta à forma com que seus temas se conectam. A obra consistirá de quatro volumes. Este primeiro abrange os séculos do início da filosofia até a conversão de santo Agostinho, em 387 d.C. O segundo continua a história, indo de Agostinho até o Concílio de Latrão (1512-1517). O terceiro

---

2. A magnitude dessa tarefa foi bem exposta por Michael FREDE na introdução de seus *Essays in Ancient Philosophy*, Oxford, Clarendon Press, 1987.

termina com a publicação do *Manifesto comunista*, em 1848. O quarto e último volume encerra a narrativa com o final do segundo milênio.

Obviamente não posso alegar ser um especialista em todos os muitos filósofos que discutiremos nos volumes desta obra. Contudo, publiquei livros sobre os personagens de maior destaque em cada um dos períodos abordados nos quatro volumes: sobre Aristóteles (*The Aristotelian Ethics* e *Aristotle on the Perfect Life*); sobre Aquino (*Aquinas on Mind* e *Aquinas on Being*); sobre Descartes (*Descartes: A Study of his Philosophy* e *Descartes: Philosophical Letters*); e sobre Frege e Wittgenstein (*Frege* e *Wittgenstein*, como títulos da coleção Introductions da Penguin inglesa, e *The Legacy of Wittgenstein*). Espero que o trabalho exigido para a escrita destes livros tenha me fornecido a percepção quanto ao estilo filosófico dessas quatro diferentes demarcações da história da filosofia, pois com certeza forneceu-me um entendimento a respeito da importância perene de certos problemas e percepções filosóficos.

Espero escrever minha história de um modo que atenda aos pontos que considerei nesta Introdução. Não partilho qualquer ilusão liberal quanto a considerar o estado atual da filosofia como representativo do mais alto ponto da empreitada filosófica já atingido. Ao contrário, meu objetivo primordial ao escrever este livro é demonstrar que, sob diversos aspectos, a filosofia dos grandes filósofos mortos não prescreveu, e que hoje se pode obter iluminação filosófica a partir de uma cuidadosa leitura das grandes obras que tivemos o privilégio de herdar.

O núcleo de qualquer tipo de historiografia da filosofia é a exegese, a leitura atenta e a interpretação dos textos filosóficos. A exegese pode ser de dois tipos: interior ou exterior. Na exegese interior, o intérprete busca tornar o texto coerente e consistente, fazendo uso do princípio da caridade aplicado à interpretação. Na exegese exterior, o intérprete busca revelar a importância do texto por intermédio de sua comparação e seu contraste com outros textos.

A exegese pode construir a base de dois objetivos históricos bem diversos, os quais descrevi no início desta Introdução. Em um deles, que podemos denominar filosofia histórica, o objetivo é chegar a uma verdade ou entendimento filosófico a respeito da matéria em discussão no texto. De modo típico, a filosofia histórica busca as razões, ou a justificação, por trás das afirmações feitas no texto sob escrutínio. Quanto ao outro objetivo, a história das ideias, a meta não é chegar à verdade sobre a matéria em discussão, mas alcançar o entendimento sobre uma pessoa, sobre uma época ou sobre uma sucessão histórica. O historiador das ideias, tipicamente, investiga não tanto as razões quanto as fontes, as causas ou os motivos para que tenha sido dito o que foi dito no texto abordado.

As duas disciplinas se baseiam na exegese, mas entre ambas a história das ideias é a mais fortemente ligada às questões concernentes à precisão e à sensibilidade na leitura do texto. É possível ser um bom filósofo e ser um exegeta de poucos recursos. No início de suas *Investigações filosóficas*, Wittgenstein apresenta uma discussão sobre a teoria da linguagem de santo Agostinho. O que ele escreve é uma exegese muito questionável, mas que não empana a força de sua crítica filosófica da teoria da linguagem agostiniana. Ocorre que Wittgenstein não se vê empenhado com determinada filosofia histórica mais do que se vê envolvido com a história das ideias. A invocação do grande Agostinho como o autor de uma teoria equivocada foi concebida meramente para indicar que o erro em questão é do tipo que vale a pena atacar.

Em diferentes histórias da filosofia, os talentos do historiador e os do filósofo são exercidos em diferentes proporções. A devida proporção varia de acordo com o objetivo do trabalho e do campo da filosofia em questão. A busca de compreensão da história e a busca de iluminação filosófica são aproximações legítimas tanto da história como da filosofia, mas as duas apresentam seus perigos. Historiadores que estudam a história do pensamento sem estar eles próprios às voltas com os problemas filosóficos abordados pelos filósofos do passado tendem a pecar por superficialidade. Filósofos que leem textos antigos, medievais ou pré-contemporâneos sem o conhecimento do contexto histórico em que foram escritos tendem por seu turno a pecar por anacronismo. Raro é o historiador ou filósofo que pode se deslocar com firmeza sem cair em uma ou outra armadilha.

Cada um desses erros pode anular o objetivo da empreitada. O historiador que não está a par dos problemas filosóficos que atormentaram os escritores do passado não pode entender de fato de que modo eles puderam conduzir seu pensamento. O filósofo que ignora o cabedal histórico dos clássicos do passado não ganhará nova luz a respeito dos tópicos que hoje a nós dizem respeito, mas irá apenas apresentar preconceitos contemporâneos de forma fantasiosa.

Os dois perigos abundam em diferentes proporções e nas diferentes áreas da história da filosofia. Na área da metafísica, deve-se atentar para o perigo da superficialidade: para alguém desprovido de interesse pessoal em problemas filosóficos fundamentais, os sistemas dos grandes pensadores do passado parecerão apenas engenhosa insânia. Na filosofia política, o perigo maior é o de anacronismo: quando lemos as críticas de Platão ou Aristóteles à democracia, não seremos capazes de decifrá-las a não ser que saibamos algo acerca das instituições da Atenas da Antiguidade. Entre a metafísica e a filosofia política situam-se a ética e a filosofia da mente: e aqui ambos os perigos ameaçam com força igualmente rude.

Buscarei nestes volumes ser tanto um filósofo historiador quanto um historiador filósofo. Histórias de múltiplos autores são algumas vezes estruturadas cronologicamente, outras vezes tematicamente. Tentarei combinar as duas abordagens, oferecendo em cada volume primeiro um levantamento cronológico, e então um tratamento temático de determinados tópicos filosóficos de importância perene. O leitor cujo primeiro interesse for histórico se concentrará no levantamento cronológico, reportando-se, quando necessário, às seções temáticas para aprofundamento. O leitor mais preocupado com as questões filosóficas irá se concentrar preferencialmente nas seções temáticas dos volumes, reportando-se aos levantamentos cronológicos para contextualizar determinados assuntos.

Assim, neste primeiro volume ofereço na primeira parte um passeio cronológico convencional de Pitágoras a Agostinho, e na segunda parte um tratamento mais detalhado dos tópicos em que acredito termos ainda muito a aprender com nossos predecessores da Grécia clássica e da Roma imperial. Os tópicos dessas seções temáticas foram escolhidos parcialmente tendo em mente o desenvolvimento dos mesmos temas nos volumes que virão em seguida.

O público visado por mim é aquele que se encontra no segundo ou no terceiro ano da graduação. Sei, no entanto, que muitos dos que possuem um interesse pela história da filosofia podem estar cursando disciplinas que não sejam primariamente filosóficas. Em consideração a estes, esforçar-me-ei em não esperar familiaridade com técnicas ou terminologias da filosofia contemporânea. Desejo também escrever de modo claro e fluido o suficiente para que esta história possa ser apreciada por aqueles que a lerem não por obrigação curricular, mas por prazer e para sua própria iluminação.

1

Origens: de Pitágoras a Platão

A história da filosofia não se inicia com Aristóteles, mas a historiografia da filosofia sim. Aristóteles foi o primeiro filósofo que, de forma sistemática, estudou, registrou e fez a crítica das obras dos filósofos anteriores. No primeiro livro da *Metafísica*, ele resume os ensinamentos de seus predecessores a partir de seus ancestrais intelectuais distantes, Pitágoras e Tales, até Platão, seu professor por vinte anos. Até os dias de hoje Aristóteles continua a ser uma das mais exaustivas, e das mais confiáveis, fontes de nossa informação sobre a filosofia em sua infância.

As quatro causas

Aristóteles oferece uma classificação dos primeiros filósofos gregos de acordo com a estrutura de seu sistema das quatro causas. Para ele, a investigação filosófica é acima de tudo uma investigação sobre as causas das coisas, das quais há quatro diferentes tipos: a causa material, a causa eficiente, a causa formal e a causa final. Vejamos, a partir de um exemplo grosseiro, o que ele tinha em mente: quando Alfredo prepara um risoto, as causas materiais do risoto são os ingredientes que ele utiliza para prepará-lo, a causa eficiente é ele mesmo, o cozinheiro, a causa formal é a receita e a satisfação dos clientes do restaurante é a causa final. Aristóteles acreditava que um entendimento científico do universo exigia uma investigação sobre a operação no mundo das causas de cada um desses tipos (*Met.* A 3, 983a24-b17).

Os primeiros filósofos, que viviam na área costeira da Grécia, na Ásia Menor, concentraram-se na causa material: eles buscavam os ingredientes fundamentais do mundo em que vivemos. Tales e os que o sucederam propuseram a seguinte questão: Em um nível fundamental, seria o mundo feito de água, ar, fogo, terra ou de uma combinação de todas essas causas? (*Met.* A 3, 983b20–984a17). Aristóteles pensava que mesmo se tivéssemos uma resposta para esta questão isso claramente não bastaria para satisfazer nossa curiosidade científica. Os ingredientes de um prato não se misturam por si sós, é necessário haver um agente que opere sobre eles, cortando, misturando, mexendo, aquecendo etc. Alguns desses primeiros filósofos, conta Aristóteles, percebiam o problema e ofereceram conjecturas a respeito dos agentes de mudança e desenvolvimento no mundo. Algumas vezes seria um dos próprios ingredientes — o fogo talvez a sugestão mais promissora, dada sua condição de menos tórpido dos elementos. Com maior frequência, no entanto, seria algum agente, ou um par de agentes, ao mesmo tempo mais abstratos e imaginativos, como o Amor, o Desejo, a Ira ou o Bem e o Mal (*Met.* A 3-4, 984b8-31).

Nesse ínterim, na atual Itália — e mais uma vez de acordo com Aristóteles —, havia em torno a Pitágoras filósofos de inclinação matemática cujas investigações tomaram um rumo bem diverso. Uma receita, antes de nomear seus ingredientes, deve conter uma porção de números — tantos gramas disto, tantos litros daquilo. Os pitagóricos tinham mais interesse nos números da receita do mundo do que nos próprios ingredientes. Eles supunham, diz Aristóteles, que os elementos dos números eram os elementos de todas as coisas, e que o universo inteiro era uma escala musical. Eles foram inspirados na busca por sua descoberta de que a relação entre as notas de uma escala tocada em uma lira correspondia a diferentes razões numéricas entre os comprimentos de suas cordas. A partir disso, eles generalizaram a noção de que as diferenças qualitativas poderiam ser a consequência de diferenças numéricas. Sua investigação, nas palavras de Aristóteles, foi uma investigação sobre as causas formais do universo (*Met.* A 5, 985b23–986b2).

Chegando a seus predecessores imediatos, Aristóteles afirma que Sócrates preferiu concentrar-se na ética antes que no estudo do mundo natural, enquanto Platão, em sua teoria filosófica, combinou as abordagens das escolas de Tales e Pitágoras. Mas a teoria das Ideias de Platão, apesar de ser o mais abrangente sistema científico até então concebido, parecia a Aristóteles — por razões que ele resume na *Metafísica* e desenvolverá em alguns de seus tratados — insatisfatória em vários níveis. Havia tantas coisas a explicar, e a teoria das Ideias apenas adicionava novos itens a demandar explicações: as ideias não ofereciam uma solução, elas se tornavam parte do problema (*Met.* A 5, 990b1ss.).

A maioria das dissertações que se iniciam com um apanhado da literatura existente buscam demonstrar que todo o trabalho feito até então deixou um espaço que será agora preenchido pela pesquisa original de seu autor. A *Metafísica* de Aristóteles não é exceção. Seu não muito disfarçado plano é demonstrar como os filósofos anteriores negligenciaram o membro remanescente do quarteto de causas, a causa final, que deveria desempenhar o papel mais importante em sua própria filosofia da natureza (*Met.* A 5, 988b6-15). A filosofia primeira, ele conclui, está, quanto a todos os seus temas, cheia de balbucios, uma vez que em suas origens era não mais que uma criança (*Met.* A 5, 993a15-17).

Um filósofo de nossos dias, ao ler os fragmentos que restaram dos primeiros pensadores gregos, impressiona-se não tanto pelas questões sobre as quais eles primeiro refletiram, mas pelos métodos de que fizeram uso para dar respostas a elas. Afinal, o Gênesis nos oferece respostas para as quatro questões causais propostas por Aristóteles. Se indagarmos sobre a origem do primeiro ser humano, por exemplo, ser-nos-á dito que a causa eficiente foi Deus, que a causa material foi o barro, que a causa formal foi a imagem e semelhança de Deus e que a causa final foi para que o homem tivesse domínio sobre os peixes e os mares, sobre as aves do ar e sobre toda criatura viva sobre a terra. E o Gênesis nem é uma obra filosófica.

Por outro lado, Pitágoras é mais célebre não por ter respondido a qualquer das questões aristotélicas, mas por provar o teorema que afirmava que o quadrado da hipotenusa de um triângulo-retângulo é igual à soma dos quadrados dos lados a ela opostos. Quanto a Tales, os gregos a ele posteriores acreditavam ter sido o primeiro a fazer uma previsão exata de um eclipse, no ano 585 a.C. Os dois feitos, seguramente, são conquistas nos campos da geometria e da astronomia, mas não da filosofia.

O fato é que a distinção entre religião, ciência e filosofia não era então tão nítida quanto veio a ser em séculos posteriores. As obras de Aristóteles e de seu mestre Platão forneceram um modelo de filosofia para qualquer época, e até hoje qualquer um que faça uso do título de "filósofo" alega ser um de seus herdeiros. Escritores de publicações de filosofia do século XX podem ser observados utilizando as mesmas técnicas de análise conceitual, e com frequência repetindo ou refutando os mesmos argumentos teóricos, exatamente como se apresentam nos escritos de Platão e Aristóteles. Mas naqueles escritos há muito mais que não seria atualmente considerado discussão filosófica. A partir do século VI, elementos de religião, ciência e filosofia fermentaram juntos em um único caldo de cultura. Do nosso ponto de vista temporal, filósofos, cientistas e pensadores podem todos recordar esses primeiros pensadores como seus antepassados intelectuais.

Os milésios

Restaram apenas dois ditos de Tales de Mileto registrados (c. 625-545 a.C.), tradicionalmente apontado como o pai fundador da filosofia grega. Eles ilustram a mistura de ciência e religião, pois um deles afirma que "Todas as coisas estão cheias de deuses" e o outro que "A água é o princípio único de tudo". Tales foi um geômetra, o primeiro a descobrir o método de inscrever um triângulo-retângulo em um círculo, descoberta que celebrou oferecendo um boi em sacrifício aos deuses (DL 1, 24-25). Ele calculou a altura das pirâmides ao medir a sombra que projetavam no momento do dia em que sua própria sombra equivalia a sua altura. Deu uso prático a sua geometria: depois de provar que triângulos com um lado e dois ângulos iguais são congruentes, fez uso desse resultado para determinar a distância dos navios no mar.

Tales era também astrônomo e meteorologista reputado. Além de prever um eclipse, diz-se ter sido também o primeiro a demonstrar que o ano contém 365 dias e a identificar os dias dos solstícios de verão e de inverno. Estudou as constelações e fez estimativas a respeito dos tamanhos do sol e da lua. Empregou seu talento na previsão do tempo com bom proveito: antevendo uma excepcional safra de azeitonas, alugou todas as prensas e fez fortuna a partir de seu monopólio. Desse modo, afirmou Aristóteles, Tales provou que os filósofos poderiam enriquecer facilmente se assim o desejassem (*Pol.* I, 11, 1259a6-18).

Se metade das histórias que se contavam sobre Tales na Antiguidade forem verdadeiras, ele era um homem de várias facetas. Mas o retrato que dele foi pintado pela tradição é ambíguo. Por um lado ele surge como um filósofo empreendedor e como experiente político e militar. Por outro, tornou-se sinônimo da preocupação com as coisas não-terrenas. Platão, entre outros, conta a seguinte história:

> Tales estudava as estrelas, e ao olhar para o céu, caiu num poço. Uma serva trácia, irônica e graciosamente, fez troça de sua preocupação em saber o que se passava nos céus quando nem ao menos se dava conta do que tinha sob seus pés (*Teet.* 174a).

Uma história pouco provável dizia que ele morreu exatamente em consequência de uma queda que sofreu enquanto olhava as estrelas.

Tales era reconhecido como um dos Sete Sábios, ou homens de saber, da Grécia, juntamente com Sólon, o grande legislador de Atenas. A ele se creditam vários aforismos, como o de que a certa idade é muito cedo para um homem se casar e passada essa idade é muito tarde. Ao ser indagado das razões para não ter filhos, respondeu: "Porque gosto de crianças".

Os comentários de Tales justificaram muitos séculos de desprezo pelo casamento. Qualquer pessoa que faça uma lista dos dez verdadeiramente grandes filósofos irá descobrir que ela se compõe quase que inteiramente de solteirões. Uma lista possível, por exemplo, incluiria Platão, Agostinho, Aquino, Scotus, Descartes, Locke, Spinoza, Hume, Kant, Hegel e Wittgenstein, nenhum deles casado. Aristóteles é a grande exceção que invalida a regra de que o casamento seja incompatível com a filosofia.

Mesmo na Antiguidade, as pessoas julgavam difícil entender a adoção por Tales da água como o princípio final de explicação. A terra, ele dizia, repousa sobre a água como um pedaço de madeira flutua na correnteza — mas se é assim então, pergunta Aristóteles, sobre o que repousaria a água? (*Cael.* II, 13, 294a28-34). Ele vai além e afirma que tudo veio da água, e de alguma maneira é feito de água. Uma vez mais, seus argumentos eram obscuros, e Aristóteles podia apenas conjecturar que isso se devia a que todos os animais e plantas necessitavam de água para viver, ou porque o sêmen é úmido (*Met.* A 3, 983b17-27).

É mais fácil aceitarmos a cosmologia do conterrâneo mais jovem de Tales, Anaximandro de Mileto († c. 547 a.C.). Sabemos mais a respeito de seus pontos de vista porque ele deixou um livro intitulado *Sobre a natureza*, escrito em prosa, um estilo que apenas começava a se firmar. À semelhança de Tales, credita-se a ele uma série de feitos científicos originais: o primeiro mapa-múndi, a primeira carta celeste, o primeiro relógio de sol

Anaximandro e seu relógio solar. Mosaico romano.

grego e até mesmo um relógio caseiro. Ele ensinava que a Terra tinha forma cilíndrica, como um pedaço de coluna cuja altura era três vezes maior que sua largura. Em redor do mundo havia tubos gigantescos repletos de fogo, cada um deles com um buraco por onde se podia enxergar o fogo a partir do exterior, os buracos sendo o sol, a lua e as estrelas. Julgava que as obstruções nos buracos eram eclipses do sol e fases da lua. O fogo celestial, hoje totalmente oculto, foi em certa ocasião uma grande bola de fogo que circundava a terra em seu princípio. Quando essa bola explodiu, dos fragmentos cresceram os tubos como cascas de árvore em torno de si.

A Anaximandro impressionava muito a maneira como as árvores cresciam e como suas cascas se desprendiam. Ele empregou a mesma analogia para explicar a origem dos seres humanos. Os outros animais, ele ressaltou, podem cuidar de si mesmos logo após o nascimento, mas os humanos necessitam de um aleitamento prolongado, e é por isso que os seres humanos não teriam sobrevivido se sua natureza tivesse sido sempre tal como ela é agora. Em um primeiro momento, conjecturou, os seres humanos passavam sua infância envoltos por uma casca espinhosa, de modo que se assemelhavam a peixes e viviam na água. Com a chegada da puberdade eles rompiam sua casca e partiam em direção à terra seca, para um ambiente em que poderiam cuidar de si próprios. Era por isso que Anaximandro, embora não fosse um vegetariano, recomendava que evitássemos comer peixe, pois estes eram os antepassados da raça humana (KRS 133-7).

A cosmologia de Anaximandro é variadamente mais elaborada que a de Tales. Para começar, ele não busca algo que sustente a Terra: ela permanece onde está devido à sua equidistância de tudo o mais e não há razão pela qual ela devesse se mover para qualquer direção específica em vez de para uma outra (DK 12 A11; Aristóteles, *Cael.* II, 13, 295b10).

Depois, ele julga ser um erro relacionar o elemento primeiro do universo com quaisquer dos elementos que podemos ver a nosso redor no mundo atual, como a água e o fogo. O princípio fundamental das coisas, ele afirma, deve ser ilimitado ou indefinido (*apeíron*). O termo grego utilizado por Anaximandro é normalmente traduzido como "o Infinito", mas isso o faz soar muito grande. Ele pode ou não ter julgado que seu princípio se estendia para sempre no espaço, mas o que sabemos é que ele pensava que este não tinha nem começo e nem fim no tempo e que não pertencia a nenhum tipo ou classe particular de coisas. "Matéria eterna" seria provavelmente a paráfrase mais aproximada que poderíamos almejar. Aristóteles iria posteriormente refinar a noção em seu conceito de matéria-prima[1].

Por fim, Anaximandro oferece um relato da origem do mundo atual, e explica quais forças agiram para trazê-lo à existência, investigando, como diria Aristóteles, tanto a causa eficiente como a material. Ele via o universo como um campo de contrários em competição: quente e frio, úmido e seco. Algumas vezes um desses pares de opostos é dominante, outras vezes o outro; eles avançam um sobre o outro e depois recuam, intercâmbio que é governado pelo princípio da reciprocidade. Como definido de forma poética por Anaximandro em seu único fragmento preservado,

---

1. Ver capítulo 5.

"eles concedem justiça e deferência uns aos outros pela injustiça, segundo a ordenação do tempo" (DK 12 B1). Assim, pode-se alegar, no inverno o quente e o seco oferecem compensação ao frio e ao úmido pela agressão que cometeram no verão. O calor e o frio foram os primeiros contrários a surgir, separando-se de um ovo cósmico primevo contendo algo indeterminado e eterno. A partir deles se desenvolveram o fogo e a terra, que, como vimos, estavam na origem de nosso presente cosmos.

Anaxímenes, cujo apogeu se deu entre 546 e 525 a.C., mais novo que Anaximandro em uma geração, foi o último do trio de cosmologistas milésios, e de vários modos ele é mais próximo de Tales que de Anaximandro, mas seria um erro considerar que com ele a ciência teria regredido em vez de avançar. À semelhança de Tales, Anaxímenes pensava que a Terra deveria repousar sobre algo, mas ele sugeriu o ar, e não a água, como seu colchão. A Terra é plana, e planos são também os corpos celestes. Estes, em vez de circularem abaixo e acima de nós durante o período de um dia, circulam horizontalmente em torno de nós, como um capacete girando em torno de uma cabeça (KRS 151-6). O nascer e o pôr dos corpos celestes é aparentemente explicado pelo ângulo formado com a Terra plana. Quanto ao princípio de tudo, Anaxímenes considerava a matéria infinita um conceito muito vago e optou, à semelhança de Tales, por considerar fundamental apenas um dos elementos existentes, e de novo escolheu o ar em vez da água.

Em seu estado estável o ar é invisível, mas quando é movido e condensado ele primeiro se torna vento, em seguida nuvem, depois água e, finalmente, a água condensada torna-se lama e pedra. O ar rarefeito torna-se fogo, completando assim a escala dos elementos. Desse modo, a rarefação e a condensação podem conjurar tudo a partir do ar existente (KRS 140-1). Para sustentar essa afirmação, Anaxímenes apelou para a experiência, na verdade para um experimento — um experimento que o leitor pode facilmente realizar por si mesmo. Sopre em sua mão, primeiro com seus lábios cerrados, depois com a boca aberta: da primeira vez o ar será sentido frio, da segunda será quente. Isso, argumentou Anaxímenes, demonstra a conexão entre a densidade e a temperatura (KRS 143).

O experimento e a percepção de que mudanças de qualidade estão relacionadas a mudanças de quantidade definem Anaxímenes como um cientista em potencial. Somente em potencial, no entanto, pois ele não tem os meios para medir as quantidades que invoca, ele não concebe equações que as relacionem, e seu princípio fundamental contém propriedades míticas e religiosas². O ar é divino, e gera divindades a partir de si (KRS 144-6); o ar é nossa alma e é o que mantém nossos corpos unidos (KRS 160).

Os milésios não são portanto físicos de fato, mas também não são construtores de mitos. Eles não abandonaram os mitos, mas estão se distanciando deles. Ainda não são verdadeiramente filósofos, a não ser que por "filosofia" se queira dizer apenas ciência em sua infância. Eles fazem pouco uso da análise conceitual e do argumento *a priori*, que tem sido a ferramenta dos filósofos desde Platão até o presente. Eles são especuladores, e em suas especulações se misturam elementos de filosofia, ciência e religião em uma rica e borbulhante poção.

Os pitagóricos

Na Antiguidade, Pitágoras dividiu com Tales o crédito pela introdução da filosofia no mundo grego. Nascido em Samos, uma ilha da costa da Ásia Menor, por volta de 570 a.C., aos quarenta anos emigrou para Crotona, no extremo da Itália, onde teve papel destacado na vida política da cidade até ser banido em meio a uma violenta revolução por volta de 510 a.C. Mudou-se para uma localidade vizinha a Metaponto, onde morreu na virada do século. No período em que viveu em Crotona, Pitágoras fundou uma comunidade semirreligiosa que sobreviveu a seu fundador e se dispersou por volta de 450 a.C. Atribui-se a ele a invenção da palavra "filósofo", na ocasião em que, em vez de declarar-se um sábio, ou homem de saber (*sophos*), ele disse com modéstia ser apenas um amante da sabedoria (*philosophos*) (DL 8, 8). Os detalhes sobre sua vida estão submersos em lendas, mas não restam dúvidas sobre ter ele sido um praticante tanto da matemática como do misticismo. Nestes dois campos sua influência intelectual, reconhecida ou implícita, foi forte durante a Antiguidade, de Platão a Porfírio.

A descoberta dos pitagóricos de que havia uma relação entre os intervalos musicais e as razões numéricas resultou na crença de que o estudo da matemática era a chave para o entendimento da estrutura e da ordem do universo. A astronomia e a harmonia, diziam, eram ciências irmãs, uma para os olhos e a outra para os ouvidos (Platão, *Rep*. 530d). Contudo,

---
2. Ver J. BARNES, *The presocratic philosophers*, London, Routledge, 1982, 46-48.

Pitágoras recomendando o vegetarianismo, segundo Rubens.

apenas dois mil anos depois Galileu e seus seguidores demonstraram em que sentido era verdade que o livro do universo é escrito em números. No mundo antigo a aritmética estava por demais vinculada à numerologia para que pudesse promover o progresso científico, e os autênticos avanços científicos do período (como a zoologia de Aristóteles ou a medicina de Galeno) foram conquistados sem o concurso da matemática.

A comunidade filosófica de Pitágoras em Crotona foi o protótipo de muitas instituições similares: a ela seguiu-se a Academia de Platão, o Liceu de Aristóteles, o Jardim de Epicuro e muitas outras. Algumas dessas comunidades eram instituições legais, outras menos formais; algumas se assemelhavam a um moderno instituto de pesquisas, outras eram mais próximas de mosteiros. Os seguidores de Pitágoras dividiam sua propriedade e viviam sob a égide de regras ascéticas e cerimoniais, como manter o silêncio, não partir o pão, não recolher os farelos, não atiçar o fogo com uma espada, calçar sempre o pé direito antes do esquerdo, e assim por diante. Os pitagóricos não eram, para início de conversa, vegetarianos radicais, embora evitassem certos tipos de carne, peixe e aves. A mais conhecida de suas restrições era a proibição de comer feijão (KRS 271-2, 275-6).

As regras relativas à dieta eram atribuídas às crenças de Pitágoras sobre a alma, que, segundo ele, não morria com o corpo, mas migrava para algum outro lugar, talvez para um animal de uma outra espécie[3]. Alguns pitagóricos desenvolveram essa regra transformando-a na crença em um ciclo cósmico de três mil anos: uma alma humana, após a morte [do corpo], entraria, morte após morte, em todo tipo de criatura da terra, do mar ou do ar, para finalmente retornar a um corpo humano a fim de que o ciclo tornasse a se repetir (Heródoto 2, 123; KRS 285). Em relação a Pitágoras, contudo, seus seguidores acreditavam que ele se tornara um deus após morrer. Escreveram a seu respeito biografias repletas de maravilhas, atribuindo a ele uma segunda visão e o dom da bilocação; diziam que tinha uma coxa de ouro e era filho de Apolo. Numa feição mais prosaica, a expressão *Ipse dixit* teria sido concebida em sua homenagem.

Xenófanes

A morte de Pitágoras e a destruição de Mileto, em 494, marcam o fim da primeira época do pensamento pré-socrático. Na geração seguinte encontramos pensadores que não são apenas cientistas em potência, mas também filósofos no sentido moderno da palavra. Xenófanes de Colofão (cidade situada próxima à atual Izmir, algumas centenas de milhas a norte de Mileto) fez parte das duas épocas no curso de sua longa existência (c. 570-470 a.C.). Também ele, à semelhança de Pitágoras, é um elo entre os centros oriental e ocidental das culturas gregas. Expulso de Colofão aos 20 anos, tornou-se um menestrel andarilho e viajou com recursos próprios por toda a Grécia durante 67 anos, apresentando récitas de seus próprios poemas e de textos de terceiros (DL 9, 18). Ele declamou sobre vinho, jogos e festas, mas são seus versos filosóficos os mais lidos hoje em dia.

Como os milésios, Xenófanes propôs uma cosmologia. O elemento básico, afirmava, não era a água ou o ar, mas a terra, e a terra vai de sob nós ao infinito. "Pois tudo vem da terra e na terra tudo termina" (DK 21 B27) nos traz à mente os ditos dos serviços fúnebres cristãos e a exortação da Quarta-feira de Cinzas: "recorda-te que és pó e ao pó tornarás". Mas em outra ocasião Xenófanes une a água à terra como a origem das coisas, e na verdade ele acreditava que nossa terra deveria em algum tempo ter sido

---
3. Ver capítulo 7.

coberta pelo mar. Esta observação está relacionada à mais interessante de suas contribuições para a ciência, a observação de um registro fóssil:

> Encontram-se conchas marinhas bem adentro no continente e também em montanhas; nos arredores de Siracusa foram encontradas impressões de peixes e algas marinhas. Uma impressão de uma folha litorânea foi descoberta em Paros no interior de uma rocha, e em Malta existem formas planas de todos os tipos de criaturas do mar. Estas foram produzidas quando tudo era coberto de lama há muito tempo, e suas impressões secaram no barro (KRS 184).

As especulações de Xenófanes a respeito dos corpos celestes impressionam menos. Dada sua crença de que a Terra se prolongava sob nós em direção ao infinito, ele não podia aceitar que o Sol ia para baixo da Terra quando se punha. Por outro lado, ele julgava implausível a ideia de Anaxímenes de uma rotação horizontal em torno da inclinação angular da Terra. Assim, ele concebeu uma nova e engenhosa explicação. O Sol, afirmava, era [um sol] novo a cada dia. Era conjurado a cada manhã a partir de uma reunião de pequeníssimas fagulhas, para mais tarde desaparecer no infinito. A impressão de movimento circular era devida simplesmente à grande distância entre o Sol e nós. Dessa teoria se conclui que existem inúmeros sóis, assim como há um sem-número de dias, porque o mundo permanece para sempre, mesmo que passe por fases aquosas e terrestres (KRS 175, 179).

Embora a cosmologia de Xenófanes seja mal fundamentada, ela é notável por seu naturalismo, liberta dos elementos animistas e semirreligiosos que se encontram em outros filósofos pré-socráticos. O arco-íris, por exemplo, não é uma divindade (como Íris, no panteão grego), nem um sinal divino (como aquele visto por Noé), mas tão somente uma nuvem multicolorida (KRS 178). Esse naturalismo não implica que Xenófanes não fosse interessado em religião — ao contrário, ele era o mais teológico de todos os pré-socráticos. Mas ele desprezava a superstição popular e defendia um monoteísmo sofisticado e austero[4]. Contudo, não era dogmático, seja em questões de teologia ou nas da física.

> Não disse Deus tudo a nós, mortais, quando o tempo começou.
> Apenas através de uma investigação demorada o conhecimento ao homem aportou (KRS 188).

---
4. Ver capítulo 9.

Heráclito

Heráclito foi o último, e o mais célebre, dos primeiros filósofos jônicos. Era provavelmente trinta anos mais novo que Xenófanes, já que se diz que estava em sua meia-idade ao término do século VI a.C. (DL 9, 1). Viveu na grande metrópole de Éfeso, a meio caminho de Mileto e Colofão. Chegou a nós uma porção substancialmente maior de sua obra que a de qualquer filósofo a ele anterior, mas isso não significa que o achemos mais fácil de entender. Seus fragmentos assumem a forma de concisos, agudos aforismos em prosa, frequentemente obscuros e algumas vezes deliberadamente ambíguos. Heráclito não argumenta, ele pontifica. Seu estilo délfico pode ter sido uma imitação do oráculo de Apolo, o qual, nas palavras de Heráclito, "nem diz, nem oculta, mas dá sinais" (KRS 244). Os muitos filósofos de séculos posteriores que admiraram Heráclito foram capazes de acrescentar cor própria a seus paradoxais e camaleônicos ditos.

Mesmo na Antiguidade Heráclito era considerado difícil. Foi apelidado "o Enigmático" e "Heráclito, o Obscuro" (DL 9, 6). Ele escreveu um tratado de filosofia em três volumes — todos eles desaparecidos — e o depositou no grande templo de Ártemis (a "Diana dos efésios" mencionada por são Paulo). Seus contemporâneos não podiam atinar se era um texto de física ou um tratado político. "O que disso entendi é excelente", afirma-se ter dito Sócrates. "O que não entendi pode do mesmo modo ser excelente, mas seria preciso ser um mergulhador para chegar a suas bases" (DL 2, 22). Hegel, o idealista alemão do século XIX, um grande admirador de Heráclito, fez uso da mesma metáfora marinha para expressar um juízo oposto. Quando chegamos a Heráclito após as flutuantes especulações dos primeiros pré-socráticos, afirmou Hegel, ao menos enxergamos a terra. E prosseguiu, acrescentando com orgulho: "Não existe frase de Heráclito que eu não tenha integrado em minha *Lógica*"[5].

À semelhança de Descartes e Kant em épocas posteriores, Heráclito via a si como o iniciador de um tempo completamente novo para a filosofia. Considerava a obra dos pensadores que o antecederam inútil: Homero seria desclassificado nas eliminatórias de qualquer competição poética, e Hesíodo, Pitágoras e Xenófanes não passaram de polímatas sem real significado (DL 9, 1). Mas, de novo à semelhança de Descartes e Kant, Herá-

---
5. George W. F. Hegel, *Preleções sobre a história da filosofia*, in *Pré-socráticos*, São Paulo, Abril, 1973, 98 (Os pensadores I).

clito teria sofrido mais influências de seus predecessores do que imaginava. Heráclito também era, como Xenófanes, altamente crítico em relação à religião popular: oferecer sacrifícios de sangue para purgar alguém do derramamento de sangue era como tentar limpar lama com lama. Orar a estátuas era como sussurrar numa casa vazia, as procissões fálicas e os ritos dionisíacos eram simplesmente abjetos (KRS 241, 243).

Também como Xenófanes, Heráclito acreditava que o Sol era novo a cada dia (Aristóteles, *Mete.* 2, 2, 355b13-14), e assim como Anaximandro ele julgava ser o sol constrangido por um princípio cósmico de reparação (KRS 226). Esta efêmera teoria do sol, na verdade, evoluiu com Heráclito em uma doutrina do fluxo universal. Tudo, afirmou, está em movimento, nada permanece imóvel; o mundo é como uma correnteza. Se entrarmos em um mesmo rio duas vezes, não poderemos pôr nossos pés duas vezes na mesma água, dado que a água não é a mesma nesses dois momentos (KRS 214). Isso parece convincente, mas a partir daí Heráclito foi muito longe ao afirmar que nem mesmo poderíamos pisar duas vezes no mesmo rio (Platão, *Crát.* 402a). Tomada ao pé da letra, a proposição parece falsa, a não ser que consideremos que o critério de identidade de um rio seja a água que ele contém e não o curso pelo qual ela flui. Tomada alegoricamente, é presumivelmente uma afirmação de que tudo no mundo é formado de componentes em constante mudança: se for este o significado da afirmação de Heráclito, disse Aristóteles, as mudanças seriam do tipo imperceptível (*Fis.*, 8, 3, 253b9ss.). Talvez seja isso o que sugere o aforismo de Heráclito de que a harmonia oculta é melhor que a harmonia manifesta — entendida a harmonia como o ritmo subjacente ao universo em fluxo (KRS 207). O que quer que Heráclito tenha querido dizer com seu aforismo, este teria uma longa história à sua frente na filosofia grega posterior.

Um fogo consumidor, mais que uma corrente fluida, é um modelo de mudança constante, sempre se consumindo, sempre revigorado. Heráclito disse uma vez que o mundo era um fogo sempre vivo, o mar e a Terra as cinzas dessa fogueira eterna. O fogo é como o ouro: pode-se trocar o ouro por todo tipo de bens, e o fogo pode render cada um dos elementos (KRS 217-19). Este mundo flamejante é o único mundo que há, e não é governado por deuses ou por homens, mas por meio do Logos. Seria absurdo, ele argumentava, pensar que este glorioso cosmos fosse apenas um depósito empilhado de lixo (DK 22 B124). "Logos" é o termo grego usual para qualquer palavra escrita ou falada, mas a partir de Heráclito quase todo filósofo grego deu a ele um ou mais de vários profundos significados. É frequentemente traduzido como "razão" — seja em referência à capacidade de raciocínio dos seres humanos, seja a algum princípio mais cósmico elevado de ordem e beleza. O termo encontrou seu lugar na teologia cristã quando o autor do quarto evangelho proclamou: "No princípio era o Logos [Verbo], e o Logos estava em Deus, e o Logos era Deus" (Jo 1, 1).

Este Logos universal, afirma Heráclito, é difícil de assimilar, e a maioria dos homens jamais o consegue. Comparando-os com alguém que despertou para o Logos, eles são como pessoas que dormem, enoveladas em seu próprio mundo de sonhos, em vez de encarar a verdade simples e universal (SE, *M.* 7, 132). Os homens se dividem em três classes, situadas a diferentes distâncias do fogo racional que governa o universo. Um filósofo como Heráclito está mais próximo do flamejante Logos e recebe deste mais calor; depois dele, as pessoas comuns, quando acordam [para o Logos], usufruem de sua luz quando fazem uso de suas próprias faculdades racionais; por fim, aqueles que dormem [para o Logos] têm as janelas de suas almas fechadas e mantêm contato com a natureza somente através da respiração (SE, *M.* 7, 129-130)[6]. Será o Logos Deus? Heráclito, tipicamente, deu uma resposta evasiva: "A única coisa que por si só é verdadeiramente sábia é ao mesmo tempo desmerecedora e merecedora de ser chamada pelo nome de Zeus". Presume-se que ele queria dizer que o Logos era divino, mas não deveria ser identificado com nenhum dos deuses do Olimpo.

A própria alma humana é fogo: Heráclito por vezes enumera a alma junto com a terra e a água, como três elementos. Dado que a água extingue o fogo, a melhor alma é uma alma seca, devendo-se mantê-la livre de qualquer mistura. É difícil apreender exatamente o que contaria como mistura nesse contexto, mas o álcool certamente conta, pois um bêbado, afirma Heráclito, é um homem conduzido por uma criança (KRS 229-31). Mas o uso que Heráclito faz de "molhado" parece também próximo ao moderno sentido vulgar do termo: homens de bravura e força que morrem em batalha, por exemplo, possuem almas secas que não sofrem a morte aguada mas vão juntar-se ao fogo cósmico (KRS 237)[7].

O que em Heráclito causava mais admiração a Hegel era sua insistência na coincidência dos opostos, como a de que o universo é ao mesmo tempo divisível e indivisível, gerado e não-gerado, mortal e imortal. Em algumas

---

6. Os leitores de Platão frequentemente se surpreendem com a antecipação da alegoria da caverna na *República*.
7. Para uma discussão sobre o assunto, ver KRS 208.

ocasiões essas identificações de opostos são afirmativas diretas da relatividade de certos predicados. A mais famosa delas, "A rota para cima e para baixo é uma e a mesma", soa muito profunda. Contudo, não necessariamente significa mais do que quando, ao descer tranquilamente uma montanha, e encontrar você esforçando-se no sentido contrário, estamos no mesmo plano. Coisas diferentes são atraentes em ocasiões diversas: a comida quando se tem fome, a cama quando se tem sono (KRS 201). Coisas diferentes atraem espécies diferentes: a água do oceano é tudo para os peixes, mas veneno para os homens; os jumentos preferem entulho a ouro (KRS 199).

Nem todos os pares de coincidentes opostos propostos por Heráclito encontram fácil solução por via da relatividade, e mesmo os aparentemente mais inofensivos deles podem guardar um profundo significado. Assim, Diógenes Laércio afirma que a sequência fogo–ar–água–terra é a rota para baixo, e que a sequência terra–água–ar–fogo é a rota para cima (DL 9, 9-11). Estas duas rotas podem ser consideradas as mesmas somente se vistas como duas etapas de um contínuo e temporalmente infinito progresso cósmico. Heráclito acreditava de fato que o fogo cósmico passa por estágios de combustão e resfriamento (KRS 217). É presumivelmente neste mesmo sentido que devemos compreender a afirmação de que o universo é ao mesmo tempo gerado e não-gerado, mortal e imortal (DK 22 B50). O processo a isto subjacente não tem começo nem fim, mas cada ciclo de combustão e resfriamento é um mundo particular que entra e sai da existência.

Em que pesem relatos dando conta da atividade política de vários dos pré-socráticos, Heráclito apresenta certa precedência, com base em seus fragmentos, quanto a ter sido o primeiro a ter produzido uma filosofia política. Ele não se interessava de fato pela prática política — aristocrata com direito a governar, ele abdicou de seu direito e passou seus bens a seu irmão. Dele se diz que afirmava preferir brincar com crianças a discutir com os políticos. Mas foi ele talvez o primeiro filósofo a falar de uma lei divina — não uma lei física, mas uma lei prescritiva — que presidia sobre todas as leis humanas.

Há um trecho famoso de uma peça de Robert Bolt sobre Thomas More, *O homem que não vendeu a sua alma*. More é pressionado por seu genro, Roper, a prender um espião ao arrepio da lei. More se recusa a fazê-lo: "Conheço o que é legal, não o que é o certo, e fico com o que é legal". Em sua resposta a Roper, More se nega a pôr a lei dos homens acima da lei de Deus. "Eu não sou Deus", afirma, "mas das coisas da Lei, destas sou guardião". Roper diz que jogaria fora todas as leis da Inglaterra para pegar o Demônio. More responde: "E quando a última lei fosse rasgada, e o Diabo o emboscasse — onde você se esconderia, Roper, com todas as leis agora por terra?"[8].

É difícil encontrar uma reprodução literal dessa discussão, seja nos escritos de More ou em relatos de terceiros. Mas dois fragmentos de Heráclito dão voz aos sentimentos do genro e do sogro. "O povo deve lutar em defesa da lei como o faria pela sua cidade" (KRS 249). Mas embora uma cidade deva confiar em sua lei, ela deve pôr sua confiança absoluta na lei universal comum a todos. "Todas as leis dos homens se alimentam de uma única lei, a lei divina" (KRS 250).

O que restou de Heráclito chega a não mais que 15 mil palavras. A enorme influência que ele exerceu em filósofos antigos e modernos é algo digno de admiração. Há qualquer coisa de adequado quanto a seu lugar no afresco de Rafael na sala do Vaticano, *A Escola de Atenas*. Nesse monumental painel, que contém retratos imaginários de muitos filósofos gregos, Platão e Aristóteles, como é certo e direito, ocupam o centro. Mas a figura que atrai de imediato os olhares assim que se entra na sala é a de uma adição posterior ao afresco, a de um Heráclito calçado, pensativo, em profunda meditação no nível mais inferior da pintura[9].

Parmênides e os eleatas

Na Roma antiga Heráclito era conhecido como o "filósofo chorão". Contrastava-se-o ao filósofo risonho, o atomista Demócrito. O contraste seria mais apropriado se estabelecido com Parmênides, o patrono da escola italiana de filosofia no início do século V. Para a Atenas do período clássico, Heráclito era o proponente da teoria de que tudo estava em movimento, em oposição a Parmênides, para o qual nada estava em movimento. Platão e Aristóteles se empenharam, de diferentes modos, a defender a audaciosa tese de que algumas coisas estavam em movimento e algumas estavam em repouso.

---

8. Robert BOLT, *A man for all seasons*, London, Heinemann, 1960, 39. [*O homem que não vendeu a sua alma* foi o título brasileiro do filme baseado na peça de Bolt, cujo texto, salvo engano, jamais foi publicado no Brasil°° (N.T.)].

9. A figura que é tradicionalmente considerada ser Heráclito não aparece nos esboços do afresco. Diz-se que foi Michelangelo o modelo para Rafael, embora R. JONES e N. PENNY (*Raphael*, London, Yale University Press, 1983, 77) duvidem de ambas as tradições.

Segundo Aristóteles (*Met.* A 5, 986b21-5), Parmênides foi um discípulo de Xenófanes, embora muito jovem para ter estudado com ele em Colofão. Tendo passado a maior parte de sua vida em Eleia, cerca de 113 quilômetros ao sul de Nápoles, pode ter sido ali que tenha encontrado Xenófanes, em uma de suas caminhadas. À semelhança de Xenófanes, era um poeta, e compôs um poema filosófico em versos duros do qual chegaram até nós 120 linhas. Ele é o primeiro dos filósofos cujos escritos chegaram até nós em fragmentos contínuos que são de fato substanciosos.

O poema que escreveu consiste de um prólogo e duas partes, uma chamada "O caminho da verdade", a outra "O caminho da opinião que morre". O prólogo nos apresenta o poeta em uma carruagem na companhia das filhas do Sol, deixando para trás as moradas da noite e viajando rumo à luz. Eles alcançam os portões que conduzem aos caminhos da noite e do dia — não fica claro se estes são os mesmos que conduzem à verdade e à opinião [que morre]. Seja como for, a deusa que lhe dá as boas-vindas em sua busca lhe diz que ele deve instruir-se a respeito de duas coisas:

> Do âmago inabalável da verdade bem redonda,
> e de opiniões de mortais, em que não há fé verdadeira.
> (KRS 288, 29-30)[10]

E há somente duas possíveis rotas para o inquérito:

> os únicos caminhos de inquérito que são a pensar:
> o primeiro, que é e portanto que não é não ser,
> de Persuasão é caminho (pois à verdade acompanha);
> o outro, que não é e portanto que é preciso não ser.
> (KRS 291, 2-5)[11]

(Peço ao leitor que acredite que o texto grego de Parmênides é tão duro e desconcertante quanto sua tradução[12].) "O caminho da verdade" de

---

10. Tradução de José Cavalcante de Souza, in *Pré-socráticos*, São Paulo, Abril Cultural, 1973, 147 (Os pensadores I). (N.T.)
11. Ibid, 148. (N.T.)
12. A observação do autor quanto a sua tradução dos versos de Parmênides vale também para a tradução aqui citada. Para os que queiram conhecer a versão de Anthony Kenny, segue sua versão para o inglês: "Besides trustworthy truth's unquaking heart/Learn the false fictions of poor

Parmênides, assim tão enigmaticamente introduzido, marca uma época da filosofia. É o texto fundador de uma nova disciplina: a ontologia, ou metafísica, a ciência do Ser.

Tudo o que existe, tudo o que possa ser pensado, não é para Parmênides senão o Ser. O Ser é um e indivisível, não possui começo ou fim e não está sujeito ao câmbio do tempo. Quando a água de uma chaleira se evapora, isto pode ser, nas palavras de Heráclito, a morte da água e o nascimento do ar, mas para Parmênides não é morte ou nascimento do Ser. Sejam quais forem as mudanças que possam ocorrer, elas não são mudanças do ser para o não-ser, mas são sim mudanças no Ser. Mas na verdade, para Parmênides, não há sequer mudanças. O Ser é eternamente o mesmo, e o tempo é irreal, porque o passado, o presente e o futuro são uma coisa só[13].

O mundo cotidiano de mudança aparente é descrito na segunda parte do poema de Parmênides, "O caminho da aparência", que é introduzido assim por sua deusa:

> Conduzo assim a um fim minha palavra e pensamento confiáveis,
> Uma história da Verdade. O resto é algo de outra sorte —
> Um pacote de mentiras que revelam as crenças dos homens.
>
> (KRS 300)

Não fica claro o porquê de Parmênides ter se sentido obrigado a reproduzir as falsas noções que são acalentadas por iludidos mortais. Se tomarmos a segunda parte de seu poema fora de contexto, teremos aí uma cosmologia muito próxima da tradição dos pensadores jônicos. Aos pares de opostos conhecidos, Parmênides acrescenta a luz e a escuridão, e Aristóteles reputa a ele a introdução do Amor como a causa eficiente de tudo (*Met*. A 3, 984b27). "O caminho da aparência" inclui de fato duas verdades até então em geral desconhecidas: primeiro, que a Terra é uma esfera (DL 9, 21); segundo, que a Estrela da aurora [o Sol] é o mesmo que a Estrela do anoitecer. A descoberta não creditada de Parmênides iria prover os filósofos da geração posterior com um modelo para as afirmações de identidade[14].

---

mortals'art"; "Two ways there are of seeking how to see/One that it is, and is not to be —/That is the path of Truth's companion Trust —/The other it is not, and not to be it must". (N.T.)
13. Encontra-se aqui uma detalhada apresentação da ontologia de Parmênides no capítulo 6.
14. O filósofo Gottlob Frege (século XIX) utilizou este exemplo para introduzir sua célebre distinção entre o sentido e a referência.

Parmênides teve um discípulo, Melisso, que veio de Samos, a ilha de Pitágoras, e que dizia ter estudado também com Heráclito. Tinha atuação política e ascendeu à patente de almirante da Armada de Samos. No ano de 441 a.C., Samos foi atacada por Atenas, e embora Atenas tenha saído da guerra com a vitória consta que Melisso infligiu duas derrotas à Armada de Péricles (Plutarco, *Péricles* 166c-d; DL 9, 4).

Melisso expôs a filosofia do poema de Parmênides em prosa, argumentando que o universo era ilimitado, inalterável, inamovível, indivisível e homogêneo. Ele é lembrado por haver extraído duas consequências dessa visão monista: (1) a dor não é real, porque isto implicaria (impossivelmente) uma deficiência no ser; (2) não há algo como o vácuo, já que ele teria de ser um pedaço de Não-ser. O movimento localizado seria portanto impossível, pois os corpos que ocupam espaço não teriam espaço para onde mover-se (KRS 534).

Um outro discípulo de Parmênides foi Zenão de Eleia, que produziu um conjunto de argumentos mais célebres contra a possibilidade do movimento. O primeiro era expresso da seguinte forma: "Não há movimento, pois qualquer coisa que se mova tem de chegar à metade de seu percurso antes de chegar a seu fim". Para chegar ao extremo oposto de um estádio, seria preciso chegar à metade dessa distância, e assim até o infinito. Mais bem conhecido é o segundo argumento, conhecido comumente como "Aquiles e a tartaruga": "O lerdo", disse Zenão, "jamais será ultrapassado pelo ágil, pois o perseguidor deve chegar ao ponto de onde o fugitivo partiu, de forma que o lerdo deve necessariamente permanecer à frente". Suponhamos que Aquiles corra quatro vezes mais rápido que a tartaruga, e que se dê à tartaruga uma vantagem de quarenta metros no início de uma disputa de cem metros entre os dois. Segundo o argumento de Zenão, Aquiles jamais vencerá, pois no momento em que atingir a marca de quarenta metros, a tartaruga já estará dez metros à frente. Assim que percorrer estes dez metros, a tartaruga estará dois metros e meio à frente. E a cada vez que Aquiles cumprir uma distância, a tartaruga abrirá uma nova, pequena, distância, de forma que ele jamais a ultrapassará (Aristóteles, *Fis.* 5, 9, 239b11-14).

Estes e outros argumentos similares de Zenão assumem que as distâncias e os movimentos são divisíveis ao infinito. Seus argumentos foram recusados por alguns filósofos como paradoxos engenhosos, mas sofísticos. Outros tinham por eles enorme admiração; Bertrand Russel, por exemplo, afirmava que eles forneceram a base do renascimento da matemática do século XIX, de Weierstrass e Cantor[15]. Aristóteles, que preservou os quebra-cabeças de Zenão para nós, afirmou tê-los desmontado, e restabelecido a possibilidade do movimento, ao distinguir entre duas formas de infinito: infinito real e infinito potencial[16]. Mas foi apenas depois de muitos séculos que foram apresentadas soluções satisfatórias para as questões levantadas por Zenão, tanto para os filósofos como para os matemáticos.

Empédocles

O mais extravagante dos primeiros filósofos da Itália grega foi Empédocles, que surgiu na metade do século V. Nasceu em Acragas, cidade costeira ao sul da Sicília, atual Agrigento. O porto desta cidade foi batizado de Porto Empédocles, embora isto não seja um sinal de uma perene veneração ao filósofo, mas antes à paixão, no Risorgimento italiano, de rebatizar locais em homenagem às glórias passadas da Itália.

Empédocles nasceu em uma família aristocrática que possuía um haras de cavalos premiados. Na política, todavia, possui a fama de ter sido um democrata, do qual se conta ter frustrado um plano para tornar a cidade uma ditadura. Conta a história que os agradecidos cidadãos quiseram fazê-lo rei, mas ele teria declinado do cargo, preferindo seu modo de vida frugal como médico e conselheiro (DL 8, 63). A sua ausência de ambição não era contudo sinal de falta de vaidade. Em um de seus poemas ele se jacta de que aonde quer que vá homens e mulheres o pressionam em busca de aconselhamento e tratamento. Ele afirmava possuir drogas para retardar a velhice, além de conhecer alguns encantamentos para controlar o clima. No mesmo poema, de modo franco, ele diz ter alcançado a condição de divindade (DL 8, 66).

Muitas tradições bibliográficas, nem todas possíveis do ponto de vista cronológico, fazem de Empédocles um discípulo de Pitágoras, de Xenófanes e de Parmênides. É certo que ele imitou Parmênides ao escrever um poema em forma hexametral, *Sobre a natureza*. Este poema, dedicado a seu amigo Pausânias, continha cerca de duas mil linhas, das quais chegou até nós apenas uma quinta parte. Ele também escreveu um poema religioso, *Purificações*, do qual muito menos se preservou. Os estudiosos não

---

15. *The principles of mathematics*, London, Allen & Unwin, 1903, 347.
16. Ver capítulo 5.

chegaram a um consenso sobre a qual dos dois poemas devem ser agregadas a maior parte das citações dispersas que sobreviveram — alguns, na verdade, julgam que os dois poemas sejam fragmentos pertencentes a uma única obra. Peças adicionais desse quebra-cabeça textual foram recuperadas quando quarenta fragmentos de papiro foram identificados nos arquivos da Universidade de Estrasburgo em 1994. Como poeta, Empédocles era mais fluente que Parmênides, além de mais versátil. Segundo Aristóteles, ele teria escrito um épico sobre a invasão da Grécia por Xerxes, e de acordo com outras tradições teria sido o autor de muitas tragédias (DL 8, 57).

A filosofia da natureza de Empédocles pode ser considerada, de certo ponto de vista, uma síntese do pensamento dos filósofos jônicos. Como vimos, cada um deles havia escolhido certa substância como o princípio básico ou dominante do universo: Tales havia privilegiado a água, Anaxímenes o ar, Xenófanes a terra e Heráclito o fogo. Para Empédocles, todas essas quatro substâncias mantinham-se em iguais condições como ingredientes fundamentais, ou "raízes", como ele dizia, do universo. Essas raízes sempre existiram, ele declarava, mas elas se misturaram entre si em proporções variadas, de modo a produzir o desenho familiar do mundo assim como as coisas do céu.

> Dessas quatro saiu tudo o que foi, é e sempre será:
> Árvores, animais e seres humanos, machos e fêmeas todos,
> Pássaros do ar e peixes gerados pela água brilhante;
> Os envelhecidos deuses também, de há muito louvados nas alturas.
> Estes quatro são tudo o que há, cada um se entranhando no outro
> E, ao misturar-se, variedade ao mundo dando.
>
> (KRS 355)

O que Empédocles denominava "raízes" era aquilo a que Platão e pensadores gregos posteriores chamavam *stoicheia*, uma palavra anteriormente utilizada para denominar as sílabas de uma palavra. A tradução latina, *elementum*, da qual deriva nossa palavra "elemento", compara as raízes não a sílabas, mas às letras do alfabeto: um *elementum* é um LMNto. Filósofos e cientistas atribuíram ao quarteto de elementos de Empédocles um papel fundamental na física e na química até o advento de Boyle, no século XVII. Na verdade, pode-se alegar que ele ainda permanece conosco, numa forma alterada. Empédocles pensava seus quatro elementos como quatro tipos diferentes de matéria; nós consideramos o sólido, o líquido e o gasoso os três estados da matéria. Gelo, água e vapor poderiam ser, para Empédocles, instâncias específicas de terra, água e ar, enquanto para nós eles são três estados da mesma substância: H_2O. Não é irracional pensar no fogo, e especialmente no fogo do sol, como um quarto elemento de igual importância. Alguém poderia dizer que o surgimento no século XX da ciência da física do plasma, que estuda as propriedades da matéria a temperaturas solares, recuperou a paridade do quarto elemento de Empédocles aos outros três.

Aristóteles louvava Empédocles por ter percebido que uma teoria do cosmos não poderia apenas identificar os elementos do universo, mas deveria atribuir causas para o desenvolvimento e a mistura dos elementos para formar os componentes vivos e inanimados do mundo real. Empédocles atribuiu esse papel ao Amor e ao Ódio: o Amor combinando os elementos, e o Ódio separando-os. Em determinado momento as raízes crescem para ser uma entre muitas, em outra ocasião dividem-se para ser muitas a partir de uma. Estas coisas, ele afirmou, jamais cessam esse intercâmbio contínuo, unindo-se às vezes por força do Amor, separando-se depois umas das outras pela força do Ódio.

O Amor e o Ódio são os antepassados pitorescos das forças de atração e repulsão que figuraram na teoria física através dos séculos. Para Empédocles, a história é um ciclo em que algumas vezes o Amor é dominante, e em outras é o Ódio. Sob a influência do Amor, os elementos se combinam em uma esfera homogênea, harmoniosa e resplandecente, herdeira do universo de Parmênides. Sob a influência do Ódio, os elementos se separam, mas assim que o Amor começa a ganhar o território que havia perdido aparecem todas as diferentes espécies de seres vivos (KRS 360). Todos os seres compostos, como os animais, as aves e os peixes, são criaturas temporárias que surgem e partem; somente os elementos são eternos, e somente o ciclo cósmico continua para sempre.

Para explicar a origem das espécies vivas, Empédocles concebeu uma notável teoria da evolução a partir da sobrevivência do mais apto. No início, carne e osso surgiram como composições químicas de elementos, a carne sendo constituída de fogo, ar e água em partes iguais, o osso constituindo-se de duas partes de água, duas de terra e quatro de fogo. A partir desses constituintes, formaram-se membros e órgãos do corpo não unidos; olhos fora das cavidades, braços sem ombros e rostos sem pescoços (KRS 375-6). Estes órgãos vagaram por aí até encontrar pares ao acaso; fizeram uniões, que nessa primeira fase resultaram com frequência não muito adequadas. Disso resultaram várias monstruosidades: homens com cabeça de boi, bois com cabeça de homem, criaturas andróginas com rostos e seios na frente e nas costas (KRS 379). A maioria desses organismos do acaso eram frágeis ou estéreis e somente as estruturas mais bem adaptadas sobreviveram para tornar-se o homem e as espécies animais que conhecemos. Sua capacidade de reproduzir foi algo devido ao acaso, não a um plano (Aristóteles, *Fís.* 2, 8, 198b29).

Aristóteles prestou tributo a Empédocles por ter sido o primeiro a notar o importante princípio biológico de que diferentes partes de organismos vivos não assemelhados podem possuir funções homólogas, a saber, azeitonas e ovos, folhas e penas (Aristóteles, *GA* 1, 23, 731a4). Mas ele demonstrava desprezar a tentativa de Empédocles de reduzir a teleologia ao acaso, e por muitos séculos os biólogos nisso acompanharam Aristóteles e não Empédocles, o qual riu por último quando Darwin o saudou por "retirar das sombras o princípio da seleção natural"[17].

Empédocles empregou seu quarteto de elementos para oferecer uma explicação da senso-percepção, baseado no princípio de que o semelhante é reconhecido pelo semelhante. Em seu poema *Purificações* ele combinou sua teoria da matéria com a doutrina pitagórica da metempsicose[18]. Os pecadores — sejam divinos ou humanos — são punidos quando o Ódio aprisiona suas almas em diferentes tipos de criaturas na terra e no mar. Um ciclo de reencarnação oferece a esperança de uma eventual deificação para classes privilegiadas de homens: videntes, bardos, doutores e príncipes (KRS 409). Naturalmente, Empédocles alegava identificar-se com todas essas profissões.

Em sua escrita, Empédocles move-se erraticamente entre um estilo austeramente mecânico e um outro de caráter místico-religioso. Algumas vezes ele faz uso de nomes divinos para seus quatro elementos (Zeus, Hera, Hades e Nestis) e identifica o seu Amor com a deusa Afrodite, a quem ele homenageia em termos que antecipam a grande "Ode à alegria" de Schiller (KRS 349). Sem dúvida, sua afirmação da própria divindade pode ser reduzida da mesma maneira pela qual ele demitologiza os deuses olímpicos, embora tenha sido o que chamou a atenção de seus pósteros, especialmente na lenda sobre sua morte.

---

17. Charles DARWIN, Apêndice à sexta edição de *The Origin of Species*, apud. A. GOTTLIEB, *The Dream of Reason*: A history of western philosophy from the greeks to the Renaissance, London, Allen Lane, 2000, 80.

18. Ver capítulo 7.

Conta a história que uma mulher chamada Panteia, declarada morta pelos médicos, foi milagrosamente restituída à vida por Empédocles. Para comemorar, ele ofereceu um banquete sacrifical a oitenta convidados na casa de um homem rico aos pés do Etna. Quando os outros convidados se recolheram para dormir, Empédocles ouviu chamarem seu nome dos céus. Ele dirigiu-se rapidamente ao cume do vulcão, quando então, nas palavras de Milton,

> para ser considerado
> Um Deus, saltou imprudente nas chamas do Etna.
> (*Paraíso perdido*, III, 470)[19]

Matthew Arnold dramatizou essa história em seu *Empédocles no Etna*, em que faz o filósofo pronunciar estes versos à beira da cratera:

> Este coração não mais brilhará; sua condição
> Não mais será a de um homem vivo, Empédocles!
> Nada senão uma consumidora chama de pensamento —
> Mas mente nua somente, incansável na eternidade!
> Para os elementos dos quais veio
> Tudo irá retornar
> Nossos corpos à terra,
> Nosso sangue à água.
> O calor ao fogo,
> O fôlego ao ar.
> Estes nasceram de fato, serão de fato enterrados —
> Mas a mente?
> (linhas 326-338)[20]

Arnold concede ao filósofo, antes de seu mergulho final, a esperança de que, como recompensa por seu amor à verdade, sua mente jamais perecerá totalmente.

---

19. "[…] to be deemed/A god, leaped fondly into Aetna flames".
20. "This heart will glow no more; thou art/A living man no more, Empedocles!/Nothing but a devouring flamen of thought —/But a naked, eternally restless mind!/To the elements it came from/Everything will return/Our bodies to earth,/Our blood to water,/Heat to fire,/Breath to air./They were well born, they will be well entomb'd —/But mind?".

Anaxágoras

Se Empédocles assegurou sua imortalidade em razão de ter sido um precursor de Darwin, seu contemporâneo Anaxágoras é algumas vezes considerado um ancestral intelectual da atualmente popular cosmologia do *big bang*. Anaxágoras nasceu por volta de 500 a.C. em Clazômenas, próxima de Izmir, e possivelmente foi um discípulo de Anaxímenes. Ao término das guerras entre Pérsia e Grécia, ele foi para Atenas e tornou-se um cliente do governante Péricles. Ele se situa assim à frente da distinta série de filósofos que Atenas gerou ou recebeu. Quando Péricles caiu em desgraça, também Anaxágoras tornou-se um alvo do ataque popular. Ele foi processado por traição e impiedade e fugiu para Lâmpsaco, no Helesponto, onde viveu em honrado exílio até sua morte em 428 a.C.

Eis aqui sua explicação para o princípio do universo: "Todas as coisas estavam juntas, infinitas em quantidade e infinitas em pequenez; pois o pequeno era também infinito. E, estando todas as coisas juntas, nenhuma era reconhecível por sua pequenez. Tudo se situava entre ar e éter, ambos infinitos" (KRS 467). Esta rocha primeva começou a girar, expulsando o éter e o ar circundantes e a partir deles formando as estrelas, o sol e a lua. A rotação resultou na separação do denso do raro, do calor do frio, do seco do molhado e do claro do escuro. Mas a separação nunca se completou, e até hoje permanece em toda coisa singular uma porção de tudo o mais. Há um pouco de brancura naquilo que é preto, um pouco de frio no que é quente, e assim por diante: as coisas são nomeadas a partir do item que nelas é dominante (Aristóteles, *Fís.* 1, 4, 187a23). Isto é particularmente óbvio no caso do sêmen, que deve conter cabelos e carne, e mais, muito mais. Mas isto deve também ser verdadeiro quanto ao alimento que comemos (KRS 483-4, 496). Nesse sentido, da mesma forma que as coisas eram no princípio, elas o são agora todas juntas.

A expansão do universo, Anaxágoras confirmava, continua no presente e irá continuar no futuro (KRS 476). Talvez ela já tenha mesmo gerado outros mundos além do nosso. Como um resultado da presença de tudo em tudo, ele diz,

> foram formados os homens e os outros animais possuidores de alma. E os homens possuem propriedades e habitam cidades, assim como nós, e possuem um sol e uma lua e todo o resto, assim como nós. A terra produz coisas de todo tipo para eles, para que a cultivem e armazenem, assim como o faz para

nós. E tudo isso o disse sobre o processo da separação, porque ele não teria acontecido somente aqui, entre nós, mas em toda parte também (KRS 498).

Anaxágoras tem assim o direito de ter sido o originador da ideia, mais tarde proposta por Giordano Bruno, e hoje popular novamente em alguns lugares, de que nosso cosmos é apenas um de muitos que poderiam, como o nosso, ser habitados por criaturas inteligentes.

O movimento que põe em curso o desenvolvimento do universo é, de acordo com Anaxágoras, o trabalho da Mente. "Todas as coisas estavam juntas; então veio a Mente e lhes deu ordem" (DL 2, 6). A Mente é infinita e separada, e não tem parte na composição geral dos elementos; se o tivesse, seria arrastada pelo processo evolucionário e não poderia controlá-lo. Este ensinamento, localizando firmemente a Mente no controle da matéria, de tal modo chocou seus contemporâneos que eles apelidaram Anaxágoras "Mente". É no entanto difícil atinar exatamente o que sua doutrina, embora tenha impressionado enormemente tanto a Platão como a Aristóteles, signifique de fato na prática.

No diálogo *Fédon*, de Platão, Sócrates, em seus últimos dias na prisão, expressa sua desilusão gradual com as explicações mecanicistas da ciência da natureza encontradas nos primeiros filósofos. Ele teria ficado satisfeito, afirma, ao ouvir que Anaxágoras havia explicado tudo a partir do *nous*, ou mente; mas ficara desapontado pela total ausência de referência, no trabalho deste, ao valor. Anaxágoras seria como alguém que dissesse que todas as ações de Sócrates eram realizadas por sua inteligência, e em seguida explicasse o motivo de ele estar sentado aqui na prisão discursando sobre a constituição de seu corpo por ossos e tendões, e pela natureza e pelas propriedades dessas partes, sem mencionar que ele havia julgado ser melhor sentar aqui em obediência à sentença da corte de Atenas. A explicação teleológica era mais profunda que a explicação mecanicista. "Se alguém desejasse descobrir a razão por que cada coisa vem a ser, ou perece ou existe, eis aqui o que iria encontrar sobre o assunto: como seria melhor para ela ser, padecer ou realizar o que fosse?" (*Féd.* 97d).

Anaxágoras fala de sua Mente de maneira apropriada à divindade, e isso pode tê-lo exposto à acusação, pelas cortes atenienses, da introdução de falsos deuses. Mas na verdade a acusação de impiedade parece ter se apoiado em suas especulações científicas. O Sol, ele disse, era uma massa incandescente de metal, pouco maior que o Peloponeso. Julgou-se isso incompatível como a apropriada veneração ao Sol como divino. No exílio em Lâmpsaco, Anaxágoras legou seu último benefício à humanidade: a invenção das férias escolares. Indagado pelas autoridades da cidade sobre como poderiam homenageá-lo, ele lhes disse que as crianças deveriam ficar desobrigadas de ir à escola no mês de sua morte. Antes disso ele já havia granjeado a gratidão dos estudantes de ciência por ter sido o primeiro escritor a incluir diagramas em seu texto.

Os atomistas

A última e mais chocante antecipação da ciência moderna na era pré-socrática foi feita por Leucipo de Mileto e Demócrito de Abdera. Apesar de eles serem sempre nomeados em conjunto, como o Gordo e o Magro, e serem considerados os cofundadores do atomismo, nada se sabe de fato de Leucipo senão o fato de ele ter sido o professor de Demócrito. É principalmente com base nos escritos remanescentes de Demócrito que dependemos para o nosso conhecimento da teoria. Demócrito era um polímata e escritor prolífico, autor de quase oitenta tratados a respeito de tópicos que iam da poesia e da harmonia a táticas militares e teologia babilônia. Todos esses tratados se perderam, mas possuímos uma copiosa coleção de fragmentos de Demócrito, mais volumosa que a de qualquer filósofo que o precedera.

Demócrito nasceu em Abdera, na costa da Trácia, e foi assim o primeiro filósofo de importância a ter nascido na Grécia continental. A data de seu nascimento é incerta, mas é provável que tenha se dado entre 470 e 460 a.C. Dizia-se dele que era quarenta anos mais novo que Anaxágoras, de quem roubou algumas ideias. Viajou por toda parte e visitou o Egito e a Pérsia, mas não ficava excessivamente impressionado com os países que visitava. Em certa ocasião teria afirmado que preferia ser o descobridor de uma simples explicação científica que se tornar rei da Pérsia (DL 9, 41; DK 68 B118).

A tese fundamental de Demócrito era a de que a matéria não é infinitamente divisível. Não conhecemos o argumento exato que o levou a essa conclusão, mas Aristóteles conjeturou que seria algo como o que se segue. Se tomarmos um bloco de qualquer tipo de material e dividi-lo o máximo que pudermos, teremos que parar em minúsculos corpos que são indivisíveis. Não podemos esperar que a matéria seja divisível ao infinito, mas suponhamos que a divisão possa prosseguir, e perguntemos então: o que aconteceria se ela prosseguisse? Se cada uma das infinitas quantidades de partes tiver qualquer grandeza, então se segue que ela deverá ainda ser divisível, o que contradiria nossa hipótese. Se, por outro lado, as partes restantes não tiverem grandeza, então elas jamais poderão ser juntadas em qualquer quantidade: porque zero multiplicado pelo infinito continua a ser zero. Assim, devemos concluir que a divisibilidade chega a um fim, e que os menores fragmentos possíveis devem ser corpos com tamanho e forma. Esses pequeníssimos e indivisíveis corpos foram chamados por Demócrito de "átomos" (que é apenas a palavra grega para "indivisível") (Aristóteles, *GC* 1, 2, 316a13-b16)[21].

Os átomos, acreditava Demócrito, são muito pequenos para serem detectados pelos sentidos. Eles são infinitos em quantidade e aparecem sem cessar em infinitas variedades, além de terem existido desde sempre. Ao contrário dos eleatas, ele afirmava que não havia contradição em admitir a existência de um vácuo: havia um vazio, e nesse infinito espaço os átomos estavam em constante movimento, assim como os grãos de pó sob os raios de sol. Eles se apresentam sob diversas formas, podendo diferir em forma (como a letra A difere da letra N), em ordem (como AN difere de NA) e em posição (como N difere de Z). Alguns deles são côncavos e outros convexos, alguns são como anzóis e outros são como olhos. Em seu movimento incessante eles se chocam uns com os outros e unem-se uns aos outros (KRS 583). Os objetos de tamanho médio do cotidiano são complexos de átomos unidos assim por colisões randômicas, divergindo quanto ao tipo devido às diferenças entre os átomos a partir dos quais são formados (Aristóteles, *Met.* A 4, 985b4-20; KRS 556).

À semelhança de Anaxágoras, Demócrito acreditava em mundos plurais:

> Existem numerosos mundos, diversos em tamanho. Em alguns mundos não há sol ou lua, em outros há um sol e lua maiores, em outros ainda há mais que um de cada. As distâncias entre um mundo e o próximo são várias. Em algumas partes do espaço há mais mundos, em outras, menos; alguns mundos estão se expandindo, outros estão encolhendo; alguns estão nascendo, outros estão se extinguindo. Eles se destroem quando colidem uns com os outros. Há alguns mundos vazios de animais, de plantas e de caldo (KRS 565).

Para Demócrito, os átomos e o vazio são as duas únicas realidades: aquilo que vemos, como água, fogo, plantas ou homens, são apenas ajun-

---
21. Para o argumento contrário de Aristóteles, ver capítulo 5.

tamentos de átomos no vazio. As qualidades sensoriais que vemos são irreais, sendo tributadas à convenção.

Demócrito explicou de forma detalhada como as qualidades percebidas emanam dos diversos tipos e configurações de átomos. Sabores amargos, por exemplo, originam-se de átomos que são pequenos, estreitos, pontudos e irregulares, enquanto os sabores doces são provocados por átomos maiores, mais arredondados e lisos. O conhecimento oferecido a nós pelos sentidos é mera escuridão comparado à iluminação que é dada pela teoria atômica. Para justificar essas afirmações, Demócrito desenvolveu uma epistemologia sistemática[22].

Demócrito escreveu sobre ética assim como sobre física. Muitos de seus aforismos foram preservados, parte dos quais são, ou vieram a se tornar, lugares-comuns. Mas é um equívoco pensar nele como um fornecedor sentencioso de sabedoria convencional. Ao contrário, como iremos mostrar no capítulo 8, um cuidadoso estudo de suas sentenças demonstra ter sido ele um dos primeiros pensadores a ter desenvolvido uma reflexão sistemática sobre a moral.

Os sofistas

No mesmo período em que viveu Demócrito, um seu patrício mais jovem de Abdera, Protágoras, era o decano de um novo tipo de filósofo: os sofistas. Os sofistas eram professores itinerantes que iam de cidade em cidade oferecendo instrução especializada sobre diversos assuntos. Como cobravam taxas para partilhar seus talentos, eles poderiam ser chamados de os primeiros filósofos profissionais, não fosse pelo fato de que ofereciam instrução e serviços que abrangiam uma área muito mais ampla que a filosofia, mesmo em seu sentido mais abrangente. O mais versátil, Hípias de Elis, alegava possuir domínio em matemática, astronomia, música, história, literatura e mitologia, assim como talentos práticos como alfaiate e sapateiro. Alguns dos outros sofistas foram preparados para ensinar matemática, história e geografia, e todos eles eram hábeis retóricos. Encontraram muito trabalho na Atenas de meados do século V, onde jovens que tinham de apelar aos tribunais ou desejavam fazer uma carreira em política estavam dispostos a pagar quantias generosas por instrução e orientação.

---

22. Ver capítulo 4.

Os sofistas fizeram um estudo sistemático do debate forense e da persuasão oratória. Nessa empreitada escreveram sobre vários assuntos, a começar pela gramática básica. Protágoras foi o primeiro a distinguir os gêneros a partir dos substantivos e os tempos e modos dos verbos (Aristóteles, *Ret.* 3, 4, 1407b6-8). Prosseguiram neste rumo listando técnicas de argumentação e truques de advocacia. Como intérpretes de textos ambíguos e assessores de oradores rivais, estavam entre os primeiros críticos literários. Além disso, também ofereceram conferências e apresentações públicas, e patrocinaram encontros erísticos, parte com objetivos de instrução e parte para entretenimento (DL 9, 53). Em conjunto, seus papéis equivaliam aos de nossos modernos tutores, consultores, advogados, profissionais de relações públicas e celebridades.

A primeira visita de Protágoras a Atenas foi como embaixador de Abdera. Foi recebido com honrarias pelos atenienses e convidado a voltar por diversas vezes. Péricles solicitou a ele que redigisse uma constituição para a nova colônia pan-helênica de Turi, na Itália setentrional, em 444 a.C. Protágoras fez sua primeira apresentação pública na residência do dramaturgo Eurípides, quando leu em voz alta um tratado intitulado *Sobre os deuses*, cujas linhas iniciais são sempre lembradas: "Quanto aos deuses, não posso afirmar com certeza se existem ou não, ou como seriam, dado que muitas coisas se interpõem no caminho de seu conhecimento: tanto a obscuridade do tema quanto a curta duração da vida humana" (DL 9, 51). Seu dito mais famoso, "O homem é a medida de todas as coisas", encerra uma epistemologia relativista que será aqui examinada em detalhes mais à frente[23].

Protágoras parece ter sido treinado para argumentar de cada um dos lados em disputa sobre qualquer questão, jactando-se de sempre poder transformar o pior argumento no melhor. Isso pode significar simplesmente que ele poderia preparar um cliente fraco para a melhor apresentação de seu caso, mas críticos tão diferentes quanto Aristófanes e Aristóteles consideravam que ele queria dizer que poderia fazer o errado parecer certo (Aristófanes, *As nuvens*, 112ss., 656-7; Aristóteles, *Ret.* 2, 24, 1402a25). Os inimigos de Protágoras gostavam de contar a história sobre a ocasião em que ele processara seu discípulo Evalto pelo não-pagamento de honorários. Evalto se recusara a pagar alegando que até então ele não ganhara uma simples causa. "Bem!, disse Protágoras, "se eu vencer esta causa, você

---

23. Ver capítulo 4.

deverá pagar em razão de o veredicto ter sido favorável a mim, mas, se for você o vencedor, ainda assim você deverá pagar, porque então você terá vencido uma causa" (DL 9, 56).

Outro sofista, Pródico, da ilha de Ceo, no mar Egeu, chegou a Atenas, como Protágoras, em visita oficial em nome de seu estado natal. Era um linguista, mas mais interessado em semântica que em gramática; ele pode talvez ser considerado o primeiro lexicógrafo. Aristófanes e Platão o acusavam de ser um pedante, que fazia distinções inúteis entre palavras que eram virtualmente sinônimas. Na verdade, contudo, algumas das distinções a ele atribuídas (como aquela entre os dois equivalentes gregos para "querer", *boulesthai* e *epithumein* [Platão, *Prot.* 340b2]) vieram a ter posteriormente real importância filosófica.

Atribui-se a Pródico uma fábula moral romântica sobre o jovem Héracles confrontado a escolher entre duas personificações femininas da Virtude e do Vício. O mesmo Pródico possuía também uma teoria sobre a origem da religião: "Os antigos consideravam o sol e a lua, os rios e as correntes, e tudo o mais que fosse bom para a vida como deuses, porque somos auxiliados por eles, da mesma forma como os egípcios cultuavam o Nilo" (DK 84 B5). Assim, o culto a Hefaístos é na verdade o culto ao fogo, e o culto a Deméter é na verdade o culto ao alimento.

Górgias, de Leontinos, na Sicília, anteriormente um discípulo de Empédocles, foi outro sofista que veio a Atenas em missão diplomática, em busca de auxílio na guerra contra Siracusa. Ele não era apenas um orador convincente, mas um técnico em retórica que classificou diferentes figuras do discurso, como a antítese e as questões retóricas. Seu estilo foi muito admirado em sua própria época, mas foi posteriormente considerado adornado em excesso. De seus escritos foram preservadas duas curtas obras de interesse filosófico.

A primeira é um exercício retórico em defesa de Helena de Troia contra os que a difamavam, discurso em que argumenta que ela não pode ser culpada por fugir com Páris e ter assim precipitado a guerra com Troia. "Ela fez o que fez ou devido aos caprichos da fortuna, das decisões dos deuses e das imposições da necessidade, ou porque foi raptada pela força, ou convencida pelo discurso ou assolada pelo amor" (DK 82 B11, 21-4). Górgias desenvolve essas alternativas uma a uma, argumentando para cada caso que Helena deveria ser considerada livre de culpa. Nenhum ser humano pode opor resistência ao destino, e é o raptor, não a raptada, quem merece a culpa. Até aqui, a empreitada de Górgias era simples, mas para demonstrar que Helena não deveria ser culpada se tivesse sucumbido à persuasão ele teve de passar a um inconvincente, embora sem dúvida simpático, encômio às faculdades da palavra falada: "é uma poderosa autoridade suprema, sem substância e imperceptível, mas que pode alcançar efeitos divinos". Também neste caso é o persuasor, não a persuadida, que deve ser culpado. Por fim, se Helena se apaixonou, ela não tem culpa, pois o amor é ou um deus ao qual não se pode resistir, ou uma doença mental que deve ser objeto de nosso pesar. Esta breve e sagaz peça é a ancestral de muitos debates filosóficos sobre liberdade e determinismo, *force majeure*, incitação e impulso irresistível.

A obra de Górgias intitulada *Sobre o que não é* oferece argumentos para três conclusões céticas: primeira, que nada existe; segunda, que se existe algo ele não pode ser conhecido; terceira, que se algo pode ser conhecido ele não pode ser passado de uma pessoa a outra. Esta sequência de argumentos chegou até nós em duas formas, a primeira pelo tratado *Melisso*, do Pseudo-Aristóteles, e outra por Sexto Empírico.

O primeiro argumento gira em torno da natureza polimorfa do verbo grego "ser". Não irei reproduzir o argumento aqui, mas lidarei com ele no capítulo 6 para expor as definitivas ambiguidades ali contidas. O segundo argumento é apresentado da seguinte maneira: coisas que existem somente podem ser objetos do pensamento se os objetos do pensamento são coisas que são. Mas os objetos do pensamento não são coisas que são, caso contrário tudo o que alguém pensasse o seria. Mas pode-se pensar em um homem voando ou em uma carruagem percorrendo o mar sem que tais coisas sejam. Portanto, coisas que existem não podem ser objetos do pensamento. O terceiro argumento, o mais plausível dos três, argumenta que cada sensação individual é privada e que tudo o que podemos passar a nossos semelhantes são palavras e não experiências.

Os argumentos desse famoso sofista para essas aflitivas conclusões são na verdade sofismas, e foram sem dúvida descartados como tais por aqueles que com eles primeiro se depararam. Mas é mais fácil descartar um sofisma do que diagnosticar sua natureza, e é mais difícil ainda procurar encontrar sua cura. O primeiro sofisma foi, em sua essência, desarmado por Platão em seu diálogo apropriadamente batizado *Sofista*[24]. O segundo sofisma emprega um tipo falacioso de argumentação, que por vezes apresenta-se no próprio Platão. A lógica de Aristóteles, contudo, deixou claro aos pensado-

---

24. Ver capítulo 6.

res posteriores que "Nem todos A serem B" não implica que "Nenhum B seja um A". O terceiro argumento, da privacidade da experiência, foi aplacado de forma definitiva apenas por obra de Wittgenstein, no século XX.

Ao lado de Protágoras, Hípias, Pródico e Górgias, houve outros sofistas cujos nomes e reputações chegaram até nós. Cálicles, por exemplo, o defensor da doutrina que afirmava que o poder é justo; Trasímaco, o expositor da justiça como a protetora daqueles que detêm o poder. Eutidemo e Dionisiodoro, uma dupla de afiados lógicos que propunham a você provar que seu pai era um cão. Estes homens, contudo, e mesmo os mais bem conhecidos sofistas de que aqui falamos, são por nós conhecidos primeiramente como personagens dos diálogos de Platão. Suas disputas filosóficas são mais bem estudadas no contexto desses diálogos. A busca da verdade histórica sobre os sofistas não é mais recompensadora do que a tentativa de descobrir como eram o rei Lear ou o príncipe Hamlet antes de Shakespeare deles se apropriar.

Devemos portanto nos despedir desses sofistas e passar a lidar com Sócrates, que de acordo com certo ponto de vista foi o maior dos sofistas, e segundo outro foi o paradigma do verdadeiro filósofo, no polo oposto a qualquer tipo de sofística.

Sócrates

Na história da filosofia, Sócrates tem um lugar sem paralelo. Por um lado, ele é reverenciado como o inaugurador da primeira grande era da filosofia, e portanto, em certo sentido, da própria filosofia. Nos manuais, todos os pensadores anteriores são espremidos em conjunto na categoria "pré-socráticos", como se a filosofia anterior a esse período fosse de algum modo pré-histórica. Por outro lado, Sócrates não deixou nenhum escrito, e dificilmente há uma simples sentença creditada a ele que podemos estar certos de ter sido emitida pelo próprio em vez de ser uma criação literária de um de seus admiradores. Nosso contato de primeira mão com sua filosofia é menor que com as de Xenófanes, Parmênides, Empédocles ou Demócrito. E no entanto sua influência na filosofia a ele subsequente, até os nossos dias, foi incomparavelmente maior que a destes outros.

Na Antiguidade, muitas escolas de pensamento disputavam Sócrates como fundador, e muitos indivíduos o reverenciavam como filósofo-modelo. Na Idade Média, sua história não foi muito estudada, mas seu nome é mencionado sempre que um lógico ou um metafísico queira dar um exemplo: "Sócrates" foi para a escolástica o que o "homem comum" tem sido para os escritores do direito. Em tempos modernos, a vida de Sócrates tem sido apontada como um modelo por filósofos dos mais diversos tipos, especialmente por filósofos que vivem sob regimes tirânicos e sob risco de perseguição pela recusa à conformação a uma ideologia irracional. Muitos pensadores adotaram o *dictum* que tem tanto direito quanto qualquer outro a ter sido autenticamente emitido por Sócrates: "a vida não investigada não vale a pena ser vivida".

Os acontecimentos comuns da vida de Sócrates não exigem muito tempo para ser narrados. Nasceu em Atenas por volta de 469 a.C., dez anos depois que as invasões persas da Grécia tinham sido esmagadas na batalha de Platea. Cresceu durante os anos em que Atenas, uma florescente democracia sob o governo de Péricles, exerceu hegemonia imperial sobre o mundo grego. Foi uma era dourada de arte e literatura, que viu as esculturas de Fídias e a construção do Partenon, e na qual Ésquilo, Sófocles e Eurípides produziram suas grandes tragédias. Ao mesmo tempo, Heródoto, o "pai da história", escrevia seus relatos sobre as Guerras Persas e Anaxágoras trazia a filosofia a Atenas.

A segunda metade da vida de Sócrates foi obscurecida pela Guerra do Peloponeso (431-404 a.C.), na qual Atenas viu-se forçada a ceder a liderança sobre a Grécia à vitoriosa Esparta. Durante os primeiros anos da guerra, Sócrates serviu na infantaria pesada, participando de três grandes confrontos. Ele granjeou uma reputação de inegável coragem, demonstrada particularmente por ocasião da retirada que se seguiu a uma desastrosa derrota em Delium, em 422. De volta a Atenas durante os últimos anos da guerra, ele assumiu um posto na Assembleia da cidade em 406. Um grupo de comandantes foi julgado por abandonar os corpos dos mortos após uma vitória no mar em Arginos. O julgamento coletivo, e não individual, dos comandantes era inconstitucional, mas Sócrates foi voto vencido contra a ilegalidade, e os acusados foram executados.

Em 404, finda a guerra, os espartanos substituíram a democracia ateniense por uma oligarquia, "os Trinta Tiranos", por muito tempo lembrados por seu reinado de terror. Instruído a prender um inocente, Leão, de Salamis, Sócrates fez-se de rogado. Ele se recusava a cumprir ordens contrárias à lei, mas parece não ter tomado parte na revolução que derrubou a oligarquia e restaurou a democracia. Sua retidão era agora, tanto para democratas como para aristocratas, motivo de queixa, e os democratas reinstalados recordaram-se também de que alguns de seus mais próximos companheiros, como Crítias e Cármides, haviam feito parte dos Trinta.

Um ambicioso político democrata, Anito, em conluio com dois parceiros, produziu uma acusação formal a ser apresentada contra Sócrates, que constava dos seguintes termos: "Sócrates descumpre a lei porque não reconhece os deuses que a cidade reconhece e por ter apresentado outras divindades novas. Ele também descumpriu a lei por corromper os jovens. Penalidade proposta: Morte" (DL 2, 40). Não chegaram até nós registros do julgamento, embora dois dos admiradores de Sócrates tenham nos legado reconstruções imaginadas do discurso que Sócrates teria feito em sua defesa. O que quer que ele tenha dito de fato não foi capaz de comover uma quantidade suficiente entre os quinhentos cidadãos que constituíam o júri. Foi considerado culpado, embora por apenas uma pequena maioria, e condenado à morte. Após um adiamento que passou na prisão, causado por uma tecnicalidade religiosa, Sócrates morreu na primavera de 399 a.C., ao tomar uma taça de cicuta fornecida por seu carrasco.

A alegação de impiedade na peça acusatória de Sócrates não constituía novidade. Em 423 a.C., o dramaturgo Aristófanes produzira uma comédia, *As nuvens*, em que apresentava um personagem chamado Sócrates, que dirigia uma escola de ardis que era também um instituto de pesquisas adulteradas. Os estudantes deste estabelecimento não somente aprendiam a fazer argumentos ruins triunfarem sobre os bons, mas também estudavam a astronomia em um clima de ceticismo irreverente em relação à religião tradicional. Eles invocaram um novo panteão de deidades: ar, éter, nuvens e caos (260-6). O mundo, lhes foi ensinado, é governado não por Zeus, que não existe, mas por Dinos (literalmente, "Vórtice"), a rotação dos corpos celestes (380-1). A maior parte da peça é burlesca em estilo, o que significa que não se deve levá-la a sério: Sócrates apura quantos pulgopés uma pulga pode saltar, além de explorar as nuvens em uma geringonça voadora. Mas a alegação de incompatibilidade entre a astronomia e a piedade, se tivesse sido concebida como piada, era do tipo perigoso. Afinal, na década anterior Anaxágoras havia sido degredado por afirmar que o sol era uma massa incandescente de metal. No final da peça, a casa de Sócrates é incendiada por uma turba revoltada que deseja puni-lo por insultar os deuses e violar a privacidade da lua. Aos que se recordam da comédia de Aristóteles, os eventos de 399 parecem ter sido um caso lamentável da vida imitando a arte.

Alguns dos traços do Sócrates de *As nuvens* são a ele creditados também por escritores mais simpáticos a ele. Há uma concordância geral quanto a Sócrates ter sido barrigudo, com um nariz achatado, os olhos saltados e claudicante no andar. Ele é quase sempre descrito como desleixado, por trajar farrapos, e por preferir andar descalço. Mesmo Aristófanes o representa como capaz de resistir a muitos contratempos e indiferente à privação: "incapaz de sentir frio, jamais faminto à hora do café da manhã, alguém que despreza o vinho e a gula" (414-417). Outras fontes sugerem que seu desprezo pelo vinho não vinha de ser um abstêmio, mas do fato de possuir uma capacidade incomum de não sofrer os efeitos do álcool (Platão, *Banq.* 214a). Sócrates desposou Xantipa, com a qual teve um filho, Lâmpocles. Uma perene, mas talvez equívoca, tradição descreve Xantipa como uma megera (DL 2, 36-7). Segundo alguns escritores da Antiguidade, ele teve outros dois filhos, de sua concubina oficial, Mirto (DL 2, 26). Na Antiguidade, contudo, ele era mais bem reputado por sua ligação com o espalhafatoso aristocrata Alcibíades, vinte anos mais novo que Sócrates: uma ligação que, embora apaixonada, permaneceu, para usar a terminologia de uma época posterior, platônica.

O Sócrates de Xenofonte

No que concerne a questões de maior importância, há muito pouco de certo sobre a vida e as ideias de Sócrates. Para informações adicionais dependemos acima de tudo de dois de seus discípulos cujas obras chegaram incólumes até nós: do soldado historiador Xenofonte e do filósofo idealista Platão. Xenofonte e Platão escreveram, após o evento, discursos sobre a defesa de Sócrates em seu julgamento. Xenofonte, além disso, escreveu quatro livros de memórias de Sócrates — *Memorabilia Socratis* — e um diálogo socrático, o *Banquete*. Platão, além de sua *Apologia*, escreveu pelo menos 25 diálogos, entre os quais em apenas um deles Sócrates não se apresenta. Xenofonte e Platão pintam retratos de Sócrates que diferem entre si de modo semelhante ao em que o retrato de Jesus oferecido no Evangelho de Marcos difere daquele oferecido no Evangelho de João. Enquanto em Marcos Jesus fala por meio de parábolas, breves aforismos e respostas pontuais a questões, o Jesus do quarto evangelho oferece extensos discursos que ecoam em diversos níveis. Há um contraste semelhante entre o Sócrates de Xenofonte, que indaga, argumenta e exorta de modo operativo, e o Sócrates da *República* de Platão, que oferece densas conferências metafísicas, em um estilo de elaborado artifício literário. E, assim como foi a representação de Jesus oferecida por João, que teve maior impacto no desenvolvimento teológico posterior, foram as ideias do Sócrates de Platão que se provaram mais férteis na história da filosofia.

Segundo Xenofonte, Sócrates era um homem piedoso, rigoroso observador dos ritos, respeitador dos oráculos, que em suas orações deixava os deuses decidirem o que seria bom para si, uma vez que estes eram onipresentes e oniscientes, conhecedores de todas as palavras, ações e intenções não ditas (*Mem.* 1, 2, 20; 3, 2). Ele ensinava que o óbolo do pobre era mais agradável aos deuses que as grandes oferendas dos ricos (*Mem.* 1, 3, 3). Era decente e ponderado, livre de avareza ou ambição, moderado em seus desejos e tolerante em face das adversidades. Não era um educador, embora tivesse ensinado a virtude pela prática e pela exortação, e desencorajado o vício via provocação e fábulas, assim como por reprovação. Não lhe pode caber nenhuma culpa se alguns de seus discípulos preferiram o mal a despeito de seu exemplo. Apesar de ter restrições a alguns dos aspectos da democracia ateniense, era um amigo do povo, além de ser totalmente inocente de crimes ou traição (*Mem.* 1, 2).

A maior preocupação de Xenofonte em suas memórias era livrar Sócrates das acusações a ele apresentadas em seu julgamento e demonstrar que sua vida era tal que os conservadores atenienses deveriam reverenciá-lo antes que o condenar à morte. Xenofonte ansia também por estabelecer uma distância entre Sócrates e os outros filósofos daquele período: à diferença de Anaxágoras, Sócrates não tinha um interesse fútil por física ou astronomia (*Mem.* 1, 1, 16) e, ao contrário dos sofistas, ele não cobrava quaisquer taxas ou fingia conhecer o que desconhecia (*Mem.* 1, 6-7).

O Sócrates de Xenofonte é um homem probo, ótimo, correto, capaz de oferecer conselhos simplórios e do senso comum em questões práticas e éticas. Nos debates, ele é ágil na resolução de ambiguidades e em esvaziar chavões, mas raramente se aventura no terreno da argumentação ou da especulação filosóficas. Na rara ocasião em que o faz, de modo significativo, é para provar a existência da providência de Deus. Se um objeto é útil, argumenta Sócrates, ele deve ser o produto de um desígnio, não do acaso, e nossos órgãos do sentido são úteis e construídos com delicadeza. "Por nossa visão ser delicada, ela foi encerrada pelas pálpebras, que se abrem quando necessitamos fazer uso dela e se fecham ao dormirmos. Para que o vento não a prejudicasse, cílios foram ali instalados como uma tela, e nossa testa foi fornida com sobrancelhas para prevenir danos que pudessem advir do suor provindo da própria cabeça (*Mem.* 1, 4, 6). Essas engenhosidades e a implantação dos instintos para a procriação e a autopreservação se assemelham às ações de um sábio e benevolente artesão (*demiourgos*). É arrogância pensar que nós, humanos, somos o único receptáculo da mente (*nous*) no universo. É verdade que não podemos contemplar a inteligência cósmica que governa o infinito e múltiplo universo, mas igualmente não podemos contemplar as almas que controlam nossos próprios corpos. Além disso, é absurdo pensar que os poderes cósmicos que existem não dizem respeito aos homens, já que eles privilegiaram os homens sobre todos os outros animais, ao dotá-los da postura ereta, de mãos multifuncionais, linguagem articulada e sexo durante o ano inteiro (*Mem*. 1, 4, 11-12).

Apesar dessa antecipação do perene argumento do desígnio, há pouco na obra de Xenofonte que possa habilitar Sócrates a uma posição proeminente na história da filosofia. Muitos dos pré-socráticos seriam bem mais que rivais para o Sócrates de Xenofonte em questões de alcance, percepção e originalidade. O Sócrates que capturou a imaginação dos filósofos é o Sócrates de Platão, e é com ele que iremos nos ocupar daqui para frente.

O Sócrates de Platão

Todavia, é simplificação em demasia falar de um Sócrates platônico, dado que os diálogos de Platão não concedem um papel consistente ou personalidade ao personagem chamado Sócrates. Em alguns diálogos ele é predominantemente um investigador crítico, desafiando as pretensões de outros personagens ao fazer uso de uma peculiar técnica de perguntas e respostas — *elenchus* — que reduz as pretensões a incoerências. Em outros diálogos, Sócrates está quase disposto a discursar a seu público, e a apresentar um sistema ético e metafísico de maneira dogmática. Em outros diálogos ainda, ele é apenas um coadjuvante, ficando a iniciativa filosófica a cargo de um outro protagonista. Antes de avançar, todavia, devemos fazer uma digressão para avaliar quando e por que se pode considerar que os diálogos apresentam as reais visões de Sócrates, e quando e em que altura o personagem Sócrates atua como um porta-voz para a filosofia do próprio Platão.

Em séculos mais recentes, os estudiosos buscaram explicar essas diferenças em termos cronológicos. Assim, os diferentes papéis concedidos a Sócrates em diferentes diálogos representariam o desenvolvimento do pensamento de Platão e sua gradual emancipação dos ensinamentos de seu mestre. A pista inicial para uma ordenação cronológica dos diálogos foi

Sócrates e Platão retratados por Mathew Parris
no século XIII. Quem ensina quem?

dada por Aristóteles, que nos informa que as *Leis* de Platão foram redigidas depois da *República* (*Pol.* 2, 6, 1264*b*24-7). E de fato há uma tradição que informa que as *Leis* não eram uma obra concluída quando da morte de Platão (DL 3, 37). A partir desses dados, os estudiosos do século XIX buscaram estabelecer um grupo de diálogos iniciando-se a partir do período final da vida de Platão. Eles estudaram a frequência em diferentes diálogos de diferentes formas de estilo, tais como o uso de termos técnicos, preferências entre formas de expressão sinônimas, recusa ao hiato e adoção de ritmos de discurso peculiares.

A partir desses estudos de estilo, que ao final do século XIX haviam abrangido algo em torno de quinhentos diferentes critérios linguísticos, emergiu o consenso de que um grupo de diálogos se posicionava em relação à sua semelhança com as *Leis*. Todos os estudiosos concordam em incluir neste grupo os diálogos *Crítias*, *Filebo*, *Sofista*, *Político* e *Timeu*, e que este grupo representa o derradeiro estágio da carreira de escritor de Platão. Não há no entanto consenso similar quanto à ordem dentro do grupo, mas é digno de nota que estão nele inclusos todos os diálogos em que o papel de Sócrates apresenta-se mais reduzido. Somente no *Filebo* ele é um personagem proeminente, nem sequer aparece nas *Leis* e tem apenas um papel de figurante no *Timeu*, no *Críton*, no *Sofista* e no *Político*, nos quais o protagonismo é dado a outro: nos dois primeiros, ao personagem título; nos dois últimos, a um estrangeiro oriundo da Eleia de Parmênides. Parece razoável, todavia, considerar que os diálogos deste grupo expressam as visões do Platão da maturidade e não as de seu há muito morto professor.

Ao proceder à divisão dos primeiros diálogos em grupos, os estudiosos podiam uma vez mais pôr-se no encalço de uma pista fornecida por Aristóteles. Na *Metafísica* (M 4, 1078b27-32) ele estabelece a pré-história da teoria das Ideias, na qual concede o seguinte papel a Sócrates: "Com efeito, duas são as descobertas que se podem atribuir com razão a Sócrates: os raciocínios indutivos e as definições universais: estas descobertas constituem a base da ciência. Sócrates não considerou as definições e os universais como entidades separadas, mas os outros pensadores [os platônicos] o fizeram, e a essas realidades deram o nome de Ideias [de coisas]"[25]. Exposições da teoria das Ideias são postas na boca de Sócrates em vários diálogos importantes, notadamente no *Fédon*, na *República* e no *Banquete*. Nestes diálogos surge um Sócrates que não é o inquisitivo questionador, mas um professor na plena posse de um sistema filosófico. Mediante critérios de comparação estatística de estilo, esses diálogos são mais próximos do grupo tardio já descrito do que outros. É portanto razoável trabalhar

---

25. Tradução de Marcelo Perine a partir da versão italiana de Giovani REALE, *Metafísica*, São Paulo, Loyola, 2002, 607, vl. II. (N.T.)

com eles como um grupo intermediário dentro do *corpus* e considerá-los representativos da filosofia mesma de Platão e não da de Sócrates.

Um terceiro grupo de diálogos pode ser identificado por um conjunto de aspectos comuns: (1) são curtos; (2) Sócrates aparece neles como aquele que questiona e não como aquele que instrui; (3) a teoria das Ideias não é apresentada; e, (4) do ponto de vista da comparação estatística de estilo, eles são os mais distanciados do grupo tardio primeiramente identificado. Este terceiro grupo abrange *Críton*, *Cármides*, *Laques*, *Lísis*, *Íon*, *Eutidemo* e *Hípias Menor*, diálogos comumente aceitos como os que mais provavelmente representam as concepções filosóficas do Sócrates histórico. Deste grupo faz parte também a *Apologia*, em que Sócrates é a única voz, no julgamento por sua vida, e no qual as visões filosóficas e os traços obtidos pela comparação estatística de estilos se assemelham aos outros diálogos do grupo. Também quanto a conteúdo e estilo, o primeiro livro da *República* guarda mais semelhanças com este grupo que com os demais livros do diálogo, tanto que alguns estudiosos supõem, baseados em boa argumentação, que ele tenha existido inicialmente como um diálogo separado, possivelmente com o título *Trasímaco*. É difícil estabelecer uma cronologia para este primeiro grupo, embora alguns autores situem *Lísis* como o primeiro e o datem como anterior a 399 a.C., com base em um antigo relato que afirma que ele teria sido lido para o próprio Sócrates, o qual teria dito: "que monte de mentiras este jovem diz a meu respeito" (DL 3, 35).

Para mim, há boas razões para se aceitar o consenso geral que assim divide os diálogos platônicos em três grupos: primitivo, médio e tardio. A divisão é resultado da chocante coincidência de três conjuntos independentes de critérios, o dramático, o filosófico e o da comparação estatística de estilos. Seja concentrando-nos no papel dramático desempenhado por Sócrates, no conteúdo filosófico dos diálogos ou nos reveladores detalhes de estilo e idioma, chegamos ao mesmo agrupamento triádico. A evolução da comparação estatística de estilo no século XX, com instrumental estatístico muito mais refinado e a partir de uma vasta quantidade de novos dados obtidos a partir de textos computadorizados, nada mais fez em essência que confirmar o consenso alcançado no final do século XIX e início do século XX[26].

---

26. Esse consenso tem sido questionado de modo significativo somente quanto ao *Timeu* e seu apêndice, o *Crítias*. Esse debate será aqui examinado posteriormente, ao discutirmos a teoria das Ideias de Platão.

Certos diálogos, contudo, não se encaixam de modo claro em nenhum dos três grupos, porque os três critérios não coincidem aí graciosamente. Os casos mais importantes entre eles são os de *Crátilo*, *Eutífron*, *Górgias*, *Mênon*, *Fedro*, *Parmênides*, *Protágoras* e *Teeteto*. Aos problemas aqui encontrados foi lançada nova luz pelos mais recentes estudos de comparação estatística de estilos[27]. Não há espaço aqui para apresentar argumentos detalhados para a atribuição desses diálogos a um período específico, de modo que irei simplesmente afirmar a cronologia que para mim parece ser a mais provável depois de um exame a partir dos três conjuntos de critérios.

Górgias, *Protágoras* e *Mênon* parecem pertencer a algo entre o primeiro e o segundo grupo. Embora não se discuta neles a teoria das Ideias, o papel de Sócrates é mais próximo ao do filósofo didático dos diálogos do meio que ao do investigador agnóstico dos primeiros diálogos. A ordem sugerida a partir de considerações filosóficas é *Protágoras*, *Górgias* e *Mênon*; a ordem que emerge dos estudos de comparação estatística de estilo é *Mênon*, *Protágoras* e *Górgias*. Próximo aos três em estilo é o *Crátilo*, mas é difícil situá-lo com precisão. O *Eutífron* é geralmente considerado um diálogo primitivo, mas nele se encontra uma pista sobre a teoria das Ideias, e indicadores de estilo o situam próximo do *Górgias*. Eu também o situaria neste grupo intermediário.

O *Fedro* foi algumas vezes considerado, na Antiguidade, o mais antigo dos diálogos platônicos (DL 3, 38), mas em questões de estilo e doutrina ele fica mais razoavelmente bem situado no grupo médio. O mesmo não ocorre com dois outros diálogos de grande importância próximos do *Fedro* em questões de estilo: o *Parmênides* e o *Teeteto*. Em conteúdo, essas obras se situam a alguma distância da clássica teoria das Ideias, ignorada no *Teeteto* e objeto de severa crítica no *Parmênides*. Quanto à estrutura, o *Parmênides* difere de todos os outros diálogos e o *Teeteto* se assemelha aos diálogos do primeiro grupo. Referências internas no *Teeteto* o remontam ao *Parmênides* (183e) e o conduzem ao *Sofista* (210d). Tudo pesado, parece sensato situar esses dois diálogos entre os diálogos médios e tardios, mas uma discussão a respeito dos problemas em emitir uma afirmação coerente sobre a posição filosófica de Platão nesse período terá de esperar até que tenhamos fornecido um resumo sobre a teoria das Ideias.

---

27. Ver L. BRANDWOOD, *The Chronology of Plato's Dialogues*, Cambridge, Cambridge University Press, 1990; G. LEDGER, *Re-counting Plato*: A computer analysis of Plato's style, Oxford, Clarendon Press, 1989; J. T. TEMPLE, A multivariate synthesis of published platonic stylometric data, *Literary and Linguistic Computing* 11[2] (1996) 67-75.

A filosofia de fato de Sócrates

Foi preciso estabelecer uma cronologia plausível para os textos platônicos para indicar em que medida é seguro confiar em Platão como uma fonte de informação sobre o Sócrates histórico. Isto posto, podemos abordar a filosofia provinda de fato de Sócrates, assim como é apresentada nos primeiros diálogos de seu discípulo. Platão, à semelhança de Xenofonte, anseia, na *Apologia*, por defender Sócrates da acusação de ateísmo. Ele ressalta a inconsistência entre as duas acusações, a de que Sócrates é um ateu e a de que ele apresenta estranhas divindades, afastando-o do fisicismo secular de Anaxágoras. A negação na *Apologia* de que ele nem mesmo houvesse algum dia discutido física (19d) não soa inteiramente verdadeira, mesmo que tenha sido repetida mais tarde por Aristóteles (*Met.* A 6, 987b2). Se Sócrates jamais tivesse mostrado qualquer interesse em questões de cosmologia, o sarcasmo de Aristófanes estaria tão distanciado da verdade que ninguém teria entendido as piadas. Além disso, o próprio Platão, no *Fédon*, apresenta Sócrates confessando que teria em certa ocasião partilhado a curiosidade de Anaxágoras quanto a ser a Terra plana ou redonda, se estava no centro do universo, e sobre qual seria o motivo para o movimento e para a velocidade do Sol, da Lua e de outros corpos celestes (*Féd.* 97b–99a).

Talvez tenha sido o desapontamento de Sócrates em relação a Anaxágoras que o tenha feito desistir da investigação científica e passar a se concentrar nas questões que, segundo a *Apologia* e Aristóteles, dominaram a parte final de sua vida. Segundo Platão e Xenofonte, outro fator que encaminhou seu interesse foi um oráculo emitido em nome de Apolo por uma sacerdotisa em transe no santuário de Delfos. Ao ser indagada se havia em Atenas alguém mais sábio que Sócrates, a sacerdotisa respondera que não. Sócrates confessou-se confuso por essa resposta, e começou a interrogar diferentes classes de pessoas que afirmavam possuir saberes de vários tipos. Logo ficou claro que políticos e poetas não privavam de nenhuma competência genuína, e que os artífices, que possuíam genuína competência em determinada área, buscavam uma sabedoria universal à qual não tinham direito. Sócrates concluiu que o oráculo estava correto, dado que somente ele percebera que sua própria sabedoria era inútil (23b).

Era em questões da moral que se tornava mais importante perseguir um conhecimento autêntico e expor as falsas alegações. Pois, segundo Sócrates, a virtude e o conhecimento moral eram a mesma coisa: ninguém que soubesse qual era a melhor coisa a fazer poderia fazer de modo diferente, e todo o errar era fruto da ignorância[28]. Isso torna ainda mais absurdo que ele tenha sido acusado de corromper a juventude. Qualquer um iria obviamente preferir viver entre homens bons a viver entre homens maus, que poderiam feri-lo. Ele não podia, portanto, ter qualquer motivo para corromper a juventude intencionalmente; e se estivesse fazendo isso inadvertidamente deveria ser advertido em vez de processado (26a).

O Sócrates da *Apologia* não afirma que ele próprio possua o tipo de sabedoria suficiente para impedir um homem de errar. Em vez disso, ele diz confiar em uma voz interior divina, que interviria se alguma vez ele estivesse a ponto de dar um passo em falso (41d). Bem longe de ser um ateísta, dedicou sua vida inteira a uma missão divina, a campanha para expor a falsa sabedoria que era divulgada pelo oráculo de Delfos. A verdadeira traição a Deus seria abandonar sua posição por medo da morte. Se lhe fosse dito que seria libertado à condição de abandonar a investigação filosófica, ele replicaria: "Homens de Atenas, eu vos honro e amo, mas devo obediência a Deus antes que a vós, e enquanto possuir vida e força jamais abdicarei da prática e do ensinamento da filosofia" (29d).

Os primeiros diálogos de Platão pintam um Sócrates dando curso à sua missão filosófica. De modo típico, o diálogo será nomeado a partir de um personagem que alega conhecimento sobre determinado tema, ou que possa ser tomado como representativo de alguma virtude. Assim, o *Íon*, sobre a poesia, é nomeado a partir de um premiado rapsodo (um recitador de Homero), e o *Laques*, sobre a coragem, a partir de um famoso general. *Cármides* e *Lísis*, sobre paixão, moderação e amizade, são nomeados a partir de dois brilhantes jovens que presidiam um círculo de admiradores aristocratas. Em cada diálogo, Sócrates busca uma explicação ou definição científica para o tópico em discussão, e por meio do questionamento revela que o epônimo protagonista é incapaz de oferecer uma. Todos os diálogos findam com o fracasso ostensivo da investigação, confirmando a conclusão da *Apologia* de que aqueles de que mais se esperava possuíssem sabedoria sobre determinados assuntos falham, mediante exame, em apresentá-la.

A busca por definições serve a diferentes objetivos em diferentes diálogos. Na *República* I busca-se uma definição de justiça que determine se esta beneficia aquele que a obtém; no *Eutífron* busca-se uma definição da piedade de modo a resolver um caso de consciência particularmente difícil. Mas Aristóteles tinha razão ao destacar a busca como um traço notável do

---

28. Para uma completa discussão dessa notável doutrina, "o paradoxo socrático", ver capítulo 8.

método socrático. O método foi criticado em algumas ocasiões por trazer em si a afirmação de que não podemos sequer conhecer se alguma ação particular é ou não é, digamos, justa ou piedosa se não podemos fornecer uma definição inatacável de justiça e piedade. Tal afirmação seria inconsistente com a prática cotidiana de Sócrates, no curso de seu *elenchus*, de buscar resolver se determinadas ações (tais como a de devolver uma faca roubada a um louco ou a de fazer uma retirada estratégica durante uma batalha) demonstram ou não determinadas virtudes, como justiça e coragem. O método de Sócrates abriga apenas a fraca afirmação de que, a não ser que tenhamos uma definição geral de virtude, não seremos (a) capazes de dizer se a virtude, universalmente, tem uma particular propriedade, tal como ser ensinável ou benéfica, ou (b) capazes de decidir quanto a difíceis casos-limite, como se a denúncia que um filho faz de seu pai do assassínio de um assassino condenado é ou não um ato piedoso.

A outra característica do método socrático enfatizada por Aristóteles, o uso de argumentos indutivos, pressupõe na verdade que podemos ter certezas quanto a verdades relativas a casos individuais mesmo que não as tenhamos quanto a definições universais. O Sócrates platônico não afirma ter uma definição inatacável de *techne*, arte, mas por diversas vezes ele faz uso de artes particulares para chegar a verdades gerais quanto à natureza de uma arte. Assim, na *República* I, ele deseja demonstrar que a prova de um bom artífice não é se ele é capaz de ganhar muito dinheiro, mas sim se ele beneficia o objeto de sua arte. Para isso, ele avalia os produtos de diferentes artes: um bom médico produz pacientes saudáveis, um bom capitão propicia uma navegação segura, um bom construtor constrói uma boa casa, e assim por diante. A quantidade de dinheiro auferida por essas pessoas não é relevante para estabelecer a excelência de suas artes, mas apenas nos informa o quão eficientes elas são na bem diversa arte de ganhar dinheiro (*Rep.* I, 346a-e).

Os dois procedimentos identificados por Aristóteles são, no método socrático, bem próximos um do outro. O argumento indutivo das instâncias particulares às verdades gerais é uma contribuição à definição universal, mesmo que a contribuição nesses diálogos esteja para sempre incompleta, jamais conduzindo a uma definição sem exceções. Na ausência de uma definição universal da virtude, as verdades gerais são aplicadas para auxiliar na solução de difíceis casos-limite de prática e para avaliar hipóteses preliminares a respeito das propriedades das virtudes. Assim, no caso da *República*, a indução é utilizada para demonstrar como um bom governante é aquele que beneficia seus súditos, e que portanto a justiça não é (como afirma um dos personagens do diálogo) simplesmente aquilo que beneficie os que detêm o poder.

Nesses primeiros diálogos sobre as virtudes, a despeito da afirmação socrática de sua própria ignorância, emerge um certo número de teses tanto sobre o conhecimento como sobre a virtude. Estas serão explicadas com maior riqueza de detalhes em capítulos posteriores sobre epistemologia e ética. Por enquanto, basta notarmos que as teses convergem para a questão: Pode a virtude ser ensinada? Porque se a virtude é um saber então com certeza ela pode ser ensinada, e no entanto é difícil indicar quaisquer professores de virtude bem-sucedidos.

Em Atenas, contudo, não havia falta de pessoas que afirmassem possuir essa relevante especialização, notadamente os sofistas. No fim do primeiro período, e antes do período central da carreira de escritor de Platão, temos uma série de diálogos nomeados a partir de sofistas de destaque — Hípias, Górgias, Protágoras —, diálogos que abordam a questão sobre se a virtude pode ser ensinada e que esvaziam as pretensões dos sofistas de possuírem o segredo de seu ensino. O *Hípias Menor* estabelece um sério obstáculo à ideia de que a virtude seja uma arte que possa ser aprendida. Um artífice que cometa um engano involuntário é inferior a um artífice que cometa um engano deliberadamente; assim, se a virtude é uma arte, aquele que peca deliberadamente é mais virtuoso que aquele que peca por ignorância (376b). O *Górgias* argumenta que a retórica, a principal flecha na aljava do sofista, é incapaz de produzir virtude autêntica. O *Protágoras* parece sugerir — seja séria ou ironicamente — que a virtude é de fato algo que pode ser ensinado, por ser a arte de calcular a proporção de prazer e dor que possam advir como consequências da ação de alguém[29].

De Sócrates a Platão

Seja ou não esta a última palavra de Sócrates quanto à possibilidade de ensino da virtude, um leitor dos diálogos logo se depara com a oferta de uma resposta diferente no *Mênon* e no *Fédon*. A virtude e o conhecimento do bem e do mal, que segundo Sócrates é idêntico à virtude, não podem ser ensinados nesta vida, mas podem apenas ser recuperados pela recordação de um outro

---
29. Ver capítulo 8.

e melhor mundo. Isto é apresentado não na forma de uma tese particular sobre a virtude, mas como uma tese geral sobre o conhecimento. No *Mênon* afirma-se que um escravo ao qual nunca se tenha ensinado geometria pode ser conduzido, por meio de um adequado questionamento, a reproduzir significativas verdades geométricas (82b–86a). No *Fédon* argumenta-se que, embora com frequência vejamos coisas que são mais ou menos iguais em tamanho, jamais vemos um par de coisas absolutamente iguais umas às outras. A ideia de igualdade absoluta não pode portanto ser derivada da experiência, mas deve ter sido adquirida em uma vida anterior. O mesmo vale para ideias similares, como as da bondade e da beleza absolutas (74b–75b).

O *Mênon* e o *Fédon* apresentam portanto duas doutrinas — a teoria das Ideias e a tese da recordação — que os estudiosos atribuem consensualmente a Platão e não ao Sócrates histórico. Elas efetivam a "separação", mencionada por Aristóteles, entre as definições universais buscadas por Sócrates e as entidades empíricas de nosso mundo cotidiano.

O *Fédon* também apresenta o relato dos últimos dias de Sócrates na prisão. Críton, amigo de Sócrates, falha (no diálogo que leva seu nome) em obter a concordância com um plano de fuga. Sócrates rejeitou a proposta afirmando dever tanto às leis de Atenas — sob as quais nasceu, cresceu e viveu com alegria —, que não poderia virar as costas à aliança que estabelecera com elas e fugir (51d–54c). A chegada de um navio da ilha sagrada de Delos assinala o término da espera pela execução, e Sócrates se prepara para a morte reunindo seus amigos em uma longa discussão sobre a imortalidade da alma[30]. A discussão termina com a narração por Sócrates de uma série de mitos sobre as jornadas no mundo ínfero que a alma empreende após sua sobrevivência à morte.

Críton pergunta se Sócrates teria quaisquer instruções a respeito de seu funeral, e a resposta é para que se recorde de que estará enterrando apenas o corpo e não a alma, que seguirá para os deleites dos abençoados. Após seu último banho, Sócrates se despede de sua família, faz piadas com seu carcereiro e aceita a taça de cicuta. Ele é representado (com certo grau de improbabilidade médica) como se compondo serenamente à medida que os sentidos vão gradualmente abandonando seus órgãos. Suas últimas palavras, à semelhança de muitas outras durante sua vida, são espantosas: "Críton, eu devo um galo a Esculápio [o pai da medicina]. Por favor, providencie para que o pagamento seja honrado". Uma vez mais cabe

---

30. O conteúdo filosófico dessa discussão será analisado no capítulo 7.

Uma herma de Sócrates, com inscrição
de uma citação do *Críton* de Platão.

perguntarmo-nos se ele queria que suas palavras fossem compreendidas literalmente ou se estava fazendo uso de sua particular forma de ironia.

Talvez não seja coincidência que no único e mesmo diálogo Platão rememore as últimas horas de Sócrates e apresente pela primeira vez de forma clara sua própria e característica teoria das Ideias. Testemunhamos aqui não só a morte física de Sócrates como a passagem de sua filosofia pessoal, a ser doravante reencarnada na forma mais metafísica e mítica do platonismo.

Quando Sócrates morreu, Platão tinha quase 30 anos e fora seu discípulo por cerca de oito anos. Como membro de uma família aristocrática ateniense, Platão não era velho o suficiente para ter lutado na Guerra do Peloponeso, como seguramente o fizeram seus irmãos, Glauco e Adimanto. Seus tios, Crítias e Cármides, eram dois dos Trinta Tiranos, mas Platão não participava da vida política ateniense. Ao completar 40 anos, foi para a Sicília e tornou-se um parceiro de Díon, o cunhado do monarca de então, Dionísio I. Durante essa visita ele conheceu o filósofo pitagórico Arquitas. Ao retornar a Atenas, fundou uma comunidade filosófica, a Academia, em um pequeno bosque privado ao lado de sua residência. Ali, um grupo de pensadores, sob sua orientação, partilhava seus interesses em matemática, astronomia, metafísica, ética e misticismo. Quando chegou aos 60, ele foi convidado pelo sobrinho de Díon, que havia assumido o trono como Dionísio II, a retornar à Sicília. Mas sua visita não foi bem-sucedida, devido às disputas entre Díon e Dionísio. Uma terceira visita, agora como conselheiro real, foi igualmente interrompida, e Platão, desiludido, retornou ao lar em 360 a.C. Faleceu tranquilamente em uma festa de casamento em Atenas, ele que jamais se casou, no ano de 347 a.C., aos 80 anos.

Os escritores da Antiguidade teceram muitas histórias acerca da vida de Platão, poucas dignas de crédito. Se quisermos acrescentar carne aos ossos nus de sua biografia, o faremos com mais proveito pela leitura das *Cartas* tradicionalmente incluídas em suas obras. Embora algumas, se não todas, sejam fruto do trabalho de outros autores, elas contêm informações muito mais plausíveis que as histórias encontradas na *Vida* de Platão redigida por Diógenes Laércio. Elas se originam das últimas duas décadas da vida de Platão e dizem respeito especialmente a seu envolvimento no governo de Siracusa e sua tentativa de transformar uma tirania em uma constituição que corporificasse suas próprias ideias políticas.

A obra de Platão, na forma que chegou até nós, soma meio milhão de palavras. Embora algumas das obras do *corpus* sejam provavelmente espúrias, não há obra escrita atribuída a Platão na Antiguidade que não tenha sobrevivido até nossos dias. Na Antiguidade, contudo, além de fazer copiosas citações de seus diálogos, escritores posteriores de tempos em tempos asseguraram importância a uma tradição oral de suas conferências na Academia.

Por ter Platão preferido escrever na forma dialogal, e jamais aparecer em seus diálogos como um orador, é difícil afirmar com certeza quais das várias teses expostas por seus personagens teriam sido as que ele próprio assumiria. Testemunhamos isso acima de tudo no caso do Sócrates personagem platônico, mas igual cuidado deve ser exercido na atribuição a ele das doutrinas de outros interlocutores de destaque nos diálogos, Timeu, o Estrangeiro de Eleia, no *Sofista* e no *Político*, e o Estrangeiro de Atenas nas *Leis*. A forma dialogal permitiu a Platão suspender o julgamento sobre difíceis tópicos filosóficos e ao mesmo tempo apresentar os mais fortes argumentos que ele podia imaginar sobre os dois lados de uma questão (cf. DL 3, 52).

A teoria das Ideias

A mais conhecida das doutrinas encontrada nos diálogos de Platão é a teoria das Ideias. Nos diálogos centrais, a partir do *Eutífron*, a teoria é com maior frequência aludida, dada como certa ou discutida do que explicitamente afirmada e formalmente estabelecida. A mais curta afirmação da teoria é encontrada não nos diálogos, mas na sétima das *Cartas* tradicionalmente atribuídas a Platão, largamente dedicada a uma defesa de suas atividades na Sicília. A autenticidade dessa carta tem sido frequentemente rejeitada nos tempos modernos. Não há, contudo, melhor razão para rejeitar a Sétima Epístola aos Siracusanos que o há para rejeitar a Segunda Epístola de Paulo aos Coríntios (à qual se assemelha de várias formas). É certo que não há uma boa razão a partir da comparação estatística de estilos para colocá-la em dúvida[31]. Se não for autêntica, é então uma das mais claras e autorizadas afirmações da teoria que se pode encontrar em toda a literatura secundária sobre Platão, fornecendo por isso um ponto de partida útil para a exposição da teoria.

---
31. Em *Recounting Plato*, 148-150, 224, Ledger considera a Carta Sétima autêntica, próxima temporalmente ao *Filebo*, o primeiro diálogo do período tardio.

A carta afirma o seguinte como sendo uma doutrina fundamental que Platão expôs diversas vezes:

> Para cada coisa que existe há três coisas que são necessárias se queremos conhecê-la: primeiro, o nome, segundo, a definição, terceiro, a imagem. O conhecimento em si mesmo é uma quarta coisa, e existe uma quinta coisa que temos de postular, que é aquilo que é conhecível e verdadeiramente real. Para isto melhor compreendermos, tomemos o seguinte exemplo, considerando-o aplicável a tudo. Há algo que se chama "círculo", e que tem este exato nome que acabo de pronunciar. Em seguida, há sua definição, um composto de substantivos e verbos. Podemos dar a seguinte definição para qualquer coisa que seja redonda, circular ou um círculo: "A figura cujos extremos são sempre equidistantes do centro". Em terceiro lugar está o desenho que traçamos, apagamos, giramos e que tem fim. Por sua vez, o círculo em si, ao qual referimos todas estas representações, não sofre nenhuma dessas alterações, pois se trata de algo bem distinto. Em quarto lugar estão o conhecimento, o entendimento e a opinião verdadeira relativa a estes objetos — essas coisas, em conjunto, estão em nossas mentes e não nos sons proferidos ou formas materiais, sendo portanto claramente distintas do círculo em si e dos três modos já mencionados. De todos estes, é o entendimento o mais próximo do quinto elemento por afinidade e semelhança, os outros situando-se a grande distância deste. As mesmas distinções poderiam ser feitas a respeito das figuras retas ou circulares, assim como a respeito das cores, do bom, do belo, do justo, de corpos fabricados ou naturais, do fogo, da água e dos outros elementos, de todos os seres vivos e das qualidades da alma, e de tudo o que fazemos e sofremos. Em cada caso, qualquer pessoa que deixe de apreender as primeiras quatro coisas jamais possuirá um perfeito entendimento do quinto elemento (342a-d).

Seguindo os argumentos de Platão, começarei então por distinguir quatro coisas: a palavra "círculo", a definição de círculo (um conjunto de palavras), o diagrama de um círculo e meu conceito de círculo. A importância de ser preciso quanto a estes quatro itens reside em distingui-los de, e contrastá-los com, um quinto elemento, o mais importante de todos, ao qual ele chama de "o círculo em si". É esta nada mais que uma das Ideias abordadas pela célebre teoria de Platão. A teoria é do tipo abrangente, como fica demonstrado pela lista que encerra o parágrafo sobre os campos aos quais a teoria se aplica. Em outros de seus escritos, Platão faz uso de muitas outras expressões para se referir a Ideias. "Formas" (*eide*) é provavelmente a mais comum, mas a Ideia ou Forma de X pode ser denominada "o X em si", "aquela coisa exata que é X", "Xisidade" ou "o que o X é".

É importante perceber o que está ausente da lista de Platão apresentada na Carta Sétima. Ele não menciona, nem mesmo no mais baixo nível, objetos materiais realmente circulares, como rodas de carruagens ou barris. A razão para sua omissão torna-se clara a partir de outras passagens de seus escritos (por exemplo, *Féd*. 74a-c). As rodas e os barris com que nos deparamos a partir da experiência não são jamais perfeitamente circulares: aqui e ali haverá uma curvatura ou uma irregularidade que irão interferir na equidistância ao centro de todos os pontos da circunferência. Isso se aplica também, pela mesma razão, a qualquer diagrama que possamos traçar no papel ou na areia. Platão não enfatiza este ponto aqui, mas esta é a razão pela qual ele diz que o diagrama está a uma distância bem maior do círculo em si do que o meu conceito sobre ele. Meu conceito subjetivo do círculo — meu entendimento do que seja um círculo — não é a mesma coisa que a Ideia do círculo, porque a Ideia é uma realidade objetiva que não pertence a nenhuma mente individual. Mas, no mínimo, o conceito em minha mente é um conceito *de um círculo perfeito*, não se tratando de uma aproximação imperfeita de um círculo, como o é o anel em meu dedo.

No trecho que citei, Platão chega à Ideia do círculo depois de partir de uma consideração sobre a palavra "círculo" do modo em que ela se apresenta como sujeito de uma oração como:

> Um círculo é uma figura plana cuja circunferência é em todos os pontos equidistante de seu centro.

Contudo, ele algumas vezes introduz a Ideia de X como reflexo de orações nas quais "X" aparece não como sujeito, mas como predicado.

Considere o seguinte. Sócrates, Símias e Cebes são todos chamados "homens": isto é o que têm em comum, serem todos homens. Mas quando dizemos "Símias é um homem" podemos nos perguntar: A palavra "homem" nomeia ou representa algo do mesmo modo que o nome "Símias" representa o ente homem Símias? Se sim, o quê? É o mesmo que a palavra "homem" representa em "Cebes é um homem"? Para lidar com questões desse tipo, Platão apresenta a Ideia de Homem, que é a causa de Símias, Cebes e Sócrates serem todos homens; essa Ideia é a primeira portadora do nome "Homem".

Em muitos casos em que diríamos que um predicado comum seria verdadeiro para um conjunto de indivíduos, Platão dirá que todos eles estão relacionados a uma certa Ideia ou Forma: onde A, B, C são todos F, eles estão relacionados a uma forma particular de F. Algumas vezes ele descreverá essa relação como de imitação: A, B, C se assemelham todos a F. Algumas vezes ele irá preferir falar de participação: A, B, C, todos partilham F, têm F como algo comum a eles. Não fica claro quão universalmente podemos aplicar o princípio que afirma que por trás de uma predicação comum existe uma Ideia comum. Algumas vezes Platão afirma isto universalmente, outras ele reluta sobre a aplicação disto a certos tipos particulares de predicado. É certo que ele relaciona Ideias de muitos tipos diferentes, como a Ideia de Deus, a Ideia de Cama, a Ideia de Círculo, a Ideia de Ser, e que está preparado para estender a teoria de predicados simples como "é redondo" até predicados compostos como "é distinto de". Quando afirmamos que A é distinto de B, e quando afirmamos que B é distinto de A, embora façamos uso da palavra "distinto" duas vezes, a cada vez a aplicamos a uma única entidade.

Podemos enunciar algumas teses platônicas sobre Ideias e suas relações com as coisas simples no mundo.

(1) *O princípio da comunidade*. Onde muitas coisas são F, isto se dá porque elas participam de F ou reproduzem uma Ideia particular de F (*Féd.* 100c; *Mên.* 72c, 75a; *Rep.* 5, 476a10, 597c).

(2) *O princípio da separação*. A Ideia de F é distinta de todas as coisas que são F (*Féd.* 74c; *Banq.* 211b).

(3) *O princípio da autopredicação*. A Ideia de F é em si F (*H. Ma.* 292e; *Prot.* 230c-e; *Parm.* 132a-b).

(4) *O princípio da pureza*. A Ideia de F não é senão F (*Féd.* 74c; *Banq.* 211e).

(5) *O princípio da exclusividade*. Nada senão a Ideia de F é de fato, verdadeiramente, ao mesmo tempo F (*Féd.* 74d; *Rep.* 5, 479a-d).

(6) *O princípio da sublimidade*. Ideias são eternas, não possuem partes, não sofrem mudança e não são perceptíveis aos sentidos (*Féd.* 78d; *Banq.* 211b).

O princípio da comunidade não é, em si, exclusivamente platônico. Muitas pessoas às quais não agrada falar de "participação" se satisfazem em falar de atributos como sendo "em comum" a muitas coisas que os possuem. Elas podem dizer, por exemplo: "Se A, B e C são todos vermelhos, isto se dá porque eles têm em comum a propriedade de ser vermelho, e aprendemos o sentido de 'vermelho' pela observação do que é comum entre as coisas vermelhas". O que é exclusivo em Platão é que ele leva a sério o que resulta se alguém faz uso da metáfora "ter algo em comum"[32]. Por exemplo, deve haver apenas uma única ideia de F, senão não poderíamos explicar por que as coisas F têm algo em comum (*Rep.* 597b-c).

O princípio da separação está relacionado à noção de hierarquia entre Ideias e os entes que as exemplificam. Participar e ser parte de são dois tipos de relação bem diferentes, portanto os dois termos dessas relações devem se dar em um nível diferente.

O princípio da autopredicação é importante para Platão, porque sem ele Platão não poderia demonstrar como as Ideias explicam a ocorrência das propriedades nos entes. Somente o que é quente pode tornar algo quente, e de nada serve enxugar-se com uma toalha molhada. Assim, em geral, somente o que é em si F pode explicar como algo mais é F. Portanto, se a Ideia de Frio é explicar por que a neve é fria, ela deve ser em si fria (*Féd.* 103b-e).

A Ideia de F não é apenas F, é um perfeito exemplar de um F. Não pode ser diluída ou adulterada por qualquer outro elemento que não a efeidade. Disso resulta o princípio da pureza. Se acontecesse de possuir outra propriedade além de ser F, isso só se daria pela participação em alguma outra Ideia, que com certeza teria de ser superior a ela do mesmo modo em que a Ideia de F é superior a todos os efes não ideais. A noção de relações estratificadas entre Ideias abre uma Caixa de Pandora que Platão, ao apresentar a clássica teoria das Ideias em seus diálogos centrais, preferiu manter fechada.

O princípio da exclusividade é algumas vezes apresentado de forma equívoca pelos comentadores. Platão afirma com frequência que somente as Ideias são de fato, e que os particulares não-ideais que encontramos pela experiência dos sentidos encontram-se situados entre o ser e o não-ser. A partir disso se considera frequentemente que Platão afirma que somente as Ideias existem de fato, e que os objetos tangíveis são irreais e ilusórios. Contextualmente, fica claro que quando Platão diz que somente as Ideias são reais ele não quer dizer que somente as Ideias existam, mas que somente a Ideia de F é de fato F, o que quer que F possa ser em particular.

---
32. Devo este raciocínio a G. E. M. ANSCOMBE, *Three Philosophers*, Oxford, Blackwell, 1961, 28.

Particulares estão entre o ser e o não-ser pois estão entre ser F e não ser F, isto é, algumas vezes são F e algumas vezes não são F[33].

Por exemplo, somente a Ideia de Beleza é bela de fato, porque as coisas particularmente belas são (a) belas quanto a algum aspecto, mas feias quanto a outro (em aparência, digamos, mas não em proporção); (b) belas em um período mas não em outro (por exemplo, aos 20 anos de idade, mas não aos 70); (c) belas em comparação a algumas coisas, mas não a outras (por exemplo, Helena pode ser bela em comparação a Medeia, mas não a Afrodite); (d) bela em alguns lugares mas não em outros (*Banq.* 211a-e).

Um traço importante da clássica teoria das Ideias é o princípio da sublimidade. Os particulares que participam pertencem ao mundo inferior do tornar-se, o mundo da mudança e da decadência; as Ideias das quais se participa pertencem ao mundo superior do Ser, da eterna estabilidade. A mais sublime de todas as Ideias é a Ideia do Bem, superior em classificação e potência a tudo o mais, da qual tudo o que pode ser conhecido deriva seu ser (*Rep.* 509c).

O problema com a teoria das Ideias é que os princípios que a definem não parecem ser todos consistentes entre si. É difícil reconciliar o princípio da separação (2) com os princípios da comunidade (1) e da autopredicação (3). A dificuldade foi primeiramente exposta pelo próprio Platão, no *Parmênides*, em que ele oferece um argumento que se organiza da seguinte maneira. Suponhamos que temos uma quantidade de particulares, cada um dos quais é F. Então, de (1) segue-se uma Ideia de F. Esta, de (3), é em si F. Mas segue-se disso que a Ideia de F e os efes particulares originais constituem uma nova coleção de coisas F. De (1), novamente, isto se dá porque eles participam de uma ideia de F. Mas de (2) se segue que esta não pode ser a Ideia primeiramente postulada. Portanto, deve haver uma outra Ideia de F; mas esta, a seu turno, e a partir de (3), será F, e assim será *ad infinitum*. Se quisermos evitar esta regressão, teremos de abandonar um ou outro dos princípios que a geraram. Até hoje os estudiosos se dividem quanto à seriedade com que Platão abordou essa dificuldade, e qual, se algum, dos princípios ele modificou de modo a solucioná-la. Retornarei a este problema quando nos pusermos a braços com uma discussão ampla sobre a metafísica de Platão[34].

---

33. Aprendi isso primeiramente no artigo de VLASTO, Degrees of reality in Plato, in R. BAMBROUGH (ed.), *New essays on Plato and Aristotle*, London, Routledge & Kegan Paul, 1965.
34. Aqui, a partir da página 247ss.

Platão aplicou sua teoria das Ideias a muitos problemas filosóficos, oferecendo-os como a base dos valores morais, o esteio do conhecimento científico e a origem suprema de todo ser. Um dos problemas para o qual Platão ofereceu sua teoria como resposta é frequentemente chamado de o problema dos universais: o problema do significado de termos universais como "homem", "cama", "virtude", "bem". Em razão de a resposta de Platão ter sido insatisfatória, o problema permaneceria na agenda filosófica. Em capítulos posteriores veremos como Aristóteles lidou com a questão. O problema continuou a se apresentar historicamente, passando pela Idade Média até chegar a nossa era. Algumas noções apresentadas nas discussões modernas do problema guardam uma semelhança com as Ideias de Platão.

Predicados. A lógica moderna considera que uma oração como "Sócrates é sábio" possui um sujeito, "Sócrates", e um predicado, que consiste do resto da sentença, a saber, "... é sábio". Alguns filósofos lógicos, a partir de Gottlob Frege, têm considerado que os predicados possuem uma contraparte extramental: um predicado objetivo (o que Frege denomina uma "função") correspondendo a "... é um homem" de um modo similar àquele no qual o homem Sócrates corresponde ao nome "Sócrates". As funções de Frege, como a função $x\ é\ um\ homem$, são entidades objetivas: elas se assemelham mais ao quinto que ao quarto item da Carta Sétima. Elas partilham algumas das propriedades transcendentais das Ideias: a função $x\ é\ um\ homem$ não cresce ou morre ao modo dos seres humanos, e em nenhuma parte do mundo se pode ver ou tocar a função $x\ é\ divisível\ por\ 7$. Mas funções não se conformam aos princípios da autopredicação ou da exclusividade. Como poderia alguém sequer imaginar que a função $x\ é\ um\ homem$, e somente essa função, fosse de fato e verdadeiramente um ser humano?

Classes. Funções servem de princípios segundo os quais os objetos podem ser reunidos em classes: objetos que satisfazem a função $x\ é\ humano$, por exemplo, podem ser agrupados na classe dos seres humanos. Ideias, de certo modo, se assemelham a classes: a participação em uma Ideia pode ser assimilada à sociedade de uma classe. A dificuldade em identificar Ideias a classes surge novamente no princípio da autopredicação. A classe de homens não é um homem, e não podemos afirmar em geral que a classe de efes é F. Contudo, à primeira vista, é como se houvessem, de fato, algumas classes que fossem membros de si próprias, como a classe de classes. Mas, do mesmo modo como Platão descobriria que o princípio da autopredicação o confrontaria com sérios problemas, os filósofos modernos descobriram que se se permitir a alguém total liberdade para formar classes de classes esse alguém será conduzido a paradoxos. O mais célebre é o paradoxo da classe de todas as classes que não são membros de si mesmas. Bertrand Russel ressaltou que se esta classe é um membro de si mesma não é um membro de si mesma; e se ela não é um membro de si mesma ela é então um membro de si mesma. Não é por acaso que o Paradoxo de Russel guarda uma espantosa semelhança com a autocrítica de Platão no *Parmênides*.

Paradigmas. Foi sugerido com certa regularidade que as Ideias platônicas poderiam ser vistas como paradigmas ou padrões: a relação entre os entes e Ideias pode ser pensada como similar àquela entre objetos que têm um tamanho expresso em metros e o metro-padrão a partir do qual a medida métrica foi originalmente definida[35]. Esta noção resume bem o modo pelo qual, para Platão, os particulares imitam ou parecem Ideias: ter um metro de extensão era, precisamente, assemelhar-se ao metro-padrão, e se duas coisas tivessem cada uma um metro de extensão isso se daria devido a sua semelhança partilhada com o paradigma. Contudo, tais paradigmas não servem para explicar o princípio da sublimidade: o metro-padrão não fica no paraíso, mas em Paris.

Universais concretos. Em algumas ocasiões os filósofos brincaram com a noção de que em uma oração como "A água é líquida" a palavra "água" deve ser considerada o nome de um simples objeto dispersado, ou seja, a porção aquosa do mundo, feita de poças, rios, lagos etc. Isso forneceria um sentido claro ao princípio platônico de que os particulares participam nas Ideias: uma particular garrafa de água é quase que literalmente uma parte de toda-a-água-que-há-no-mundo. Além disso, a água é água indubitavelmente, e nada que não seja água é de fato e verdadeiramente água. Esta noção também serve à preferência de Platão (nem sempre partilhada por seus comentadores) por se referir às Ideias por meio de um modo concreto de discurso (por exemplo, "o belo") em detrimento de um abstrato (por exemplo, "beleza"). Os universais concretos, contudo, carecem do princípio da sublimidade e do princípio da pureza: a água existente no universo pode ter localização determinada e pode mudar em quantidade e disposição, além de possuir muitas outras propriedades além da de ser água.

---

35. Esta ideia teve origem em Wittgenstein. Ver P. T. GEACH, The Third Man again, in R. E. ALLEN (ed.), *Studies in Plato's Metaphisics*, London, Routledge & Kegan Paul, 1965.

Nenhuma das noções citadas faz justiça às muitas facetas das Ideias platônicas. Se se quiser entender como seus seis princípios pareciam plausíveis a Platão, será melhor levar em consideração não qualquer conceito técnico de algum lógico moderno em particular, mas alguma noção mais irrefletida. Consideremos, por exemplo, os pontos cardeais — norte, sul, leste, oeste. Tomemos a noção, por exemplo, do leste do modo como se poderia concebê-la em resultado de ingênua reflexão sobre os vários nomes que na Inglaterra são utilizados para se falar do leste. Há diversos lugares que, para um inglês, são leste, por exemplo Belgrado e Hong Kong. Qualquer coisa assim tão a leste é parte do leste (participação) e encontra-se na mesma direção que o leste (imitação). É isso o que faz que qualquer coisa que esteja a leste de nós seja leste (1). O leste, contudo, não pode ser identificado com qualquer ponto no espaço, não importa quão a leste ele possa estar (2). O leste, naturalmente, está a leste de nós (3), e não é nada senão leste (4): se dizemos "O leste é vermelho" queremos apenas dizer que o céu do leste é vermelho. Nada senão o leste pode ser irrestritamente qualificado como leste: o sol é algumas vezes leste, algumas oeste; a Índia está a leste do Irã, mas a oeste do Vietnã, mas a todo momento e lugar o leste é leste (5). O leste não possui uma história temporal, e não pode ser visto, manipulado ou dividido (6).

Claro que não estou sugerindo que os pontos cardeais forneceriam uma interpretação dos princípios platônicos que os faria todos verdadeiros: nenhuma interpretação poderia fazê-lo, dado que os princípios constituem um conjunto inconsistente. Afirmo tão só que esta interpretação tornará as teses *prima facie* plausíveis, de uma maneira que as interpretações discutidas anteriormente não o farão. Funções, classes, paradigmas, universais concretos, cada um deles levanta problemas particulares, como filósofos bem posteriores a Platão o descobriram; e embora não possamos retornar à clássica teoria das Ideias ainda temos que fornecer uma resposta satisfatória aos problemas que ela buscava resolver.

A *República* de Platão

No mais célebre diálogo de Platão, a *República*, a teoria das Ideias é empregada não somente para os objetivos lógicos e semânticos que estivemos até aqui considerando, mas também para lidar com problemas nos campos da epistemologia, da metafísica e da ética. Essas ramificações da teoria serão consideradas em capítulos posteriores. Mas a *República* é mais bem conhecida em todo o mundo não por sua variada exploração da teoria, mas pelos arranjos políticos descritos em seus livros centrais.

O tema oficial do diálogo versa sobre a natureza e o valor da justiça. Após muitas candidatas à definição de justiça terem sido examinadas e descartadas como insuficientes no primeiro livro (o qual provavelmente existiu como um diálogo à parte), a principal parte da obra se inicia com o desafio a Sócrates para que prove que a justiça é um valor por si só. Os irmãos de Platão, Glauco e Adimanto, personagens do diálogo, argumentam que a justiça é escolhida como um meio de evitar o mal. Para que não sejam oprimidos por outros, diz Glauco, seres humanos fracos acordam entre si não cometer nem ser alvo de injustiça. As pessoas com certeza optariam por agir de modo injusto se pudessem fazê-lo impunemente — o tipo de impunidade que um homem teria, por exemplo, se pudesse tornar-se invisível, tornando assim impossível detectar suas transgressões. Adimanto apoia seu irmão, afirmando que entre os homens as recompensas da justiça são recompensas ao que parece ser justo antes que ao que é de fato justo, e no que respeita aos deuses as penalidades da injustiça podem ser compradas com oração e sacrifício (2, 358a–367e).

Veremos aqui no capítulo 8 a resposta que Sócrates dá a estes questionamentos nos últimos livros do diálogo. Aqui, em benefício da apresentação da filosofia política de Platão, nos concentraremos em sua resposta imediata. Para responder aos irmãos, ele deixa de lado a consideração da justiça, ou correção, no indivíduo para abordar a questão mais ampla da justiça na cidade-Estado. Ali, afirma, a natureza da justiça será escrita em letras maiores, sendo portanto mais fácil de ler. A razão por que se vive em cidades é para tornar possível que pessoas com diferentes habilidades possam suprir as necessidades umas das outras por meio de uma divisão apropriada do trabalho. Idealmente, se as pessoas ficassem contentes, como um dia ficaram, com a satisfação de suas necessidades básicas, uma comunidade simples seria suficiente. Mas em nossa moderna era de luxo os cidadãos exigem mais que a mera subsistência, e isto é algo que necessita de arranjos politicamente mais complexos, que incluem um exército profissional e bem-treinado (2, 369b–374d).

Sócrates apresenta então um esboço de uma cidade com três classes. Aqueles entre os soldados mais bem capacitados para comandar são selecionados por competição para formar a classe superior, os guardiães; os soldados restantes são descritos como auxiliares, e o restante dos cidadãos pertence à classe dos camponeses e artesãos (2, 374d–376e). Como convencer as classes trabalhadoras a aceitar a autoridade das classes governantes? Um mito deve ser propagado, uma "nobre mentira", que afirma que as três classes possuem diferentes metais em sua alma: ouro, prata e bronze, respectivamente. Os cidadãos devem como regra permanecer na classe em que foram gerados, mas Sócrates concede uma pequena parcela de mobilidade social (3, 414c–415c).

Os governantes e seus auxiliares devem receber uma educação refinada em literatura (baseada em uma versão expurgada de Homero), música (contanto que seja marcial e edificante) e ginástica (praticada em comum pelos dois sexos) (2, 376e–3, 403b). Assim como os homens, as mulheres podem ser guardiãs e auxiliares, mas isso implica rígidas limitações proporcionais aos privilégios. Aos membros das classes superiores não se permite o matrimônio; as mulheres têm de ser partilhadas e todo ato sexual deve ser feito em público. A procriação deve ser governada sob critérios estritamente eugênicos. Às crianças não deve ser permitido o contato com seus pais; elas devem ser criadas em creches públicas. Os guardiães e auxiliares não podem ter propriedade ou dinheiro, e a eles se concederão, gratuitamente, provisões adequadas, mas simples, e o direito de viver juntos, como soldados em um campo (5, 451d–471c).

O Estado imaginado por Sócrates nos livros 3 a 5 da *República* foi tanto acusado de ser uma obra de implacável totalitarismo quanto admirado como um primitivo exercício de feminismo. Se foi alguma vez tomado seriamente como uma receita de governo civil para a vida real, deve-se então admitir que ele se choca em muitos aspectos com os direitos humanos mais básicos, destituído de privacidade e repleto de enganos. Tomado como uma proposta constituinte, merece toda a imprecação que lhe foi lançada indistintamente por conservadores e liberais. Mas não devemos esquecer que o propósito explícito dessa constituição imaginada era esclarecer a natureza da justiça na alma, como Sócrates continuou a fazê-lo[36]. Sabemos da leitura de outros diálogos que Platão adorava provocar seus leitores; ele promoveu a ironia aprendida de Sócrates a um princípio maior de iluminação filosófica.

Contudo, tendo entrelaçado a analogia com seu estado classista à sua psicologia moral, Platão retorna, nos últimos livros da *República*, à teoria política. Seu Estado ideal, afirma, incorpora todas as virtudes cardeais: a

---

36. Ver capítulo 7.

Apesar das propostas de Platão, era raro uma mulher ser admitida em uma escola filosófica, como Hipárquia é aqui representada, em um afresco do século IV a.C., juntando-se a seu marido, Crates, fundador do movimento cínico.

virtude da sabedoria reside em seus guardiães, a fortaleza moral em seus auxiliares, a moderação nas classes trabalhadoras, e a justiça encontra-se enraizada no princípio da divisão do trabalho que deu origem à cidade-Estado. Em um Estado justo, todo cidadão e toda classe fazem aquilo para o qual são mais qualificados, e ali há harmonia entre as classes (4, 427d–434c).

Em Estados menos ideais, ocorre uma gradual perda daquele modelo e há cinco tipos possíveis de constituição política (8, 544e). A primeira e melhor constituição é chamada monarquia, ou aristocracia, em que, se governa a sabedoria, não importa se ela está encarnada em um ou mais governantes. Restam ainda outros quatro tipos de constituição, todos inferiores: timocracia, oligarquia, democracia e despotismo (8, 543c). Cada uma dessas constituições decai rumo à próxima em razão da queda de uma das virtudes do Estado ideal. Se os governantes deixam de ser sábios, a aristocracia cede lugar à timocracia, essencialmente governada por uma junta militar (8, 547c). A oligarquia difere da timocracia porque os governantes oligárquicos são privados de fortaleza moral e virtudes militares (8, 556d). Os oligarcas possuem ainda, de modo muito tênue, a virtude da moderação; quando esta se perde, a oligarquia dá lugar à democracia (8, 555b). Para Platão, qualquer passo para fora da aristocracia da República ideal é um passo para fora da justiça; mas é o passo que é dado da democracia em direção ao despotismo que assinala a entronização da injustiça encarnada (8, 576a). Desse modo, o Estado aristocrático é caracterizado pela presença de todas as virtudes, o timocrático pela ausência da sabedoria, o oligárquico pela decadência da fortaleza moral, o democrático pelo desprezo à moderação e o despótico por extinguir a justiça.

Platão reconhece que no mundo real é muito mais provável encontrar as várias formas de Estado inferior do que a constituição ideal descrita na *República*. Todavia, ele insiste que não haverá felicidade, pública ou privada, senão em tal tipo de cidade, e tal cidade somente será uma realidade se os filósofos se tornarem reis ou se os reis se tornarem filósofos (5, 473c-d). Tornar-se um filósofo, naturalmente, envolve explorar o sistema educacional de Platão, de modo a familiarizar-se com as Ideias.

As *Leis* e o *Timeu*

Posteriormente em sua vida, Platão abandonaria a ideia do filósofo-rei, deixaria de considerar a teoria das Ideias como algo de importância política e passaria a acreditar que o caráter do governante é menos importante para o bem-estar de uma cidade que as leis sob as quais esta é governada. Em seu último e mais extenso trabalho, as *Leis*, ele retrata um visitante ateniense que discute com um cretense e com um espartano a constituição de uma colônia, Magnésia, a ser fundada ao sul de Creta. Ela deve ser predominantemente agrícola, com a população livre composta em sua maior parte de cidadãos camponeses. O trabalho manual é em sua maioria feito por escravos, e o artesanato e o comércio são território de imigrantes. A cidadania de fato é exclusiva a 5.040 adultos do sexo masculino, divididos em doze tribos. O plano de governo, apresentado como resultado de aconselhamento do visitante ateniense, situa-se em algum lugar entre os reais arranjos constitucionais atenienses e as estruturas imaginadas por Platão para a República ideal.

À semelhança de Atenas, Magnésia terá uma assembleia de cidadãos adultos do sexo masculino, um Conselho e um conjunto de administradores eleitos, que serão denominados Guardiães das Leis. Os cidadãos comuns participarão na administração das leis ao tomar assento em enormes júris. Muitas indicações são feitas por grupos, de modo a assegurar uma ampla participação política. A propriedade privada é permitida, mas sujeita a uma taxa de riqueza altamente progressiva (5, 744b). O matrimônio, muito longe de ser abolido, é obrigatório por lei, e solteiros que passem dos 35 anos devem pagar pesadas multas anuais (6, 744b). Finalmente, os legisladores devem estar conscientes de que mesmo as melhores leis necessitam constantemente de reforma (6, 796d).

Por outro lado, Magnésia tem vários traços reminiscentes da *República*. O poder supremo no Estado é do Conselho Noturno, composto dos mais sábios e mais altamente qualificados administradores, especialmente treinados em matemática, astronomia, teologia e direito (mas não em metafísica, como ocorria com os guardiães da *República*). Aos cidadãos comuns não é permitida a posse de moedas de ouro ou prata, e a venda de casas é estritamente proibida (5, 740c, 742a). Uma rígida censura é aplicada aos escritos e à música, e os poetas devem ser licenciados (7, 801d-2a). Uma polícia feminina, autorizada a entrar nos lares, administra a procriação e incentiva padrões eugênicos (6, 784a-b). As cortes que cuidam do divórcio devem possuir um número de juízes do sexo feminino equivalentes aos do sexo masculino (9, 930a). As mulheres devem se juntar aos homens em refeições comunais, e devem receber treinamento militar, para assim constituir uma força de defesa local (7, 814a). A educação é de grande importância para todas as classes e deve ser supervisionada por um poderoso ministro da Educação que se reporte diretamente ao Conselho Noturno (6, 765d).

Uma abundante legislação é exposta nos livros centrais do diálogo. Cada lei deve ter um preâmbulo expondo seu objetivo, de modo a que os cidadãos possam cumpri-la a partir do entendimento. Por exemplo, uma lei que obrigue o casamento entre a idade de 30 e 35 anos deve ter um preâmbulo que explique ser a procriação o meio pelo qual os seres humanos chegam à imortalidade (4, 721b). Os deveres de muitos administradores são explicados no livro 6, e o currículo educacional é detalhado, do jardim de infância em diante, no livro 7; as *Leis*, em si, deverão ser um livro didático. O livro 9 aborda as formas de agressão e homicídio e informa os procedimentos relacionados a crimes capitais como o de roubo do templo. Há um rito elaborado para garantir que o acusado receba um julgamento justo. Em questões civis, a lei desce a refinados detalhes, definindo, por exemplo, os danos a ser indenizados por um acusado do qual se demonstre ter afugentado abelhas da colmeia do acusador (9, 843e). A caça é rigorosamente restrita: a única forma autorizada é a caça de animais de quatro patas, desde que a cavalo e com o auxílio de cães (7, 824a).

De tempos em tempos, as *Leis* de Platão se dedicam a discussões teóricas sobre moral sexual, embora a legislação sexual de fato se restrinja a uma forma de excomunhão por adultério (7, 785d-e). De uma maneira que tem sido muito comum na era cristã, mas rara na Antiguidade pagã, Platão funda sua ética sexual na noção de que a procriação é o objetivo natural do sexo. O ateniense diz a certa altura que gostaria de implantar "Uma lei que permitisse o ato sexual somente para o seu objetivo natural, a procriação, e que proibisse as relações homossexuais, e que condenasse o assassínio deliberado da prole humana e o desperdício do sêmen em rochas e pedras onde jamais criará raízes e frutificará" (8, 838e). Ele percebe, no entanto, que será muito difícil assegurar o cumprimento de tal tipo de lei, e propõe em vez disso outras medidas para extinguir a sodomia e desencorajar todas as formas de ato sexual não-procriativo (8, 836e, 841d). Chegamos a um ponto no pensamento de Platão muito distante da aberta ironia sexual que é característica tão predominante dos diálogos socráticos.

Uma das seções mais interessantes das *Leis* é o décimo livro, que aborda o culto aos deuses e a eliminação da heresia. A impiedade surge, o ateniense afirma, quando as pessoas não acreditam na existência de deuses, ou creem que existem mas que não se importam com a raça humana. Como um preâmbulo às leis contra a impiedade, contudo, o legislador deve provar a existência do divino. O elaborado argumento que ele apresenta será considerado aqui mais à frente, no capítulo sobre a filosofia da religião.

No *Timeu*, um diálogo provavelmente escrito simultaneamente às *Leis*, Platão estabelece a relação entre Deus e o mundo em que vivemos. Ele retoma o tradicional tópico filosófico da cosmologia, partindo do ponto em que Anaxágoras o havia deixado, segundo Platão, de modo pouco satisfatório. O mundo do *Timeu* não é um campo de causas mecânicas, mas concebido por uma divindade, chamada aleatoriamente de pai, criador ou artífice (*demiourgos*) desse mundo (28c).

Timeu, o homônimo herói do diálogo, é um astrônomo que propõe narrar a história do universo para Sócrates, da origem do cosmos ao surgimento da humanidade. As pessoas se perguntam, afirma Timeu, se o mundo sempre existiu ou se teve um princípio. A resposta a ser dada é que ele teve um princípio, por ser visível, tangível e corpóreo, e nada que é percebível pelos sentidos é eterno e inalterável da maneira que o são os objetos do pensamento (27d-28c). A divindade que moldou o mundo visava um arquétipo eterno, "porque o cosmos é a mais bela das coisas que foram dadas a ser, além de ser a melhor de todas as causas" (29a). Por que ela o teria feito existir? Porque era bom, e o que é bom é manifestamente livre de inveja ou egoísmo (29d).

Como o Senhor Deus do Gênesis, o criador do mundo olha para o que havia feito e julga que estava bom, em seu contentamento ele o adorna com muitas coisas belas. Mas o demiurgo difere em vários modos do criador da tradição judeo-cristã. Primeiro, ele não cria o mundo a partir do nada, mas o traz à existência a partir de um caos primordial, e sua liberdade criativa é limitada pelas propriedades necessárias da matéria primeira (48a). "Deus, querendo que todas as coisas fossem boas e não, se ele pudesse evitar, inúteis, e encontrando o universo em um estado não de paz, mas de movimento desarmonioso e desordenado, conduziu-o da desordem para a ordem, já que julgava ser esta infinitamente melhor" (30a). Segundo, enquanto o criador da tradição mosaica infunde vida em um mundo inerte em certo momento de sua criação, em Platão, tanto o universo ordenado como o arquétipo no qual se inspira são em si entes vivos. O que é o arquétipo vivo? Platão não nos diz, mas talvez seja o mundo das Ideias que, ele conclui tardiamente no *Sofista*, deve conter vida. Deus criou a alma do mundo antes de formar o mundo em si, e este mundo-alma é situado entre o mundo do ser e o mundo do devir (35a). Foi então que ele uniu o mundo a ela.

> A alma estava assim difusa em todas as direções, desde o centro até os extremos do céu, cobrindo-o. Girando em torno de si mesma ela iniciou um princípio divino de vida infinda e racional por toda a duração dos tempos. O corpo celeste foi feito visível, mas a alma é invisível e provida de razão e harmonia. É a melhor criação produzida pelo melhor dos entes inteligentes que existem eternamente (36e-37a).

Em contraste com os primeiros filósofos que falaram de uma multiplicidade de mundos, Platão é contundente ao afirmar que nosso universo é único (31b). Ele segue Empédocles no que concerne ao mundo ser formado de quatro elementos, terra, ar, fogo e água, e se alinha a Demócrito na crença de que as diferentes qualidades dos elementos são devidas às diferentes formas de átomos de que são constituídos. Átomos da terra são cubos, átomos do ar são octaedros, átomos do fogo são piramidais e átomos da água são icosaedros. O espaço preexistente era o recipiente no qual o criador situou o mundo, e de modo misterioso é subjacente à transmutação dos quatro elementos, do mesmo modo que em uma pepita de ouro subjazem as diferentes formas que um joalheiro possa lhe dar (50a). Nisso Platão parece antecipar a matéria-prima do hilomorfismo aristotélico[37].

Timeu explica que existem quatro tipos de seres vivos no universo: deuses, pássaros, animais e peixes. Entre os deuses, Platão estabelece uma distinção entre as estrelas fixas, que ele considera seres vivos eternos, e os deuses da tradição homérica, aos quais ele menciona em um aparte um tanto constrangido. Ele descreve a infusão das almas nas estrelas e nos seres humanos e desenvolve uma divisão tripartida da alma humana que havia introduzido antes na *República*. Fornece ainda um relato detalhado dos mecanismos da percepção e construção do corpo humano[38]. Essa construção, ele nos informa, foi delegada por Deus às divindades menores que ele mesmo havia criado (69c). É dada uma descrição completa de todos os órgãos e funções do corpo humano, além de uma lista das doenças do corpo e da alma.

O *Timeu* foi por séculos o mais influente dos diálogos platônicos. Enquanto os outros diálogos foram esquecidos entre o fim da Antiguidade e o começo da Renascença, grande parte do *Timeu* sobreviveu em traduções latinas de Cícero e de um cristão do século IV chamado Calcídio. Para os pensadores medievais, a narrativa teleológica de Platão da formação do mundo por uma divindade era facilmente aproximada da história da criação como narrada no Gênesis. O diálogo era um texto programático nos primeiros dias da Universidade de Paris, e trezentos anos depois foi a única obra que Rafael fez Platão segurar no afresco *A Escola de Atenas*.

---

37. Ver capítulo 5.
38. Ver capítulo 7.

2

Escolas de pensamento: de Aristóteles a Agostinho

O século IV a.C. testemunhou um deslocamento do poder político das cidades-Estado da Grécia clássica para o reino da Macedônia ao norte. Acompanhando esse movimento, e seguindo-se aos atenienses Sócrates e Platão, o próximo grande filósofo foi um macedônio. Aristóteles nasceu, passados quinze anos da morte de Sócrates, na pequena colônia de Estagira, na península de Calcídia. Seu pai foi Nicômaco, médico da corte do rei Amintas, o avô de Alexandre, o Grande. Após a morte do pai, Aristóteles migrou para Atenas em 367 a.C. — tinha então 17 anos — e se juntou à Academia de Platão. Passou vinte anos como discípulo e colega de Platão, e pode-se afirmar com certeza que em nenhuma outra ocasião na história concentrou-se tamanho poder intelectual em uma única instituição.

Aristóteles na Academia

Vários dos últimos diálogos de Platão datam dessas décadas, e alguns dos argumentos que apresentam podem ser um reflexo da contribuição de Aristóteles à discussão. Por artes de um anacronismo adulatório, Platão apresenta um personagem chamado Aristóteles no *Parmênides*, o diálogo que contém as críticas mais agudas da teoria das Ideias. Alguns dos escritos do próprio

O lugar exato da escola filosófica de Atenas.

Aristóteles datam desse período, embora muitas de suas primeiras obras tenham sobrevivido apenas em fragmentos citados por escritores posteriores. À semelhança de seu mestre, ele escreveu a princípio em forma dialogal, e seus diálogos apresentam forte inspiração platônica quanto ao conteúdo.

Em seu diálogo perdido — *Eudemo* —, por exemplo, Aristóteles expunha um conceito da alma próximo ao do *Fédon* de Platão. Ele argumentava vigorosamente contra a tese de que a alma é uma harmonização do corpo, afirmando que ela estava aprisionada em uma carcaça e que seria capaz de viver uma vida mais feliz tão logo desencarnada. Os mortos são mais abençoados e felizes que os vivos, e tornam-se maiores e melhores. "É melhor para todos, homens e mulheres, não nascer; e bem próximo disso — a melhor alternativa para os seres humanos — é, uma vez nascidos, morrer tão rápido quanto possível" (fragmento 44). Morrer é regressar ao verdadeiro lar.

Outra obra platônica da juventude de Aristóteles é o seu *Protréptico*, ou convite à filosofia. Também esta se perdeu, mas foi citada com tanta profusão na Antiguidade tardia que alguns estudiosos julgam poder reconstituí-la quase integralmente. Todo mundo deve praticar a filosofia, afirma Aristóteles, já que argumentar contra a prática da filosofia é por si só uma forma de filosofar. Mas a melhor forma de filosofia é a contemplação do universo da natureza. Anaxágoras é louvado por dizer que a única coisa que faz a vida valer a pena é contemplar o sol, a lua, as estrelas e os céus. É por isso que Deus nos fez, e nos deu um intelecto como o de Deus. Tudo o mais — força, beleza, poder e honra — de nada vale (Barnes, 2, 416).

O *Protréptico* contém uma expressão viva da visão platônica sobre ser a união do corpo com a alma, de certo modo, um castigo pelo mal feito em uma vida anterior. "Como se afirma dos etruscos que torturam seus prisioneiros amarrando corpos a seus corpos rosto com rosto, tronco com tronco, assim a alma parece ter sido esticada e presa a todos os órgãos do corpo" (Barnes, 2, 416). Tudo aqui é muito diverso do que viria a ser o pensamento de maturidade de Aristóteles.

É provável que algumas das obras de Aristóteles sobre lógica e discussão, os *Tópicos* e as *Refutações sofísticas*, pertençam a esse período, pois são obras de lógica informal comparativa, a primeira explicando como elaborar argumentos para defender uma posição que se tenha adotado, a outra demonstrando como identificar falhas nos argumentos dos opositores. Embora os *Tópicos* contenham o gérmen de concepções como a das categorias, que foram importantes na filosofia posterior de Aristóteles, nenhuma dessas obras chega a ser um tratado sistemático sobre lógica formal como os que nos foram oferecidos nos *Primeiros analíticos*. Mesmo assim, Aristóteles pode afirmar no final das *Refutações sofísticas* ter inventado a disciplina da lógica sem conhecimento anterior: nada na verdade existia quando ele começou. Havia muitos tratados sobre retórica, ele afirma, mas

> no que respeita à dedução, até então nada tínhamos de tempos anteriores que pudéssemos citar, tendo que despender um longo tempo com investigação

inicial. Se, então, tendo isto considerado, parecer a vós que, supostas certas condições originais adversas, nosso sistema é adequado se comparável com aqueles das disciplinas tradicionais, resta a vós, meus estudantes, perdoar-me a carência de perfeição de nossa investigação, e mostrar-vos cordialmente agradecidos por nossas descobertas (*RS* 34, 184a9-b8).

É na verdade uma das muitas reivindicações de Aristóteles à posteridade o fato de ter sido ele o fundador da lógica. Suas obras mais importantes sobre o assunto são as *Categorias*, o *Sobre a interpretação* e os *Primeiros analíticos*, as quais apresentam seus ensinamentos em termos simples, proposições e silogismos. Eles foram reunidos, junto com as duas obras já mencionadas e um tratado sobre o método científico, os *Segundos analíticos*, numa coletânea conhecida como o *Órganon*, ou "ferramenta" do pensamento. A maioria dos seguidores de Aristóteles pensava na lógica não como uma disciplina científica, mas como uma arte propedêutica que poderia ser utilizada em qualquer disciplina, daí o título. Embora se tenha demonstrado já na Antiguidade ser o *Órganon* incompleto como um sistema de lógica, ele foi considerado por dois milênios o fornecedor do núcleo do tema[1].

Enquanto Aristóteles estava na Academia, o rei macedônio Filipe II, que havia sucedido o pai em 359 a.C., adotou uma política expansionista e levou a guerra a várias cidades-Estado gregas, inclusive Atenas. A despeito da eloquência marcial do contemporâneo de Aristóteles, Demóstenes, que denunciou o rei macedônio em suas *Filípicas*, os atenienses defenderam seus interesses sem muita convicção. Depois de uma série de concessões humilhantes, eles permitiram que Filipe se tornasse, em 388 a.C., o senhor do mundo grego. Não deve ter sido uma boa época para ter sido um cidadão macedônio residindo em Atenas.

Dentro da Academia, contudo, as relações parecem ter se mantido cordiais. Gerações posteriores gostavam de retratar Platão e Aristóteles confrontando um ao outro, e na Antiguidade alguns tinham Aristóteles na conta de um potro ingrato que escoiceara a própria mãe (DL 5, 1). Mas Aristóteles sempre admitiu ser grande devedor de Platão, ao qual descreveu, por ocasião de sua morte, como o melhor e mais feliz dos mortais, "ao qual não se pode permitir seja louvado por homens vis". Ele estabeleceu grande parte de sua agenda filosófica a partir de Platão, e sua doutrina é frequentemente mais uma modificação que um repúdio das doutrinas pla-

---

1. A lógica de Aristóteles será abordada detalhadamente no capítulo 3.

tônicas. As ideias filosóficas comuns aos dois filósofos são mais importantes que as questões que os dividem — assim como, nos séculos XVII e XVIII, as escolas opostas de racionalistas e empiristas tinham muito mais em comum entre si que com os filósofos que as precederam e sucederam.

Já durante sua estadia na Academia, porém, Aristóteles começou a se distanciar da teoria das Ideias de Platão. Em seu panfleto *Sobre as Ideias*, ele afirma que os argumentos dos diálogos centrais de Platão estabelecem somente que há, em complemento aos particulares, certos objetos comuns das ciências, mas que tais não são Ideias. Contra as Ideias ele faz uso da versão de um argumento que já havíamos encontrado nos próprios diálogos de Platão, ao qual denomina "Argumento do Terceiro Homem" (Barnes, 2, 435). Em suas obras que chegaram até nós, Aristóteles com frequência se ocupa da teoria. Algumas vezes ele o faz com polidez, como quando, na *Ética a Nicômaco*, apresenta uma série de argumentos contra a Ideia do Bem alertando-nos de que tem uma tarefa árdua, porque as Formas foram apresentadas por um bom amigo seu. Contudo, seu dever como filósofo é honrar a verdade acima da amizade. Nos *Segundos analíticos*, todavia, ele descarta as Ideias com desprezo, como "lorotas" (1, 22-83a33).

De modo mais sério, ele argumenta na *Metafísica* que a Teoria deixa de resolver os problemas para os quais fora concebida. Ela não confere inteligibilidade aos particulares, em razão de as formas imutáveis e eternas não poderem explicar como os particulares chegam a existir e sofrem alterações. Além disso, elas não servem seja ao conhecimento das coisas sensíveis, seja ao ser das coisas sensíveis (*Met.* 9, 991a8ss.). Tudo o que a teoria faz é apresentar novas entidades iguais em número às entidades a ser explicadas — como se alguém pudesse resolver um problema duplicando-o (*Met.* 9, 990b3).

Aristóteles, o biólogo

Aristóteles deixou Atenas em 347 a.C., logo depois da morte de Platão e da entronização do sobrinho deste, Espeusipo, como chefe da Academia. Ele migrou para Assos, na costa setentrional do que é agora a Turquia. A cidade era governada por Hérmias, formado na Academia, que já havia convidado vários acadêmicos a formar uma nova instituição filosófica naquela cidade. Aristóteles tornou-se amigo de Hérmias, chegando a desposar uma parente próxima dele, Pítia, com a qual teve dois filhos. Em 343 a.C. Hérmias teve um trágico fim: tendo negociado, com a ajuda de Aristóteles, uma aliança com a Macedônia, ele foi traiçoeiramente aprisionado e posteriormente crucificado pelo grande rei da Pérsia. Aristóteles homenageou sua memória em uma "Ode à virtude", o único poema de sua autoria que sobreviveu.

Durante sua estadia em Assos, e por seus próximos poucos anos, quando viveu em Mitilene, na ilha de Lesbos, Aristóteles empreendeu extensa investigação científica, notadamente nos campos da zoologia e da biologia marítima. Essas investigações assumiram a forma de um livro posteriormente conhecido com o título enganoso de *História dos animais*, ao qual ele acrescentou dois curtos tratados, *Sobre as partes dos animais* e *Sobre a geração dos animais*. Aristóteles não afirma ter fundado a ciência da zoologia, e seus livros contêm citações copiosas de escritores que o precederam, acompanhadas de um rigoroso grau de ceticismo quanto a alguns de seus mais entusiasmados relatos. Contudo, suas observações detalhadas de organismos dos mais variados tipos foram sem dúvida quase sem precedentes e em muitos casos não foram superadas até o século XVII.

Embora não afirmasse ter sido o primeiro zoólogo, Aristóteles via a si claramente como um pioneiro, e chegou de fato a sentir a necessidade de justificar seu interesse no assunto. Os filósofos que o precederam haviam concedido um lugar privilegiado à observação dos céus, e eis aqui Aristóteles cutucando esponjas e observando a multiplicação de larvas. Em sua defesa, ele afirma que, apesar de os corpos celestes serem maravilhosos e gloriosos, são ao mesmo tempo difíceis de estudar por estarem tão longe e serem tão diferentes de nós. Os animais estão contudo ao alcance da mão, próximos em natureza a nós mesmos, tornando possível investigá-los com precisão muito maior. É infantil ficar enojado com a observação de animais mais humildes. "Deveríamos nos engajar na investigação de todo tipo de animal sem nos envergonharmos, pois cada um deles irá nos exibir algo de natural e algo de belo" (*PA* 1, 5, 645a20-5).

O alcance das pesquisas de Aristóteles é assombroso. Grande parte de seu trabalho é ocupada pela classificação em gênero (por exemplo, *Testacea*) e espécie (por exemplo, *ouriço-do-mar*). Em seus tratados são apresentadas mais de quinhentas espécies, muitas delas descritas em detalhe. É claro que Aristóteles não se contentava com a observação de um naturalista, tendo também exercido a dissecação, como um anatomista. Ele reconhecia que a dissecação lhe era desagradável, particularmente quando exercida em seres humanos, mas era essencial examinar as partes de qualquer organismo para entender a estrutura do todo (*PA* 1, 5, 644b22-645a36).

Frontispício do manuscrito de uma tradução seiscentista
da *História dos animais*, de Aristóteles.

Aristóteles ilustrava seus tratados com diagramas, infelizmente perdidos. Podemos conjecturar quanto ao tipo de ilustrações que ele oferecia ao lermos trechos como o seguinte, em que ele se põe a explicar a relação entre os testículos e o pênis:

> No diagrama anexo, a letra A indica o ponto inicial dos canais que saem da aorta; as letras KK indicam os topos dos testículos e os dutos que descem até eles; os dutos que saem daí e percorrem os testículos internamente são indicados como ΩΩ, e os dutos contrários, que contêm o líquido branco e que levam até os testículos, são indicados como BB; o pênis, Δ; a bexiga, E; e os testículos, ΨΨ (*HA* 3, 1, 510a30-4).

Somente um biólogo poderia avaliar a acurácia da miríade de itens de informação que Aristóteles nos oferece sobre anatomia, hábitos alimentares, *habitat*, modos de acasalamento e sistemas reprodutivos de mamíferos, aves, répteis, peixes e insetos. Sir D'Arcy Thompson, biólogo inglês do século XX que fez a tradução canônica em língua inglesa da *História dos animais*, chama constantemente a atenção do leitor para o grau de minúcia da detalhada investigação aristotélica, aliada a resquícios de superstição. Há alguns casos espetaculares em que improváveis relatos de Aristóteles sobre raras espécies de peixes provaram-se exatos muitos séculos depois[2]. Em outras passagens, Aristóteles apresenta de forma clara e exata problemas de biologia que não foram solucionados antes de se passarem mil anos. Um desses casos era a indagação quanto a conter um embrião todas as partes de um animal em forma reduzida desde o início ou se estruturas completamente novas se formam à medida que o embrião se desenvolve (*GA* 2, 1, 734a1-735a4).

O leigo moderno pode apenas especular quais partes dos trechos seguintes são exatas e quais são fantasia.

> Todos animais quadrúpedes, sanguíneos e vivíparos são providos de dentes, mas, e somente para começar, alguns possuem dentes nas duas mandíbulas, outros não. Por exemplo, quadrúpedes com chifre não têm, porque não possuem os dentes frontais na mandíbula superior; mas alguns quadrúpedes sem chifre também não possuem dentes em nenhuma das mandíbulas, como o camelo. Alguns animais possuem presas, como o javali, outros não. Mais, alguns animais têm os dentes serrilhados, como o leão, o leopardo e o

---

2. Ver G. E. R. LLOYD, *Aristotle: the growth and structure of his thought*, Cambridge, Cambridge University Press, 1968, 74-81.

cachorro; outros têm dentes que não se ajustam, como o cavalo e o boi — e com "dentes serrilhados" queremos dizer aquele tipo de animais cujos dentes pontiagudos ajustam-se nos outros (*HA* 2, 1, 501a8ss.)

Em peixes que formam casal, os ovos são o resultado da cópula, mas há peixes que os têm sem copular, o que se vê no caso de alguns peixes de água doce, como o vairão, que põe ovos quando muito pequeno — quase, poder-se-ia dizer, assim que nasce. Esses peixes põem seus ovos e, como se afirma, os machos engolem a maior parte deles, parte dos quais são desperdiçados na água, outros dos quais, depositados pela fêmea em lugares adequados, se salvam. Se todos os ovos fossem preservados, toda espécie seria muito numerosa. A maior parte desses ovos não é produtiva, mas somente aqueles nos quais o macho despeja seu leite fecundante, pois quando a fêmea deposita seus ovos o macho a segue e despeja leite sobre eles, e de todos os ovos assim fertilizados originam-se jovens peixes, enquanto os restantes são abandonados à sua própria sorte (*HA* 6, 3, 567a29-b6).

É cômodo fazer um rápido julgamento sobre as tentativas de Aristóteles de estabelecer uma ligação entre as características da anatomia humana aos traços de caráter. Ele nos diz, por exemplo, que aqueles que têm pés chatos tendem a ser vadios, e que aqueles que têm orelhas grandes e pontudas possuem uma tendência a conversas irrelevantes (*HA* 1, 11, 492a1).

Apesar de serem um apanhado de histórias da carochinha, as obras de biologia de Aristóteles chegam a nós como um feito estupendo, se nos lembramos das condições sob as quais ele trabalhava, sem dispor de nenhum dos acessórios para a investigação que passaram a ser ofertados aos cientistas a partir do início da era moderna. Ele, ou algum dos seus assistentes de pesquisa, deve ter sido agraciado com uma visão notavelmente aguda, se considerarmos que algumas das características dos insetos relatadas por ele com precisão não foram observadas novamente antes do advento do microscópio. Suas pesquisas foram conduzidas a partir de um autêntico espírito científico, e ele estava sempre pronto a confessar sua ignorância quando as provas eram insuficientes. A respeito do mecanismo reprodutor das abelhas, por exemplo, ele tem a dizer o seguinte:

> Os fatos não foram até aqui estabelecidos de modo suficiente. Se algum dia o forem, então deveremos confiar na observação antes que na teoria, e confiar nas teorias somente se os seus resultados se adequarem à observação dos fenômenos (*GA* 3, 10, 760b28-31).

O Liceu e seu programa

Cerca de oito anos após a morte de Hérmias, Aristóteles foi convocado à capital da Macedônia pelo rei Filipe II para ser o tutor de seu filho de 13 anos, o futuro Alexandre, o Grande. Pouco sabemos a respeito do conteúdo de seu ensinamento: a *Retórica para Alexandre* que consta do *corpus* aristotélico é encarada comumente como uma fraude. Fontes antigas afirmam que Aristóteles de fato escreveu peças sobre reinado e colonização para seu discípulo, além de dar a ele sua própria edição de Homero — conta-se que Alexandre dormia com esse livro debaixo de seu travesseiro. Ao tornar-se rei em 336 a.C. e dar início à sua espetacular carreira militar, Alexandre providenciou para que fossem enviados espécimes biológicos para seu tutor de todas as partes da Grécia e da Ásia Menor.

Em dez anos, Alexandre fez de si o senhor de um império que se estendia do Danúbio ao Indo e incluía a Líbia e o Egito. Enquanto Alexandre conquistava a Ásia, Aristóteles regressou a Atenas, onde fundou sua própria escola no Liceu, um ginásio situado exatamente nos limites da cidade. Então com 50 anos, ele montou uma biblioteca substancial e reuniu em torno de si um grupo de brilhantes estudantes pesquisadores, denominados "peripatéticos", uma alusão ao nome da avenida (*peripatos*) na qual eles caminhavam e entabulavam suas discussões. O Liceu não era um clube privado, como a Academia; muitas de suas conferências eram abertas ao público em geral sem cobrança de ingresso.

Os estudos em anatomia e zoologia de Aristóteles resultaram em uma nova e definitiva viravolta em sua filosofia. Embora fosse manter por toda a vida um interesse na metafísica, sua filosofia da maturidade constantemente se alia à ciência empírica, com seu pensamento se ocupando de caracteres da biologia. Muitas das obras que chegaram até nós, à exceção dos tratados em zoologia, pertencem provavelmente a essa segunda temporada ateniense. Nada se pode afirmar quanto a sua ordem cronológica, e é até mesmo provável que os principais tratados — sobre física, metafísica, psicologia, ética e política — tenham sido constantemente reescritos e atualizados. Na forma em que sobreviveram, é possível encontrar indícios de diferentes camadas de composição, embora não se tenha formado nenhum consenso sobre a identificação ou a datação desses estratos.

Em suas obras maiores, o estilo de Aristóteles é muito diverso do de Platão ou dos outros filósofos que o precederam. No período que vai de Homero a Sócrates, muitos filósofos escreveram em verso, e Platão, que escreveu no grande período da tragédia e da comédia atenienses, compôs diálogos dramáticos. Aristóteles, um contemporâneo exato do grande orador grego Demóstenes, preferiu escrever monólogos em prosa. A prosa que escreveu, comumente, não é nem luminosa nem trabalhada, embora ele pudesse compor trechos de comovida eloquência quando assim o desejava. Pode ser que os textos que chegaram até nós sejam notas que fazia para suas conferências, talvez até mesmo, em alguns casos, notas tomadas durante as conferências pelos estudantes presentes. Tudo que Aristóteles escreveu é prenhe de ideias e cheio de vigor, cada sentença contendo uma poderosa pegada intelectual. Mas é preciso esforço para decodificar a mensagem a partir de suas sentenças entrecortadas. O que recebemos de Aristóteles através dos séculos é um conjunto de telegramas antes que de cartas.

As obras de Aristóteles são sistemáticas de uma maneira que as de Platão jamais o foram. Mesmo nas *Leis*, o mais próximo de um livro didático que Platão chegou a escrever, pulamos de tópico em tópico, e na verdade de disciplina a disciplina, de um modo desconcertante. Nenhum dos outros diálogos maiores pode ser classificado como relacionado a uma única área da filosofia. Naturalmente, é anacronismo falar em "disciplinas" ao se discutir Platão, porém mal chega a ser um anacronismo de fato, porque a noção de disciplina, no moderno sentido acadêmico, é tornada muito explícita por Aristóteles em seu período no Liceu.

Há três tipos de ciências, diz-nos Aristóteles na *Metafísica* (E 1, 1025b25): produtiva, prática e teórica. As ciências produtivas são, de forma clara, ciências que têm um produto. Elas incluem a engenharia e a arquitetura, com produtos como pontes e casas, mas também disciplinas como a estratégia e a retórica, em que o produto é algo de menos concretude, como a vitória nos campos de batalha ou nos tribunais. As ciências práticas são aquelas que orientam o comportamento, mais notavelmente a ética e a política. As ciências teóricas são as que não têm produto ou objetivo prático, mas nas quais se busca informação e entendimento por si sós.

Há três ciências teóricas: física, matemática e teologia (*Met.* E 1, 1026a19). Nessa trilogia, somente a matemática é aquilo que parece ser. "Física", naturalmente, significa o estudo da natureza (*physis*). É um campo de estudo bem mais amplo que o da física como a entendemos hoje em dia, incluindo a química e a meteorologia, assim como a biologia e a psicologia. "Teologia", para Aristóteles, é o estudo das entidades acima dos e superiores aos seres humanos, vale dizer, os corpos celestes, assim como qualquer divindade que possa habitar os céus estrelados. Seus escritos sobre esse tópico assemelham-se a um livro didático de astronomia antes que a qualquer discurso sobre a religião natural.

Pode parecer surpreendente que a metafísica, uma disciplina teórica *par excellence*, não conste da lista de ciências teóricas de Aristóteles, já que muitos de seus escritos dela se ocupam, e considerando-se que o mais extenso de seus tratados tem o título de *Metafísica*. A palavra, na verdade, não aparece nos escritos do próprio Aristóteles, surgindo pela primeira vez no catálogo póstumo de suas obras, e quer dizer apenas "após a física", por referência às obras que foram listadas após a sua *Física*. Mas ele veio de fato a reconhecer o ramo da filosofia que hoje chamamos de "metafísica", o qual foi por ele chamado de "Primeira filosofia", por ele definida como a disciplina que estuda o Ser como Ser[3].

Retórica e poesia segundo Aristóteles

Aristóteles escreveu duas obras no campo das ciências produtivas, a *Retórica* e a *Poética*, concebidas para o auxílio de estudantes de direito e dramaturgos em seus respectivos afazeres. A retórica, afirma Aristóteles, é a disciplina que, para qualquer caso apresentado, sugere os meios possíveis de persuasão e não está restrita a um campo particular, mas é neutra quanto à tópica. Há três modos de persuasão oferecidos pela palavra proferida: o caráter do orador, os afetos da audiência e o argumento em si (claro ou espúrio). Dessa forma, o estudante de retórica deve ser capaz de raciocinar logicamente, de avaliar o caráter e de entender as paixões (*R.* 1, 2, 1358a1–1360b3).

Aristóteles escreveu de modo mais instrutivo sobre a lógica e o caráter em outros tratados, mas o segundo livro da *Retórica* abriga sua mais completa abordagem das paixões humanas. As paixões, afirma, são sentimentos que alteram o julgamento das pessoas e se fazem acompanhar de dor e prazer. A seguir ele aborda cada uma das maiores entre elas, oferecendo uma definição da paixão e uma lista de seus objetos e causas. A ira, por exemplo, é definida como um desejo, acompanhado de tristeza, por algo que parece ser uma vingança em relação a algo que parece ter sido um desprezo injusto manifestado contra nós ou contra algum de nossos

---

3. Ver capítulo 5.

amigos (2, 2, 1378a32-4). Ele dá uma longa lista dos tipos de pessoas que provocam nossa ira: os que troçam de nós, por exemplo, ou aqueles que nos impedem de beber quando estamos sedentos, ou aqueles que nos impedem de trabalhar.

> Irritam-nos também aqueles que de nós falam mal, que mostram desprezo pelas coisas que mais estimamos. Assim, aqueles que ambicionam uma reputação como filósofos ficam zangados caso alguém faça pouco caso de sua filosofia; e os que se jactam de sua aparência ficam zangados quando alguém dela não faz caso e assim por diante. Sentimo-nos particularmente zangados se acreditamos que, tanto de fato ou na crença popular, somos completa e amplamente destituídos das respectivas qualidades. Pois, quando estamos convencidos de nossa superioridade nas qualidades que são objeto da zombaria alheia, podemos ignorá-la (2, 2, 1379a32-b1).

Aristóteles nos conduz por uma detalhada jornada por entre as paixões da ira, do ódio, do medo, da vergonha, da comiseração, da indignação, da inveja e do ciúme. Para cada caso, seu tratamento é claro e sistemático, e com frequência demonstra — como na passagem acima citada — uma aguda percepção psicológica.

A *Poética*, à diferença da *Retórica*, foi amplamente lida no curso da história. Somente seu primeiro livro, aquele que trata da poesia épica e trágica, chegou até nós. O segundo livro, sobre a comédia, se perdeu. Umberto Eco, em *O nome da rosa*, concebeu uma ficção dramática em torno de sua imaginária preservação e sua posterior destruição em um mosteiro do século XIV.

Para entender a mensagem de Aristóteles na *Poética* é necessário conhecer algo a respeito da postura de Platão em relação à poesia. Nos livros segundo e terceiro da *República* Homero é atacado por apresentar os deuses de forma deturpada e por incentivar as baixas emoções. As representações dramáticas das tragédias são igualmente acusadas de falsas e baixas. No décimo livro, a teoria das Ideias fornece o fundamento para um ataque mais elaborado, e mais decisivo, aos poetas. Os objetos materiais são cópias imperfeitas das verdadeiramente reais Ideias; as representações artísticas dos objetos materiais estão portanto a dois estágios da realidade, já que são imitações de imitações (*Rep.* 597e). O drama corrompe por apelar às partes baixas de nossa natureza, encorajando-nos a nos abandonarmos ao choro e ao riso (605d-6c). Os poetas dramáticos devem ser mantidos longe da cidade ideal: devem ser untados com mirra, coroados com louro e mandados embora (398b).

Um dos objetivos de Aristóteles era pôr fim a essa disputa entre a poesia e a filosofia. A imitação, dizia, longe de ser uma atividade degradante, como Platão a descreve, é algo natural aos homens desde a infância. É uma das características que tornam os homens superiores aos animais, visto ampliar sobremodo o alcance de seu aprendizado. Além disso, a representação traz um deleite que lhe é exclusivo: desfrutamos e admiramos pinturas de objetos que, em si mesmos, nos incomodariam ou desagradariam (*Po.* 4, 1448b5-24).

Aristóteles oferece uma análise detalhada da natureza do poema trágico, definindo a tragédia nos seguintes termos:

> É, pois, a tragédia imitação de uma ação de caráter elevado, completa e de certa extensão, em linguagem ornamentada e com as várias espécies de ornamentos distribuídas pelas diversas partes [do drama], [imitação que se efetua] não por narrativa, mas mediante atores, e que, suscitando o terror e a piedade, tem por efeito a purificação [*katharsis*] dessas emoções (6, 1449b24ss.)[4].

Ninguém pode afirmar com certeza o que Aristóteles quis dizer com *katharsis* ou purificação. Talvez ele estivesse buscando ensinar que assistir a uma tragédia ajuda-nos a colocar nossos lamentos e preocupações em perspectiva ao observarmos as catástrofes que caíram sobre pessoas que eram bem superiores a nossos semelhantes. Piedade e medo, as paixões a ser purificadas, são mais facilmente despertadas, ele afirma, se a tragédia apresenta as pessoas como vítimas de ódio e de assassinato no momento mesmo em que mais deveriam esperar ser amadas e queridas. É por esta razão que a maioria das tragédias diz respeito a contendas no interior de uma única família (14, 1453b1-21).

São necessários, segundo Aristóteles, seis elementos para a tragédia: fábula, [*mýthos*][5], caráter, elocução, pensamento, espetáculo e melopeia

---

4. Tradução de Eudoro de Souza, in ARISTÓTELES, *Poética*, Lisboa, Imprensa Nacional – Casa da Moeda, [5]1998, 110. (N.T.)

5. Há várias traduções possíveis para o termo originalmente utilizado por Aristóteles, entre as quais as mais comumente utilizadas são mito e fábula. O inglês *plot*, empregado pelo autor neste original, conduz às ideias correntes de "trama", "enredo", "argumento". Optou-se aqui, até mesmo pelo desenvolvimento do argumento, por fábula, palavra que tem a vantagem de poder ser lida tanto no sentido antigo como no sentido corrente. Heródoto emprega *mýthos* para relatos

(6, 1450a11ss.). Destas, são as duas primeiras o objeto de seu interesse principal. A montagem do espetáculo e o acompanhamento musical são acessórios dispensáveis: o grandioso em uma tragédia pode ser apreciado pela mera leitura do texto. O pensamento e a elocução são mais importantes: são os pensamentos expressos pelos personagens que despertam a emoção no ouvinte, e para ser bem-sucedidos esses pensamentos devem ser representados de forma convincente pelos atores. Mas são o caráter e a fábula que de fato revelam o gênio de um poeta trágico, e por isso Aristóteles dedica um longo capítulo ao caráter e não menos que cinco capítulos à fábula.

O caráter principal, ou o herói trágico, não deve ser nem supremamente bom nem supremamente mal. Ele deve ser uma pessoa que possa ser qualificada como basicamente boa, mas que fique ofendida por algum grande erro (*hamartia*). Uma mulher pode ter o tipo de bondade adequada a uma heroína trágica, e até mesmo um escravo pode ser um tema trágico. Seja qual for o tipo de pessoa escolhido para ser o protagonista, é importante que ele ou ela possuam as qualidades apropriadas aos caracteres trágicos e que permaneçam consistentes durante todo o drama (15, 1454a15ss.). Cada uma das *dramatis personae* deve possuir algumas características boas; a forma como se comportam deve estar em seu caráter e aquilo que acontece a elas deve ser uma consequência necessária, ou provável, de seu comportamento.

O elemento mais importante de todos é a fábula: os personagens são criados em função da fábula e não o contrário. A fábula deve ser uma história fechada, com início, meio e fim claramente definidos, e deve ser curta o bastante para que o espectador mantenha todos os detalhes em mente. A tragédia deve possuir uma unidade. Não se faz uma tragédia unificando um conjunto de episódios conectados apenas por um herói comum a eles; ao contrário, deve haver uma unidade de ação em torno da qual gire toda a fábula (8, 1451a21-9).

Em uma tragédia típica, a história vai ficando cada vez mais complicada até que se atinja um ponto de virada, ao qual Aristóteles denomina "reversão" (*peripeteia*). Este é o momento em que o aparentemente afortunado herói cai em desgraça, talvez devido a uma "revelação" (*anagnorisis*),

---

confirmados por testemunhas ou pela tradição. Já em Platão e Aristóteles a referência é a narrativas ou relatos fabulosos. Com o passar do tempo foi esta acepção que se tornou a estabelecida e o "mito" veio a significar o lendário, a ficção, o irreal. O *mýthos*, assim significado, difere radicalmente do *logos*. (N.T.)

a saber, a descoberta por ele de um tipo de informação crucial, mas até então ignorada (15, 1454b19). Após a reversão vem o desenvolvimento, em que as complicações apresentadas anteriormente são gradualmente resolvidas (18, 1455b24ss.).

Essas observações são ilustradas por meio de constantes referências a peças gregas reais, particularmente à tragédia *Édipo Rei*, de Sófocles. Édipo, no início da peça, goza de prosperidade e reputação. Ele é basicamente um homem bom, mas que possui o defeito fatal da impetuosidade. Este vício faz que mate um estrangeiro em uma briga e despose uma noiva sem o devido cuidado. A "revelação" de que o homem que ele matara era seu pai e a mulher que desposara é sua mãe conduz à "reversão" de sua sorte, fazendo que seja banido de seu reino e fure os próprios olhos, cegando-se por vergonha e remorso.

A teoria de Aristóteles sobre a tragédia capacita-o a responder à queixa de Platão de que os dramaturgos, à semelhança de outros artistas, não passam de imitadores do cotidiano, que já é em si mesmo apenas uma imitação do mundo real das Ideias. A resposta aristotélica é dada quando ele compara drama e história.

> Pelas precedentes considerações manifesta-se que não é ofício de poeta narrar o que aconteceu; é, sim, o de representar o que poderia acontecer, quer dizer: o que é possível segundo a verossimilhança e a necessidade. Com efeito, não diferem o historiador e o poeta por escreverem verso ou prosa (pois que bem poderiam ser postas em verso as obras de Heródoto, e nem por isso deixariam de ser história, se fossem em verso o que eram em prosa) — diferem, sim, em que diz um as coisas que sucederam, e outro as que poderiam suceder. Por isso a poesia é algo de mais filosófico e mais sério do que a história, pois refere aquela principalmente o universal, e esta, o particular (9, 1451a36–1451b9)[6].

O que Aristóteles afirma aqui sobre a poesia e o drama pode naturalmente ser afirmado também a respeito de outros tipos de escrita criativa. Muito do que ocorre às pessoas no cotidiano é uma questão de puro acaso; somente na ficção podemos observar a construção do caráter e da ação no rumo de suas consequências naturais.

---

6. Tradução de Eudoro de Souza, in ARISTÓTELES, *Poética*, 115. (N.T.)

Os tratados éticos de Aristóteles

Se passarmos das ciências do fazer às ciências da prática, descobriremos que a contribuição de Aristóteles veio de seus escritos sobre filosofia moral e teoria política. Há três tratados sobre filosofia moral no *corpus* aristotélico: a *Ética a Nicômaco*, em dez livros, a *Ética a Eudemo*, em sete livros, e a *Magna moralia*, em dois livros. Esses textos são de grande importância para qualquer um que tenha interesse no desenvolvimento do pensamento aristotélico. Se nos tratados físicos e nos metafísicos é possível detectar indícios de revisão e reescrita, é somente no caso da ética que possuímos a doutrina de Aristóteles sobre os mesmos assuntos apresentadas em três cursos diferentes, e mais ou menos completos. Todavia, não há consenso quanto à explicação para essa ocorrência.

Nos primeiros séculos após a morte de Aristóteles, não se fez grande uso de seus tratados éticos por escritores pósteros, mas a *Ética a Eudemo* é citada com mais frequência que a *Ética a Nicômaco*, a qual não aparece com este nome nos primeiros catálogos de suas *Obras*. Na verdade, há indícios de dúvidas quanto a ser a *Ética a Nicômaco* uma obra autêntica de Aristóteles ou talvez um produto de seu filho, Nicômaco. No entanto, a partir do comentador Aspásio, no século II de nossa era, estabeleceu-se a concordância universal de que a *Ética a Nicômaco* é não apenas autêntica mas também a mais importante das três obras. Por toda a Idade Média, e desde o renascimento do ensino clássico, ela tem sido mencionada como *a Ética* de Aristóteles, e em geral, de fato, como a mais popular de todas as suas obras que chegaram até nós.

Sobre as outras obras há visões muito diversas. Enquanto a *Ética a Nicômaco* encontrou desde sempre eco em amplo número de leitores, a *Ética a Eudemo*, mesmo entre os estudiosos aristotélicos, jamais encontrou guarida senão entre um punhado de fanáticos. No século XIX ela foi considerada espúria e reeditada sob o nome do discípulo de Aristóteles, Eudemo de Rodes. No século XX, os estudiosos, comumente, acompanharam Werner Jaeger[7], considerando-a uma obra autêntica mas imatura, superada por uma *Ética a Nicômaco* redigida durante o período no Liceu. Alguns estudiosos também seguiram Jaeger em sua recusa à *Magna moralia* como uma obra pós-aristotélica, enquanto outros têm argumentado com ardor que ela é não apenas uma obra autêntica como o mais antigo dos três tratados.

---

7. Werner JAEGER, *Aristotle: fundamentals of the history of his development*, Oxford, Clarendon Press, 1948.

Há ainda um problema adicional referente à relação entre a *Ética a Nicômaco* e a *Ética a Eudemo*. Na tradição manuscrita, três livros se repetem nos dois tratados, uma vez como os livros 5, 6 e 7 da *Ética a Nicômaco*, uma segunda vez como os livros 4, 5 e 6 da *Ética a Eudemo*. É um erro tentar estabelecer a relação entre estes dois tratados sem antes definir qual deles foi a morada primeira dos livros que possuem em comum. Pode-se demonstrar, tanto no campo da comparação estatística de estilos como no da filosofia, que os três livros estão muito mais próximos da *Ética a Eudemo* que da *Ética a Nicômaco*. No momento em que os três livros são restabelecidos como pertencentes à *Ética a Eudemo*, a defesa desta como uma obra imatura e inferior cai por terra, nada restando, por exemplo, do argumento de Jaeger de que a *Ética a Eudemo* é mais próxima de Platão, e portanto mais antiga, que a *Ética a Nicômaco*. Além disso, alusões históricas interiores às obras sugerem que os livros em disputa, e agora, portanto, a *Ética a Eudemo*, pertencem ao período do Liceu.

Há problemas no que respeita à coerência da própria *Ética a Nicômaco*. No início do século XX, o aristotélico Thomas Case, em célebre artigo na 11ª edição da *Encyclopaedia Britannica*, sugeriu: "a probabilidade é que a *Ética a Nicômaco* seja uma coleção de discursos separados que foram organizados para formar um tratado sistemático aceitável". Esta hipótese continua a ser altamente provável. As diferenças entre as duas *Éticas* não permitem uma mera solução cronológica: pode ser que alguns dos discursos organizados para formar a *Ética a Nicômaco* precedam a *Ética a Eudemo* — que, em si, forma um todo mais coerente —, e pode ser ainda que outros lhe sejam posteriores. As diferenças estilísticas que separam a *Ética a Nicômaco* não apenas da *Ética a Eudemo* mas também de quase todas as outras obras de Aristóteles podem ser explicadas pela antiga tradição de que a *Ética a Nicômaco* foi editada por Nicômaco, enquanto a *Ética a Eudemo*, juntamente com algumas outras obras de Aristóteles, foi editada por Eudemo. A *Magna moralia*, por sua vez, embora siga bem de perto a linha de pensamento da *Ética a Eudemo*, contém vários mal-entendidos a respeito de sua doutrina, o que seria facilmente explicado se a obra fosse um apanhado de notas feitas por um estudante no Liceu durante a apresentação de um curso de conferências de Aristóteles que se assemelhassem à *Ética a Eudemo*[8].

---

8. O relato sobre a relação entre os tratados éticos de Aristóteles que acabamos de fazer é controverso. Fiz dele uma defesa e uma explanação em *The aristotelian ethics*, Oxford, Clarendon, 1978, e, com correções e modificações, em *Aristotle on the perfect life*, Oxford, Clarendon, 1992.

O conteúdo dos três tratados é em geral muito parecido. A *Ética a Nicômaco* abrange parte do mesmo terreno coberto pela *República* de Platão, e com algum exagero se poderia dizer que a filosofia moral de Aristóteles é a filosofia moral de Platão sem a teoria das Ideias. A Ideia do Bem, diz Aristóteles, não pode ser o bem supremo do qual costuma tratar a ética platônica, que mais não seja por ser a ética uma ciência prática, acerca do que está ao alcance da capacidade humana realizar, ali onde uma perene e imutável Ideia do Bem não teria mais que um interesse teórico.

Em lugar da Ideia do Bem, Aristóteles oferece a felicidade (*eudaimonia*) como o bem supremo do qual a ética deve se ocupar, porque, como Platão, Aristóteles enxerga uma íntima conexão entre viver uma vida virtuosa e viver uma vida feliz. Em todos os tratados éticos uma vida feliz é uma vida de virtuosa atividade, e cada um deles oferece uma análise do conceito de virtude e uma classificação dos diferentes tipos de virtude. Uma dessas classes é a das virtudes morais, como a coragem, a moderação e a liberalidade, que aparecem com frequência nas discussões éticas em Platão. A outra classe é a das virtudes intelectuais, em que Aristóteles estabelece uma distinção muito mais aguda que a feita por Platão entre a virtude intelectual da sabedoria, que comanda o comportamento ético, e a virtude intelectual do entendimento, que é expressa pela busca científica e na contemplação. A principal diferença entre a *Ética a Nicômaco* e a *Ética a Eudemo* é que na primeira Aristóteles enxerga a felicidade perfeita como constituída somente pela atividade da contemplação filosófica, enquanto na segunda esta felicidade perfeita consiste no exercício harmônico de todas as virtudes, intelectuais e morais[9].

A teoria política de Aristóteles

Até mesmo na *Ética a Eudemo* é "o serviço e contemplação de Deus" que estabelece o padrão para o adequado exercício das virtudes morais, enquanto na *Ética a Nicômaco* essa contemplação é descrita como uma atividade sobre-humana da parte divina em nós. A palavra final de Aristóteles sobre isso é que a despeito de sermos mortais devemos nos tornar imortais o máximo que pudermos. Quando passamos da *Ética* à sua continuação, a *Política*, voltamos à Terra. "O homem é um animal político",

---

9. O ensinamento ético de Aristóteles será explicado detalhadamente no capítulo 8.

nos diz: os seres humanos são criaturas de carne e sangue, associando-se uns com os outros nas cidades e comunidades.

À semelhança de sua obra no campo da zoologia, os estudos políticos de Aristóteles combinam observação e teoria. Diógenes Laércio nos informa que Aristóteles compilou as constituições de 158 estados — sem dúvida com o auxílio de seus ajudantes de pesquisa no Liceu. Uma delas, *A Constituição de Atenas*, embora não tenha surgido como parte do *corpus* aristotélico, foi descoberta em forma de papiro no ano de 1891. A despeito de algumas diferenças de estilo em relação a suas outras obras, ela é atualmente considerada legítima. Em um codicilo à *Ética a Nicômaco*, que é lido como um prefácio à *Política*, Aristóteles afirma que, tendo estudado escritos anteriores sobre teoria política, irá agora indagar, à luz das constituições que reuniu, sobre o que define um bom governo e o que define um mau governo, que fatores são favoráveis ou desfavoráveis à preservação de uma constituição e que constituição o melhor Estado deveria adotar (*EN* 10, 9, 1181b12-23).

A *Política*, provavelmente, não foi escrita aos borbotões, e em vários pontos se nota que provavelmente ocorreram combinação e intercâmbio entre o registro das observações e sua transformação em teoria. A estrutura dos livros na forma em que chegaram até nós corresponde razoavelmente ao programa da *Ética a Nicômaco*: os livros 1 a 3 contêm uma teoria geral do Estado e uma crítica dos escritores anteriores; os livros 4 a 6 oferecem um relato das várias formas de constituição, três toleráveis (monarquia, aristocracia e governo constitucional) e três intoleráveis (tirania, oligarquia e democracia); os livros 7 e 8 são dedicados à forma ideal de constituição. Uma vez mais, a ordem dos discursos no *corpus* provavelmente difere da ordem em que foram compostos, porém os estudiosos ainda não chegaram a um acordo quanto ao estabelecimento da cronologia original.

Aristóteles começa afirmando que o Estado é a mais alta forma de comunidade que busca o mais alto dos bens. As comunidades mais primitivas são famílias de homens e mulheres, senhores e escravos. Aristóteles parece encarar a divisão entre senhor e escravo como não menos natural que a divisão entre homens e mulheres, embora se queixe de ser indício de barbárie tratar mulheres e escravos da mesma maneira (*Pol.* 1, 2, 1252a25-b6). As famílias se reúnem para formar uma vila, e diversas vilas se unem para formar um Estado, o qual vem a ser a primeira comunidade autossuficiente, e tão natural quanto é a família (1, 2, 1253a2). De fato, embora posterior à família no tempo, o Estado lhe é anterior por natureza, assim

Aristóteles considerava as mulheres inferiores aos homens. A lenda se vingou, como nessa ilustração de um texto de Petrarca, em que se o representa sendo cavalgado e chicoteado por sua esposa, Fílis.

como que um todo orgânico como o corpo humano é anterior a suas partes orgânicas, como as mãos e os pés. Sem a lei e a justiça o homem é o mais selvagem dos animais. Aquele que não consegue viver em um Estado é uma fera; o que não tem necessidade de um Estado deve ser um deus. A fundação do Estado foi a maior de todas as bênçãos, porque somente no interior de um Estado os seres humanos podem atingir seu potencial (1, 2, 1253a25-35).

Entre os escritores anteriores que Aristóteles menciona e critica, o destaque, naturalmente, vai para Platão. Grande parte do segundo livro da *Política* é dedicada à crítica da *República* e das *Leis*. Da mesma forma em que na *Ética* não há Ideia do Bem, não há portanto reis-filósofos na *Política*. Aristóteles julga que o comunismo platônico nada gerará senão problemas, uma vez que o uso da propriedade deve ser partilhado mas sua posse continuará privada. Desse modo, os proprietários podem se vangloriar de suas posses e obter satisfação em partilhá-las com outros ou mesmo em doá-las. Aristóteles defende a família tradicional em oposição à proposta de que as mulheres devam ser partilhadas, e desaprova até mesmo a limitada participação militar e o papel oficial concedido às mulheres nas *Leis*. Por diversas vezes ele descreve as propostas de Platão como impraticáveis; a raiz de seu erro, julga, é que Platão tenta conceber um Estado muito uniforme. A diversidade dos diferentes tipos de cidadão é essencial, e a vida em uma cidade não deveria ser como uma vida numa caserna (2, 3, 1261a10-31).

Contudo, ao apresentar seu próprio relato das constituições políticas, Aristóteles se utiliza amplamente das sugestões platônicas. Permanece ali uma diferença constante entre os dois autores, a saber, Aristóteles faz constantes referências a exemplos concretos de modo a ilustrar sua teoria. Mas a estrutura conceitual é com frequência muito similar. O trecho do livro 3 a seguir, por exemplo, faz eco aos últimos livros da *República*.

> O governo, isto é, a suprema autoridade em um Estado, deve estar nas mãos de um, ou de uns poucos, ou da massa dos cidadãos. As verdadeiramente corretas formas de governo são portanto as em que um, poucos ou todos governem visando o interesse comum; governos que governam privilegiando o interesse privado, seja o de um, dos poucos ou da multidão, são perversões. Aqueles que pertencem a um Estado, se desejam ser verdadeiramente denominados cidadãos, devem partilhar os benefícios. Ao governo de uma só pessoa, se busca o interesse comum, costumamos chamar "monarquia"; a um governo semelhante composto de uns poucos, chamamos "aristocracia", seja porque os governantes são os melhores dentre os homens, seja por buscarem os melhores interesses do Estado e da comunidade. Quando é a massa que governa no interesse comum chamamos a isso "governo constitucional", fazendo uso de um nome comum a todas as formas de constituição. [...] Para cada uma dessas formas de governo há uma perversão. A perversão da monarquia é a tirania; a da aristocracia é a oligarquia; a do "governo constitucional" é a democracia. Porque a tirania é uma monarquia exercida unicamente para o benefício do monarca, a oligarquia para o benefício apenas dos ricos e a democracia somente para os interesses das classes pobres. Nenhuma destas formas governa buscando o bem da coletividade (3, 6, 1270a26-b10).

Aristóteles prossegue em uma detalhada avaliação das constituições dessas várias formas, e o faz com base em sua concepção da essência do Estado. Um Estado, ele nos alerta, é uma sociedade de homens que partilham uma percepção comum sobre o bem e o mal, sobre o justo e o injusto; seu objetivo é propiciar uma vida boa e feliz para os seus cidadãos. Se uma comunidade tem em seu meio um indivíduo ou uma família de valor excepcional, então a monarquia é para ela a melhor constituição. Mas tal caso é muito raro, e o risco de aborto espontâneo é grande, porque a monarquia se perverte na tirania, que é a pior de todas as constituições. A aristocracia, em teoria, é a segunda melhor constituição, mas, na prática, Aristóteles preferia uma espécie de democracia constitucional, pois o que ele denominou "governo constitucional" é um Estado no qual os ricos e os pobres respeitam os direitos uns dos outros, e no qual os mais bem qualificados cidadãos governam com a autorização de todos os cidadãos (4, 8, 1293b30ss.). A corrupção desta última forma de governo é o que Aristóteles chama de "democracia", a saber, a anarquia do governo da turba. Ruim como possa ser, a democracia é, segundo Aristóteles, a menos danosa das formas perversas de governo.

Hoje em dia estamos familiarizados com a divisão do governo em três ramos: o legislativo, o executivo e o judiciário. A essência desse sistema foi explicada por Aristóteles, em que pese sua distribuição dos poderes ter sido feita de uma forma diferente, digamos, da constituição dos Estados Unidos. Todas as constituições, ele nos diz, possuem três elementos: o deliberativo, o administrativo e o judicial. O elemento deliberativo possui autoridade nas questões relativas à guerra e à paz, no estabelecimento e no rompimento de alianças; ele aprova leis, aplica as sentenças judiciais e faz a auditoria da administração. O elemento administrativo cuida dos compromissos dos ministros e funcionários civis, abrangendo de sacerdotes a embaixadores até os responsáveis pelas questões femininas. O elemento judicial é composto das cortes de leis civis e criminais (4, 12, 1296b13–1301a12).

Dois elementos do ensino político de Aristóteles orientaram as instituições políticas por muitos séculos: sua justificação da escravidão e sua condenação da usura. Algumas pessoas, diz-nos Aristóteles, julgam que o jugo dos senhores sobre os escravos é contrário à natureza e portanto injusto. Eles estão absolutamente errados: um escravo é alguém que, por natureza, não pertence a si mesmo, mas é propriedade de outrem. A escravidão é um exemplo de uma verdade geral, a de que desde o seu nascimento algumas pessoas estão destinadas a governar, e outras a ser governadas (1, 3, 1253b20-3; 5, 1254b22-4).

Na prática, concede Aristóteles, a maior parte da escravidão é injusta. Há um costume que dita que os espólios de guerra pertencem aos vitoriosos, incluso aí o direito de fazer dos vencidos escravos. Muitas são as guerras injustas, porém, e as vitórias em tal tipo de guerras não dão o direito de escravizar os derrotados. Algumas pessoas, contudo, são tão inferiores e brutalizadas que é melhor para elas ficarem sob o jugo de um gentil senhor que ser deixadas a seus próprios recursos. Os escravos, para Aristóteles, são ferramentas vivas — e a partir de tal fundamentação ele está pronto a assegurar que se ferramentas inanimadas pudessem cumprir a mesma função então a escravidão não seria necessária. "Se todo instrumento pudesse realizar seu próprio trabalho, obedecendo ou antecipando o desejo dos outros, como as estátuas de Dédalo [...] se as agulhas pudessem tecer e as cordas pudessem tocar a harpa por si mesmas, os artífices não necessitariam de ajudantes e nem os senhores de escravos" (1, 4, 1253b35-54a1). Assim, talvez Aristóteles não mais defendesse a escravidão numa era de automação.

Embora não fosse um aristocrata, Aristóteles possuía um desprezo aristocrático pelo comércio. Nossas posses, dizia, têm dois usos, o apropriado e o inapropriado. O uso apropriado de um sapato, por exemplo, é calçá-lo: trocá-lo por outros bens ou por dinheiro é um uso inapropriado (1, 9, 1257a9-10). Não há nada de errado com o comércio básico de bens de primeira necessidade, mas não há nada de natural no comércio de supérfluos, como o há na administração de fazendas. Na operação comercial o câmbio desempenha um papel importante, e o dinheiro também tem um uso apropriado e um uso inapropriado.

> A forma mais odiada de tornar-se rico é a proveniente da usura, que obtém seu lucro a partir do dinheiro em si, e não de sua natural destinação, pois o dinheiro foi concebido para ser utilizado como elemento de troca e não para gerar lucro. E esta é a origem da palavra "juro" [*tokos*], que significa a geração de dinheiro pelo dinheiro, porque um filho se parece com seu pai. Por essa razão, de todos os modos de ficar rico é este o mais contrário à natureza (1, 10, 1258b5-7).

As veleidades hierárquicas de Aristóteles situam os fazendeiros no topo e os banqueiros na base, os mercadores situados entre os dois. Sua atitude quanto à usura foi uma fonte para a proibição, no período cristão medieval, da fixação de juros mesmo a taxas bem baixas. "Quando foi que a amizade", pergunta Antonio a Shylock no *Mercador de Veneza*, "nasceu do árido metal de seu amigo?".

Uma das mais surpreendentes características da *Política* é a quase total ausência de qualquer menção a Alexandre da Macedônia. À semelhança de um moderno integrante da Anistia Internacional, Aristóteles faz comentários sobre os acertos e erros de todos os países, menos do seu. Seu

Estado ideal é descrito como tendo não mais que algumas centenas de milhares de cidadãos, pequeno o suficiente para que todos conheçam uns aos outros e cumpram seu papel na administração judicial e política, algo muito diferente do império de Alexandre. Quando Aristóteles afirma que a monarquia é a melhor constituição se uma comunidade possui uma pessoa ou família de valor incontestável, há aí uma notada ausência de referências à família real da Macedônia.

De fato, durante os anos do Liceu, as relações entre o conquistador mundial e seu antigo tutor parecem ter esfriado. Alexandre tornou-se cada vez mais megalomaníaco até finalmente proclamar-se divino. O sobrinho de Aristóteles, Calístenes, liderou a oposição à exigência do rei, em 327, de que os gregos deveriam prostrar-se diante dele em adoração. Calístenes foi falsamente acusado de conspiração e executado. O magnânimo e magnífico homem que é o herói dos primeiros livros da *Ética a Nicômaco* possui alguns dos grandiosos traços de Alexandre. Na *Ética a Eudemo*, contudo, as alegadas virtudes de magnanimidade e magnificência são rebaixadas, e a gentileza e a dignidade passam a ocupar o centro do palco[10].

A cosmologia aristotélica

A maior parte das obras de Aristóteles que chegaram até nós não lida com as ciências produtivas ou com as ciências práticas, mas com as ciências teóricas. Já falamos de suas obras biológicas, falaremos agora um pouco de sua física e sua química. Suas contribuições a essas disciplinas foram bem menos impressionantes que as suas pesquisas no campo das ciências da vida. Enquanto seus escritos de zoologia conseguiram causar impressão até em Darwin, sua física estava ultrapassada já no século VI de nossa era.

Em obras como *Sobre a geração e a corrupção* e *Sobre os céus*, Aristóteles legou a seus sucessores uma concepção de mundo que incluía muitas características herdadas dos pré-socráticos. Ele recuperou os quatro elementos de Empédocles, terra, água, ar e fogo, cada um caracterizado pela posse de um único par de propriedades — quente, frio, úmido e seco —, a terra fria e seca, o ar quente e úmido e daí por diante. Cada elemento tinha seu lugar natural em um cosmos ordenado, e cada um deles possuía uma tendência inata a deslocar-se para seu lugar natural. Assim, era da

---
10. Ver *The aristotelian ethics*, 233.

natureza dos sólidos terrestres cair, enquanto o fogo, a não ser que se o evitasse, aumentava e se elevava cada vez mais. Cada movimento desse tipo era natural a seu elemento, sendo possíveis, mas "violentos", outros movimentos. (Preservamos em nós uma relíquia dessa distinção aristotélica quando contrastamos a morte natural com a morte violenta.)

Em seus tratados sobre física, Aristóteles oferece explicações para um extenso número de fenômenos naturais em termos de seus elementos, suas propriedades básicas e seu movimento natural. Os conceitos filosóficos de que faz uso para construir essas explicações incluem um arrazoado de diferentes noções de causa (material, formal, eficiente e final) e uma análise da mudança como a passagem da potencialidade para a realidade, seja da matéria para a forma (como na mudança substancial), seja de uma para outra qualidade da substância (como na mudança acidental). Essas noções técnicas, que ele emprega em uma surpreendente variedade de contextos, serão examinadas de forma detalhada em capítulos posteriores.

A visão de Aristóteles sobre o cosmos deve muito a seus precursores pré-socráticos e ao *Timeu* de Platão. A Terra estava no centro do universo; ao seu redor, uma sucessão de esferas cristalinas concêntricas carregavam a lua, o sol e os planetas em suas jornadas em torno do céu visível. Os corpos celestes não eram compostos dos quatro elementos terrestres, mas feitos de um superior quinto elemento, ou quintessência. Eles possuíam almas e corpos, intelectos vivos sobrenaturais, orientando suas jornadas pelo cosmos. Esses intelectos eram motores que estavam eles próprios em movimento, e por trás deles, argumentava Aristóteles, devia haver uma fonte de movimento que não estivesse ela própria em movimento. A única maneira pela qual um motor inalterável e eterno pudesse ser a causa de movimento em outros seres era atraí-los como objeto de seu amor, uma atração que eles demonstravam por meio de seu movimento perfeitamente circular. É desse modo que Dante, no *Paraíso*, encontra sua própria vontade, como uma perfeita roda circulante, apanhada pelo amor que move o sol e todos os demais astros.

Até mesmo a melhor das obras científicas de Aristóteles tem agora apenas um interesse histórico. O valor perene de tratados como a *Física* repousa nas análises filosóficas de alguns dos conceitos básicos que dominam a física de diferentes períodos, como os de espaço, tempo, causa e determinismo, que serão examinados em detalhe no capítulo 5. Para Aristóteles, a biologia e a psicologia eram partes da filosofia da natureza não menos que a física e a química, já que as duas também se ocupavam com o estudo das diversas formas da *physis*, ou natureza. As obras biológicas já tivemos a oportunidade de analisar, as psicológicas serão objeto de análise mais de perto no capítulo 7.

O *corpus* aristotélico, junto aos tratados científicos sistemáticos, contém uma enorme coleção de notas sobre temas científicos, os *Problemas*. Estruturalmente, essa obra parece ser uma coletânea em que Aristóteles redige respostas práticas a questões que lhe foram endereçadas por seus estudantes ou correspondentes. Em razão de as questões terem sido agrupadas ao acaso e de com frequência serem repetidas mais de uma vez — obtendo algumas vezes diferentes respostas—, parece pouco provável que tenham saído da pena do próprio Aristóteles, seja como uma série ou no curso de uma vida. Mas a coletânea contém vários detalhes fascinantes, que servem para ampliar as percepções sobre os interesses de seu intelecto onívoro.

Algumas das questões são similares às que um paciente poderia fazer a um médico. Deve-se fazer uso de medicamentos, em vez de cirurgia, para úlceras nas axilas e na virilha? (1, 34, 863a21). É verdade que o alecrim-de-são-josé misturado com sal cura a inflamação das gengivas? (1, 38, 863b12). O repolho-roxo cura de fato a enxaqueca? (3, 17, 873b1). Por que é tão difícil fazer sexo debaixo d'água? (4, 14, 878a35). Outras questões e respostas nos oferecem o retrato de um Aristóteles que se assemelha mais a um cronista de etiqueta. Como lidar com os efeitos de comer alho? (13, 2, 907b28–908a10). Como evitar que os biscoitos fiquem duros? (21, 12, 928a12). Por que os bêbados beijam velhas que jamais beijariam quando sóbrios? (30, 15, 953b15). É certo punir com mais rigor quem rouba lugares públicos que aqueles que roubam uma casa? (29, 14, 952a16). E de modo mais sério: Por que é mais terrível matar uma mulher que matar um homem, embora o macho seja naturalmente superior à fêmea? (29, 11, 951a12).

Todo um livro dos *Problemas*, o 26, é dedicado essencialmente à previsão do clima. Outros livros trazem indagações que simplesmente refletem a curiosidade geral. Por que o ruído de um serrote sendo amolado faz crispar nossos dentes? (7, 5, 886b10). Por que os seres humanos não possuem jubas? (10, 25, 893b17). Por que os animais não humanos não espirram ou piscam? (Será que não?) (10, 50, 896b5; 54, 897a1). Por que os bárbaros, e também os gregos, contam até dez? (15, 3, 910b23). Por que uma flauta é mais apropriada que a lira para fazer o acompanhamento da voz de um solista? (19, 43, 922a1). Muitas vezes, as perguntas nos *Problemas* são do tipo "*Por que* é desse jeito ou daquele em tal caso?", quando seria mais apropriado serem do tipo "É desse jeito ou daquele em tal caso?". Por exemplo: Por que os pescadores têm cabelo vermelho? (37, 2, 966b25). Por que um coral mais numeroso marca o tempo melhor que um mais reduzido? (19, 22, 919a36).

A obra *Problemas* nos apresenta um Aristóteles descontraído, com o tom informal de autores posteriores. Uma das questões que apresenta é particularmente cara a todos aqueles que encontraram dificuldades em persistir na leitura de suas obras mais difíceis: Por que algumas pessoas caem no sono, mesmo contra sua vontade, quando começam a ler um livro sério? (18, 1, 916b1).

O legado de Aristóteles e Platão

Quando Alexandre, o Grande, morreu em 323, a democracia ateniense tornou-se desconfortável mesmo para um macedônio anti-imperialista. Afirmando não desejar que a cidade que havia executado Sócrates "pecasse duas vezes contra a filosofia", Aristóteles fugiu para Cálcis, onde morreu no ano seguinte. Seu testamento, que foi preservado, deixou generosas parcelas de bens para um grande número de amigos e dependentes. Sua biblioteca foi deixada a Teofrasto, seu sucessor como chefe do Liceu. Seus próprios escritos eram vastos em tamanho e extensão — os que sobreviveram até nossos dias totalizam por volta de 1 milhão de palavras, e afirma-se que representam apenas um quinto de toda a sua produção. Como vimos, além dos tratados filosóficos sobre lógica, metafísica, ética, estética e política, haviam também obras históricas sobre as constituições, teatro e esportes, além de obras científicas sobre botânica, zoologia, biologia, psicologia, química, meteorologia, astronomia e cosmologia.

A partir da Renascença é costume considerar a Academia e o Liceu como dois polos opostos de filosofia. Platão, de acordo com essa tradição, era idealista, utópico, não-mundano; Aristóteles era realista, utilitarista e partidário do senso comum. Assim, em *A Escola de Atenas*, de Rafael, Platão, trajando as cores dos elementos voláteis ar e fogo, aponta em direção aos céus; Aristóteles, trajando o azul das águas e o verde da terra, tem seus pés firmemente apoiados no solo. "Todo homem nasce ou aristotélico ou platonista", escreveu S. T. Coleridge. "Essas são as duas classes de homens, além das quais se torna quase impossível conceber uma terceira". O filósofo Gilbert Ryle, no século XX, ampliou o alcance do dito de Coleridge. Os homens podem ser divididos em duas classes a partir de quatro dicotomias: verde *contra* azul, doce *contra* salgado, gatos *contra* cachorros, Aristóteles *contra* Platão. "Diga-me qual a sua preferência em um desses pares", costumava dizer Ryle, "e eu direi qual dos outros três você escolherá"[11].

De fato, como já vimos, e ainda veremos com maior detalhamento, as doutrinas partilhadas por Platão e Aristóteles são mais importantes que aquelas que os separam. Muitos historiadores das ideias do período pós-renascentista têm demonstrado ser menos perceptivos que os muitos comentadores da Antiguidade tardia que consideravam ser seu dever estabelecer uma concórdia harmoniosa entre os dois grandes filósofos do mundo antigo.

Muitas vezes se afirma que um filósofo deve ser julgado pela importância das questões que levanta, e não pela correção das respostas que apresenta. Se é assim, então Platão possui um direito incontestável a proclamar sua preeminência como filósofo, pois foi o primeiro a apresentar questões de grande profundidade, muitas das quais permanecem em aberto na filosofia contemporânea. Mas também Aristóteles pode alegar ter feito uma contribuição significativa ao patrimônio intelectual da humanidade, por ter sido ele a inventar o conceito de ciência na forma como a entendemos hoje e como tem sido entendida desde o Renascimento.

Primeiro, é ele o primeiro cujas obras que sobreviveram até nossos dias apresentam uma observação detalhada dos fenômenos naturais. Segundo, foi o primeiro filósofo a ter uma firme percepção da relação entre observação e teoria para o método científico. Terceiro, identificou e classificou diversas disciplinas científicas, além de explorar as relações que apresentavam entre si — o conceito mesmo de uma disciplina distinta é devido a ele. Quarto, é o primeiro professor a ter organizado suas conferências em cursos e a ter se dado o trabalho de organizá-las em um programa — cf. *Política* 1, 10, 1258a20. Quinto, seu Liceu foi o primeiro instituto de pesquisas, sobre o qual possuímos um conhecimento detalhado, em que vários estudiosos e investigadores juntaram esforços em uma investigação colaborativa e na documentação disso. Sexto, e nem por isso o menos importante, ele foi a primeira pessoa da história a organizar uma biblioteca de pesquisas — não simplesmente um punhado de livros para sua própria estante, mas uma coleção sistemática para ser usada por seus colegas e passada à

---

11. A preferência por um dos itens à esquerda de um par supostamente conduziria à preferência pelos outros itens à esquerda nos pares restantes, e assim igualmente para a preferência pelos da direita.

posteridade[12]. Por todas essas razões, todo cientista acadêmico no mundo atual tem uma dívida para com Aristóteles, o qual merece absolutamente o título que a ele concedeu Dante: "o mestre daqueles que sabem".

A escola aristotélica

Teofrasto (372-287 a.C.), o engenhoso sucessor de Aristóteles como líder do Liceu, deu seguimento às investigações de seu mestre de diversas maneiras. Escreveu de modo copioso sobre botânica, disciplina da qual Aristóteles havia se ocupado apenas ligeiramente. Desenvolveu a lógica modal aristotélica e antecipou algumas inovações estoicas posteriores. Teofrasto discordava de alguns dos princípios fundamentais da cosmologia de Aristóteles, como os da natureza do lugar e da necessidade de um motor imóvel. À semelhança de seu mentor, escreveu copiosamente, e apenas a lista dos títulos de suas obras ocupa dezesseis páginas da edição Loeb da *Vida dos filósofos ilustres*, de Diógenes Laércio. Alguns deles são sobre vertigem, mel, piadas e sobre a erupção do Etna. De suas obras que foram preservadas, a mais conhecida é um livro intitulado *Caracteres*, inspirado na delineação feita por Aristóteles na *Ética* das virtudes e dos vícios individuais, mas apresentando-os com maior refinamento e com uma agudeza mais vivaz. Teofrasto foi um cuidadoso historiador da filosofia, e a parte de sua doxografia que chegou até nós, *Sobre os sentidos*, é uma das principais fontes sobre a teoria pré-socrática das sensações.

Um dos discípulos de Teofrasto, Demétrio de Falero, foi conselheiro de um dos generais de Alexandre, Ptolomeu, que se proclamou rei do Egito em 305 a.C. É possível que tenha sido Demétrio a sugerir a criação na nova cidade de Alexandria de uma biblioteca nos moldes da de Aristóteles, projeto que foi levado adiante pelo filho de Ptolomeu, Ptolomeu II Filadelfo. A história da biblioteca original de Aristóteles é obscura. Quando da morte de Teofrasto ela parece ter sido herdada não pelo líder posterior do Liceu, o físico Estratão, mas pelo sobrinho de Teofrasto, Neleu de Skepsis, um dos últimos discípulos de Aristóteles ainda vivos. Conta-se que os herdeiros de Neleu teriam escondido os livros em uma caverna de modo a evitar seu confisco pelos enviados do rei Eumenes, que estava edificando uma biblioteca

---

12. Ver L. CASSON, *Libraries in the Ancient World*, New Haven, Yale University Press, 2001, 28-29.

Escolas de pensamento: de Aristóteles a Agostinho 123

Uma representação veneziana do rei Ptolomeu
em sua biblioteca em Alexandria.

em Pérgamo destinada a rivalizar com a de Alexandria. A história continua, dando conta de que após serem resgatados por um bibliófilo e levados a Atenas os livros foram apreendidos pelo general romano Sulla ou Sila quando capturou a cidade no ano 86 a.C., enviados de navio a Roma, onde teriam finalmente sido editados e publicados por Andrônico de Rodes por volta do primeiro século de nossa era (Estrabão, 609-9; Plutarco, *Sulla* 26)[13].

Cada detalhe dessa história foi posto em dúvida por um ou outro estudioso[14], mas se fosse verdadeira poderia explicar o esquecimento que caiu sobre os escritos de Aristóteles entre a época de Teofrasto e a de Cícero. Foi afirmado com propriedade que, "se Aristóteles pudesse ter retornado a Atenas em 272 a.C, quinquagésimo aniversário de sua morte, ele teria dificuldade em reconhecê-la como o meio intelectual no qual ensinara e investigara pela maior parte de sua vida"[15].

Não que a filosofia em Atenas estivesse adormecida nessa época, longe disso. Embora o Liceu sob Estratão fosse uma sombra de si mesmo, e a Academia de Platão sob seu novo líder, Arcesilau, tivesse abdicado da filosofia em favor de um limitado ceticismo, havia duas florescentes novas escolas de filosofia na cidade. Os mais conhecidos filósofos em Atenas não eram membros nem da Academia nem do Liceu, mas sim os fundadores dessas novas escolas: Epicuro, que estabeleceu uma escola conhecida como O Jardim, e Zenão de Cítio, cujos seguidores eram chamados de estoicos em razão de ele ensinar na Stoa, ou pórtico pintado.

Epicuro

Nascido em uma família de exilados atenienses em Samos, Epicuro fez uma breve visita a Atenas durante o último ano da vida de Aristóteles. No curso de suas primeiras viagens ele estudou sob a orientação de um seguidor de Demócrito e fundou mais de uma escola nas ilhas gregas. Em

---

13. Surpreendentemente, nosso melhor catálogo antigo da edição andrônica parece ter sido feito por um bibliotecário em Alexandria. Será possível que Marco Antonio tenha adquirido o *corpus* de um herdeiro do proscrito Sulla e enviado os livros de navio para Cleópatra a fim de preencher os vazios em sua recém-destruída biblioteca, emulando seu amante anterior, Júlio César, que pilhara a biblioteca de Pérgamo em benefício de sua amada?

14. Ver J. Barnes, in J. BARNES, M. GRIFFIN, *Philosophia Togata*, Oxford, Clarendon, 1997, 1-23, vol. II.

15. Introdução, in A. A. LONG, D. N. SEDLEY (ed.), *The hellenistic philosophers*, Cambridge, CUP, 1987, 2 vols., 1. [Doravante citada como LS.]

306 a.C. passou a residir em Atenas, onde permaneceu até sua morte, em 217. Entre seus seguidores no Jardim havia mulheres e escravos, que viviam isolados e alimentavam-se frugalmente. Diz-se que escreveu trezentos livros, mas de tudo sobreviveram intactos apenas três cartas e dois grupos de máximas. Sua filosofia da natureza é exposta em uma carta a Heródoto e em outra a Pítocles; na terceira carta, a Meneceu, ele resume sua doutrina moral. O primeiro grupo de máximas, quarenta no total, foi preservado, como as três cartas, na vida de Epicuro como narrada por Diógenes Laércio, e é denominado *Kyriai doxai*, ou ideias principais. Outros 81 aforismos semelhantes foram descobertos em um manuscrito no Vaticano, em 1888. Fragmentos do tratado perdido *Sobre a natureza* foram cobertos por pó vulcânico em Herculano quando o Vesúvio entrou em erupção, no ano 79 de nossa era. Diligentes esforços para desenrolá-los e decifrá-los tiveram início em 1800 e continuam até a presente data. Mas a maior parte de nosso conhecimento sobre seus ensinamentos, contudo, depende dos escritos de seus seguidores que se preservaram, notadamente o de um autor bem posterior a ele, o poeta latino Lucrécio.

O objetivo da filosofia de Epicuro é tornar possível a felicidade e extinguir o medo da morte, que vem a ser o maior dos obstáculos no caminho da tranquilidade. Os homens lutam por riqueza e poder apenas para adiar a morte; põem-se em frenética atividade de modo a poderem esquecer sua inevitabilidade. É a religião que nos faz temer a morte, ao afirmar a possibilidade de sofrimento após a morte. Mas isso não passa de ilusão. Os terrores afirmados pela religião são contos de fada, os quais devemos substituir por uma descrição científica do mundo.

A descrição científica é retirada principalmente do atomismo de Demócrito. Nada vem a ser do nada: as unidades básicas do mundo são unidades de átomos perenes, imutáveis e indivisíveis. Esses átomos, infinitos em quantidade, movem-se no vácuo, que é o espaço vazio e infinito: se não houvesse o vácuo, o movimento seria impossível. Esse movimento não tem começo, e inicialmente todos os átomos se movem para baixo em velocidade constante e igual. De tempos em tempos, contudo, eles inflectem e colidem, e é dessa colisão de átomos que tudo o que existe no céu e na Terra veio a formar-se. A inflexão dos átomos concede amplitude à liberdade humana, mesmo que seus movimentos sejam cegos e erráticos. Os átomos não possuem outras propriedades a não ser forma, peso e tamanho. As propriedades dos corpos perceptíveis não são ilusões, mas elas são supervenientes às propriedades básicas dos átomos. Há um número infinito de mundos, alguns semelhantes ao nosso, outros diversos dele (Carta a Heródoto, DL 10, 38-45).

Como tudo o mais, a alma consiste de átomos, diferentes dos outros átomos somente por serem menores e mais sutis; estes átomos se dispersam no momento da morte e a alma deixa de perceber [as coisas] (Carta a Heródoto, DL 10, 63-7). Também os deuses são feitos de átomos, mas vivem em uma região menos turbulenta, imunes à dissolução, levando vidas felizes, não afetados pelos problemas humanos. É por isso que a crença na providência não passa de superstição, e os ritos religiosos uma perda de tempo (Carta a Meneceu, DL 10, 123-5). Como somos agentes livres, graças à inflexão dos átomos, somos senhores de nosso próprio destino: os deuses nem fazem exigências nem interferem em nossas escolhas.

Epicuro acreditava serem os sentidos fontes confiáveis de informação que operavam transmitindo imagens dos corpos exteriores aos átomos de nossa alma. As impressões dos sentidos não são em si, jamais, falsas, embora possamos fazer falsos julgamentos a partir de aparências autênticas. Se as aparências conflitarem (por exemplo, se algo parecer suave mas for rude ao toque), caberá então à mente emitir seu juízo em relação a esses testemunhos conflitantes.

O prazer, para Epicuro, é o começo e o fim da vida feliz. Isso não significa, contudo, que Epicuro fosse um epicurista. Sua vida e a de seus seguidores estavam bem longe de ser prazerosas: um bom pedaço de queijo, ele dizia, era tão bom quanto um banquete. Embora hedonista em teoria, na prática concedia importância a uma distinção que fazia entre os diferentes tipos de prazer. Há um tipo de prazer que vem da satisfação de nossos desejos por alimento, bebida e sexo, mas trata-se de um tipo inferior de prazer, por estar indissociado da dor. O desejo que esses prazeres satisfazem é em si doloroso, e sua satisfação conduz a uma renovação do desejo. Os prazeres que se deve almejar são os prazeres calmos, como aqueles decorrentes de uma amizade particular (Carta a Meneceu, DL 10, 27-32).

Até o fim de sua existência Epicuro insistiu que o prazer, para um filósofo, sob quaisquer circunstâncias, deveria superar a dor. Em seu leito de morte ele escreveu a seguinte carta a seu amigo Idomeneu: "Escrevo a ti nesse dia extático que vem a ser o último dia de minha vida. Começo a ter estranguria e disenteria, com grande probabilidade de aumento da dor. Eu as combato com a alegria que obtenho ao recordar nossas antigas conversas" (DL 10, 22). Ele viveu segundo sua convicção de que a morte, embora inescapável, não é, se assumimos uma verdadeira visão filosófica a seu respeito, um mal.

Alexandre bloqueando a visão da luz de Diógenes (Villa Albani, Roma).

O estoicismo

Os estoicos, à semelhança dos epicuristas, buscavam a tranquilidade, mas por um caminho diverso. O fundador do estoicismo foi Zenão de Cítio (334-262 a.C), que nasceu em Chipre mas migrou para Atenas em 313. A leitura da *Memorabilia de Sócrates*, de Xenofonte, trouxe-lhe a paixão pela filosofia, e soube depois que o equivalente contemporâneo mais próximo de Sócrates era Crates, o cínico. O cinismo não era um conjunto de doutrinas filosóficas, mas um modo de vida que expressava desprezo pela riqueza e desconsideração pela propriedade convencional. Seu fundador foi Diógenes de Sinope, que vivia como um cão ("cínico" significa "como cão"), que tinha como casa um barril, trajava andrajos e sobrevivia de esmolas. Contemporâneo de Platão, o qual não tinha em grande conta, Diógenes ficou conhecido por ter esnobado Alexandre, o Grande. Quando o grande homem o visitou, perguntou: "O que posso fazer por você?". Diógenes retrucou: "Você pode sair da frente da minha luz [do sol]" (DL 6, 38). Crates, impressionado por Diógenes, doou sua riqueza aos pobres e passou a imitar seu estilo boêmio, mas era menos misantropo que seu mentor, além de possuir um agudo senso de humor que expressou por meio da sátira poética.

Zenão foi discípulo de Crates por algum tempo, mas não se tornou um cínico nem abandonou o convívio social, embora passasse a evitar jantares formais e adorasse tomar banhos de sol. Após alguns anos como estudante na Academia, ele fundou sua própria escola no *Stoa Poikile*. Ali instituiu um currículo sistemático de filosofia, dividindo-a em três disciplinas principais: lógica, ética e física. A lógica, afirmou a seus discípulos, é a ossatura da filosofia, ética a sua carne e física a sua alma (DL 7, 37). Zenão foi aluno de Diodoro Cronos, o grande lógico de Mégara, e foi também discípulo e amigo de Fílon, que assentou as bases para um desenvolvimento da lógica que representou, em algumas áreas, um avanço em relação a Aristóteles[16]. O interesse de Zenão, no entanto, se voltava mais para a Ética.

Pode parecer surpreendente que um moralista como Zenão concedesse à física o mais alto posto em seu currículo. Mas para ele, e para estoicos que vieram depois, a física é o estudo da natureza, e a natureza é identificada com Deus. Diógenes Laércio diz: "Zenão afirma que o mundo inteiro e os céus são a substância de Deus" (7, 48). Deus é um princípio ativo, a matéria é um princípio ativo, os dois são corpóreos e juntos constituem um fogo cósmico que está por toda parte (LS 45G).

Os escritos de Zenão não sobreviveram: o mais célebre deles na Antiguidade era a sua *República*, que combinava o utopismo platônico com alguns elementos do cinismo. Zenão rejeitava o sistema de educação convencional e considerava um desperdício o esforço empregado na construção de ginásios, tribunais e templos. Recomendava a comunidade de esposas e julgava que homens e mulheres deveriam trajar-se do mesmo modo, mostrando o corpo mais que escondendo. O dinheiro deveria ser abolido e deveria haver um sistema jurídico para toda a humanidade, que deveria ser como uma manada nutrindo-se conjuntamente de uma lei comum (LS 67A).

A despeito dessas propostas comunitárias, que muitos de seus próprios discípulos consideraram chocantes, Zenão foi homenageado ainda em vida pelos atenienses, que lhe concederam o direito de cidadania. O rei

---

16. Sobre Diodoro e Fílon, ver capítulo 3.

macedônio Antígono convidou-o para ser seu filósofo particular. Alegando idade avançada, Zenão declinou do convite e em seu lugar encaminhou para a corte dois de seus mais brilhantes discípulos.

Após a morte de Zenão, seu posto como líder da Stoa foi assumido por Cleanto (331-232), um boxeador convertido por uma inclinação religiosa. Cleanto compôs um hino a Zeus, posteriormente citado por são Paulo em um sermão proferido em Atenas, que exaltava o princípio ativo do estoicismo em termos suficientemente apropriados para o monoteísmo judeo-cristão. A concepção básica de Deus do estoicismo é no entanto muito diferente daquela das religiões bíblicas. Deus, ali, não é separado do universo, mas é matéria constituinte do cosmos. Em seus escritos em prosa, Cleanto expôs de forma detalhada o modo pelo qual a chama divina elementar concedeu a potência vital para todos os seres vivos no mundo (Cícero, *ND* 2, 23-5)[17].

O sucessor de Cleanto como líder da escola foi Crisipo de Soli, que a liderou de 232 a 206. Crisipo fora discípulo de Cleanto, mas aparentemente não tinha seu mestre em alta consideração. "Descreva seus teoremas para mim", consta que teria dito a Cleanto, "e eu elaborarei as suas provas". Crisipo estudou por um período na Academia, onde desenvolveu uma rejeição ao ceticismo. Era o mais inteligente e produtivo dos estoicos helenistas. Sua produção literária foi prodigiosa: seu mordomo informou que ele escrevia cerca de quinhentas linhas por dia, e ele deixou 705 livros ao morrer. Dessas obras sobreviveram apenas fragmentos, mas é certo ter sido ele que transformou o estoicismo em um sistema, e era costume afirmar-se "que se Crisipo não tivesse existido não teria havido uma Stoa" (DL 6, 183).

É difícil isolar precisamente as contribuições dos três primeiros estoicos, já que todas as suas obras foram perdidas. Contudo, há pouca dúvida quanto a ser Crisipo a merecer a parcela principal de crédito pelos significativos avanços no campo da lógica, que serão examinados de forma detalhada no próximo capítulo. Na física ele substituiu o sopro (*pneuma*) pelo fogo de Cleanto como o princípio vital dos animais e plantas. Aceitou a distinção aristotélica entre matéria e forma, mas como bom materialista frisou que a forma era também corpórea, a saber, *pneuma*. A alma e a mente humanas são feitas desse *pneuma*, assim como Deus, que é a alma do cosmos, o qual, em sua inteireza, forma um animal racional. Se Deus

---

17. A respeito da teologia de Cleanto, ver capítulo 9.

e a alma não fossem em si corpóreos, argumentavam os estoicos, eles não seriam capazes de agir no mundo material.

O sistema estoico como um todo pode ser resumido como segue. Era uma vez um tempo em que somente havia o fogo; pouco a pouco foram surgindo os outros elementos e a familiar mobília do universo. No futuro, o mundo voltará a ser fogo em uma conflagração universal, e então todo o ciclo da história será repetido uma vez e outras sem fim. Tudo isso acontece em obediência a um sistema de leis que pode ser chamado de "destino" (porque as leis não admitem exceção) ou "providência" (porque as leis foram estabelecidas por Deus com objetivos benéficos). O sistema de concepção divina é denominado natureza, sendo o nosso objetivo na vida viver em comunhão com a natureza.

Crisipo foi também o principal autor do sistema ético estoico, baseado no princípio da submissão à natureza. Nada pode escapar às leis da natureza, mas apesar do determinismo do destino os seres humanos são livres e responsáveis. Se a vontade obedecer à razão ela viverá em harmonia com a natureza. É essa aceitação voluntária das leis da natureza que constitui a virtude, e a virtude é ao mesmo tempo necessária e suficiente para a felicidade[18].

Todos os estoicos concordavam em que, devido à sociedade ser natural para os seres humanos, um homem bom, em sua busca de harmonia com a natureza, irá desempenhar algum papel na sociedade e cultivar as virtudes sociais. Mas Crisipo possuía algumas visões éticas e políticas que o separavam de outros estoicos. À semelhança de Zenão, ele escreveu uma *República*, na qual se diz que defendeu o incesto e o canibalismo (LS 67F). Crisipo destoava de alguns de seus colegas por insistir que um filósofo não precisava se dedicar pessoalmente ao ensino: para um estoico era aceitável, na verdade louvável, tomar parte na vida pública (LS 67W).

O ceticismo na Academia

Por volta do fim do século III a.C., a doutrina estoica passou a ser atacada pela Academia. Os herdeiros acadêmicos de Platão passaram a ser inspirados pelo mestre inquiridor de Platão, Sócrates, abraçando assim um tipo de ceticismo. O líder da Academia de 273 a 242 foi Arcesilau, um discí-

---
18. O sistema ético estoico será considerado detalhadamente no capítulo 8.

pulo de Pirro de Elis, que é frequentemente considerado o fundador do ceticismo filosófico. Contemporâneo mais idoso de Epicuro, Pirro, que serviu como soldado no exército de Alexandre, ensinava que nada podia ser conhecido e, coerentemente, não escreveu livro algum. Foram Arcesilau e Timon — um outro discípulo de Pirro — que trouxeram o ceticismo a Atenas, nos primeiros anos do século III. Timon negava a possibilidade de encontrar quaisquer princípios autoevidentes que pudessem servir de base para as ciências. Na ausência de tais axiomas, todas as linhas de raciocínio seriam forçosamente circulares, ou infinitas.

O ceticismo de Timon e Arcesilau se realizou, de forma modificada e mais sofisticada, com a obra de Carneades, que liderou a Academia de 155 a 137. Como Pirro, Carneades não deixou escritos, mas seus argumentos foram registrados por um discípulo que frequentava suas muito populares conferências, que chegaram até nossos dias principalmente graças aos diligentes esforços de Cícero, que teve aulas em certa ocasião com Fílon, um discípulo de Carneades. Em 155, Carneades foi enviado por Atenas, na companhia de dois filósofos, um estoico e um peripatético, a uma embaixada em Roma. Durante este período como embaixador ele demonstrou sua habilidade retórica ao argumentar por dias seguidos em favor e contra a justiça. Catão, o censor romano, ao ouvir sua apresentação, expulsou-o, alegando ser ele uma influência subversiva (LS 68M).

Arcesilau criticava os estoicos por alegarem ter baseado sua busca da verdade em impressões mentais incapazes de engano; não existiam, ele argumentou, tais impressões. Carneades também atacou a epistemologia estoica, além de ensinar que a probabilidade, e não a verdade inacessível, deveria ser o guia para a vida. Embora não sendo ele mesmo um ateísta, Carneades ridicularizou sem pena tanto o panteão tradicional como o panteísmo estoico. Seus argumentos contra a teoria da divinização estoica foram adotados e desenvolvidos com habilidade por Cícero[19].

Lucrécio

Não houve no século II filósofo mais inteligente ou convincente que Carneades, e no século I o primado da filosofia passou dos autores gregos para os autores latinos. A filosofia latina, como a filosofia grega, começou em

---

19. O debate entre os estoicos e os céticos será abordado em detalhes no capítulo 4.

verso e somente mais tarde voltou-se para a prosa. A primeira obra filosófica latina completa que chegou até nós é um longo e magnífico poema em versos hexâmetros: *Sobre a natureza das coisas*, de Lucrécio.

Quase nada é sabido sobre a vida de Lucrécio. Podemos fazer conjecturas sobre a data de composição do poema a partir da informação de que foi lido por Cícero em 54, e de que foi dedicado a um certo C. Memmius, que era o cônsul romano em 53. Lucrécio era um admirador entusiasmado de Epicuro, e os seis livros de seu poema apresentam o sistema epicurista em versos que, como observou Cícero, dão sempre grande prova de talento e em alguns momentos um vislumbre de gênio. O próprio Lucrécio descreveu suas habilidades poéticas como o mel que disfarçava o amargor da filosofia (1, 947). Partes do poema foram traduzidas para o inglês por John Dryden. Tivesse ele completado a tarefa, sua versão poderia talvez ser uma digna competidora do *Ensaio sobre o homem*, de Pope.

Lucrécio inicia o seu poema louvando a bravura de Epicuro em eliminar o medo da religião. As pessoas não conseguem enfrentar a tirania dos sacerdotes por sentirem medo do castigo eterno, mas isso ocorre somente porque elas não compreendem a natureza da alma. Em seu primeiro livro, Lucrécio apresenta o atomismo epicurista: a natureza consiste de corpos simples e de um espaço vazio, os corpos são percebidos pelos sentidos, o vazio estabelecido pela razão. Os corpos são feitos de átomos do mesmo modo que as palavras são feitas de letras: as palavras *ignis* e *lignum* são feitas quase das mesmas letras, assim como as coisas que designam, a saber, "fogo" e "madeira", são compostas quase dos mesmos átomos (1, 911-14).

Em famoso trecho do início do segundo livro, Lucrécio descreve o filósofo observando, dos cumes da virtude, as lutas sem importância da humanidade. Ele louva a busca epicurista dos prazeres simples e o evitar desejos desnecessários.

> Ó homem infeliz! Em que vida de lamentos,
> Presa entre perigos e assolada por ruídos discordantes,
> Passa ele seu curto período; a empanturrar
> Seus exagerados desejos com muito mais do que clama a natureza!
> Pois a natureza, sabiamente, aplaca nosso apetite
> E pede não mais que um deleite imperturbável;
> Os quais o espírito desprovido de cuidados e medos obtém;
> Uma alma serena, um corpo esvaziado de medo.

> É tão pouco o que este estado corpóreo requer,
> Tão unidos são nossos desejos naturais,
> Que querer tudo, e além disso evitar a dor,
> Satisfaz os sentidos, mesmo sob privação limítrofe.
>
> (2, 16-28)

O terceiro livro apresenta a teoria epicurista da alma e os mecanismos das sensações. Tão logo compreendamos a natureza material da alma, dar-nos-emos conta de que os medos da morte são infantis. Um corpo morto não pode sentir, não deixando a morte para trás nenhum ser que possa sofrer. São aqueles que sobrevivem que possuem o direito ao luto. Abandone o medo da morte, diz Lucrécio a seu senhor,

> Pois irás dormir, para não mais despertar,
> E, abandonando a vida, abandonarás a dor de viver.
> Mas nós, vossos amigos, deparar-nos-emos com todos aqueles lamentos
> Os quais, graças ao esquecimento trazido pela morte, deixastes para trás;
> Nenhum tempo secará nossas lágrimas, nem o tirará de nossa memória.
> O pior que vos pode ocorrer, em comparação,
> É um sono pesado, e uma longa noite tranquila.
>
> (3, 90-6)

Mesmo Epicuro teve de morrer, embora seu gênio brilhe com tanta intensidade em comparação ao de outros pensadores que ele os tenha reduzido a nada de modo semelhante ao que o sol nascente faz com as estrelas (3, 1042-4).

O quarto livro de Lucrécio, sobre a natureza do amor, é repleto de vívidas descrições do ato sexual, assim como de explicações atomistas da fisiologia que o orienta. Foi o conteúdo deste livro, sem dúvida, que deu origem à lenda, reportada por são Jerônimo e dramatizada por Tennyson, de que Lucrécio escreveu este poema nos intervalos de lucidez de uma loucura provocada por um excesso na ingestão de um afrodisíaco.

São Jerônimo preserva também a tradição de que o poema não foi concluído, tendo sido editado por Cícero após a morte de Lucrécio, o que parece pouco provável, já que Cícero, tendo expressado sua admiração por ocasião de sua primeira leitura do poema, jamais voltou a mencioná-lo em seus próprios escritos filosóficos, em que pese ter dedicado atenção considerável ao sistema epicurista.

Cícero

Cícero cultivava um ecletismo em sua filosofia, o que é uma maravilha para o historiador, já que seus escritos fornecem informação sobre grande variedade de tendências filosóficas. O primeiro contato que teve com as diferentes escolas filosóficas foi ao estudar em Atenas perto de completar 30 anos. Posteriormente estudou em Rodes, onde foi aluno do estoico Possidônio. Foi ainda grandemente influenciado por Fílon de Lárissa, o último líder da Academia, que trocou Roma por Atenas em 88 a.C. Cícero manteve em sua casa, como seu guru particular, o estoico Diodoto, até a morte deste em 60 a.C.

Por muito tempo, a vida totalmente ocupada com a política e as cortes não deixava a Cícero muito tempo livre para qualquer tipo de filosofia que não a política. No final dos anos 50 a.C., ele imitou Platão ao escrever uma *República* e uma obra sobre as *Leis*, livros que sobreviveram apenas parcialmente. Contudo, quando Júlio César obteve o poder supremo como resultado de uma guerra civil na qual havia estado na oposição, Cícero retirou-se da vida pública, passando a maior parte do período ditatorial de César em atividade literária, e após a morte de sua única filha, Túlia, em fevereiro de 45 a.C., escrevendo de modo mais urgente, como para afastar sua dor. A maior parte de sua obra filosófica foi escrita entre os anos 45 e 44.

As duas primeiras obras desse período estão hoje perdidas: uma *Consolatio*, sobre a morte de Túlia, e o *Hortensius*, uma exortação ao estudo da filosofia que iria desempenhar um papel decisivo na vida de santo Agostinho. Contudo, dez outras obras do período sobreviveram, impressionando por seu alcance e sua eloquência.

Cícero impôs-se a tarefa de criar um vocabulário filosófico em latim, para que os romanos pudessem estudar filosofia em seu próprio idioma. E de fato muitos dos termos filosóficos dos idiomas modernos derivam daqueles que Cícero cunhou em latim. Segundo suas próprias avaliações, ele fez uso de elementos de diferentes tendências filosóficas. Na epistemologia, preferiu a opinião cética moderada que aprendera com Fílon, apresentando o sistema acadêmico e suas variações em sua *Academica*, que surgiu em duas diferentes versões. Na ética ele privilegiava a tradição estoica em detrimento da epicurista. Ocupou-se com a filosofia moral em busca de consolo e reafirmação. Em suas *De finibus* e *Disputas tusculanas* ele escreve, não raro com grande paixão e beleza, sobre as relações entre emoção, virtude e felicidade. Suas obras *Sobre a natureza dos deuses* e *Sobre o destino* apresentam interessantes discussões sobre a teologia filosófica e sobre a questão determinista. Em *Sobre a adivinhação* ele emprega com mestria argumentos que havia aprendido, a distância, de Carneades[20].

Cícero escreveu filosofia sem profundidade, mas seus argumentos são com frequência agudos, seu estilo é sempre elegante e ele produz grande empatia. Seus ensaios sobre a amizade e a velhice têm sido populares em todas as épocas. Sua última obra sobre filosofia moral, *Sobre os deveres* [*De Officiis*], foi dedicada a seu filho pouco depois do assassinato de Júlio César, em março de 44 a.C. Durante muito tempo a partir de então foi considerada item essencial para a educação de um cavalheiro.

Após a morte de César, Cícero retornou à política com uma série de amargos ataques dirigidos ao cônsul de César, Marco Antônio. Após a associação de Marco Antônio com o filho adotado de César, Otaviano, Cícero foi executado no golpe de Estado organizado pelos dois, e assim não sobreviveu para presenciar a disputa entre eles que resultou na derrota de Marco Antônio em Actium, em 31 a.C. Morreu antes de Otaviano tornar-se o primeiro imperador romano, mudando seu nome para Augusto.

Judaísmo e cristandade

Em termos da longa evolução da filosofia, o evento mais importante do século I do Império Romano foi a carreira de Jesus de Nazaré. O impacto de seu ensinamento sobre a filosofia foi, naturalmente, adiado e indireto, e sua própria doutrina moral não era inédita. Ele ensinava que não devíamos responder ao mal com o mal, mas assim também o fez o Sócrates de Platão. Ele instava seus ouvintes a amar o próximo como a si mesmos, mas nisso ele estava apenas citando o Levítico dos hebreus. Ele nos disse que devíamos afastar-nos não apenas dos atos errados, mas também dos pensamentos e desejos errados, mas Aristóteles também havia afirmado que o verdadeiro virtuoso é aquele que jamais quer cometer o erro. Jesus ensinou seus discípulos a desprezar os prazeres e honras do mundo, mas isso também, de modos diversos, o fizeram os epicuristas e os estoicos. Se tomado como um filósofo moral, Jesus não era um grande inovador, mas não era assim, no fim das contas, que ele e seus discípulos consideravam seu papel.

---

20. Ver capítulo 9.

O pano de fundo do ensinamento de Jesus era a visão de mundo da Bíblia hebraica, segundo a qual o Senhor Deus Yahweh havia criado, a partir da simples vontade, o céu e a Terra e tudo o que neles havia. Os judeus eram o povo escolhido de Deus, exclusivamente privilegiados com a posse da Lei divina revelada a Moisés. À semelhança de Heráclito e outros pensadores gregos e judeus, Jesus previu que haveria um juízo final sobre o mundo, em meio a uma catástrofe cósmica. À diferença dos estoicos, no entanto, que situavam o desenlace cósmico no futuro indefinido e longínquo, Jesus o considerava um evento iminente, no qual ele mesmo iria desempenhar o papel fundamental do Messias.

Por volta da época da crucifixão de Jesus (c. 30 d.C.), o pensamento judeu granjeava certa audiência em Roma. Desde que as escrituras hebraicas haviam sido traduzidas para o grego em Alexandria, no tempo dos primeiros ptolemaicos, houve uma substancial diáspora de judeus que falavam o grego. No século I d.C. o mais destacado representante da cultura judeo-helenista era Fílon, que liderou uma delegação que se dirigiu ao imperador Calígula em 40 d.C. para protestar contra a perseguição aos judeus em Alexandria e contra a imposição do culto ao imperador. Fílon escreveu uma vida de Moisés, além de uma série de comentários sobre o Pentateuco, concebidos para tornar as escrituras hebraicas inteligíveis e palatáveis àqueles que haviam sido formados na cultura grega.

Em seus primeiros dias, a cristandade se espalhou pelo império pela diáspora dos que tinham o grego como seu idioma, mas logo fez contato com a filosofia gentia. São Paulo, ao pregar o evangelho em Atenas, manteve um debate com filósofos epicuristas e estoicos — o sermão contra a idolatria atribuído a ele nos Atos dos Apóstolos é engenhosamente construído, demonstrando um conhecimento das questões em confronto entre as seitas filosóficas. Pegando sua deixa do altar do deus desconhecido, Paulo se põe a revelar aos filósofos o deus a quem eles cultuam sem saber:

> [Deus] não está longe de cada um de nós. Pois é nele que nós temos a vida, o movimento e o ser, como disseram alguns de vossos poetas: "Pois nós somos de sua raça". Então, visto que somos da raça de Deus, não devemos pensar que a divindade se pareça com ouro, prata, ou mármores, escultura da arte e da imaginação do homem (At 17, 27-29).

O "poeta" citado por Paulo é Cleanto, o segundo líder da Stoa. Uma lenda posterior imaginou Paulo numa discussão filosófica com o filósofo estoico Sêneca. O encontro, não restam dúvidas, não ocorreu, mas não teria sido de todo um produto da imaginação, já que Paulo se apresentou uma ocasião perante a corte sob Gálio, o irmão de Sêneca, além de ter amigos no palácio do senhor de Sêneca, Nero.

A Stoa imperial

Sêneca foi o mais importante filósofo do século I. Nascido em Córdoba, Espanha, no começo da era cristã, em 49 d.C. tornou-se o tutor de Nero, então com 12 anos. Quando Nero foi coroado em 54, Sêneca tornou-se seu conselheiro, orientando o imperador em um período de governo comparativamente bom, que chegou ao fim no ano de 59, quando Nero assassinou a própria mãe. Sêneca perdeu toda a influência que tinha sobre Nero a partir do ano 62, e a partir daí retirou-se gradualmente da vida pública. Em 65 foi obrigado a cortar suas veias, acusado de participação em um complô contra o tirano, padecendo de uma morte socrática.

Sêneca escreveu várias tragédias e deixou um livro de anotações com questões sobre os fenômenos físicos, mas a sua reputação como filósofo se deve a seus dez diálogos éticos e às 124 epístolas morais, a maior parte delas escrita durante o período de seu retiro. O estilo de Sêneca é mais exortativo que argumentativo; ele prefere pregar a debater. Não se interessava por lógica e cultivava uma postura filisteia em relação às artes liberais, tendo feito uma aproximação entre uma pessoa excessivamente instruída em literatura e um proprietário de uma casa abarrotada de mobília (Ep. 88, 36). Possuía um certo interesse pelas ciências da natureza, e escreveu um tratado *Sobre as questões naturais*, mas apreciava extrair uma moral dos fenômenos naturais, e dos três ramos da filosofia estoica era a ética que o interessava sobremaneira.

Ele insta a que busquemos libertar-nos das paixões. No mais longo e melhor de seus diálogos, *Sobre a ira*, ele insiste sobre a diferença crucial entre as incertezas do corpo, por um lado, e os falsos julgamentos que constituem o elemento essencial do qual necessitamos purificar-nos. Sobre este assunto, os antigos estoicos não eram unânimes. "Nenhuma dessas coisas que assaltam a mente ao sabor do acaso deveriam ser denominadas paixões: elas não são coisas que a mente conjura, mas coisas que acontecem a ela. Não constitui paixão ser afetado pelas aparências das coisas que se apresentam; a paixão consiste em render-se e dar consequência a esta impressão proveniente do acaso" (2, 3, 1). Choro, palidez, repentina aceleração da respiração e excitação sexual não são paixões, mas tão somente fenômenos corporais. O que acontece na mente é o que importa. Sêneca, de forma hábil, conduz a cruzada estoica contra as paixões com grande clareza e energia a partir do momento em que essa distinção é estabelecida.

Sêneca era um materialista que aceitava a doutrina de que a mente humana era uma parte material de um espírito divino material (Ep. 66, 12), embora ele escreva sobre a relação entre corpo e alma de um modo distintamente sobrenatural. "O coração humano nunca é mais divino que quando medita sobre sua própria mortalidade e percebe que um ser humano nasce para recusar a vida, e que este corpo não é um lar, mas uma hospedaria de curta duração da qual se deve partir tão logo se perceba que se está sendo uma carga a seu anfitrião" (120, 14). Sêneca admite a dificuldade do caminho estoico rumo à virtude. Ele estabelece uma distinção entre os três estágios no caminho do progresso moral. Há os que abandonaram certos vícios, mas não todos — eles estão libertos da avareza, mas não da ira; não têm mais luxúria, mas não deixaram a ambição; e assim por diante. Depois, há os que abandonaram todas as paixões, mas ainda não estão seguros de não ter uma recaída. A terceira classe, a que consegue se aproximar mais da sabedoria, consiste daqueles que estão além da recaída, mas que ainda não adquiriram a segurança da autoconfiança em sua própria virtude (Ep. 75, 8-14).

Sêneca também tornou popular a distinção estoica entre doutrina e preceito. As doutrinas fornecem o pano de fundo filosófico geral; os preceitos possibilitam que o verdadeiro conceito do mais alto bem se expresse por meio de prescrições específicas aos indivíduos (Ep. 94, 2). Essa distinção permitiu aos estoicos responder à alegação de que seu sistema era demasiado elevado para ter qualquer aplicação prática, além de oferecer ao filósofo a justificação para fornecer o tipo de orientação pastoral de que as epístolas de Sêneca são repletas.

Muitos, tanto na Antiguidade como em tempos modernos, julgam que Sêneca era um hipócrita: um homem que louvava a misericórdia mas tinha participação nos crimes de um tirano; um homem que pregava a inutilidade dos bens terrenos mas acumulou uma gigantesca fortuna. Em sua defesa pode-se argumentar que sua influência sobre Nero serviu para refrear o imperador, e que em seus últimos anos ele buscou um legítimo distanciamento deste mundo. Ele não tinha a ilusão de que poderia viver sob os padrões estoicos: "Estou bem longe não apenas da perfeição, mas de ser uma pessoa ao menos metade decente" (Ep. 57, 3).

Sêneca foi o pai fundador da Stoa imperial. Dois outros membros proeminentes dessa escola demonstram quão amplo foi o apelo do estoicismo sob seu império: o escravo Epicteto e o imperador Marco Aurélio. Os estoicos do período imperial estavam menos interessados em lógica e física que os seus precursores dos tempos helenísticos, e, à semelhança de Sêneca, Epicteto e Marco Aurélio são recordados principalmente por sua filosofia moral[21].

A cronologia em torno de Epicteto é incerta, mas sabemos que ele foi banido de Roma, junto a outros filósofos, pelo imperador Domiciano, em 89 d.C. Liberto da escravidão, embora permanentemente aleijado por ela, fundou uma escola em Epirus; Arriano, um seu admirador, publicou quatro livros contendo seus discursos e um manual com seus principais ensinamentos (*enchiridion*). Epicteto é um dos estoicos de mais fácil leitura. Possuidor de um estilo forte e humorístico, frequentemente lança mão de conversas cruzadas entre seus interlocutores. Em razão disso, muitos não-filósofos consideram-no atraente. Matthew Arnold o alinha, ao lado de Homero e Sófocles, como um dos três homens que mais o iluminaram:

> Ele, de cuja amizade somente privei há pouco,
> Aquele relutante escravo, que em Nicópolis
> Ensinou Arriano, quando o bruto filho de Vespasiano
> Eliminou de Roma aquilo que mais o envergonhava.

O trecho a seguir, sobre o suicídio, exemplifica o estilo de Epicteto. Nele, o filósofo imagina vítimas de tirania e injustiça dirigindo-se a ele:

> Epicteto, não podemos mais suportar a prisão nesse corpúsculo, alimentando-o e dando-lhe de beber, colocando-o para repousar e lavando-o, e por meio dele fazendo contato com isto-e-aquilo e aquilo-e-isto. Não seriam tais coisas indiferentes, de fato um grande nada, para nós? A morte não é um mal, não é mesmo? Não somos nós semelhantes a Deus? Não nos originamos dele? Deixe que voltemos para de onde viemos (1, 9, 12).

---

21. J. BARNES, *Logic and the imperial Stoa*, Leiden, Brill, 1997. Nesse livro, o autor apresenta uma elegante defesa da competência lógica de Epicteto.

Ao que ele responde:

> Homens, esperem por Deus. Quando ele der o sinal e libertar-vos deste serviço, então podereis ir ter com ele. Por enquanto, porém, assumam o posto que ele designou para vós.

Em vez de buscar refúgio no suicídio, devíamos perceber que nenhum dos males do mundo pode de fato nos ferir. Para demonstrar isso, Epicteto identifica o eu à vontade moral (*prohairesis*).

> Quando o tirano me ameaça e me convoca, respondo: "A quem é que ameaças?". Se ele disser: "Vou pô-lo a ferros", responderei: "É a minhas mãos e a meus pés que ele ameaça". Se ele disser: "Vou decapitá-lo", responderei: "É meu pescoço que ele ameaça". [...] Então não é a *você* que ele ameaça de fato? Não, não enquanto eu encarar tudo isso como nada para mim. Mas, se eu me permitir sentir medo de qualquer dessas ameaças, então, sim, ele irá me ameaçar. Quem, então, restaria para eu temer? Um homem que pudesse controlar as coisas sobre as quais tenho poder? — Não existe tal homem. Um homem que pudesse controlar as coisas sobre as quais não tenho poder? — Por que razão deveria eu me preocupar com ele? (*Disc.* 1, 29).

Os escritos de Epicteto foram considerados um conforto em muitos períodos por aqueles que tiveram de viver sob o jugo de tiranos, em sua própria época; porém, aquele no qual causaram a maior impressão foi o próprio governante do mundo romano. Marco Aurélio Antonino tornou-se imperador em 161 e passou a maior parte de sua vida defendendo as fronteiras do Império Romano, então em sua conformação mais extensa. Embora pessoalmente um estoico, ele fundou em Atenas cadeiras de filosofia para todas as maiores escolas: platônica, peripatética e epicurista. Durante suas campanhas militares ele encontrava tempo para fazer anotações filosóficas em um caderno que veio a ser conhecido em tempos modernos como as *Meditações*. Trata-se de uma coleção de aforismos e discursos sobre temas como a brevidade da vida, a necessidade de trabalhar pelo bem comum, a unidade da espécie humana, a natureza corruptora do poder. Ele buscava combinar o patriotismo com um ponto de vista universalista. "Minha cidade e nação", dizia, "enquanto eu for Antonino, é Roma; mas, enquanto homem, é o mundo". Ele saudava o universo como a "querida cidade de Zeus".

As campanhas de Marco Aurélio, representadas em coluna romana.

Um dos amigos de Marco Aurélio foi o médico Galeno, que veio a Roma após ter sido o médico dos gladiadores de Pérgamo. Seus copiosos escritos pertencem antes à história da medicina que à da filosofia, em que pese ter sido ele um lógico empenhado e ter certa vez escrito um tratado intitulado *Por que um bom médico deve ser um filósofo*. Galeno corrigiu a fisiologia de Aristóteles em um ponto importante, crucial para uma verdadeira compreensão da relação corpo–espírito. Aristóteles acreditava que o coração era a morada da alma, considerando o cérebro não mais que um radiador para o esfriamento do sangue. Galeno descobriu que os nervos que saíam do cérebro e da medula espinhal eram necessários para dar início à contratura muscular, e portanto considerou o cérebro, e não o coração, como a morada primordial da alma.

A primeira filosofia cristã

Com Marco Aurélio, o estoicismo teve seu último suspiro, estando o epicurismo já em processo de retirada. Entre as escolas de filosofia às quais o imperador destinara cadeiras em Atenas, uma se destacava por sua ausência: o cristianismo. Na verdade, Marco Aurélio dera início a uma cruel perseguição aos cristãos, considerando histriônico o seu martírio. Um dos que foram executados durante seu reinado foi Justino, o primeiro filósofo cristão, que dedicara a Marco Aurélio uma *Apologia* para o cristianismo.

Foi pelo fim do século II que os cristãos fizeram as primeiras tentativas de harmonizar a religião de Jesus e Paulo com a filosofia de Platão e Aristóteles. Clemente de Alexandria publicou um conjunto de *Miscelâneas* (*Stromateis*), escritas em um estilo de conversa informal, em que defendia que o estudo da filosofia era não somente permitido, mas necessário para o cristão educado. Os pensadores gregos foram os pedagogos do mundo em sua adolescência, escolhidos por Deus para o entregar a Cristo em sua maturidade. Clemente arregimentou Platão como um aliado contra a heresia dualista cristã, provou da lógica aristotélica e louvou o ideal estoico de libertar-se das paixões. Ao modo de Fílon, ele explicava partes da Bíblia como sendo alegóricas, notadamente as do Antigo Testamento, o que afastava os gregos educados. Dessa maneira ele fundou uma tradição que teria uma longa história em Alexandria.

Clemente era um antologista e um divulgador; o pensador original de sua época era um alexandrino mais jovem que ele, Orígenes (185-254). Embora se visse primeiramente como um estudioso da Bíblia, Orígenes estudara com o platonista alexandrino Amônio Sacas, e incorporara em seu sistema muitos conceitos filosóficos que os cristãos tradicionais consideravam heréticos. Ele acreditava, com Platão, que as almas dos seres humanos já existiam antes do nascimento ou da concepção. Anteriormente espíritos livres, em seu estado encarnado as almas humanas podiam fazer uso de seu livre-arbítrio para ascender, auxiliadas pela graça de Cristo, a um destino celestial. No fim, acreditava, todos os seres racionais, pecadores e santos sem distinção, demônios e anjos também, seriam salvos e encontrariam a bênção final. Haveria uma ressurreição do corpo que (segundo algumas de nossas fontes) ele acreditava teria uma forma esférica, pois Platão havia afirmado que a esfera era a mais perfeita das formas.

A excêntrica doutrina de Orígenes o fez entrar em choque com os bispos locais, e sua lealdade ao cristianismo o fez ser banido do Império. Ele foi exilado na Palestina, onde, em oposição a seu companheiro platonista pagão Celso, fez uso de argumentos filosóficos em defesa da crença em Deus, na liberdade e na imortalidade. Morreu em 254 depois de repetidas sessões de tortura infligidas sob as ordens do imperador Décio.

O renascimento do platonismo e do aristotelismo

Ao mesmo tempo em que a filosofia cristã dava seus primeiros passos, e enquanto o epicurismo murchava, houve um fértil renascimento da filosofia de Platão e Aristóteles. Plutarco (c.46-c.120) nasceu na Beócia e ali passou a maior parte de sua vida, mas estudou em Atenas, e pelo menos em uma ocasião chegou a dar conferências em Roma. Mais conhecido como um historiador por suas "vidas" paralelas de 23 célebres gregos acompanhados de 23 célebres romanos, as quais, em sua tradução inglesa feita por *Sir* Thomas North no período elisabetano, forneceram a trama e muito da inspiração para as peças romanas de Shakespeare. Mas Plutarco escreveu também cerca de sessenta pequenos tratados sobre temas filosóficos populares, reunidos sob o título de *Moralia*. Sendo platônico, escreveu também um comentário ao *Timeu*. Redigiu ainda várias polêmicas contra os estoicos e os epicuristas, as quais contribuíram para o declínio desses sistemas e que têm títulos como *Sobre as contradições dos epicuristas, Sobre as contradições dos estoicos, Sobre o livre-arbítrio em resposta a Epicuro* ou *Sobre o livre-arbítrio em resposta aos estoicos*. Um dos mais longos de seus ensaios que chegaram até nós se intitula *Por que Epicuro em realidade torna impossível uma vida prazerosa*. Outro tratado constitui-se em ataque a uma obra de Colotes, um dos primeiros discípulos de Epicuro, obra da qual não saberíamos da existência se não fosse por esse tratado. Embora suas obras não sejam normalmente lidas por filósofos para seu próprio proveito, elas têm sido sempre saqueadas por historiadores em busca das informações que oferecem sobre os seus objetos de ataque.

Mais importante, no início, que o incipiente renascimento do platonismo, foi o começo de uma tradição de comentários eruditos sobre o *corpus* aristotélico. O mais antigo desses comentários que foi preservado é a obra de Aspásio sobre a *Ética*, que deu origem à tradição de considerar a *Ética a Nicômaco* parte do cânone. No fim desse século, Alexandre de Afrodísia foi indicado para a cadeira peripatética em Atenas, e ali produziu extensos comentários sobre a *Metafísica*, *Sobre a sensação* e a respeito de algumas das obras lógicas de Aristóteles. Em panfletos sobre a alma e o destino, ele apresentou seus próprios desenvolvimentos das ideias aristotélicas. Aristóteles falara, de modo obscuro, sobre um intelecto ativo que seria o responsável pela formação do conceito nos seres humanos. Alexandre identificou esse intelecto ativo com Deus, uma interpretação destinada a ter uma grande influência sobre os posteriores seguidores árabes de Aristóteles e a ser rejeitada pelos cristãos, que consideravam o intelecto ativo uma faculdade de cada indivíduo.

Plotino e Agostinho

Seria Platão, porém, e não Aristóteles, a influência filosófica dominante durante o crepúsculo da Antiguidade clássica. O último grande filósofo pagão foi Plotino (205-270), contemporâneo do cristão Orígenes e discípulo e amigo de Amônio Sacas. Após uma curta carreira militar, Plotino se estabeleceu em Roma, conseguindo ser aceito na corte imperial. Ele acalentava a ideia de estabelecer uma República platônica na Campânia. Suas obras foram editadas após sua morte separadas em seis grupos de nove tratados (*Enéadas*) por seu discípulo e biógrafo Porfírio. Escritas em estilo tenso e difícil, elas cobrem uma variedade de tópicos filosóficos: ética e estética, física e cosmologia, psicologia, metafísica, lógica e epistemologia.

O lugar de honra no sistema de Plotino é ocupado pelo "Uno": a noção é derivada, via Platão, de Parmênides, em que a unidade é uma propriedade-chave do Ser. O Uno é, de forma misteriosa, idêntico à concepção platônica de Deus: é a base de tudo o que existe e o padrão de todo valor, mas é em si além do ser e além da bondade. Abaixo desse pico supremo e inefável, os lugares próximos são ocupados pelo Espírito (a morada das ideias) e pela Alma, a criadora do tempo e do espaço. A Alma ergue o olhar para o Espírito, mas o volta para baixo para observar a Natureza, que por sua vez cria o mundo físico. No nível mais baixo encontra-se a matéria pura, o mais extremo limite da realidade.

Esses níveis de realidade não são independentes uns dos outros. Para existir e agir, cada nível depende do nível acima de si. Tudo tem seu lugar em uma constante progressão em direção aos níveis inferiores de sucessivas emanações do Uno. Esse impressionante e surpreendente sistema metafísico é apresentado por Plotino não como uma revelação mística, mas como originado em princípios filosóficos derivados de Platão e Aristóteles. No capítulo 9 examinaremos esse sistema de forma detalhada.

A escola de Plotino em Roma não sobreviveu à sua morte, mas seus discípulos e os discípulos de seus discípulos levaram suas ideias a toda parte. Uma tradição neoplatônica floresceu em Atenas até que as escolas pagãs foram fechadas pelo imperador cristão Justiniano, em 529. Mas foram os cristãos, e não os pagãos, que transmitiram as ideias de Plotino para o mundo pós-clássico, dos quais o mais importante foi santo Agostinho de Hipona, que viria a ser o mais influente de todos os filósofos cristãos.

Agostinho nasceu em uma pequena cidade da atual Argélia, no ano de 354. Filho de uma mãe cristã e de um pai pagão, não foi batizado na infância, embora tenha recebido uma educação cristã em literatura latina e retórica. A maior parte do que sabemos a respeito do período inicial de sua vida vem de sua própria autobiografia, as *Confissões*, um retrato, oferecido por um biógrafo quase tão capacitado quanto Boswell, de uma mente mais repleta que a de Johnson.

Tendo adquirido certo conhecimento do grego, Agostinho formou-se em retórica e passou a ensiná-la em Cartago, cidade que descreveu como "um caldeirão de amores profanos". Com 18 anos, ao ler o *Hortênsio* de Cícero, foi fulminado de paixão por Platão. Por cerca de dez anos foi um seguidor do maniqueísmo, uma religião sincrética que ensinava que haviam dois mundos, um de bondade espiritual e luz, criado por Deus, outro de trevas carnais, criado pelo diabo. A repulsa ao sexo deixou em Agostinho uma marca perene, embora por muitos de seus primeiros anos adultos ele tenha vivido com uma amante, com quem teve um filho, Adeodato.

Em 383 ele cruzou o mar em direção a Roma e de lá mudou-se rapidamente para Milão, a capital da parte ocidental do então dividido Império Romano. Ali se tornou amigo de Ambrósio, o bispo de Milão, um grande defensor das causas da religião e da moral contra o impiedoso poder secular do imperador Teodósio. A influência de Ambrósio e a da mãe de Agostinho, Mônica, colocaram-no no rumo da cristandade. Após um período de hesitação, ele foi batizado no ano de 387.

Por algum tempo após seu batismo, Agostinho permaneceu sob a influência filosófica de Plotino. Um conjunto de diálogos sobre Deus e a alma humana articularam um neoplatonismo cristão. *Contra os acadêmicos* forneceu uma detalhada linha de argumentação contra o ceticismo da Academia. Em *Sobre as ideias* ele apresentou sua própria versão da teoria das Ideias de Platão: as Ideias não possuem existência fora da mente, mas existem, eternas e imutáveis, na mente de Deus. A respeito da liberdade de opinião e escolha do homem e sobre a origem do mal, escreveu *Sobre o livre-arbítrio*, um texto ainda hoje utilizado em vários departamentos de filosofia. Além disso, escreveu um pretensioso tratado platônico, o *83 diferentes questões*. Escreveu ainda seis livros sobre música e um tratado vigoroso, *Sobre o educador*, uma reflexão imaginativa sobre a natureza e o poder das palavras.

Todas essas obras foram escritas antes que Agostinho descobrisse sua vocação derradeira e fosse ordenado sacerdote em 391, chegando rapidamente a bispo de Hipona, na Argélia, onde morou até sua morte, em 430. Nesse espaço de tempo, teve ainda diante de si uma prodigiosa carreira como escritor, que incluiu sua obra-prima, *A Cidade de Deus*. Mas o ano de 391 constitui um marco. Até então, Agostinho demonstrava ser o ápice da filosofia clássica. Daí por diante, passa a escrever não como o discípulo do pagão Plotino, mas como o pai da filosofia cristã da Idade Média. Iremos acompanhá-lo nessa fase criadora no próximo volume desta obra.

Agostinho não via a si mesmo, em sua maturidade, como um inovador em filosofia. Ele concebia seu trabalho como a exposição de uma mensagem divina que tinha se apresentado a ele via Platão e Paulo, homens muito mais grandiosos do que ele, e Jesus, que era mais que um homem. Mas o modo pelo qual as gerações que o sucederam têm considerado e compreendido os ensinamentos dos mestres de Agostinho deve-se em grande parte à obra dele próprio. De todos os filósofos da Antiguidade, somente Aristóteles teve uma influência maior sobre o pensamento humano.

3

Como argumentar: a lógica

A lógica é a disciplina que separa os bons argumentos dos maus. Aristóteles alegava ter sido seu fundador, pretensão não desprovida de fundamento. É claro que os homens vêm discutindo e identificando falácias nos argumentos dos outros desde que a sociedade humana se constituiu: como afirmou John Locke, "Deus não concebeu os homens apenas como bípedes, deixando a Aristóteles a incumbência de torná-los racionais". Tudo considerado, é a Aristóteles que devemos o primeiro estudo formal do argumento racional. Mas também aqui, como em tudo o mais, é preciso primeiro reconhecer o débito com Platão. A partir da sugestão de Protágoras, Platão fez importantes distinções entre as partes do discurso, as quais constituem as bases sobre as quais a lógica é construída. No *Sofista* ele apresenta uma distinção entre os substantivos e os verbos, os verbos sendo signos de ações, os substantivos sendo signos dos agentes dessas ações. Uma sentença, ele insiste, deve ser composta no mínimo de um substantivo e um verbo: dois substantivos ou dois verbos em sucessão jamais comporão uma sentença. "Caminhar move" não é uma sentença, da mesma forma que "Leão antílope" não o é. A mais simples forma de oração seria algo do tipo "Um homem aprende" ou "Teeteto voa", e somente algo assim estruturalmente formado pode ser verdadeiro ou falso (*Sofista* 262a–263b). A divisão de orações em unidades menores — das quais este é apenas um dos exemplos possíveis — é o primeiro passo essencial para a análise lógica de um argumento.

Aristóteles deixou vários tratados lógicos, tradicionalmente localizados no início do *corpus* de suas obras na seguinte ordem: *Categorias, Sobre a interpretação, Primeiros analíticos, Segundos analíticos, Tópicos, Refutações sofísticas*. Essa não é nem a ordem em que as obras foram escritas e nem constitui aquela em que sua leitura pode ser mais bem usufruída. É melhor começarmos pela consideração dos *Primeiros analíticos*, a mais extensa e menos controversa de suas contribuições à disciplina da lógica por ele fundada.

A silogística aristotélica

Os *Primeiros analíticos* são dedicados à teoria do silogismo, um método central de inferência que pode ser ilustrado por conhecidos exemplos do tipo:

        Todo grego é homem.
        Todo homem é mortal.
Logo,   Todo grego é mortal.

Aristóteles parte daí para demonstrar quantas formas o silogismo pode assumir e quais delas fornecem inferências confiáveis.

Para orientar seu estudo, Aristóteles apresenta um vocabulário técnico que, traduzido para vários idiomas, tem desempenhado um importante papel na lógica através de sua história (1, 1, 24a10-b15). A palavra "silogismo" é em si apenas uma transliteração para o português da palavra grega *syllogismos*, que Aristóteles utiliza para inferências desse tipo. O silogismo é definido no início dos *Primeiros analíticos* como um discurso em que de certas coisas expostas segue-se algo diferente necessariamente (1, 1, 24b18).

O exemplo de silogismo dado acima contém três orações no modo indicativo, cada uma das quais é chamada por Aristóteles de *proposição* (*protasis*): uma proposição é, *grosso modo*, uma oração considerada em relação a suas características lógicas. À terceira das proposições do exemplo — aquela que vem precedida do "logo" — Aristóteles denomina *conclusão* do silogismo. Às outras duas proposições podemos chamar *premissas*, embora Aristóteles não empregue um termo técnico consistente para diferenciá-las.

As proposições do exemplo em questão começam com a palavra "todo": esse tipo de proposição é chamada por Aristóteles de proposição *universal* (*katholou*). Elas não são o único tipo de proposição universal, pois também as proposições do tipo "Nenhum grego é cavalo" são universais; a diferença é que o primeiro tipo de proposição é uma proposição universal *afirmativa* (*kataphatikos*) e o segundo é uma proposição universal *negativa* (*apophatikos*).

Em contraste às proposições universais há as proposições *particulares* (*en merei*), como "Alguns gregos têm barba" (particular afirmativa) ou "Alguns gregos não têm barba" (particular negativa). Nas proposições de todos esses tipos, afirma Aristóteles, algo é *predicado* de algo, a saber, em um exemplo, mortal é predicado de homem, em outro cavalo o é de grego. A presença ou ausência de um sinal negativo indica quais desses predicados são respectivamente afirmações ou negações (1, 1, 24b17).

Os itens que compõem os predicados são chamados por Aristóteles de *termos* (*horoi*). É uma característica dos termos, como concebidos por Aristóteles, que possam tanto figurar como predicados como ter outros termos predicados de si. Assim, em nosso primeiro exemplo, homem é predicado de algo na primeira sentença e tem algo que é predicado de si na segunda.

Aristóteles concede três distintos papéis aos termos que aparecem em um silogismo. O termo que constitui o predicado da conclusão é o termo *maior*; o termo do qual o maior é predicado na conclusão é o termo *menor*; e o termo que aparece em cada uma das premissas é o termo *médio* (1, 4, 26a21-3)[1]. Assim, no exemplo dado, o termo maior é "mortal", o menor é "grego" e "humano" é o termo médio.

Além de inventar esses termos técnicos, Aristóteles introduziu a prática do uso de letras esquemáticas para expor os padrões de argumento, uma ferramenta que é essencial para o estudo sistemático de uma inferência e que é usada de modo ubíquo na moderna lógica matemática. Assim, o padrão do argumento que utilizamos como exemplo acima é apresentado

---

1. O emprego desses termos por Aristóteles nos *Primeiros analíticos* não é consistente: o relato feito aqui, do qual ele parte para a consideração da segunda e da terceira figuras do silogismo, tem sido aceito como canônico desde a Antiguidade. Ver W. C. KNEALE, M. KNEALE, *The development of logic*, Oxford, Clarendon, 1962, 69-71.

por Aristóteles não em forma exemplar, mas na forma da seguinte sentença esquemática:

Se A pertence a todo B, e B pertence a todo C, A pertence a todo C[2].

Quando Aristóteles deseja dar um exemplo de fato, ele o faz comumente não expressando um argumento silogístico, mas oferecendo uma sentença esquemática e daí listando possíveis substituições para A, B e C (por exemplo, 1, 5, 27b30-2).

Todos os silogismos contêm três termos e três proposições, mas, considerando a existência dos quatro diferentes tipos de proposições distinguidas por Aristóteles e a existência das diferentes ordenações em que os termos podem se apresentar nas premissas, haverá uma grande diversidade de padrões de inferência silogística. À diferença de nosso exemplo inicial, que continha apenas proposições afirmativas universais, haverá tríades contendo proposições negativas e particulares. Uma vez mais, à diferença de nosso exemplo, em que o termo médio aparecia como um predicado na primeira premissa e como um sujeito na segunda, haverá casos em que o termo médio será sujeito em todas as premissas e casos em que será o predicado em todas as premissas. (De acordo com a definição predileta de Aristóteles, a conclusão terá sempre o termo menor como seu sujeito e o maior como seu predicado.)

Aristóteles agrupou as tríades em três figuras (*schemata*) a partir da posição ocupada nas premissas pelo termo médio. Na primeira figura, ilustrada por nosso exemplo inicial, o termo médio surge uma vez como predicado e outra como sujeito (a ordem em que as premissas são afirmadas não é relevante). Na segunda figura, o termo médio aparece duas vezes como sujeito, e na terceira aparece duas vezes como predicado. Desse modo, representando o menor por S, o médio por M e o maior por P, temos as seguintes figuras:

	(1)	(2)	(3)
	S–M	M–S	S–M
	M–P	M–P	P–M
Logo,	S–P	S–P	S–P

---

2. Note que além de ser apresentada de forma esquemática a exposição de Aristóteles dos silogismos segue o padrão "se p e q, segue-se, necessariamente, r", em vez de "p, q, logo, r".

Aristóteles tinha o interesse voltado principalmente para os silogismos da primeira figura, os quais considerava os únicos "perfeitos", querendo com isso provavelmente dizer que eles possuíam um valor intuitivo de que careciam os silogismos das outras figuras (1, 4, 25b35).

A predicação ocorre em todas as proposições: universal afirmativa, universal negativa, particular afirmativa e particular negativa. Assim, a predicação S–P pode ser tanto "Todo S é P", "Nenhum S é P", "Algum S é P" como "Algum S não é P". No interior de cada figura temos portanto muitos padrões possíveis de inferência. Na primeira figura, por exemplo, temos, entre muitas possibilidades, as duas seguintes:

Todo grego é humano.	Alguns animais são cães.
Nenhum humano é imortal.	Alguns cães são brancos.
Nenhum grego é imortal.	Todo animal é branco.

As tríades desses diversos tipos foram, em épocas posteriores, denominadas "modos" do silogismo. As duas tríades expostas acima exemplificam o padrão de um silogismo da primeira figura, mas é óbvio que existe uma grande diferença entre elas: a primeira é um argumento válido, a segunda não é válida, por possuir premissas verdadeiras e uma falsa conclusão[3].

Aristóteles impôs a si a tarefa de determinar quais dos modos possíveis produzem uma inferência válida, o que realiza experimentando os vários possíveis pares de premissas e indagando se é possível tirar deles qualquer tipo de conclusão. Se nenhuma conclusão válida pode ser tirada de um par de premissas, ele afirma que não há ali silogismo. Por exemplo, ele diz que se B pertence a C, e A pertence a algum B, isso não pode ser um silogismo; e utiliza os termos "branco", "cavalo" e "cisne" como o exemplo-teste (1, 3, 25a38). O que ele faz é um convite a que consideremos o par de premissas "Nenhum cisne é um cavalo" e "Alguns cavalos são brancos" e nota que não se pode tirar dessas premissas conclusão alguma sobre a brancura ou qualquer outra característica dos cisnes.

À primeira vista, o método de Aristóteles parece ser ao mesmo tempo aleatório e intuitivo; mas no desenvolvimento de sua discussão ele consegue produzir várias regras gerais que, entre elas, são adequadas à determi-

---

3. Nenhum argumento válido possui premissas verdadeiras e uma falsa conclusão, mas é claro que pode haver argumentos válidos a partir de falsas premissas e levando a falsas conclusões, do mesmo modo que pode haver argumentos não válidos para verdadeiras conclusões.

nação de quais modos permitem uma conclusão e quais não permitem. Há três regras válidas para todas as figuras dos silogismos:

(1) Pelo menos uma premissa deve ser universal.
(2) Pelo menos uma premissa deve ser afirmativa.
(3) Se uma das premissas for negativa, a conclusão deverá ser negativa.

Essas regras são universalmente válidas, mas assumem uma forma mais específica em relação a figuras particulares. As regras peculiares à primeira figura são:

(4) A premissa maior (a que contém o termo maior) deve ser universal.
(5) A premissa menor (a que contém o termo menor) deve ser afirmativa.

Se aplicarmos essas regras descobriremos que há quatro, e apenas quatro, modos de silogismo válidos na primeira figura:

Todo S é M	Todo S é M	Algum S é M	Algum S é M
Todo M é P	Nenhum M é P	Todo M é P	Todo M não é P
Todo S é P	Nenhum S é P	Algum S é P	Algum S não é P

Aristóteles também fornece algumas regras para determinar a validade dos modos na segunda e na terceira figuras, mas não é necessário detalhá-los aqui, dado que ele é capaz de demonstrar que todos os silogismos da segunda e da terceira figuras são equivalentes aos silogismos da primeira figura. Em geral, os silogismos nessas figuras podem ser transformados em silogismos da primeira figura por um processo que ele chama de "conversão" (*antistrophe*).

A conversão depende de uma série de relações entre proposições de diferentes formas que Aristóteles apresenta no início do tratado. Quando temos proposições afirmativas particulares e negativas universais, a ordem dos termos pode ser invertida sem que se altere o sentido: Algum S é P se e somente se algum P é S, e nenhum S é P se e somente se nenhum P é S (1, 2, 25a5-10). (Por contraste, "Todo S é P" pode ser verdadeiro sem que "Todo P é S" seja verdadeiro.)

Considere o seguinte silogismo da terceira figura: "Nenhum grego é um pássaro; mas todos os corvos são pássaros; logo, nenhum grego é um corvo". Se convertermos a premissa menor em seu equivalente "Nenhum

Busto de Aristóteles. Atribuído a Lisipo (século IV a.C.).

pássaro é um grego", obteremos um silogismo da primeira figura no segundo dos modos tabulados acima. Aristóteles demonstra no curso do seu tratado que quase todos os silogismos de segunda e terceira figuras podem ser reduzidos a silogismos de primeira figura por uma conversão desse tipo. Nos raros casos em que isso não é possível ele transforma os silogismos da segunda e da terceira figuras por meio de um processo de *reductio ad absurdum*, demonstrando que se uma premissa do silogismo for tomada em conjunto com a negação de sua conclusão como uma segunda premissa, ela vai possibilitar (por uma dedução na primeira figura) a negação da segunda premissa original como uma conclusão (1, 23, 41a21ss.).

A silogística de Aristóteles foi uma conquista notável, constituindo uma formulação sistemática de uma importante parte da lógica. Alguns de seus seguidores de épocas posteriores — embora não os da Antiguidade ou da Idade Média — julgaram ser o silogismo o todo da lógica. Immanuel Kant, por exemplo, no prefácio à segunda edição de sua *Crítica da razão pura*, afirma que desde Aristóteles a lógica não avançou e nem foi obrigada a voltar sequer um simples passo.

A verdade, no entanto, é que a silogística é somente um fragmento da lógica. Ela lida somente com inferências que dependem de palavras como "todo" ou "algum", as quais classificam as premissas e conclusões dos silogismos, e não com inferências que dependem de palavras como "se" e "então", que em vez de relacionadas a substantivos ligam sentenças inteiras. Como veremos em breve, inferências do tipo "Se não é dia, então é noite; mas não é dia; logo, é noite" foram formalizadas na Antiguidade tardia. Outro vazio na silogística aristotélica levou mais tempo para ser preenchido. Embora ela se ocupasse acima de tudo de palavras como "tudo", "todo" e "algum" (quantificadores, como vieram a ser denominados posteriormente), ela não podia lidar com inferências em que tais palavras ocorressem não situadas como sujeito, mas em alguma posição no predicado gramatical. As regras aristotélicas não servem para aferir a validade de inferências contendo premissas do tipo "Todo menino ama alguma menina", ou "Ninguém pode evitar todo erro". Foram necessários mais de vinte séculos antes que esse tipo de inferências pudesse ser formalizado de forma satisfatória.

Aristóteles pode talvez ter considerado, por um momento, que sua silogística fosse suficiente para lidar com toda inferência válida possível. Mas seus próprios escritos lógicos demonstram que ele percebeu que havia muito mais na lógica que poderia ser imaginado por sua silogística.

O *Sobre a interpretação* e as *Categorias*

O *Sobre a interpretação* interessa-se particularmente, como os *Primeiros analíticos*, por proposições gerais que se iniciam com "todo", "nenhum" ou "algum". Mas sua principal preocupação não é ligar umas às outras formando silogismos e sim explorar as relações de compatibilidade e incompatibilidade entre elas. "Todo homem é branco" e "Nenhum homem é branco" claramente não podem ser verdadeiras conjuntamente: Aristóteles chama essas proposições de *contrárias* (*enantiai*) (7, 17b4-15). Elas podem contudo ser ambas falsas se, como é o caso, alguns homens são brancos e alguns não o são. "Todo homem é branco" e "Algum homem não é branco", à semelhança do primeiro par, não podem ser ambas verdadeiras, mas — pressupondo-se que existam coisas como homens — elas não podem ser ambas falsas. Se uma delas é verdadeira, a outra é falsa; se uma delas é falsa, a outra é verdadeira. Aristóteles dá a esse tipo de par o nome de *contraditório* (*antikeimenai*) (7, 17b16-18).

Do mesmo modo que um afirmativo universal é contraditório ao correspondente negativo particular, assim também um negativo universal contradiz, e é contraditado, por um afirmativo particular, do que são exemplo "Nenhum homem é branco" e "Algum homem é branco". Dois afirmativos particulares correspondentes não são nem contrários e nem contraditórios entre si: "Algum homem é branco" e "Algum homem não é branco" podem ser, e na verdade são, ambos verdadeiros em conjunto. Considerando que há homens, as proposições não podem, contudo, ser ao mesmo tempo falsas em conjunto. A essa relação não foi dado um nome [por Aristóteles], o que levou seguidores posteriores a chamarem-na de relação de subcontrariedade.

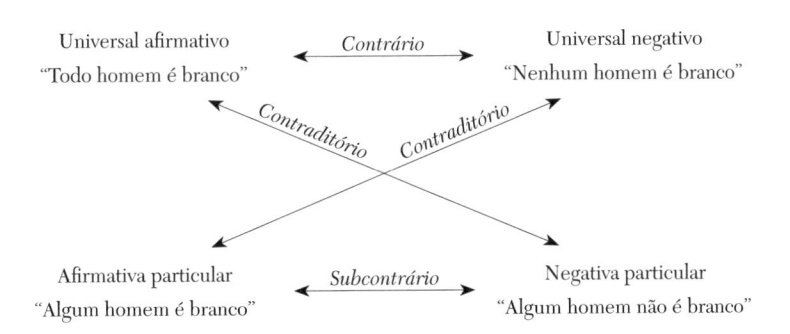

```
    Universal afirmativo      Contrário       Universal negativo
    "Todo homem é branco"  ←——————————→  "Nenhum homem é branco"
                   ↖         Contraditório        ↗
                     Contraditório
                   ↙                             ↘
    Afirmativa particular    Subcontrário      Negativa particular
    "Algum homem é branco" ←——————————→  "Algum homem não é branco"
```

As relações apresentadas no *Sobre a interpretação* podem ser demonstradas, e o foram durante séculos pelos seguidores de Aristóteles, por um diagrama conhecido como quadro de oposição.

As proposições que são classificadas como silogismos e entram no quadrado de oposição são todas proposições gerais, sejam elas universais ou particulares. O que significa que nenhuma delas é proposição sobre indivíduos, contendo substantivos próprios, como "Sócrates é sábio". Claro que Aristóteles estava familiarizado com proposições singulares, e uma delas — "Pítaco é generoso" — surge como exemplo no final do último capítulo dos *Primeiros analíticos* (2, 27, 70a25). Sua aparição, porém, é incongruente em um tratado cuja pressuposição-base é que todas as premissas e conclusões são proposições gerais quantificadas. No *Sobre a interpretação*, proposições singulares são mencionadas de tempos em tempos, principalmente para marcar a diferença com as proposições gerais. É algo simples, por exemplo, formar o contraditório de "Sócrates é branco", que é "Sócrates não é branco" (7, 17b30). Mas para encontrar um tratamento sistemático das proposições singulares temos de explorar as *Categorias*.

Se os *Primeiros analíticos* operam com uma distinção entre proposições e termos, as *Categorias* começam separando as "coisas que são ditas" em complexas (*kata symploken*) e simples (*aneu symplokes*) (2, 1a16). Um exemplo de um dizer complexo é "Um homem está correndo"; dizeres simples são os substantivos e verbos que fazem parte desses complexos: "homem", "boi", "correr", "vencer" etc. Apenas os dizeres complexos podem ser afirmações, verdadeiras ou falsas: dizeres simples não são nem verdadeiros nem falsos. Uma distinção similar é feita no *Sobre a interpretação*, em que aprendemos que uma sentença (*logos*) tem partes que possuem significado em si, enquanto, por outro lado, há signos que não possuem partes significantes. Esses signos simples se apresentam de duas diferentes maneiras: substantivos (*Int.* 2, 16a20-b5) e verbos (*Int.* 3, 16b6-25), os quais se distinguem um do outro, aprendemos, porque um verbo, diferente de um substantivo, "significa tempo em adição", isto é, possui um tempo. Mas nas *Categorias* é oferecida uma classificação bem mais rica dos dizeres simples. No quarto capítulo do tratado, Aristóteles nos diz o seguinte:

> Cada uma das palavras ou expressões independentes ou que não combinam com outras significam em si uma das seguintes coisas: ou substância (*ousia*), ou quantidade, ou que classe de coisas é, ou com o que se relaciona, ou onde se situa, ou em que tempo, ou que postura apresenta, ou o que veste, ou sua ação, ou sua paixão. Para dar uma ideia aproximada, são exemplos de substância: homem e cavalo; de quantidade: 1,20 metro de altura, 1,80 metro de altura; de classe [qualidade]: branco, gramático; daquilo com o que se relaciona: dobro, metade, maior que; onde se situa: no Liceu, no fórum;

quando: ontem, amanhã, no ano passado; postura: deitado, sentado; o que veste: sapatos, armadura; o que faz: corta, queima; o que sofre: é cortado, é queimado (4, 1b25-2a4).

Esse trecho demasiado conciso e hermético recebeu comentários sucessivos e exerceu enorme influência por séculos. Essas dez coisas significadas pelos dizeres simples são as *categorias*, que dão ao tratado o seu nome. Nesse trecho Aristóteles indica as categorias por um conjunto heterogêneo de expressões: substantivos (por exemplo, "substância"), verbos (por exemplo, "vestir") e interrogativos (por exemplo, "onde" ou "quão grande"). Tornou-se costumeiro se referir às categorias por substantivos mais ou menos abstratos: substância, quantidade, qualidade, relação, lugar, tempo, posição, vestuário, ação, paixão.

O que são categorias e qual o objetivo de Aristóteles ao listá-las? No mínimo pode-se afirmar que uma das coisas que ele faz é listar dez diferentes tipos de expressão que podem aparecer no predicado de uma sentença sobre um sujeito particular. Podemos dizer de Sócrates, por exemplo, que foi um homem, que media 1,53 m, que era sábio, que era mais velho que Platão e que viveu em Atenas no século V a.C. Em determinadas ocasiões, seus amigos podem ter dito que ele estava sentado, vestindo um manto, cortando uma peça de roupa e sendo aquecido pelo sol. Obviamente, o ensinamento das *Categorias* abre espaço para uma variedade de afirmações mais ricas que as proposições organizadas dos *Primeiros analíticos*.

O texto deixa claro, porém, que Aristóteles não está apenas classificando expressões, elementos de linguagem. Ele vê a si próprio como fazendo uma classificação das entidades extralinguísticas, coisas significadas como opostas aos signos que as significam. No capítulo 6 iremos explorar as implicações metafísicas da doutrina das categorias, mas uma questão deve ser considerada agora. Se seguirmos a indicação de Aristóteles, seremos facilmente capazes de definir os predicados em sentenças como "Sócrates era barrigudo", "Sócrates era mais sábio que Meleto". Mas o que podemos dizer sobre o "Sócrates" em tais sentenças? A enumeração de Aristóteles parece ser uma lista de predicados e não de sujeitos.

A resposta a isso é dada no capítulo seguinte das *Categorias*:

> A substância, no sentido mais fundamental, primeiro e principal do termo, é o que não é afirmado de um sujeito, nem está num sujeito: por exemplo, o homem individual ou o cavalo individual.

Mas chamam-se substâncias segundas as espécies, nas quais as substâncias, tomadas no sentido próprio, são contidas, e às espécies é preciso acrescentar os gêneros dessas espécies: por exemplo, o homem individual entra numa espécie, que é o homem, e o gênero dessa espécie, que é o animal. Designa-se, pois, com o nome de segundas essas últimas substâncias; ou seja, homem e animal (5, 2a11-19).

Ao falar de um sujeito nesse trecho, é claro que Aristóteles está falando não sobre uma expressão linguística, mas a respeito do que a expressão representa. É o homem Sócrates, não a palavra "Sócrates", a substância primeira. A substância que encabeça a lista de categorias ocorre agora ser a substância segunda: portanto, a oração "Sócrates foi homem" predicava uma substância segunda (uma espécie) de uma substância primeira (um indivíduo). Quando, nesse trecho, Aristóteles contrasta uma substância primeira a coisas que estão *em um sujeito*, o que ele tem em mente como estando em um sujeito são os itens significados pelos predicados nas outras categorias. Assim, se "Sócrates é sábio" é verdade, então a sabedoria de Sócrates é uma das coisas que estão em Sócrates (cf. 2, 1a25).

Aristóteles passa então a explorar as categorias, discutindo-as uma por uma. Algumas, como a substância, a quantidade e a qualidade, são abordadas detalhadamente; outras, como a atividade e a passividade, são mencionadas de relance; outras ainda, como a postura e a vestimenta, sequer são mencionadas. Detalhados pontos lógicos são feitos de modo a estabelecer as distinções entre as diferentes categorias. Por exemplo, as qualidades com frequência admitem gradações, enquanto quantidades particulares não: uma coisa pode ser mais escura que a outra, mas não pode ser mais 1,20 m que outra (7, 6a19; 8, 10b26). No interior das categorias individuais, são identificadas outras subclasses. Há, por exemplo, dois tipos de quantidade (discreta e contínua) e quatro tipos de qualidade, que Aristóteles ilustra com os seguintes exemplos: virtude, saúde, escuridão, forma. Os critérios que usa para distinguir esses tipos não são todos muito claros, e a dúvida se instala no leitor quanto a se um item específico pode ocorrer em mais de uma dessas classes, ou até em mais de uma categoria. Os comentadores de Aristóteles há tempos trabalham para preencher esses vazios e solucionar suas inconsistências.

As *Categorias* contêm mais que a teoria das categorias; elas abordam também um conjunto de outros tópicos lógicos. É claro que o tratado não foi escrito por Aristóteles como uma peça fechada em si, embora não seja necessário pôr em dúvida, como fizeram alguns estudiosos, tratar-se de um legítimo Aristóteles[4].

Uma reunião de tópicos discutidos é a da homonímia e da sinonímia. Essas palavras são transliteração das palavras gregas utilizadas por Aristóteles, mas se no português elas denominam propriedades de partes do idioma, ele faz uso delas em grego para significar as propriedades das coisas no mundo. O relato de Aristóteles pode ser parafraseado como segue: Se A e B são chamados pelo mesmo nome e com o mesmo significado, então A é sinônimo de B; se A e B são chamados pelo mesmo nome com um significado diferente, então A é homônimo de B. Devido às peculiaridades do idioma grego, temos de extrair exemplos aristotélicos do português, mas é fácil perceber o que ele tinha em mente. Um persa e um siamês são sinônimos entre si por serem ambos chamados gatos; mas eles são apenas homônimos ao utensílio de ferro, com quatro pés, usado para descansar o espeto com que se assa carne também chamado de gato. A diferença entre coisas homônimas e sinônimas, diz Aristóteles, é que coisas homônimas possuem apenas o nome em comum, enquanto as sinônimas possuem em comum tanto o nome quanto as definições.

A distinção aristotélica entre coisas homônimas e sinônimas é uma distinção importante que é facilmente adaptada — e na verdade foi posteriormente adaptada pelo próprio — para uma distinção entre partes homônimas e sinônimas da linguagem, ou seja, entre expressões que possuem apenas o símbolo e as que possuem também o sentido em comum.

O estudo da homonímia foi importante para a abordagem das falácias nos argumentos resultantes da ambiguidade dos termos utilizados. Ela é utilizada com esses objetivos nos *Tópicos*, e Aristóteles fornece regras para identificá-las. "Agudo", por exemplo, tem um significado quando aplicado a facas e outro quando aplicado a notas musicais: a homonímia se torna óbvia porque no caso das facas o oposto de "agudo" é "cego", enquanto no caso das notas o oposto é "grave" (*Tópicos* 1, 15, 106a13-14). No curso de seus estudos Aristóteles chegou a estabelecer uma distinção entre mera homonímia casual (como ocorre com a palavra "banco", que é usada em português tanto para um assento sem encosto como para uma instituição financeira) e a homonímia de tipo mais interessante, a que seus seguidores chamavam "analogia" (*EN* 1, 6, 1096a27ss.). Seu exemplo-padrão de uma expressão analógica é "médico": um homem médico, um problema

---

4. Com a exceção de 8, 11a10-18, uma inserção editorial para unir dois dos elementos díspares e explicar os saltos na abordagem de posteriores categorias.

médico e um instrumento médico não são médicos da mesma forma. Contudo, o uso das palavras nesses diferentes contextos não é mero trocadilho: medicina, a disciplina que é praticada pelo médico, fornece um significado primário do qual os outros são derivados (*EE* 7, 2, 1236a15-22). Aristóteles faz uso dessa doutrina da analogia em uma variedade de contextos éticos e metafísicos, como veremos.

Nos escritos lógicos de Aristóteles encontramos diferentes concepções da estrutura de uma proposição e da natureza de suas partes. Uma concepção pode traçar suas origens até a distinção que Platão estabelece entre os substantivos e os verbos no *Sofista*. Qualquer oração, Platão ali insistia, deve consistir ao menos de um verbo e um substantivo (262a–263b). É essa concepção de uma oração como formada a partir de dois elementos heterogêneos que tem um papel importante nas *Categorias* e no *Sobre a interpretação* aristotélicos. Essa concepção de estrutura propositiva tem sido também capital na lógica moderna desde os tempos de Gottlob Frege, que fez uma distinção nítida entre palavras que nomeiam objetos e predicados que são verdadeiros ou falsos em relação aos objetos.

Na silogística dos *Primeiros analíticos* a proposição é concebida de modo um tanto diverso. Os elementos básicos a partir dos quais ela é construída são *termos*, a saber, elementos que não são heterogêneos como substantivos e verbos, mas que podem ocorrer de forma indiferenciada, sem mudança do significado, como sujeitos ou como predicados[5]. Reforçando, dois termos em sequência (com "homem animal") não formam uma oração: outros elementos, um quantificador e um verbo de ligação, um "é", por exemplo, deverão fazer parte [da oração] se quisermos ter uma proposição capaz de resultar em um silogismo, como, por exemplo. "Todo homem é um animal". Aristóteles mostra pouco interesse pelo verbo de ligação, voltando sua atenção para os quantificadores e suas relações entre si. As características que diferenciam os sujeitos dos predicados não são levadas em consideração[6].

Uma das características disfuncionais da doutrina dos termos é que ela provoca confusão entre signos e o que estes significam. Quando Pla-

---
5. Cf. 43a25-31. Em vez de uma distinção entre substantivo e verbo temos aqui uma distinção entre substantivos próprios (que não são predicados, mas aquilo de que as coisas são predicadas) e termos (que tanto podem predicar um termo como ser predicados por outro).
6. Os admiradores modernos de Frege, naturalmente, consideram a teoria dos termos um desastre para o progresso da lógica. Peter Geach escreveu: "Aristóteles foi o Adão da lógica, e a doutrina dos termos foi a queda de Adão" (Peter GEACH, *Logic matters*, Oxford, Blackwell, 1972, 290).

tão fala de substantivos e verbos, ele deixa bem claro que está falando de signos, distinguindo claramente o nome "Teeteto" da pessoa Teeteto que tem esse nome, e ele se esforça para assinalar que a oração "Teeteto voa" pode existir mesmo que aquilo que ela nos diz, ou seja, o voo de Teeteto, não faça parte das coisas que existem no mundo. Ele sofre um pouco para expor a distinção entre signos e significado devido à ausência das aspas no grego antigo. Esse valioso instrumento das línguas modernas torna fácil para nós distinguir o caso comum, em que usamos uma palavra para falar daquilo que a palavra significa, e do caso especial, em que mencionamos uma palavra para falar da palavra em si, como em "Teeteto" é um nome. A doutrina dos termos, por outro lado, torna muito fácil confundir o uso com a menção.

Tome-se um silogismo cujas premissas são "Todo homem é mortal", "Todo grego é homem". Deveríamos dizer, como o vocabulário de Aristóteles por vezes sugere (por exemplo, *1A* 1, 4, 25b37-9), que mortal aqui predica homem e homem predica grego? Não parece que isto seja correto: o que surge como um predicado é certamente um pedaço de linguagem, e assim, ao contrário, talvez devêssemos dizer: "mortal" é predicado por homem e "homem" é predicado por grego. Mas parece então que possuímos quatro termos, e não três, em nosso silogismo, já que "'homem'" não é a mesma coisa que "homem". Não podemos consertar isso refraseando a primeira proposição do seguinte modo: "mortal" é predicado de "homem". São os seres humanos em si, não as palavras que eles utilizam para referir-se a si mesmos, que são mortais. Não há dúvida de que Aristóteles algumas vezes faz confusão entre uso e menção: o espantoso é que, considerando-se o terreno movediço proporcionado pela doutrina dos termos, ele não faça essa confusão com mais assiduidade.

Aristóteles sobre tempo e modalidade

Uma característica das proposições discutidas nas *Categorias* e no *Sobre a interpretação* é o fato de elas poderem modificar seus valores de verdade. Em *Categorias* 1, 5, 4a24, ao discutir se seria característico das substâncias serem capazes de assumir propriedades contrárias, ele diz: "A mesma afirmação parece ser ao mesmo tempo verdadeira e falsa. Se, por exemplo, a afirmação de que alguém está sentado for verdadeira, após ele se levantar a mesma afirmação será falsa". De acordo com uma moderna concepção da natureza da proposição, nenhuma proposição pode ser num tempo verdadeira e em outro falsa. Uma oração como "Teeteto está sentado", que é verdadeira enquanto Teeteto está sentado e falsa em outra ocasião, expressaria, segundo esta concepção, uma proposição diferente em um tempo diferente, de modo a que expresse uma proposição verdadeira em determinada ocasião e uma proposição falsa em outra. E uma oração afirmando que "Teeteto está sentado" foi *verdadeira* num tempo *t* é comumente considerada como afirmando que a proposição que atribui *estar sentado no tempo t* a Teeteto é verdadeira infinitamente. Nessa concepção, nenhuma proposição é temporal de forma significativa, mas qualquer proposição expressa por uma oração temporal contém uma referência implícita ao tempo e é em si sempre atemporalmente verdadeira ou falsa.

Em nenhum outro lugar Aristóteles concebe uma teoria segundo a qual as orações temporais são expressões explicitamente incompletas de proposições atemporais. Para ele, as orações emitidas expressam de fato algo além de si próprias, a saber, pensamentos na mente; os pensamentos, porém, modificam seus valores de verdade da mesma forma que as orações o fazem (*Cat.* 1, 5, 4a26-8)[7]. Para Aristóteles, uma oração ou proposição como "Teeteto está sentado" tem um significado temporal, e é verdadeira em algumas ocasiões e falsa em outras. Ela torna-se verdadeira toda vez que Teeteto se senta e torna-se falsa sempre quando Teeteto deixa de sentar.

Para Aristóteles, não há nada na natureza da proposição que a impeça de modificar seu valor de verdade, mas há algo a respeito do conteúdo de uma proposição particular que implica que seu valor de verdade deva permanecer fixo.

Os lógicos de épocas posteriores distinguiram regularmente proposições que podem de proposições que não podem modificar seu valor de verdade, chamando as primeiras de proposições *contingentes* e as segundas de proposições *necessárias*. As origens dessa distinção estão por ser encontradas em Aristóteles, mas ele fala preferencialmente de predicados, ou propriedades, necessária ou contingencialmente pertencentes a seus sujeitos. Tanto no *Sobre a interpretação* como nas *Categorias* ele discute proposições do tipo "A deve ser B" e "A não pode ser B", que foram chamadas por lógicos posteriores de "proposições modais".

No *Sobre a interpretação* Aristóteles introduz o tópico das proposições modais ao afirmar que embora "A não é B" seja a negação de "A é

---
7. O valor de verdade de uma proposição é sua verdade ou sua falsidade, conforme o caso.

B", "A pode ser não-B" não é a negação de "A pode ser B". Um pedaço de pano, por exemplo, tem em si a possibilidade de ser cortado, mas tem também a possibilidade de ser não-cortado. Contudo, os contraditórios não podem ser verdadeiros juntos. Daí a negação de "A pode ser B" não ser "A pode ser não-B", mas, em vez disso, "A não pode ser B". Na simples afirmação categórica, tomar o "não" como em relação com o "é" ou com o "B" não faz diferença em termos práticos. Na afirmação modal, tomar o "não" em relação com o "pode" ou com o "B" faz toda a diferença. Aristóteles gosta de expor essa diferença reescrevendo "A pode ser B" como "É possível a A ser B", reescrevendo "A pode ser não-B" como "É possível a A ser não-B" e reescrevendo "A não pode ser B" como "Não é possível a A ser B" (*Int.* 12, 21a37-b24). Essa reescritura permite ao signo de negação ser situado sem ambiguidade, além de explicitar a relação entre uma proposição modal e sua negação.

Expressões modais diferentes de "possíveis", como "impossíveis" e "necessárias", devem receber tratamento semelhante. A negação de "É impossível a A ser B" não é "É impossível a A não ser B", mas sim "Não é impossível a A ser B"; a negação de "É necessário a A ser B" não é "É necessário a A ser não-B" mas "Não é necessário a A ser B" (*Int.* 13, 22a2-10).

Essas noções modais são inter-relacionadas. "Impossível" é, de forma suficientemente óbvia, a negação de "possível", mas — de modo mais interessante — "necessário" e "possível" são interdefiníveis. O que é necessário é o que não é possível não ser, e o que é possível é o que não é necessário não ser. Se é necessário a A ser B, então não é possível a A não ser B, e vice-versa. Além disso, se algo é necessário, então um *a fortiori* é possível, e se não é possível então um *a fortiori* não é necessário. Aristóteles dispõe os diferentes casos em um quadrado de oposição similar ao que exibi acima para as proposições categóricas:

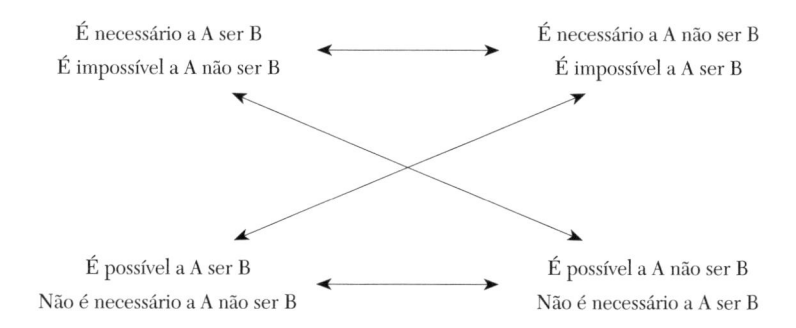

| É necessário a A ser B | ⟷ | É necessário a A não ser B |
| É impossível a A não ser B | | É impossível a A ser B |

| É possível a A ser B | ⟷ | É possível a A não ser B |
| Não é necessário a A não ser B | | Não é necessário a A ser B |

Em cada canto desse diagrama, os pares de proposições são equivalentes uns aos outros, o que revela a interdefinição dos termos modais. Os operadores "necessário", "possível" e "impossível" nesse quadrado de oposições se relacionam entre si de um modo paralelo aos quantificadores "todos", "alguns" e "nenhum" no quadro de oposições categóricas. Como no caso categórico, as proposições nos cantos superiores são contrárias, não podendo ser verdadeiras ao mesmo tempo, mas podendo ser falsas simultaneamente. As proposições em um dos cantos são contraditórias das proposições no canto oposto em diagonal. O par de proposições nos cantos superiores implica o par de proposições imediatamente abaixo delas, mas não a recíproca. As proposições nos cantos inferiores são compatíveis entre si: elas podem ser ambas verdadeiras ao mesmo tempo, mas não podem ser falsas simultaneamente (*Int.* 13, 22a14-35).

Nesse esquema, todas as proposições necessárias são também possíveis, embora a recíproca não seja verdadeira. Há contudo, como Aristóteles ressalta, outro uso para "possível", em que ele é contrastado com "necessário" e inconsistente com ele. Nesse outro uso, "É possível que A não seja B" é não apenas consistente com "É possível que A seja B" mas na verdade decorre disso (*Int.* 12, 21b35). Nesse uso, "possível" seria equivalente a "nem necessário nem impossível". Há outra palavra, "contingente" (*endechomenon*), que está à disposição para substituir "possível" nesse segundo uso, e Aristóteles a usa com frequência com esse objetivo (por exemplo, *1A* 1, 13, 32a18-21; 15, 34b25). Dessa forma, as proposições podem ser divididas em três classes: as necessárias, as impossíveis e, entre estas, as contingentes (isto é, aquelas que não são nem necessárias nem impossíveis).

Uma das mais interessantes passagens do *Órganon* de Aristóteles é o nono capítulo de *Sobre a interpretação*, em que discute a relação entre tempo verbal e modalidade nas proposições, começando por dizer que para aquilo que é e para aquilo que foi é necessário que a afirmação ou a negação deva ser verdadeira ou falsa (18a27-8). A conclusão é que ele não está afirmando simplesmente que, se "*p*" é uma proposição de tempo presente ou pretérito, então "Todo *p* ou não-*p*" é necessariamente verdadeiro, o que é algo válido para todas as proposições, não importando qual seja o seu tempo verbal (19a30). Tampouco Aristóteles afirma que se "*p*" é uma proposição de tempo presente ou pretérito ela seja ou verdadeira ou falsa. (Posteriormente ele vai julgar que isso é verdade também quanto às proposições de tempo futuro.) O que ele afirma de fato é que, se "*p*" é uma proposição de tempo presente ou pretérito, então "*p*" é uma proposição necessária. A necessidade em questão é claramente uma necessidade não lógica (não se trata de lógica que a rainha Ana esteja morta). A necessidade é o tipo de necessidade que é expressa nos provérbios que afirmam que o que está feito não pode ser desfeito e que não adianta chorar sobre o leite derramado (cf. *EN* 6, 2, 1139b7-11).

A parte central de *Sobre a interpretação* 9 é uma investigação sobre se esse tipo de necessidade que se aplica às proposições do tempo presente e do tempo pretérito é aplicável também a todas as proposições de tempo futuro. Sem dúvida, há verdades universalmente necessárias que se aplicam ao futuro tanto quanto ao presente e ao passado, mas a atenção de Aristóteles está voltada para proposições simples como "Este casaco será cortado antes de se gastar", "Haverá uma batalha naval amanhã". A verdade ou falsidade de tais proposições não é implicada, em razão disso, por qualquer tipo de generalização universal.

Contudo, é possível construir um argumento poderoso que assegure que tal tipo de proposição sobre o futuro, se for verdadeira, seja verdadeira necessariamente. Se A afirma que haverá uma batalha naval amanhã e B afirma que não haverá, decorre que ou um ou outro estará dizendo a verdade. Agora, há relações entre proposições de diferentes tempos verbais. Por exemplo, se "Sócrates será branco" é agora verdade, então "Sócrates será branco" foi verdade no passado — na verdade, foi sempre verdade no passado. Assim — segue o argumento —:

> Se foi sempre verdade afirmar que algo é ou será, então é impossível àquilo não ser ou não vir a ser. Mas se é impossível a algo não vir a ser, então esse algo não poderia vir a ser. Mas se não pode não vir a ser, decorre que é necessário que venha a ser. Portanto, tudo que venha a ser virá a ser por necessidade (9, 18b11-25).

O argumento que Aristóteles está considerando começa por supor que alguém diga, por exemplo, "Haverá uma batalha naval amanhã", e que outro alguém diga "Não haverá uma batalha naval amanhã", e indica que um ou outro fala a verdade. Mas, ele prossegue, uma previsão semelhante pode ter sido feita há muito, afirmando que "Haverá uma batalha naval daqui a dez mil anos", e também esta, ou seu contraditório, será verdade. De fato, não faz diferença se qualquer previsão tenha sequer sido feita. Se na duração do tempo a proposição ou seu contraditório tiver sido verdade, terá sido necessário ao evento ter acontecido. Uma vez que para o que quer que aconteça "Irá acontecer" foi sempre previamente verdadeiro, tudo deve acontecer por necessidade (9, 18b26-19a5).

Segue daí, diz Aristóteles, que nada é decorrência de acaso ou acidente. Pior, não há sentido em deliberar e escolher entre alternativas. Mas na verdade, ele diz, há muitos exemplos óbvios de coisas acontecendo de um modo quando poderiam ter ocorrido de outro, como uma capa que poderia ter sido cortada mas que acaba por se gastar antes. "Assim, é evidente que nem todas as coisas são ou acontecem por necessidade. Há casos de acidente, do que segue que a proposição afirmativa não é mais verdadeira e nem mais falsa que a negativa; e com outras coisas uma é verdadeira preferencialmente e na maior parte das ocasiões, mas ainda assim está aberta para acontecer ou não" (9, 19a18-22).

Como então lidar com o argumento de forma a que tudo aconteça por necessidade? Porque Aristóteles diz que em alguns casos "a afirmação não é mais verdadeira que a negação", alguns concluíram que sua solução era que as proposições contingentes futuras careciam de um valor de verdade: elas não apenas não eram verdadeiras ou falsas por necessidade, mas não eram verdadeiras ou falsas de fato. Contudo, é pouco provável que tenha sido isso que Aristóteles tenha querido dizer, porque em 18b17 ele diz que não nos cabe dizer nem que "Será o caso que p" nem que "Não será o caso que p" seja verdade. Uma das razões que ele apresenta para isso é a de que é obviamente impossível que ambas sejam falsas; mas isso não as impede de ter ambas um terceiro valor. Seu argumento para descartar esse terceiro valor não é propriamente claro, mas parece ser algo do seguinte tipo: se nem "Haverá uma batalha naval amanhã" e nem "Não haverá uma batalha naval amanhã" são verdadeiros hoje, então nem "Há uma batalha naval hoje" ou "Não há uma batalha naval hoje" serão verdadeiros amanhã.

Ao fim da discussão, parece ficar claro que Aristóteles concorda que as proposições contingentes futuras podem ser verdadeiras, mas que elas não são necessárias da mesma forma que as proposições presentes e pretéritas o são. Tudo é necessário quando-é, mas isso não significa que *é* necessário, ponto. É necessário que tenha de haver ou não tenha de haver uma batalha naval amanhã, mas não é necessário que tenha de haver uma batalha naval e não é necessário que não tenha de haver uma batalha naval (9, 19a30-2).

O que é menos claro é como Aristóteles desarma o poderoso argumento que ele construiu em favor da necessidade universal. A distinção anteriormente enunciada não é suficiente em si para o fazer, por não levar em conta o apelo à verdade passada dos contingentes futuros que era parte do argumento. Dado seu próprio reconhecimento de que o passado é necessário, as verdades passadas sobre eventos futuros devem ser necessárias, e portanto os próprios eventos futuros devem ser necessários. A solução deve vir por uma análise da noção de verdades passadas: temos de fazer a distinção entre verdades que são afirmadas no tempo passado e verdades que se tornam verdadeiras a partir dos eventos no passado. "Era verdade dez mil anos atrás que iria haver uma batalha naval amanhã", apesar de todo o seu tempo passado, não é de fato uma proposição sobre o passado. Mas esta solução não é enunciada de modo claro por Aristóteles em nenhum lugar, e o problema que ele propôs voltou a aparecer de formas diferentes na Antiguidade tardia e na Idade Média[8].

Nos *Primeiros analíticos* Aristóteles explora a possibilidade de construir silogismos a partir de proposições modais. Sua tentativa de construir uma silogística modal é hoje em dia considerada universalmente uma falha elegante (e até mesmo na Antiguidade suas falhas haviam sido percebidas). Teofrasto, seu sucessor, trabalhou a sugestão e a desenvolveu, mas mesmo assim ela deve ser vista como insatisfatória. A razão para o insucesso foi bem explorada por Martha Kneale e reside na indecisão de Aristóteles sobre a melhor maneira de analisar as proposições modais.

> Se as palavras modais modificam os predicados, não há necessidade de uma teoria especial para os silogismos *modais*. Pois estes são apenas silogismos assertivos comuns dos quais as premissas têm predicados peculiares. Por outro lado, se as palavras modais modificam todas as afirmações às quais estão vinculadas, não há necessidade de uma silogística *modal* especial, dado que as regras que determinam as relações lógicas entre as afirmações modais independem do caráter das proposições reguladas pelas palavras modais[9].

A base necessária para uma lógica modal, ela conclui, é uma lógica de proposições não analisadas como as que foram desenvolvidas pelos estoicos, afirmação que precisa ser qualificada. É verdade que o florescimento

---

8. Essa passagem do *Sobre a interpretação* tem sido o tema de volumosa discussão nos tempos modernos. Minha interpretação deve muito à de G. E. M. Anscombe, cujo Aristotle and the sea-battle [1956] (in ANSCOMBE, *From Parmenides to Wittgenstein*, Oxford, Blackwell, 1981) é ainda, cinquenta anos depois, um dos melhores comentários sobre o trecho. Para um cuidadoso relato alternativo, ver S. WATERLOW, *Passage and possibility*: A study of Aristotle's modal concepts, Oxford, Clarendon, 1982, 78-109.
9. KNEALE, KNEALE, *The Development of Logic*, 91.

da lógica modal no século XX dependeu justamente de tal tipo de cálculo proposicional. Mas houve também desenvolvimentos significativos na lógica modal na Idade Média em um contexto aristotélico, quando a própria silogística modal de Aristóteles era superada por sistemas muito mais sofisticados. Repito, nem todas as proposições em que palavras como "pode" e "deve" ocorrem no interior do predicado podem ser substituídas por proposições em que o operador modal esteja ligado a uma proposição inteiramente cabível. "Eu posso falar francês", por exemplo, não possui o mesmo sentido de "É possível que eu esteja falando francês". Aristóteles faz uma distinção entre possibilidades de mão dupla (como entre a capacidade de um homem andar ou não andar, segundo a sua vontade) e as possibilidades de mão única (o fogo pode queimar a madeira, e se houver madeira sobre o fogo ele *irá* queimá-la, e não há outra alternativa que não esta) (*Int.* 22b36-23a11). A lógica das capacidades de mão dupla exercitadas pelo arbítrio humano não foi, até hoje, formalizada adequadamente.

A lógica estoica

Na geração posterior a Aristóteles, a lógica modal foi desenvolvida de forma interessante na escola de Mégara. Para Diodoro Cronos, uma proposição é possível sse for ou vir a ser verdadeira, é impossível sse for falsa e jamais vir a ser verdadeira, e é necessária sse for verdadeira e jamais vir a ser falsa[10]. Diodoro, à semelhança de Aristóteles, aceitava que as proposições fossem fundamentalmente temporais e pudessem ter alterados seus valores de verdade, mas à diferença de Aristóteles ele não necessita estabelecer uma nítida distinção entre realidade e potencialidade, visto que as potencialidades são definidas em termos de realidades. As proposições, segundo as definições de Diodoro, alteram não apenas seus valores de verdade, mas também suas modalidades. "O império persa foi destruído" não era verdadeiro, mas possível, quando Sócrates era vivo; após as vitórias de Alexandre era verdadeiro e necessário (LS 38E). Para Diodoro, como para Aristóteles, uma necessidade especial se aplica ao passado.

Uma das características da definição de possibilidade de Diodoro é que não há possibilidades que continuem para sempre irrealizadas: o que quer que seja possível é ou será verdadeiro algum dia. Isso parece envolver

---
10. "Sse" é uma abreviatura lógica para "se e somente se".

certo tipo de fatalismo: ninguém pode jamais fazer algo além daquilo que de fato faz. Diodoro parece ter apoiado isso mediante uma linha de argumentação que ficou conhecida como o Argumento Mestre (não se sabe por quê). A partir da premissa (1) de que as verdades pretéritas são necessárias, Diodoro oferece uma prova de que nada é possível que não seja ou que venha a ser verdadeiro. Suponhamos (fazendo uso de um exemplo utilizado em antigas discussões do argumento) que haja uma concha em águas rasas — à qual chamaremos Nautilus — que, na verdade, jamais será vista. Podemos construir um argumento dessa premissa que demonstre que é impossível que ela possa ser vista.

(2) Nautilus jamais será vista.
(3) Sempre se dará que
    Nautilus jamais será vista.   (uma consequência plausível de (2))
(4) É necessário que
    Nautilus jamais seja vista.   (decorrência de (4) e (1))
(5) É impossível que Nautilus
    venha um dia a ser vista.   (necessariamente não = impossível que)

Embora não conheçamos a forma precisa da prova de Diodoro, é suficientemente fácil generalizar essa linha de argumentação para demonstrar que somente o que irá acontecer poderá acontecer.

Obviamente similar ao que vimos quando discutimos o tratamento dado por Aristóteles aos contingentes futuros, o argumento de Diodoro tem sua aparente fraqueza na premissa de que as verdades passadas são necessárias. O que é uma verdade passada? Se a expressão significa uma proposição verdadeira no tempo pretérito, então nada garante que ela seja necessária. E para provar isto basta pensar em uma proposição negativa no tempo pretérito, como "O império persa não foi destruído". Essa proposição foi verdadeira no tempo de Sócrates, mas não era necessária: estava prestes a alterar seu valor-de-verdade de verdadeiro para falso. Por outro lado, se uma verdade do passado é uma proposição que se torna verdadeira por obra de um evento no passado, então as verdades do passado são de fato necessárias; mas uma proposição como (4) não é uma verdade do passado e portanto não implica (5)[11].

---

11. Ver A. N. PRIOR, *Time and modality*, Oxford, Clarendon, 1957, 86-87; Jonathan BARNES, in K. ALGRA, J. BARNES, J. MANSFIELD, M. SCHOFIELD (eds.), *The Cambridge History of Hellenistic Philosophy*, Cambridge, Cambridge University Press, 1999, 89-92. [Doravante citada como *CHHP*.]

Estátua de Crisipo, o maior dos lógicos estoicos.
Século III de nossa era (acervo do Louvre).

Discípulo de Diodoro, Fílon deixou de lado as definições modais de seu mestre e investigou a possibilidade em termos das propriedades internas de uma proposição antes que em termos de seus valores de verdade no tempo. Não sabemos como sua explicação se desenvolveu, mas sabemos que em seu relato um pedaço de madeira seria capaz de ser queimado mesmo se jamais fosse queimado e mesmo se passasse toda a sua existência no leito do oceano (LS 38B).

A contribuição mais importante de Fílon à lógica foi sua definição do condicional. "Se p, então q", disse, é falso no caso em que p é verdadeiro e q falso, é verdadeiro nos outros três casos possíveis. A verdade de uma proposição condicional, segundo essa visão, não depende no fundo do conteúdo do antecedente ou do consequente, mas somente de seus valores de verdade. Assim, "Se é noite, então é dia" será verdade sempre que for dia, e, se consideramos que a teoria atômica é verdadeira, "Se não há átomos, então há átomos" é verdadeira. Ao abordar o condicional desse modo, Fílon antecipou a definição funcional-verdadeira de implicação material utilizada na lógica proposicional moderna. Contudo, os valores de verdade que determinam a verdade ou falsidade de seus condicionais são valores de verdade cambiáveis. Isso apresenta algumas desvantagens para a formulação da lógica, dado que "Se p, então p" não mais é uma lei da lógica: "Se estou sentado, estou sentado" é considerado falso, como um condicional de Fílon, se eu me levanto entre o antecedente e o consequente.

Todavia, a definição de Fílon parece ter sido adotada pelos lógicos estoicos, que foram os primeiros a oferecer uma formalização da lógica proposicional. No lugar das letras utilizadas por Aristóteles como variáveis em seus textos lógicos, os estoicos utilizaram números. Trata-se de uma diferença trivial, mas muito mais importante; se as variáveis de Aristóteles assumiam a forma de termos, as variáveis estoicas assumiam a forma de orações inteiras, ou ainda de elementos que eram capazes de formar orações completas. Em "Se as estrelas brilham, então é noite", nem o antecedente "as estrelas brilham", nem o consequente "é noite" são orações completas, mas cada conjunto de palavras é capaz de figurar por si só como uma oração completa.

A lógica proposicional estoica foi inserida em uma elaborada teoria da linguagem e significação. Os estoicos distinguem som (*phone*), léxico (*lexis*) e fala (*logos*). O rugido de um animal ou do mar é um som, mas apenas o som articulado é considerado léxico. Nem todo léxico, contudo, tem sentido: os homens podem emitir palavras sem sentido como "ei nani na". Somente o léxico compreensível vale como algo dito (DL 7, 57). Os sons e o léxico de um grego podem ser ouvidos por um bárbaro que não fala o grego, mas o sentido somente é compreendido por alguém que conheça o idioma (SE, *M.* 8, 11-12).

A palavra "logos", que traduzi aqui por "fala", é uma palavra grega de significação extremamente ampla: em diferentes contextos pode significar "palavra", "sentença", "língua", "razão". Trata-se de um substantivo ligado ao verbo simples *legein*, significando "dizer". Os estoicos cunharam uma nova palavra a partir dessa raiz verbal, *lekton*, que significa literalmente "coisa dita". Mas aqui deixarei a palavra como uma tecnicalidade não traduzida, visto não haver um equivalente exato na língua portuguesa.

O *lekton* tem um papel importante no tratamento estoico da distinção entre os signos e aquilo que eles significam. Tomemos uma oração como "Díon caminha", proposição que pode ser verdadeira ou falsa. Ao discutir tal oração, Sexto Empírico diz o seguinte:

> Os estoicos afirmam que três itens são indissociados, a significação, o significante e o tópico (*tunchanon*). O significante é um som, como "Díon", o significado é a coisa que é retratada (*deloumenon*) por isto [...] e o tópico é o objeto externo, a saber, o próprio Díon. Desses três itens, dois, o som e o tópico, são materiais, mas um é intangível, a coisa significada, isto é, o *lekton*, que é o que é verdadeiro ou falso (*M.* 8, 11-12).

O *lekton* é aquilo que é dito pela oração, ou seja, *que Díon caminha*. Isto, como afirma Sexto, não é uma entidade tangível como o próprio Díon, ou o nome "Díon", ou toda a oração "Díon caminha". Díon, o homem, é o tópico da oração, ou seja, aquilo *sobre* o que é a oração. Se a sentença é verdadeira ou falsa vai depender de se a *coisa* que descreve[12] resulte ou não, isto é, de que Díon esteja ou não caminhando. A partir de passagens como essa podemos então afirmar que um *lekton* é o conteúdo de uma sentença no indicativo (cf. Sêneca, *Ep.* 117, 13).

Restam contudo duas qualificações a ser feitas a essa definição de *lekton*.

Primeiro, Diógenes Laércio nos diz que os estoicos distinguiam *lekta* completos de *lekta* defectivos. Ele oferece "predicados ativos e passivos"

---

12. A tradução usual de *deloumenon* como "revelado" não é satisfatória, já que somente se pode revelar o que já o está de fato. Se a sentença é falsa, não há matéria a ser revelada.

como um complemento ao "incompleto *lekton*", e explica que um *lekton* defectivo é aquele que tem uma expressão linguística que é incompleta, como "está escrevendo", a qual evoca a questão "Quem?". Um *lekton* defectivo, portanto, seria aquilo que é dito por um predicado; por exemplo, podemos dizer de alguém *que ele está escrevendo*. Esse *lekton* permanece defectivo até que esclareçamos a respeito de quem estamos falando, especificando assim um tópico, por exemplo Sócrates (DL 7, 63).

Segundo, as sentenças indicativas não são apenas aquelas cujos conteúdos forneçam exemplos de *lekta*. Há também sentenças interrogativas, que são de dois tipos: questões que podem ser respondidas por "sim" ou "não", como "É dia?", e questões que exigem respostas mais elaboradas, como "Onde você mora?". Aqui também há ordens, como "Tome um banho", e exclamações, como "O Partenon é lindo!" (DL 7, 66-7).

Na verdade, a definição que ofereci do *lekton* como o conteúdo de uma oração no indicativo se adéqua apenas a um tipo, embora muito importante, de *lekton*, o que os estoicos denominam *axioma*, do qual se oferecem várias definições. "Um *axioma* é aquilo que é verdadeiro ou falso, uma coisa completa capaz de asserção e definição em e por si". "Um *axioma* é algo que pode ser afirmado ou negado em e por si, como 'é dia' ou 'Díon caminha'" (DL 7, 65). Embora um *axioma* seja capaz de ser uma afirmação completa, ele não necessita ser afirmado. Nenhum dos dois *axiomata* citados são afirmados em "Se Díon está caminhando, então é dia". No entanto, alguns autores traduzem *axioma* por "asserção"[13]. A tradução é precisa, mas complicadora. De minha parte, farei uso de "proposição" para traduzir *axioma*, dado que o significado da palavra grega, como explicado, é próximo do significado-padrão da palavra proposição em português. É importante recordar, contudo, que uma proposição estoica é diferente de uma proposição aristotélica por não ser uma oração em si, mas algo abstrato que é afirmado por uma oração; e que é diferente de uma proposição como a discutida pelos lógicos modernos por ser algo que pode alterar seu valor de verdade no tempo.

Os estoicos distinguiam proposições simples de não-simples. Proposições simples são constantemente exemplificadas por "É dia" e "É noite", mas elas incluem três tipos de proposições do tipo sujeito–predicado, que diferem dependendo se o seu sujeito é um demonstrativo, um substantivo próprio ou um pronome operando como um quantificador. "Aquele está

---

13. Por exemplo, Suzane BOBZIEN, in *CHHP*, 93ss.

caminhando" é uma proposição que eles denominam definida; "Alguém está caminhando" é denominada proposição indefinida; "Sócrates está caminhando" é uma proposição intermediária. Proposições não-simples são aquelas formadas a partir de diferentes proposições com o auxílio de um ou mais conectivos (*sundesmoi*). Exemplos: "Se é dia, então há luz"; "Uma vez que é dia, então há luz"; "Ou é dia ou é noite" (DL 7, 71).

É em seu tratamento das proposições não-simples que os estoicos se aproximam bastante do cálculo proposicional moderno baseado em operadores verofuncionais[14]. É preciso no entanto assinalar algumas diferenças.

No cálculo moderno, o sinal de negação é considerado um operador verofuncional, associado a conectivos binários como "e", "ou" e "se". Os estoicos, ao contrário, classificavam as proposições negativas como proposições simples. Contudo, reconheciam a possibilidade de negar uma proposição ao apor um sinal negativo à proposição inteira, e não somente ao predicado, procedimento que é essencial à operação do cálculo proposicional. Assim, eles preferiam "Não: é dia" a "Não é dia". Posteriormente, reconheceram que a negação poderia ser aplicada tanto a proposições complexas como a proposições simples, e perceberam que em tais casos era necessário ser cuidadoso de modo a separar os contraditórios autênticos dos espúrios. "É dia e há luz" não é o contraditório de "É dia e não há luz". O contraditório deve ser formado apondo-se o sinal negativo ao início, de modo a que ele oriente toda a proposição. A noção de *escopo* faz assim sua entrada na história da lógica (SE, *M.* 8, 88-90).

Outra diferença entre a lógica estoica e a lógica proposicional moderna encontra-se no tratamento dos conectivos individuais. Na lógica proposicional moderna, "ou" é considerado convencionalmente um conectivo inclusivo, vale dizer: "*p* ou *q*" é verdade se *p* e *q* são ambos verdadeiros e não apenas quando um deles é verdadeiro. Os estoicos parecem ter ficado indecisos entre esta visão e a interpretação exclusiva segundo a qual "*p* ou *q*" é verdade se e somente se uma e somente uma das proposições constituintes é verdadeira. Além disso, os estoicos concediam que entre os conectivos que formam proposições complexas alguns seriam não-verofuncionais. A verdade de uma proposição da forma "Dado que *p* então *q*" é determinada não apenas pelos valores de verdade das proposições constituintes.

---

14. Um operador lógico (isto é, um símbolo que dá origem a uma nova proposição a partir de uma ou de outras proposições mais) é verofuncional se e somente se o valor de verdade da nova proposição depende somente do valor de verdade das proposições originais e não de seu conteúdo.

No que se refere ao conectivo condicional "se" não é certo o quanto os estoicos aceitaram a interpretação verofuncional que Fílon dele ofereceu, segundo a qual "Se p então q" é verdadeira para todo caso exceto quando "p" é verdadeiro e "q" é falso. Sexto Empírico atribui com segurança aos estoicos essa visão na seguinte passagem:

> Um condicional aceitável é aquele que não tem um antecedente verdadeiro e nem um consequente falso. Um condicional pode ter um antecedente verdadeiro e um consequente verdadeiro, e.g. "Se é dia, há luz". Pode ter um antecedente falso e um consequente falso, e.g. "Se a Terra voa, a Terra tem asas". Pode ter um antecedente verdadeiro e um consequente falso, e.g. "Se a Terra existe, a Terra voa". Ou pode ter um antecedente falso e um consequente verdadeiro, e.g. "Se a Terra voa, a Terra existe". De todos estes [exemplos] eles afirmam que somente aquele com um antecedente verdadeiro e um consequente falso é inaceitável, os demais sendo aceitáveis (P. 2, 104-106).

Os exemplos dados aqui avalizam a asserção de Sexto Empírico de que os estoicos interpretaram o condicional de modo verofuncional. Uma característica desse tipo de interpretação é que a verdade de um condicional não necessita de nenhuma relação entre o conteúdo do antecedente e o conteúdo do consequente. Enquanto "Se a Terra voa, a Terra tem asas" pode estar relacionado à noção de que tudo que voa tem asas, nenhuma relação desse tipo conecta "a Terra existe" a "a Terra voa". Claro, os condicionais que mais interessam aos estoicos são aqueles em que tal relação existe de fato, como no exemplo dado por Sexto logo depois: "Se ela tem leite, ela deu à luz". Mas o mesmo pode ser verdadeiro na maioria dos exemplos em um moderno livro escolar, mesmo que a lógica ali exposta seja firmemente baseada em uma interpretação verofuncional da forma básica do condicional.

Por outro lado, há passagens que sugerem que pelo menos alguns dos estoicos assumiram uma visão diferente das condições de verdade das proposições condicionais. Narra-se sobre Crisipo que ele teria afirmado que em "Se p então q" o conectivo declara que q *se segue de p*. Isto foi ressaltado, por ele ou por outro estoico, da seguinte forma:

> Um condicional é verdadeiro quando o contraditório de seu consequente conflita com seu antecedente. Por exemplo, "Se é dia, há luz" é verdadeiro porque "Não há luz", o contraditório do consequente, conflita com "É dia". Um condicional é falso quando o contraditório de seu consequente não con-

flita com o antecedente, como em "Se é dia, Díon está caminhando", porque "Não: Díon está caminhando" não conflita com "É dia" (DL 7, 73).

Aqui parece claro que "conflito" deva se referir a algum tipo de incompatibilidade de conteúdo entre antecedente e consequente, e não apenas a uma diferença de valor de verdade. Mas a exata natureza da incompatibilidade (é lógico? foi descoberto empiricamente?) permanece indefinida.

Felizmente, não é necessário resolver essas incertezas para apresentar e avaliar a teoria estoica da inferência. Se Aristóteles indicou cada um de seus silogismos listando as verdades condicionais necessárias que correspondiam a cada um deles, os estoicos apresentaram seus argumentos na forma de esquemas de inferência, por vezes fazendo uso de números como variáveis, outras vezes utilizando exemplos-padrão, e por vezes ainda uma mistura dos dois, como em "Se Platão está vivo, Platão respira. Se há o primeiro, segue-se o segundo". Uma inferência, muitos estoicos o disseram, deve consistir de uma primeira premissa (*lemma*), de uma segunda premissa (*proslepsis*) e de uma conclusão (*epiphora*). Apenas uma minoria considerava que uma inferência pudesse às vezes ter apenas uma simples premissa (DL 7, 76).

O critério para a não-validade de uma inferência era análogo ao que Crisipo ofereceu para o valor de verdade de uma condicional. Uma inferência era válida (*perantikos*) se o contraditório da conclusão conflitasse com a conjunção das premissas; se não conflitasse, então a inferência não valia. Uma referência não-válida típica era "Se é dia, há luz. Mas é dia, portanto Díon caminha" (DL 7, 77). Hoje em dia estamos acostumados a distinguir inferências válidas de inferências aceitáveis. Uma inferência pode ser válida mas inaceitável se uma ou mais de suas premissas não é verdadeira. Os estoicos fizeram uma distinção semelhante, mas usaram a palavra grega para "verdade", *alethes*, corresponder a "aceitável" e "falsa" para corresponder a "inaceitável". Uma inferência era inaceitável, diziam, ou se fosse inválida ou se contivesse alguma falsidade em suas premissas (DL 7, 79).

Inferências se apresentam de diversas formas, chamadas "modos". Crisipo listou cinco formas básicas de inferências válidas, ou "modos indemonstráveis" (DL 7, 79). Eles podem ser apresentados como segue, fazendo-se uso de números cardinais no lugar de ordinais;

(A) Se 1 então 2; mas 1; logo 2.
(B) Se 1 então 2; mas não 2; logo, não 1.

(C) Nem 1 nem 2; mas 1; logo, não 2.
(D) Ou 1 ou 2; mas 1; logo, não 2.
(E) Ou 1 ou 2; mas 2; logo, 1.

Todas as inferências válidas, acreditava Crisipo, podiam ser reduzidas a essas formas primitivas, e em muitas de suas obras perdidas ele parece ter provado muitos teoremas que reduziam mais modos complexos e derivativos a esses padrões simplificados. Assim, se tomarmos

(F) Se 1, então se 1 então 2; mas 1; logo, 2,

poderemos demonstrar tratar-se de um esquema válido derivando das duas premissas e em acordo com (A) "Se 1 então 2", e então usando (A) uma vez mais para derivar, dessa conclusão e da segunda premissa "2" (SE, *M.* 8, 234-236).

Mediante isso, os cinco primeiros esquemas de Crisipo não constituem nem uma completa nem uma irredutível base para deduções dentro do cálculo proposicional. Não há proposição primitiva para justificar a inferência de "p" para "p e q"; isso, sem dúvida, é devido à relutância a considerar inferências de apenas uma premissa. O quarto esquema primitivo é válido somente se a "ou" é dada sua exclusiva interpretação: mas se é, então não é necessário, uma vez que qualquer inferência que ele valide já terá sido validada por (C).

Na Antiguidade tardia, a lógica aristotélica e a lógica estoica eram tidas como rivais, e, embora os escritos dos próprios estoicos não tenham sido preservados, possuímos evidência suficiente das polêmicas entre os apoiadores de cada um dos dois sistemas. Com a percepção adquirida em milênios podemos ver que os sistemas não foram, em geral, incompatíveis entre si, mas sim formulações de diferentes áreas da lógica, e cada um deles precursor dos diferentes mas complementares modernos desenvolvimentos no cálculo proposicional e no cálculo predicado.

4

O conhecimento e seus limites: a epistemologia

Há atualmente um ramo da filosofia denominado epistemologia: o estudo sobre o que pode ser conhecido, e como podemos vir a conhecê-lo. Todos possuímos muitas crenças sobre muitos assuntos; quais delas, se alguma, podem ser contabilizadas como conhecimento de fato? Qual é a marca do autêntico conhecimento e como ele se diferencia da mera crença? Há algum modo confiável de obter conhecimento da verdade de modo a eliminar as falsas crenças que nada mais são que meras aparências? Essas questões ocuparam a atenção dos pensadores gregos desde o início.

A epistemologia pré-socrática

Parmênides tem o direito de declarar-se o fundador da epistemologia: pelo menos, ele é o primeiro filósofo a fazer uma distinção sistemática entre conhecimento e crença. No início de seu grande poema, uma deusa promete que ele irá aprender todas as coisas, tanto as verdades confiáveis como as opiniões transitórias dos mortais. O poema está dividido em duas partes: o caminho da verdade e o caminho das aparências. O caminho da verdade expõe a teoria parmenidiana do ser, que iremos analisar no capítulo 6, sobre a metafísica. O caminho das aparências lida com o mundo dos sentidos, o mundo da mudança e da cor, o mundo dos substantivos vazios. Mortais que não aceitam o caminho da verdade afundam em erro metafísico, nada conhecendo afinal. Surdos, atordoados e cegos, a eles se pode chamar "duas cabeças", em razão das inconsistências internas de suas crenças (KRS 293).

Um contraste nítido entre realidade e aparência surge também nos escritos de um tipo bem diferente de filósofo, Demócrito, para quem os átomos e o vazio são as duas únicas realidades, e as qualidades percebidas pelos sentidos não mais que aparências. Para demonstrar que as percepções sensoriais não podem ser a verdade sobre as coisas ele argumenta que elas conflitam entre si. O doente e o saudável não concordam quanto ao gosto das coisas, homens discordam de outros animais, e as propriedades sensórias aparecem de forma diferente até ao mesmo indivíduo em ocasiões diversas (Aristóteles, Met. Γ 5, 1009b7). As percepções sensoriais conduzem apenas à crença, não à verdade. "Por convenção, doce", citam-no como tendo declarado, "por convenção, amargo; por convenção, quente, por convenção, frio; por convenção, colorido, mas na realidade átomos e vazio" (KRS 549). Afirmar que uma proposição como "O vento é frio" enuncia uma falsa crença não parece o mesmo que dizer que ela enuncia algo que é verdadeiro somente por força de convenção; mas o que quer que Demócrito tenha querido dizer, fica claro que ele afirma que os sentidos não fornecem verdades sobre uma realidade independente.

Se eu recebo o mesmo vento que você e o defino como frio, enquanto para você ele é quente, Demócrito diria que nenhum de nós está dizendo a verdade. O sofista Protágoras assumiu uma posição nitidamente oposta, afirmando que cada um de nós está dizendo a verdade (Platão, Teet. 151e). "O homem é a medida de todas as coisas" é seu dito notório, "das que são como medida de seu ser e das que não são como medida de seu não-ser" (KRS 551). O que quer que pareça verdadeiro a uma pessoa qualquer *é* verdadeiro para aquela pessoa. Todas as crenças são portanto verdadeiras, mas elas possuem apenas uma verdade relativa. Não existe algo como a verdade independente e objetiva que Demócrito buscou, sem encontrar, na percepção sensorial. Demócrito objetou que a doutrina de Protágoras era autorrefutável. Se todas as crenças forem verdadeiras, haverá então entre as crenças verdadeiras a crença de que nem toda crença é verdadeira (DK 68 A114).

Protágoras poderia ter tentado contra-argumentar essa objeção restringindo sua afirmação ao caso das percepções sensoriais. A expressão "A mim parece que...", e sua equivalente em grego, pode se referir tanto às impressões sensoriais como às opiniões, e tal fato é explorado por Demócrito em sua refutação. Historicamente, contudo, Protágoras não explorou essa via de escape: seus interesses abrangiam um território bem mais vasto que o reino das percepções sensoriais. Diógenes Laércio nos conta que Protágoras declarou que para toda coisa há sempre dois argumentos opostos entre si; já Sêneca relata que ele afirmava que se poderia argumentar sobre qualquer assunto tanto contra como a favor[1]. Se A oferece argumentos em favor de *p*, B oferece argumentos em favor de não-*p*, e os argumentos de ambos são igualmente bons, como poderia eu tomar o partido de um deles? Protágoras parece sugerir que eu não deveria escolher, mas aceitar a ambos. Mas isso não implicaria a aceitação de dois lados de uma contradição? Ao contrário, pois Protágoras negava que a contradição fosse possível (DL 9, 53). O que se aceita de fato não é "*p*" ou "não-*p*", mas "*p*" é verdadeiro para A e "não-*p*" é verdadeiro para B.

Para Protágoras, toda verdade é relativa, e não apenas a verdade a respeito de questões obviamente subjetivas, como as sensações a respeito do vento. Em defesa desta tese, tanto quanto sabemos, ele não oferece qualquer argumento, mas tão somente a analogia entre as percepções dos sentidos e as crenças, a afirmação pessoal de que é capaz de igualar qualquer argumento favorável a um argumento contrário. Mas a tese fornece a ele de fato uma via de escape da armadilha de Demócrito. Protágoras pode aceitar "Algumas crenças são falsas" como verdade — mas verdade *para Demócrito*. Ele pode continuar a acreditar que "Nenhuma crença é falsa" é verdade — verdade, naturalmente, para ele, Protágoras. Teria de haver algum outro meio de resolver a pendência entre os dois — um meio que Platão, como veremos, tentou fornecer.

Protágoras é algumas vezes descrito como um cético. De certa forma, trata-se de uma descrição inadequada. Um cético é alguém que julga que a descoberta da verdade é difícil, talvez impossível. Para Protágoras, é algo deveras fácil: basta escolher uma crença e, pronto, eis a verdade. Mas do ponto de vista de alguém como Demócrito a substituição de um conceito universal e objetivo de verdade por um conceito relativo é em si uma profunda forma de ceticismo. Para um relativista, o único tipo de verdade realmente digno de buscar é impossível de se obter, porque não existe.

O próprio Demócrito, contudo, não era o mais adequado para rejeitar o ceticismo. Ele afirmava que havia dois tipos de conhecimento, um mediado pelos sentidos e um mediado pelo intelecto. Somente o conhecimento intelectual constituía conhecimento legítimo, aos cinco sentidos

----
1. DL 9, 51; DK 80 A20. Ver J. BARNES, *The presocratic philosophers*, London, Routledge, 1982, ii, 243.

cabendo apenas oferecer uma versão bastarda dele (SE, *M.* 7, 130-139). Há, contudo, um problema: o conhecimento intelectual expresso na teoria atômica é em parte baseado em evidências empíricas, as quais provêm dos sentidos enganadores. Galeno, citando o ditado sobre o convencionalismo das percepções sensoriais, diz: "Tendo difamado as aparências, [Demócrito] faz que os sentidos se dirijam ao intelecto assim: 'Então é assim, miserável! Você consegue suas provas graças a nós e depois nos descarta! Nossa miséria é sua perdição'" (KRS 552).

Pela lógica, portanto, Demócrito teria talvez de ter acabado seus dias não como um atomista mas como um cético. Um de seus pupilos, Metrodoro de Quios, é conhecido por ter feito uma afirmação extrema de ceticismo: "Nenhum de nós sabe nada, nem mesmo se sabemos ou se não sabemos, nem mesmo no que consiste o saber ou o não-saber" (DK 70 B1), mas a declaração vinha no começo de um livro de física atomista, sendo portanto difícil saber quão seriamente levar em conta tal programa. O sofista Górgias, por outro lado, ofereceu um argumento para mostrar que o conhecimento da realidade era impossível. O argumento se desdobrava do seguinte modo: se os objetos do pensamento (*ta phronoumena*) não são reais (*onta*), então aquilo que é real não é um objeto do pensamento. Mas os objetos do pensamento não são reais, porque se algum deles o for todos o serão, assim que forem pensados. Mas apenas porque alguém pensa em um homem voador e em bigas que singram os mares isso não significa que exista um homem voando ou bigas singrando os mares. Do que se conclui não se dar que o que é pensado é real; logo, o que é real não é um objeto do pensamento (DK 82 B3).

Não sabemos se Górgias falava seriamente ou não. Não é necessário questionar o fato de que se nenhum objeto do pensamento é uma realidade então nenhuma realidade é um objeto do pensamento. O ponto fraco do argumento parece ser a afirmação de que se algum objeto do pensamento é real segue-se daí que todos os objetos do pensamento são reais. A própria escolha dos exemplos sugere que podemos distinguir os casos em que um objeto do pensamento não é real daqueles em que o é (isto é, quando o pensamento tem uma realidade que corresponde a ele).

Sócrates, conhecimento e ignorância

Protágoras e Górgias eram sofistas, a restrição comum quanto aos sofistas era a de serem patrocinadores do ceticismo. Alguns pensam que Sócrates

Sócrates em representação romana em um afresco localizado em Éfeso.

padecia do mesmo mal. Sócrates certamente se dedicou a descartar as pretensões ao conhecimento dos outros e se orgulhava de estar a par da extensão de sua própria ignorância. Mas jamais contestou as afirmações de conhecimento feitas por artífices e especialistas em seus próprios afazeres particulares. Na verdade, por diversas vezes, nos diálogos socráticos de

Platão, somos guiados por entre várias artes e ofícios — sapataria, construção de barcos, navegação, culinária, medicina — para termos um modelo de conhecimento contra o qual testar e concluir serem vãs as pretensões daqueles que afirmam possuir conhecimento moral e político. Se Sócrates era um cético, seu ceticismo era do tipo limitado e contingente. Era apenas a respeito de certas coisas que o conhecimento não estava disponível, e não estava necessariamente indisponível a todos os seres humanos, apenas não era encontrado na Atenas da época.

Mas para avaliar a epistemologia de Sócrates e, mais ainda, para entender as teses epistemológicas que Platão, em seus diálogos, põe nos lábios de Sócrates é necessário discutir as diferentes palavras gregas que correspondem mais ou menos a nossa palavra "conhecimento". A própria palavra "epistemologia" é derivada do grego *episteme*, palavra utilizada com frequência para indicar um conhecimento de tipo mais abrangente, daí seu equivalente em nosso idioma ser "ciência". Além do verbo *epistamai*, que acompanha esse substantivo, há palavras mais simples para o conhecimento e noções que ocorrem no cotidiano. Assim, quem quer que negue a possibilidade de *episteme* em uma área particular não é necessariamente um cético que descarta a possibilidade de todo conhecimento.

O oráculo de Delfos declarou que ninguém era mais sábio que Sócrates. Após interrogar aqueles que eram reputados por sua sabedoria (*sophia*), Sócrates chegou à conclusão de que era mais sábio que eles por não acreditar erroneamente que sabia algo a respeito de coisas que não conhecia. Questionando os políticos e os poetas, concluiu que eles não possuíam qualquer conhecimento de fato sobre as áreas em que haviam erigido suas reputações. Ao passar aos artífices, contudo, ele descobriu sem dúvidas que eles possuíam conhecimento (*episteme*) a respeito de muitas coisas que ele ignorava, e nesse sentido eles eram mais sábios do que ele. O problema era que, por terem um saber particular, eles consideravam erroneamente serem sábios em assuntos totalmente diversos — e mais importantes. Sócrates concluiu que era melhor do que eles, privado que era tanto de sua sabedoria como de sua ignorância (*Apol.* 22d-e).

Nos diálogos socráticos há sempre alguém que afirma conhecimento sobre uma área particular; de forma típica, um personagem dirá conhecer a natureza de uma virtude ou de um ofício particulares. Assim, Eutífron afirma conhecimento sobre a piedade e a impiedade (*Eutíf.* 4e-5a), Mênon se contenta em aceitar que sabe em que consiste a virtude (*Mên.* 71d-e), e até o modesto Cármides julga saber o que é a modéstia. Sócrates então questiona o personagem buscando obter o conhecimento expresso em uma definição. À medida que cada definição é construída, ele a declara deficiente, seja pela produção de contraexemplos, seja ao expor as ambiguidades em seus termos. Os contraexemplos podem assumir duas formas: mostrar que a definição ou abrange mais do que deveria ou abrange menos do que deveria. Assim, quando Céfalo afirma, no livro 1 da *República*, que a justiça está em dizer a verdade e devolver o que foi tomado emprestado, Sócrates objeta que não é justo devolver uma arma emprestada a um amigo insano (*Rep.* 331c-d). Por outro lado, quando Laques, no diálogo que leva seu nome, diz que a coragem é manter seu posto sem fugir, Sócrates ressalta que um recuo tático pode ser demonstração de coragem (191c). Cedo ou tarde, o autoproclamado especialista terá que admitir que sua definição não se sustenta; e a incapacidade de produzir uma definição satisfatória é tomada como uma demonstração de que a pretensão ao conhecimento era injustificada.

O Sócrates indagador dos diálogos platônicos jamais se satisfaz com a oferta que lhe fazem de uma lista de itens classificados sob conceitos como os de *virtude* ou *conhecimento*. Mênon lhe diz que há muitos e diversos tipos de virtude: uma para homens, uma para mulheres e uma para crianças; uma para escravos e uma para homens livres; uma para os jovens e uma para os velhos. Sócrates responde que isso não diz nada: é como dizer a alguém que quer saber o que é uma abelha que há abelhas de vários tipos. Diferentes tipos de abelhas, afirma Sócrates, não diferem tanto assim umas das outras enquanto forem abelhas; e aquilo que buscamos descobrir é exatamente aquela coisa definida que as torna únicas e não as difere umas das outras (*Mên.* 72c). O mesmo se dá quanto à virtude. Sócrates, poderíamos dizer, está em busca da *essência* da virtude.

O conhecimento sobre a essência de algo é seguramente um tipo muito especial de conhecimento, e desde o Sócrates platônico tem sido para muitos filósofos um paradigma do conhecimento. Outros filósofos, em tempos recentes, criticaram a insistência socrática no conhecimento das essências. Wittgenstein observou que entre os itens que mais despertam o interesse dos filósofos alguns podem até mesmo não possuir essência. Ele negava, por exemplo, que tudo aquilo que denominamos linguagem tivesse algo em comum que fizesse com que usássemos a mesma palavra para tudo. Em vez disso, esses fenômenos são relacionados uns aos outros de modos muito diversos, assim como os diferentes membros da mesma família serão semelhantes entre si em características diferentes como compleição, porte, cor, temperamento etc.[2]. Mesmo quando X tem uma essência, ser capaz de definir aquela essência ou de articular um critério de excepcionalidade para distinguir os X dos não-X não é uma condição necessária para ser autenticamente capaz de identificar um X quando se vir um. Assim, eu posso saber que um computador não está vivo sem ser capaz de produzir um critério incontestável para separar vida de não-vida[3].

Podemos estar de acordo quanto à presença do conhecimento, no sentido cotidiano da palavra, na ausência de poderes para o definir e delimitar. Deve-se ter em mente, contudo, que é tarefa especial do filósofo a busca das essências ou, dependendo do caso, expor as semelhanças familiares entre as diferentes aplicações de um conceito. O objetivo dessa tarefa especial é atingir um nível de conhecimento, ou ao menos de entendimento, que seja superior àquele possuído pelo emprego informal e comum de um conceito. E foi para esse nível de percepção que Platão, em seus diálogos da maturidade, veio a reservar a palavra grega *episteme*.

O conhecimento no *Teeteto*

Um dos diálogos mais ricos de Platão, o *Teeteto*, é dedicado à questão: O que é o conhecimento (*episteme*)? (145e). Esse diálogo, embora não tenha sido um dos primeiros, tem a estrutura esperada de um diálogo socrático: o protagonista (no caso um brilhante jovem matemático) oferece uma série de definições, cada uma a seu turno rejeitada por Sócrates, e o drama termina com uma declaração de ignorância. O jovem Teeteto, ao iniciar-se o diálogo, está prenhe de respostas à questão "O que é o conhecimento?". Sócrates oferece a si mesmo como o parteiro que trará a resposta à vida (149a–151d); mas a gravidez revela-se imaginária, prenhe apenas de um fantasma.

A primeira proposta de Teeteto é que o conhecimento consiste de coisas como geometria e astronomia, de um lado, sapataria e carpintaria de outro (146d). Isso não progredirá: Sócrates jamais se satisfaz com uma lista, e afirma que se tentarmos definir a geometria e a carpintaria a própria palavra "conhecimento" fará parte da definição. Teeteto sugere a seguir

---
2. Ludwig WITTGENSTEIN, *Philosophical investigations*, Oxford, Blackwell, 1958, 1, 66-67. [Edição brasileira: *Investigações filosóficas*, Petrópolis, Vozes, ³2005.]
3. A negação disto é denominada por Peter Geach "a falácia socrática". Peter GEACH, *God and the soul*, London, Routledge, 1969, 40.

que o conhecimento é percepção: saber algo é percebê-lo com os sentidos (151e). Sócrates observa que, uma vez que somente o que é verdadeiro pode ser conhecido, o conhecimento pode provir das percepções sensoriais somente se tais percepções são sempre corretas. Mas isso só acontece se aceitamos a tese de Protágoras de que o que se manifesta a uma pessoa em particular é verdadeiro para ela.

Quanto às sensações momentâneas, a tese de Protágoras pode adquirir plausibilidade a partir da tese de Heráclito de que o mundo está em constante mudança. As cores que vemos não são objetos estáveis: quando meus olhos encontram um pedaço de mármore, a brancura do mármore e a visão que tenho daquela brancura são dois itens momentâneos, gêmeos gerados pelo encontro do pai olho e do pai mármore (156c-d). Se, então, em uma ocasião particular, afirmo "Isto é branco", não posso estar errado: ninguém mais está em posição de me contradizer. O mesmo é verdadeiro a respeito de outras coisas relativas à percepção sensorial (157a).

Suponhamos que concedêssemos a Protágoras que, em tal caso, o que o observador diz vale. Ainda assim, Sócrates insiste, há muitos outros tipos de casos em que seria absurdo fazer tal afirmação. Temos sonhos nos quais voamos; um homem pode enlouquecer e julgar-se um deus. Seriam esses por certo casos em que o que aparece a uma pessoa não é verdadeiro? E mesmo os casos simples, em que a percepção não é incorreta, não podem ser considerados de real conhecimento. Pois como podemos ter certeza de não estarmos sonhando? Metade de nossas vidas é gasta dormindo, e trata-se de um lugar-comum afirmar ser impossível provar que se está acordado e não adormecido (158c-e).

A essa altura, Sócrates dá a Teeteto (e a Protágoras) uma resposta — antes, um arremedo de resposta, já que ela não diz respeito aos casos de sonhadores ou loucos, mas trata de enfermos que têm seus sentidos prejudicados por sua doença. Suponhamos que Sócrates caia doente, e que vinhos suaves comecem a parecer amargos a seu paladar. Para Heráclito, o gosto do vinho é prole do vinho e de quem o saboreia. O Sócrates doente é um apreciador diferente do Sócrates saudável, e com um pai diferente a prole, naturalmente, será outra. Pode não ser verdade que o vinho seja amargo, mas assim o é para Sócrates, por causa de sua doença. Assim, não temos aqui um caso de percepção equívoca, e a equivalência entre conhecimento e percepção não é derrotada.

No diálogo, Sócrates se move por um terreno diferente. Há casos de percepção sem conhecimento: podemos ouvir um idioma estrangeiro, sem que por isso conheçamos o idioma (163b). Há casos de conhecimento sem percepção: quando fechamos os olhos e recordamos algo que tenhamos visto, sabemos como tal se parece, embora não mais estejamos vendo esse algo (164a). Mas se conhecimento = percepção, então os dois devem se apresentar como casos simultâneos tanto de percepção como de não-percepção, mas então isso não seria por certo um absurdo? Também aqui, porém, Sócrates encontra-se disposto a mostrar a Protágoras uma saída. É fácil haver casos simultâneos de percepção e não-percepção: se você vestir um tapa-olho verá alguma coisa com um olho mas não com o outro. Assim, se percepção = conhecimento, não surpreende que se possa ao mesmo tempo conhecer e não conhecer (165c).

Ao discutir a aproximação que Teeteto faz entre conhecimento e percepção, o Sócrates platônico dá muita corda a Protágoras. Mas ele está certo de que, no final, Protágoras irá se enforcar no laço feito por Demócrito. Parece a todos os homens que alguns homens sabem mais que outros: se fosse assim, isso deveria — segundo Protágoras — ser verdade para todos os homens. Para muitos, a tese de Protágoras parece ser falsa; se é assim, sua tese deve ser, segundo sua própria regra, mais falsa que verdadeira, dado que o número dos que nela não acreditam supera o dos que nela creem (170b–171d). Mas sua tese pode ser contestada de modo mais direto. Por mais plausível que possa ser se aplicada à percepção sensorial, ela não pode ser aplicada ao diagnóstico médico ou à previsão política. Mesmo se todo homem é uma autoridade quanto àquilo que sente *agora*, ele não é a medida daquilo que *irá* sentir ou perceber: um médico sabe mais que um paciente se o paciente irá mais tarde ter febre ou resfriado, e um vinhateiro sabe mais do que um bebedor se o vinho da próxima safra será suave ou seco (178c).

O argumento derradeiro pelo qual Sócrates consegue fazer que Teeteto abandone a proposta de que conhecimento é percepção é o seguinte: os objetos dos sentidos são apresentados a nós por diferentes canais; vemos com os olhos e escutamos com os ouvidos. Cores não são o mesmo que sons — não podemos ouvir cores e não podemos enxergar sons. Mas que dizer do juízo "Cores não são o mesmo que sons"? De onde provém esse fragmento de conhecimento? Não vem dos olhos, dado que não podem ver sons, nem dos ouvidos, dado não poderem ouvir cores. Além disso, não existem órgãos para detectar a ausência de identidade assim como há órgãos para ver e ouvir. A alma por si só abrange os termos comuns que se aplicam aos resgates de todos os sentidos (184b–185d).

Respondendo a esse argumento, Teeteto passa a propor uma segunda definição de conhecimento. Conhecimento não é percepção (*aisthesis*), mas pensamento (*doxa*), e o pensamento é uma atividade da própria alma. Quando a mente está pensando é como se estivesse falando consigo mesma, indagando e respondendo às próprias questões, e silenciosamente formando opiniões. O conhecimento não pode ser totalmente identificado com o pensamento, já que existem os pensamentos falsos, mas talvez possamos afirmar que o conhecimento é o pensamento verdadeiro (187a5).

Após uma interessante digressão em que esclarece que a noção de "pensamento falso" não está livre de problemas, Sócrates apresenta sua objeção a essa definição. Há casos em que as pessoas têm pensamentos verdadeiros e formam opiniões verdadeiras sem terem conhecimento de fato. Se um júri é convencido por um astuto promotor a pronunciar um determinado veredicto, e se ficar provado que o veredicto é conforme aos fatos, então os jurados terão formado uma opinião verdadeira. Mas terão seus pensamentos verdadeiros formado conhecimento? Na verdade, não necessariamente, afirma Sócrates: somente uma testemunha ocular está em posição de realmente saber o que aconteceu em um caso de agressão ou roubo denunciados. Do que se conclui que o conhecimento não pode ser definido como o pensamento verdadeiro.

Sócrates havia demonstrado anteriormente que conhecimento não é percepção dando o exemplo de um fragmento de conhecimento para o qual a percepção fosse insuficiente. Agora ele demonstra que conhecimento não é opinião verdadeira exemplificando com um fragmento de conhecimento para o qual a percepção é necessária. Poder-se-ia esperar que Teeteto respondesse oferecendo um exemplo de conhecimento que abrangesse percepção e pensamento em algum tipo de relação mútua. Em vez disso, ele oferece uma elaboração de sua segunda definição. Conhecimento, ele agora sugere, é pensamento verdadeiro mais *logos*; e sugere ainda três formas que o *logos* pode assumir (206c).

"Logos", como alertamos, é palavra de difícil tradução, por corresponder a muitas palavras diferentes em português: à própria "palavra", "oração", "discurso", "razão". No contexto presente, é claro que para Teeteto um pensamento verdadeiro com *logos* é um pensamento que está de alguma forma articulado de modo diverso ao de um pensamento sem *logos*. De minha parte, deixarei a palavra sem tradução, preferindo explicar os diferentes tipos de articulação que ele tem em mente.

Um dos modos pelo qual alguém pode inferir um *logos* de um pensamento é expressando-o em palavras. Mas a capacidade de articular um pensamento nesse sentido não pode ser o que estabelece a diferença entre o pensamento verdadeiro e o conhecimento, dado que qualquer um que não seja estúpido é capaz de fazê-lo (206d-e).

É mais plausível que um *logos* seja um tipo de análise. Saber o que é X é ser capaz de analisar X a partir de seus elementos. Assim, pode-se demonstrar conhecimento sobre uma palavra soletrando suas letras. Se isto for conhecimento, então o conhecimento da realidade deve ser demonstrado pela análise desta em todos os elementos que a compõem. Mas a analogia com o soletrar põe-nos em dificuldades. A palavra "Sócrates" pode ser analisada em seus elementos, como a letra S. Mas a letra S não pode sofrer nova análise, pois, à diferença da palavra "Sócrates", a letra S não é soletrável. Desse modo, se o conhecimento implica análise, os derradeiros, não-analisáveis elementos do universo não podem ser conhecidos. E, se os elementos de um complexo não podem ser conhecidos, como o próprio complexo pode ser conhecido? Além disso, uma mera enumeração dos elementos de um complexo não será suficiente para o conhecimento se os elementos não estiverem dispostos em conjunto de modo correto (207b).

A explicação final de Teeteto sobre como estabelecer um *logos* de um objeto é oferecer uma descrição que seja verdadeiramente única do objeto: assim, pode-se manifestar um *logos* do sol afirmando que ele é o mais brilhante dos corpos celestes. Mas representaria isso conhecimento de fato sobre o sol? É certo que ser capaz de oferecer alguma descrição definida sobre X é condição necessária para possuir qualquer pensamento sobre X, mas não é suficiente para transformar um pensamento verdadeiro sobre X em um exemplo de autêntico conhecimento.

A essa altura, Teeteto desiste. Os pensamentos que ele resgatou com o auxílio do labor parteiro de Sócrates revelaram-se natimortos. Não se chegou nem perto de uma definição de conhecimento; e toda a utilização que se fez de palavras como "saber" e "não saber" durante o diálogo revelou-se ilegítima (196e).

Talvez Teeteto tenha desistido muito cedo. Se ele tivesse oferecido um quarto relato do "*logos*" como significando algo como "justificação", "razão" ou "evidência", então sua definição de conhecimento como crença verdadeira mais *logos* talvez pudesse ter sido considerada satisfatória por mais de um filósofo durante o milênio subsequente da filosofia. Mas o Sócrates de Platão era um homem difícil de agradar, e o próprio Platão, no sexto e no sétimo livros de sua *República*, fez seu Sócrates apresentar um tipo bem diferente de epistemologia, em um estilo ainda mais diverso.

Conhecimento e ideias

As apresentações dos dois diálogos acima diferem antes de tudo porque a *República* apela, o que o *Teeteto* não faz, à teoria das Ideias de Platão. Comum aos dois diálogos é o princípio de que o que é conhecido deve ser verdadeiro; somente pode haver conhecimento a respeito do que *é*. As Ideias são relevantes na *República* porque Platão está comprometido com a tese de que somente as Ideias *são* de fato, vale dizer, tudo que não seja uma Ideia é o que é somente em um sentido restrito. Coisas belas que não a Ideia de Beleza, por exemplo, são belas somente em uma ocasião e não em outra, ou belas somente em uma parte, e não em outra. Nada senão a Ideia de Beleza é simplesmente bela, ponto final (*Banq.* 211a). As Ideias aparecem pela primeira vez no quinto livro da *República*, em que Platão descreve o filósofo como o amante da verdade, distinguindo-o do mero diletante, o amante de visões e sons.

O não-filósofo não conhece a diferença entre objetos belos e a beleza em si, pois vive em um estado de sonho, tomando a imagem pela realidade (*Rep.* 476c-d). Para definir o estado mental (*dianoia*) de tal pessoa, Platão faz uso da palavra "*doxa*", que no *Teeteto* fora utilizada para o pensamento ou crença. Ele a contrasta com o conhecimento que pertence ao filósofo — aqui chamado *gnome*. Se o conhecimento deve ser conhecimento do que *é*, e se somente uma Ideia *é* conhecimento de fato, então o conhecimento deve ser o conhecimento das Ideias. Se há algo no polo oposto de uma Ideia, algo que de fato *não seja*, isso é totalmente não-conhecível. Mas muitas coisas que são F são parte F e parte não-F, F em um detalhe e não em outro. Elas estão entre o que é F de fato e o que de fato é não-F. São estes os objetos da *doxa*.

Nesse ponto emerge uma fundamental diferença entre a *República* e o *Teeteto*. No *Teeteto* busca-se localizar a característica essencial do conhecimento como uma condição do estado mental do conhecedor: Seria uma questão de sensação? Deveria incluir um *logos*? Na *República*, porém, a diferença entre conhecimento e crença é uma diferença entre objetos, entre *o que* é conhecido e *o que* é pensado de algo. Esse ponto é acentuado de forma quase explícita. Conhecimento e pensamento, diz Platão, são *potências* (*dynameis*) na mesma medida em que a visão e a audição o são. As potências não possuem cores ou formas pelas quais possam ser distintas umas das outras. "Não considero em cada potência senão o seu objetivo e os efeitos que produz, e disso me valho para nomear cada uma" (477d). A visão

Segundo Platão, o conhecimento humano é semelhante ao de prisioneiros acorrentados em uma caverna que nada conseguem enxergar senão sombras projetadas nos muros internos por marionetes numa tela situada em sua entrada. Somente os matemáticos e o filósofo podem escapar da caverna rumo à luz do dia do mundo real (Escola holandesa, século XVI).

é a potência de identificar cor, a audição a de identificar o som, sendo a diferença entre os objetos, cor e som, que distingue essas duas potências uma da outra. Do mesmo modo, sugere Platão, a diferença entre conhecimento e crença será determinada pela identificação das diferenças entre os dois tipos de objeto com os quais lidam (478b6ss.).

No livro 6, Platão desenvolve essa linha de argumentação e subdivide *gnome* e *doxa*. A *doxa*, ou pensamento, tem como reino o mundo visível, mas este vem em duas formas diferentes, que possuem diferentes objetos. Uma forma é a imaginação (*eikasia*), cujos objetos são sombras e reflexos; outra forma é a crença (*pistis*), cujos objetos são os seres vivos que nos cercam, as obras da natureza e as do engenho humano. O reino da *gnosis*, do conhecimento, é da mesma forma dividido em dois. O conhecimento *par excellence* é *noesis*, ou entendimento, cujo objeto são as Ideias, território do filósofo. Mas há ainda outro tipo de conhecimento, típico do matemático, ao qual Platão dá o nome de *dianoia* (509c5ss.). Os objetos abstratos do matemático partilham com as Ideias as características da eternidade e da imutabilidade, que pertencem ao mundo do ser, não do vir a ser. Mas eles também partilham uma característica com os simples objetos terrestres, a saber, o serem múltiplos, e não únicos. Os círculos do geômetra, diferentemente do Círculo Ideal, podem fazer interseção uns com os outros, e os "2" dos aritméticos, à diferença da única Ideia de 2, podem ser somados um ao outro para a obtenção do "4" (cf. 525c–526a).

Platão diferencia entre o matemático e o filósofo a partir não apenas dos diferentes objetos de suas disciplinas, mas também a partir dos diferentes métodos de sua investigação. Os matemáticos, ele lamenta, partem de hipóteses que consideram óbvias, não se sentindo por isso obrigados a descrevê-las. O filósofo, contudo, à diferença do matemático, embora também parta de hipóteses, não passa delas imediatamente para as conclusões, mas ascende delas até um princípio que não admite hipóteses, para somente então refazer o caminho da premissa à conclusão. O método filosófico é chamado "dialético" por Platão, e a dialética, ele afirma, "considera suas suposições não como princípios universais, mas como hipóteses reais, pontos de apoio ou de partida que a conduzem até o princípio de tudo, que já não admite hipóteses". Tendo assumido esse princípio, a dialética "descerá e, apegando-se a todas as conclusões que dele decorrem, chegará por fim a uma conclusão" (511b). O caminho para cima da dialética é descrito novamente no capítulo 7 como um curso "que põe à prova o que tinha sido pressuposto e se eleva para o princípio universal". "Pôr à prova o que tinha sido pressuposto" equivale a des-hipotetizar as hipóteses, o que em um caso particular significa ou descartar uma hipótese ou colocá-la numa fundação não-hipotética (533c).

Os estudiosos não foram capazes de chegar a um consenso quanto à exata natureza da dialética na forma que Platão a vislumbrava, mas em um resumo abrangente podemos afirmar que o dialético opera da seguinte maneira: ele assume uma hipótese, uma premissa questionável, e tenta demonstrar que ela conduz a uma contradição. Quando encontra a contradição, ele abandona a hipótese e passa a testar as outras premissas utilizadas para estabelecer a contradição, e prossegue até encontrar uma premissa que seja inquestionável. O procedimento pode ser ilustrado pela própria *República*.

No livro 1, três personagens do diálogo, Céfalo, Polemarco e Trasímaco, oferecem, cada um a seu turno, definições de justiça, todas consideradas insatisfatórias por Sócrates. A proposta de Céfalo, de que a justiça diz a verdade e devolve o que é tomado emprestado, é recusada, porque, segundo Sócrates, não é justo devolver uma arma a um amigo louco (331c). Mas essa refutação depende de uma implícita definição de justiça como aquilo que faz o bem aos amigos e causa dano aos inimigos. Quando essa definição é explicitada por Polemarco (332bss.), ela é refutada com base em que nunca é justo causar dano a qualquer homem afinal. Essa refutação, por sua vez, depende da premissa de que a justiça é bondade humana: é certamente absurdo pensar que um homem bom poderia exercer sua bondade tornando outros homens menos bons. Mas Trasímaco intervém no diálogo para contestar essa premissa: justiça não é bondade, mas simplesmente o interesse do mais forte (338c). Por fim, também Trasímaco é refutado, ao ser forçado a concordar que o homem justo terá uma vida melhor que o injusto (354a). Sua rendição é compelida por algumas hipóteses que são em si questionáveis, e muitas delas questionadas em outras partes da própria *República*.

Por exemplo, uma hipótese assumida contra Trasímaco é a de que é função da alma orientar a pessoa a quem pertence. Essa hipótese será revista quando, no livro 4, Sócrates dividir a alma em três partes. Ali essa função orientadora pertence não à alma como um todo, mas apenas à razão. Ao estabelecer a taxonomia triádica, Sócrates apela ao seguinte princípio: não é verdade "que há algo que seja sempre capaz de agir ou sofrer uma ação de dois modos opostos, ou ser duas coisas contrárias, ao mesmo tempo, no que diz respeito à mesma parte de si, ou em relação ao mesmo objeto" (437a). Este princípio, que inicialmente parece um inofensivo princípio de não-contradição, acaba por se tornar, segundo Platão, uma hipótese que não é verdadeira para nada a não ser as Ideias. De modo que o dialético, em seu caminho para cima, tem de se orientar para o reino das Ideias.

O caminho para um completo entendimento da natureza da justiça teria de passar pelos diferentes níveis de cognição identificados por Platão no livro 6. O primeiro nível é o que Platão define como imaginação. Quem quer que leia os poetas e assista a espetáculos dramáticos (desde que os textos sejam do tipo apropriado) verá a justiça triunfar no palco e aprenderá que os deuses são imutáveis, bons e confiáveis (382c). Disso se parte para uma crença verdadeira quanto à justiça, o que será o equivalente à competência na justiça humana que opera nos tribunais. Mas aprender o que é a justiça ideal e enxergar o modo pelo qual ela assume seu lugar no sistema de Ideias que é presidido pela Ideia suprema, a Ideia do Bem, isso é tarefa da dialética. Infelizmente, à medida que ele se aproxima do fim do caminho elevado da dialética, para aprender diretamente da própria bondade os primeiros princípios da lei e da moralidade, o Sócrates da *República*, como Moisés no Sinai, desaparece em uma nuvem. Ele pode falar somente mediante metáforas, e não pode oferecer sequer uma descrição provisória da bondade em si (506d).

A obscuridade da teoria das Ideias, e particularmente da Ideia do Bem, significa que há um furo no centro da epistemologia da *República*. O que é possuir o conhecimento de uma Ideia e a forma como tal conhecimento é adquirido não são jamais explicados ali. Outros diálogos — o *Fédon*, o *Mênon* — apresentam uma surpreendente sugestão para o preenchimento desse vazio. O conhecimento das Ideias é em essência recordação: recordação de um conhecimento em uma vida anterior, mais espiritual. Essa proposta, mais metafísica que epistemológica, será considerada à frente no capítulo dedicado à metafísica.

Aristóteles sobre ciência e ilusão

Na epistemologia, como em outras questões, o programa de Aristóteles foi estabelecido por Platão. Aristóteles aceitou as distinções platônicas entre os sentidos e o intelecto, concedendo-lhes grande importância, invectivando com frequência os pensadores que o antecederam, como Empédocles e Demócrito, por falharem em reconhecer a distinção entre sensação e pensamento (por exemplo, *Met.* Γ 5, 1009b14ss.). Com o *Teeteto* em mente, ele se pôs a braços uma vez mais com a questão de Protágoras sobre a confiabilidade e a falibilidade dos sentidos. Por fim, assumiu e desenvolveu o catálogo platônico dos diferentes estados intelectuais, além de estabelecer critérios para a obtenção do mais alto deles, a saber, o conhecimento científico.

Platão enfatizava com frequência a natureza confusa e instável da percepção sensorial. Por exemplo, no décimo livro da *República* ele escreve: "Os mesmos objetos parecem disformes ou inteiros segundo os observemos imersos na água ou fora dela, e podem parecer côncavos ou convexos devido à ilusão visual provocada pelas cores. E todos esses tipos de confusão similar são manifestos em nossas almas" (602c-d). Platão contrastava isso com a constância dos resultados dos cálculos e medidas efetuados pela parte racional da alma.

Aristóteles considera o estatuto epistêmico dos sentidos quando da defesa que faz dos princípios de contradição contra os argumentos de Protágoras na *Metafísica* Γ (5, 1009b1ss.). O problema surge da ocorrência de percepções sensoriais conflitantes. Consideremos as quatro proposições a seguir.

(1) O sentido diz que p.
(2) O sentido diz que não-p.
(3) O que o sentido diz é verdade.
(4) Não ambos, p e não-p.

Trata-se de um quarteto inconsistente: três proposições podem sempre ser utilizadas para provar a falsidade da quarta. Essa possibilidade é utilizada de diferentes maneiras por diferentes protagonistas da discussão que Aristóteles aborda. Demócrito e Platão, ladeados por céticos antigos e modernos, aceitam (1), (2) e (4) como demonstrando a falsidade de (3). O Protágoras aristotélico aceita (1), (2) e (3) como demonstrando a falsidade de (4). Em tempos modernos, alguns filósofos têm buscado defender (3) e (4) pelo expediente de restringir (1) e (2) e introduzir a noção de dados sensoriais. O sentido, segundo esses filósofos, não afirma de fato que o cajado está reto e que o cajado não está reto, mas afirma que aqui e agora existe um dado sensorial visual da aparência de não-retidão, e aqui e agora há um dado sensorial tátil da sensação de retidão.

À semelhança dos teóricos do dado sensorial, Aristóteles lida com o quarteto inconsistente restringindo (1) e (2). Mas ele não o faz pela alteração do conteúdo de p. Os sentidos nos informam de fato sobre as realidades externas e não sobre uma entidade que se afirma puramente mental, como é o caso do dado sensorial. Ele resolve seus problemas ao concentrar-se no Sentido. Onde quer que tenhamos um caso aparente de Sentido afirmando que p, e de Sentido *afirmando* que não-p, temos de fato um caso de um sentido S1 dizendo que p e outro sentido S2 dizendo que não-p. Nem tudo o que os sentidos nos dizem é verdade, e se S1 e S2 nos contam histórias diferentes podemos oferecer razões para uma escolha entre eles.

É parte essencial da contenção protagoriana que, se dois juízos dos sentidos conflitam, não existe razão para preferir um ou outro em detrimento da verdade. Mas alguém poderia dizer que no caso do conflito de gostos entre os enfermos e os saudáveis preferíramos o relato dos saudáveis, dado que a sua é a opinião da maioria. A resposta que Aristóteles oferece a Protágoras sobre isso é que não podemos tomar a opinião da maioria como o critério da verdade. Se uma epidemia mundial se dissemina, aqueles que agora são denominados saudáveis podem ser logo superados numericamente e não haveria mais razões para aceitar como verdade a sua opinião de que o mel é doce (*Metafísica* Γ 5, 1009a1-5).

Aristóteles pode conceder que a razão para preferir a percepção saudável à percepção doente deve ter outra base que não a estatística, mas ele contradiz a conclusão de Protágoras ao afirmar que todos, na verdade, classificam as aparências e ninguém as considera todas igualmente confiáveis. Se alguém adormece na Líbia e sonha que está em Atenas, essa pessoa certamente não se dirigirá ao teatro de Atenas assim que acordar (*Met.* Γ 5, 1010b11). Aristóteles fornece vários critérios para classificar as percepções sensoriais para quando for necessário escolher entre elas, a mais importante dessas distinções sendo aquela que afirma que um sentido tem prioridade quando está julgando o objeto que lhe é próprio.

O objeto próprio a cada sentido é definido no *Sobre a alma* (2, 6, 418a-12) como aquele que não pode ser percebido por outro sentido e aquele sobre o qual é impossível ser enganado: a cor é o objeto próprio da visão, o som da audição, o sabor do paladar. O primeiro ponto de Aristóteles é suficientemente claro: não podemos saborear uma cor, ouvir um sabor ou enxergar um som. Mas o que significa dizer que um sentido não pode ser enganado quanto ao objeto que lhe é próprio? Aristóteles se apressa a explicar que se vejo algo branco posso ficar confuso quanto a se é um homem ou algo mais, mas não quanto a se é branco ou não (3, 6, 430b29). Isso parece indicar que ele está simplesmente afirmando que quando alguém faz uso dos olhos, e se limita a emitir afirmações sobre como as coisas parecem para si em um momento preciso, então não pode estar errado. Mas não é isso que ele deve estar querendo dizer, porque ele vislumbra com clareza que há autênticos conflitos entre as duas percepções de um sentido particular, o que o faz oferecer regras para resolvê-los: no caso da visão, por exemplo, prefira observar de perto que de longe.

Assim, a infalibilidade dos sentidos sobre os objetos que lhes são próprios não implica para Aristóteles que o que quer que apareça a um sentido particular na área de sua própria competência seja verdadeiro. Nem todas as afirmações feitas sobre a cor com base na utilização de nossos olhos são verdadeiras: o que aparenta ser vermelho pode não ser vermelho. Afirmações como "Aquilo é vermelho" feitas com base na experiência visual não são incontestáveis. O que é especial quanto a elas é que podem ser corrigidas apenas por um uso mais desenvolvido do mesmo sentido. Se não estiver certo sobre se uma coisa tem na verdade a cor que aparenta ter daqui onde estou agora, terei de confirmar mediante uma melhor apreciação, observando de mais perto, sob uma luz mais favorável. Contra o veredicto de qualquer aparência em particular resta sempre uma contestação; mas quando o que se discute é a cor a contestação não pode apelar a uma instância superior à da visão. A respeito de qualidades próprias a outros sentidos, ou sensações percebidas por mais de um sentido (os "sensíveis comuns"), a visão não tem o veredicto final (*Metafísica* Γ 5, 1010b15-18). Assim, generalizando: cada sentido é o juiz final no caso do objeto que lhe é próprio, embora precise estar na condição e na posição apropriadas para julgar. Se S1 e S2 nos dizem coisas diferentes sobre as propriedades dos sentidos, deve-se preferir S1 a S2 se S1 é o sentido apropriado, e S2 o sentido estranho, à propriedade em questão. Entre dois veredictos do sentido apropriado, temos de escolher aquele entregue em condições ideais: perto, não longe; saudável, não doente; acordado, não adormecido — e assim por diante.

É desse modo que Aristóteles busca evitar tanto o fenomenalismo protagoriano como o intelectualismo platônico. Ele insiste que nosso conhecimento depende dos sentidos tanto para os conceitos que empregamos como para as premissas não provadas das quais partimos. Formamos conceitos do seguinte modo: primeiro há uma sensação, à qual se segue a memória; as memórias se tornam experiência, e a partir da experiência individual formamos um conceito universal, base tanto para a habilidade prática (*techne*) como para o conhecimento teórico (*episteme*) (*2A* 19, 100a3). Cabe à experiência, diz Aristóteles nos *Primeiros analíticos* (1, 30, 46a17-22), fornecer os princípios de qualquer questão. Os astrônomos começam por sua experiência dos céus, e somente após o domínio dos fenômenos astronômicos saem em busca das causas e de oferecer provas. Um método similar deve ser adotado nas ciências da vida (*1A* 1, 1, 639b7-10, 640b14-18).

A ciência começa, mas não termina, com a experiência, e, à semelhança de Platão, Aristóteles tem uma classificação elaborada dos estados cognitivos e intelectuais. Os dois filósofos consideram a virtude moral e a excelência intelectual duas espécies de um gênero particular; mas, enquanto Platão (sem dúvida sob a influência de Sócrates) tende a tratar a virtude como se esta fosse um tipo especial de ciência, Aristóteles trata a ciência como um tipo especial de virtude. A contraparte aristotélica da anatomia platônica do conhecimento aparece em um dos livros mais conhecidos da *Ética* (*EN* 6; *EE* 5), no qual ele aborda as virtudes intelectuais. A palavra grega *arete* corresponde tanto a "virtude" como a "excelência", de forma que, no presente contexto, não a traduzirei.

A natureza da *arete* de qualquer coisa repousa sobre seu *ergon*, a saber, seu trabalho ou produção característicos. O *ergon* da mente e todas as suas faculdades é a produção de juízos falsos e verdadeiros (*EN* 6, 2, 1139a29). Trata-se, no mínimo, de seu *ergon* quanto à sua atividade característica, sua produção, esteja a mente operando bem ou não. Sua atividade quando operando bem e fazendo seu trabalho, e portanto seu *ergon* no sentido estrito da palavra, é nada mais que a verdade (2, 1139b12). As *aretai* do intelecto são portanto as excelências que fazem a parte intelectual da alma expressar a verdade. Há cinco estados da mente que causam este efeito — *techne*, *episteme*, *phronesis*, *sophia*, *nous* —, que podemos traduzir como: técnica, ciência, sabedoria, entendimento e apreensão (3, 1139b16-17).

Técnica e sabedoria são duas formas de conhecimento prático: o conhecimento sobre como fazer e sobre como produzir as coisas. Habilidades, como arquitetura ou medicina, são exercidas na produção (*poiesis*) de algo mais que o seu simples exercício, seja esta produção algo concreto, como uma casa, ou abstrato, como a saúde. A sabedoria, por outro lado, ocupa-se da atividade humana (*práxis*) em si e não de sua concretização, e é definida como uma excelência raciocinativa que averigua a verdade quanto ao que seja bom ou mau para os seres humanos (4, 1140b5, b21).

É característico do homem sábio ponderar bem sobre os bens alcançáveis pela ação: ele não se ocupa das coisas que não podem ser nada além do que já são (7, 1141b9-13). Assim, a sabedoria difere da ciência e do entendimento, que se ocupam das coisas imutáveis e eternas. A parte racional da alma divide-se em duas: o *logistikon*, que delibera, e o *epistemonikon*, que se ocupa das verdades eternas. Cada uma dessas partes tem sua própria *arete*: a sabedoria para o *logistikon*, o entendimento para o *epistemonikon*. Outras virtudes intelectuais acabam por ser parte ou da *phronesis* ou da *sophia* — esta, por exemplo, consiste do *nous* somado à *episteme* (7, 1141b3-4).

A *sophia*, nos diz Aristóteles, tem como seus temas as coisas divinas, as honoráveis e as inúteis. É aquilo que era praticado por filósofos afamados como Tales e Anaxágoras. O que seja *nous* não é imediatamente claro: trata-se de uma palavra utilizada frequentemente para a totalidade do aparato intelectual humano, para a parte cognitiva da mente em oposição à sua contraparte afetiva (cf 1, 1139a17, 2, 1139b5). Aqui, contudo, parece significar apreensão quanto aos primeiros princípios da ciência teórica: o entendimento de verdades necessárias não provadas que é a base da *episteme* (6, 1140b31-41a9). É a *nous*, em conjunto com a *episteme*, que constitui a *sophia*, a mais elevada conquista intelectual.

A *Ética* não fala do que faz parte da *episteme* ou ciência. Isso é exposto, explícita e detalhadamente, nos primeiros seis capítulos do livro 1 dos *Segundos analíticos*. Aristóteles concede que saber que algo é verdadeiro é estar autenticamente a par da explicação de sua verdade e estar consciente de que não poderia ser de outro modo. Se é isso o conhecimento, afirma Aristóteles, "é necessário para o conhecimento demonstrativo confiar nas coisas que são verdadeiras, primárias, imediatas e mais bem conhecidas que a conclusão, à qual têm de ser anteriores e a qual devem explicar" (2A 1, 2, 70a20-2). Um corpo de conhecimento científico é construído a partir de demonstrações. Uma demonstração é um tipo particular de silogismo, cujas premissas podem ser rastreadas até os princípios que são verdadeiros, necessários, universais e imediatamente intuídos. Esses primeiros e autoevidentes princípios estão relacionados às conclusões da ciência como os axiomas aos teoremas.

Há um problema não resolvido quanto à descrição da ciência nos *Primeiros analíticos*: ela não se assemelha de modo algum ao substancioso *corpus* das obras científicas do próprio Aristóteles. Gerações de estudiosos têm em vão tentado encontrar em seus escritos um único exemplo de um silogismo demonstrativo. Certo, o *Primeiros analíticos* não é um tratado sobre o método científico, mas um conjunto de orientações para a exposição científica[4]. Mas os tratados científicos de Aristóteles são em si expositivos, e não metodológicos, e nem mesmo se aproximam do padrão do *Segundos analíticos*.

Não é apenas o *corpus* aristotélico que carece de uma ciência aristotélica: em toda a história da busca científica não há sequer um exemplo bem acabado de tal ciência. Muitos dos exemplos dados por Aristóteles são tirados da aritmética e da geometria, e seu pensamento foi claramente influenciado pelos matemáticos de sua época. Quando, após a morte de Aristóteles, Euclides apresentou sua geometria axiomática, parecia que o ideal científico do *Segundos analíticos* havia encontrado sua expressão, mas passados mais de dois mil anos descobriu-se que um dos axiomas de Euclides carecia da necessária autoevidência. No século XX, enfrentou destino similar o projeto de Gottlob Frege de axiomatizar a lógica e a aritmética. No século XVII, a tentativa de Spinoza de axiomatizar a própria filosofia serviu apenas para demonstrar que o ideal aventado no *Segundos analíticos* não passou de um vislumbre.

---

4. Ver J. BARNES, Aristotle's theory of demonstration, in J. BARNES, M. SCHOFIELD, R. SORABJI (ed.), *Articles on Aristotle* [I – Science], London, Duckworth, 1975.

A epistemologia epicurista

No período helenístico, a epistemologia passou a ocupar uma posição mais fundamental na filosofia que a que havia ocupado seja para Platão, seja para Aristóteles. Foi Epicuro quem a batizou como um ramo separado da filosofia, denominando-a "canônica", da palavra grega *kanon*, uma regra ou padrão de medida. Com mais frequência que "cânone", Epicuro e outros filósofos helenistas fizeram uso da palavra "critério". Segundo Epicuro, os três critérios da verdade são as sensações, os conceitos (*prolepseis*) e os sentimentos.

A sensação é para Epicuro a base do conhecimento, e ele defendia uma versão forte da tese segundo a qual os sentidos são infalíveis no que diz respeito a seus objetos próprios, o que é exposto de forma elegante por Lucrécio:

> A própria noção de verdade é dos sentidos que vem.
> Que testemunho, então, poderá contestá-los?
> Contra a fé dos sentidos em enfrentar a jornada
> Que outra verdade poderia pôr o falso em disparada?
> Que direito tem a razão para os sentidos criticar
> Quando foi dos falsos sentidos que a razão se viu desabrochar?
> Se aquilo que os sentidos nos dizem não é verdadeiro
> Então o eu racional é nada senão engano corriqueiro.
> Podem os ouvidos emitir veredicto sobre os olhos?
> Pode o tato acusar os ouvidos, ou o sabor o toque, por mentiras?
> (*RN* 4, 478-487)

Lucrécio, como Aristóteles, destaca que um sentido não pode ser corrigido por outro no que diz respeito ao seu próprio objeto. Mas os epicuristas foram além de Aristóteles ao afirmar que um sentido não pode sequer corrigir as próprias impressões: cada impressão é confiável em si. Portanto, o que quer que apareça aos sentidos em qualquer ocasião é verdadeiro (Lucrécio, *RN* 4, 497-499; DL 10, 31).

Ao tratar todas as aparências por seu valor em relação a algo, em vez de classificá-las quanto à sua confiabilidade, os epicuristas rejeitam o método aristotélico para lidar com as impressões conflitantes, como as de uma torre que parece redonda vista de longe mas se revela quadrada vista de perto. Ao contrário, eles afirmam que em tais casos temos duas

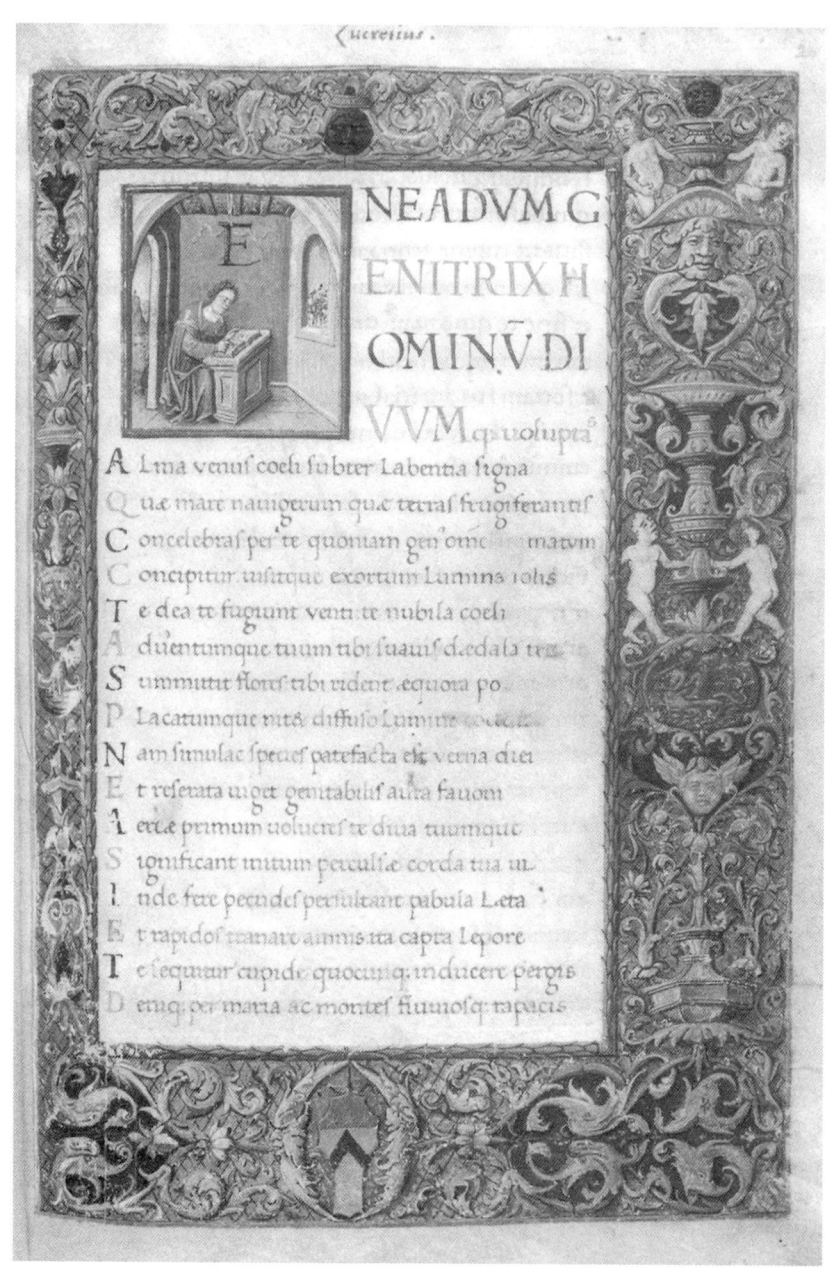

Página de abertura de um livro de Lucrécio, *De Rerum Natura*, em um manuscrito com iluminura (Biblioteca Britânica).

impressões igualmente válidas, impressões, porém, de diferentes objetos. Sexto Empírico explica como Epicuro lidaria com o problema ao invocar sua explicação atomística da visão como um encontro com uma corrente de imagens em fluxo de um objeto apresentado à visão.

> Eu não afirmaria que a visão é iludida quando, a partir de uma grande distância, vê uma torre como pequena e redonda, e ao se aproximar a vê como grande e quadrada. Ao contrário, ela é perfeitamente correta. Quando aquilo que é percebido aparece como pequeno e apresenta certa forma, ele é na verdade pequeno e tem aquela forma, devido às extremidades das imagens terem sido eliminadas em resultado de seu deslocamento pelo ar. E quando aparece como grande e numa forma diferente, uma vez mais é na verdade grande e tem aquela forma. Mas as duas não são a mesma coisa (*M.* 7, 208).

Nossa impressão comum de que se trata de dois vislumbres da mesma coisa, segundo Epicuro, é devida não à percepção, mas à "crença distorcida". Ao abordar outras objeções à infalibilidade das sensações, como os sonhos e as falsas crenças, ele o faz de modo semelhante. Quando Orestes pensou ter visto as Fúrias, não era um engano de sua visão, porque imagens autênticas estavam presentes; foi sua mente que errou ao tomá-las como corpos sólidos (SE, *M.* 8, 63). Devemos distinguir claramente uma percepção sensorial (*phantastike epibole*) da crença que a acompanha, mas que lhe é distinta (DL 10, 51).

As sensações, primeiro critério de verdade, a despeito de sua infalibilidade, fornecem portanto apenas uma base bem tênue para a estrutura de nosso conhecimento, o que torna necessário que voltemos ao segundo conjunto de critérios, a saber, os conceitos. A palavra *"prolepsis"* utilizada por Epicuro é com frequência traduzida como "preconcepção", o que induz a erro, em parte por sugerir preconceito, em parte por sugerir algo que poderia ser expresso por uma proposição inteira, embora a maior parte dos exemplos que nos são oferecidos sejam expressos apenas por palavras isoladas, tais como "corpo", "homem", "vaca", "vermelho". Um conceito é uma noção geral sobre que tipo de coisa é significada por uma tal palavra (que pode, naturalmente, ser expressa em uma sentença ou paráfrase, do tipo "Uma vaca é um animal de tal e tal tipo"). O *"pro"* em *"prolepsis"* está ali para indicar que um conceito de X não é um conjunto de informações sobre X derivadas da experiência, mas antes um molde a partir do qual reconhecemos por antecipação se algo presente na experiência é ou não um X. Os conceitos não são coisas que devem ser provadas, mas são em si coisas empregadas em qualquer prova (DL 10, 33, 38). Permanece obscura, tanto em Epicuro como em seus discípulos, a origem dos conceitos. Eles não podem ser todos o resultado da experiência, uma vez que propiciam os meios pelos quais ordenamos as sensações, que são as bases da experiência. Mas alguns deles parecem ser de fato resultado da experiência — talvez de uma experiência mal interpretada, como o conceito de Deus (Lucrécio, *RN* 5, 1169-1171).

Sensações e conceitos, para Epicuro, são ambos "evidentes" (como também o são os sentimentos, mas estes serão considerados em outro contexto). É nesses elementos evidentes que devemos fundamentar nossas crenças naquilo que não é evidente. Começamos com os sentidos, afirma Epicuro, e daí devemos inferir o não-evidente, raciocinando a partir do testemunho que oferecem (DL 10, 39). Conjecturas e teorias são falsas se os sentidos oferecem testemunho contrário a elas (DL 10, 50-1). Uma conjectura é verdadeira se confirmada pelos sentidos; uma teoria é verdadeira se não é impugnada pelos sentidos (SE, *M.* 213). Esta última afirmação soa surpreendente: não poderia mais de uma teoria incompatível ser consistente com a evidência? Os epicuristas aceitavam esta possibilidade, de modo que Lucrécio aceita que possa haver diferentes explicações para os movimentos das estrelas, assim como pode haver diferentes hipóteses sobre a *causa mortis* de um corpo sobre uma mesa em um mortuário (6, 703-11). Em casos desse tipo todas devem ser aceitas, pois cada uma delas pode ser verdadeira em um ou outro dos muitos mundos no universo, mesmo se não soubermos qual vem a ser a verdadeira em nosso mundo (5, 526-33).

A epistemologia estoica

Os primeiros estoicos partilhavam com os epicuristas várias assunções sobre a natureza do conhecimento e acreditavam, como eles, que devia haver uma base dual de percepções sensoriais infalíveis e de conceitos primitivos e adquiridos. Quanto aos conceitos, os estoicos são mais informativos que os epicuristas, oferecendo um relato de sua origem estreitamente semelhante ao de Aristóteles. Ao nascer, a mente de um homem é como uma folha branca de papel, e à medida que ele evolui para o uso da razão os conceitos são escritos na folha. Os primeiros conceitos vêm dos sentidos: as experiências individuais deixam memórias no caminho, e a memória constrói a experiência. Alguns conceitos são adquiridos mediante o ensinamento ou concebidos com um objetivo; outros surgem de maneira natural e espontânea — estes os que merecem o nome de *prolepsis* (LS 39E). Conceitos desse tipo são comuns a todos os humanos — as discordâncias surgem apenas quando eles são aplicados a casos particulares, como quando a mesma ação é descrita por um homem como corajosa e por outro como maluquice (Epicteto, *Disc.* 1, 22, 3).

Os estoicos desenvolveram uma classificação mais elaborada dos estados mentais, bem mais que aquela concebida pelos epicuristas. Eles desejavam propor uma epistemologia que iria enfrentar o desafio cético. Em adição aos estados de conhecimento (*episteme*) e crença (*doxa*) que eram apresentados como contrastantes desde Platão, eles apresentaram um terceiro estado, a cognição (*katalepsis*)[5]. Os estoicos, informa Sexto Empírico,

> dizem que existem três coisas conectadas entre si: conhecimento e crença e, situada entre os dois, a cognição. O conhecimento é a cognição que é sólida, firme e inalterável pelo argumento; a crença é fraca e falsamente afirmada; e a cognição situa-se entre os dois, sendo concorde a uma imagem cognitiva (*M.* 7, 150-151).

Um novo elemento é aqui acrescentado à definição de conhecimento: o conhecimento é inalterável pelo argumento. Isso soa como uma sólida percepção. Se afirmo conhecer aquele *p*, estou afirmando, entre outras coisas, que ninguém irá (corretamente) me demover de acreditar naquele *p*. Isso é diferente do caso em que acredito naquele *p* mas estou aberto à convicção de um não-*p*. Essa última possibilidade é o que se quer dizer ao afirmar que a crença é uma fraca afirmação. Ela é também (possivelmente) falsa: não há nada de absurdo em dizer "X acredita naquele *p*, mas é falso aquele *p*", mas é absurdo dizer "X conhece aquele *p*, mas é falso aquele *p*". Mas o ponto mais interessante dessa passagem é a definição de cognição em termos de imagem cognitiva (*phantasia kataleptike*).

"Imagem" é um termo abrangente que inclui não somente o que aparece aos sentidos como também os candidatos à crença de outros tipos. Cognições, de modo semelhante, podem ser o resultado dos sentidos ou

---

5. A tradução desse termo é hoje padrão, sendo utilizada por Long e Sedley (LS 254) e FREDE (*CHHP*, 296ss.). Utilizo-a com relutância, dado a palavra "cognição" estar associada a uma quantidade considerável de confusão no campo da moderna filosofia da mente.

da razão (DL 7, 52). Uma aparição não é o mesmo que uma crença: a crença envolve um item adicional, a saber, a concordância, que diferentemente da aparição é algo voluntário. Uma aparição é cognitiva se digna de concordância. A cognição se situa entre o conhecimento e a crença porque, à diferença da última, nunca é falsa e, à diferença do conhecimento, não envolve a decisão de nunca mudar a mente de quem quer que seja[6].

Uma aparição cognitiva, diz-se, é "aquela que provém do que é e está impressa e gravada em conformidade com o que é" (DL 7, 46; Cícero, *Acad.* 2, 77). Até pode ser, é claro, que tal tipo de impressão (como podemos chamá-la) seja digno de concordância. Um sábio não terá meras crenças, dizia Zenão (Cícero, *Acad.* 2, 77); e sem dúvida isso pode ser alcançado se o sábio aceita somente as aparições cognitivas. Mas como saber se uma aparição é cognitiva ou não? Será que tudo se resume a uma aparição ser tão clara e distinta que na realidade obrigue a meu assentimento, de modo que eu não tenha alternativas senão acreditar? Ou será que ela possui certas características que posso utilizar como critério a partir do qual eu decida conceder um assentimento que eu poderia ter recusado? A evidência que temos não é totalmente esclarecedora, mas nos foram dadas algumas pistas pelos exemplos que sobreviveram.

Primeiro, foi dito que as impressões dos insanos não são cognitivas. (Em algumas ocasiões, na verdade, os estoicos negaram até que fossem impressões autênticas, chamando-as em vez disso de "fantasmas" [DL 7, 49].) Elas "surgem puramente exteriores e ao sabor do acaso, de modo que com frequência eles não estão seguros a seu respeito e não as confirmam" (SE, *M.* 7, 248). Mas suponhamos que eles as confirmassem: é claro que isso não as torna cognitivas, dado não serem verdadeiras — pois apenas uma aparência verdadeira pode ser cognitiva. Mas qual seria então a regra epistemológica que os insanos teriam violado? Bem, talvez eles não tenham avaliado o grau de detalhe em sua impressão: porque uma segunda informação que nos foi dada é a de que uma impressão cognitiva deve ser altamente abrangente, de forma a ter reproduzidas todas as características de seu original. "Assim como os selos dos anéis sempre gravam seus traços de modo preciso na cera, assim aquelas impressões que geram a cognição de objetos deveriam incorporar todas as peculiaridades de tais objetos" (SE, *M.* 2, 750). Contudo, se as impressões cognitivas são aquelas que são totalmente abrangentes quanto ao detalhe, elas devem ser bem escassas e bem esparsas.

---

6. Ver FREDE, in *CHHP*, 296ss.

Podemos conjecturar que talvez as impressões cognitivas tenham uma qualidade persuasiva especial que as destaque. Os estoicos chegavam de fato a classificar as impressões, a partir de sua capacidade de persuasão, em quatro classes:

(1) Persuasivas: "É dia", "Estou conversando".
(2) Não-persuasivas: "Se está escuro, é dia".
(3) Persuasivas e não-persuasivas: ou seja, paradoxos filosóficos.
(4) Nem persuasivas e nem não-persuasivas: "O número de todas as estrelas é ímpar".

Contudo, persuasividade não é garantia de verdade: a aparência curva de um remo dentro da água é suficientemente persuasiva, mas é uma falsa impressão apesar de tudo. Sem dúvida um homem que é sábio resistirá à tentação de aceitar todas as aparências persuasivas, e restringirá sua anuência às aparências que são não apenas persuasivas, mas razoáveis. Assim, Possidônio nos assegura, além de sugerir as impressões cognitivas como critério de verdade, alguns antigos estoicos identificaram tal critério como sendo a reta razão (DL 7, 54).

Contudo, a questão é ainda mais complexa. Além das impressões cognitivas, há as impressões razoáveis. Apanhado numa armadilha pelo rei Ptolomeu Filopator, que o induziu a tomar por autênticas romãs de cera, um estoico respondeu que havia dado seu assentimento não à proposição de que eram romãs, mas à proposição de que era razoável (*eulogon*) que o fossem. Uma impressão razoável, afirmou o estoico, era compatível com uma falsa (DL 7, 177). Se é assim, como parece, o juízo quanto a uma aparição ser ou não cognitiva não pode ser uma questão para a razão. Os primeiros estoicos não nos deram orientação adicional quanto a como determinar a característica identificadora das impressões cognitivas.

A fraqueza da posição estoica foi exposta por Arcesilau, o líder da Nova Academia durante a última parte do século III. Ele contestou a definição estoica de uma impressão cognitiva como "algo impresso e gravado a partir de algo que é exatamente como [este algo] é". Poderia ocorrer, ele perguntava, que uma impressão falsa não fosse discernível de uma verdadeira? Zenão concordou que se uma impressão pudesse ser de tal forma que pudesse haver uma impressão falsa exatamente igual a ela então (mesmo se verdadeira) ela não poderia ser uma impressão cognitiva. Coerentemente, ele modificou a definição, acrescentando um "e de tipo tal que não poderia resultar daquilo que não é" (Cícero, *Acad.* 2, 77; SE, *M.* 7, 251). Mas não fica claro como faziam os estoicos para estabelecer em quais casos deveriam ser encontradas tais inequívocas marcas diferenciadoras, ou para responder à afirmação cética de que onde quer que houvesse uma aparência verdadeira poderia dela ser imaginada uma réplica falsa e indiscernível.

O ceticismo da Academia

Não constitui surpresa o fato de a epistemologia estoica poder ter sido contestada de um ponto de vista cético. Surpreende, contudo, que a contestação tenha partido da Academia, dos herdeiros de Platão. É certo que o *corpus* platônico contém parcela da mais dogmática filosofia já concebida. Os líderes da última Academia, porém, Arcesilau e seu sucessor, Carneades, situaram suas origens mais longe no passado. Eles apelaram a Sócrates, cuja técnica de perguntas e respostas ficou célebre por seu desmonte das falsas afirmações de saber (Cícero, *Fin.* 2, 2). O próprio Sócrates afirmava não possuir conhecimento filosófico, não deixou nenhum escrito filosófico, e foi seguido por Arcesilau e Carneades em ambos os aspectos. Mas eles foram além de Sócrates ao recomendar um ceticismo muito mais radical: uma suspensão da crença não apenas sobre tópicos filosóficos, mas também quanto aos do tipo mais comum presentes no cotidiano.

Embora Arcesilau e Carneades não tenham deixado escritos, temos uma quantidade razoável de informação sobre seus ensinamentos filosóficos porque Cícero, que teve aulas com Fílon, pupilo de Carneades, tinha grande atração pelo ceticismo acadêmico e legou-nos um vívido relato das idas e vindas do debate cético em seu *Academica*. A partir dele e de outras fontes sabemos que os acadêmicos apresentavam uma sucessão de argumentos para demonstrar que não era possível haver impressões infalíveis.

Não há impressão verdadeira que emane da sensação que não possa ser igualada a outra impressão, indistinguível desta última, que é não-cognitiva. Mas, se duas impressões são indistinguíveis, não pode se dar que uma delas seja cognitiva e a outra não. Logo, nenhuma impressão, mesmo que verdadeira, é cognitiva. Para ilustrar esse argumento, tome-se o caso de gêmeos idênticos — Publius Geminus e Quintus Geminus. Se ao olhar para Publius alguém pensa estar olhando para Quintus, esse alguém tem uma impressão que corresponde detalhe por detalhe àquela que teria se estivesse de fato olhando para Quintus. Segue daí que sua impressão não é cognitiva, pois ela não responde à definição da cláusula final da definição de Zenão: "de um tipo tal que não poderia resultar daquilo que não é" (Cícero, *Acad*. 2, 83-85).

Em sua réplica, os estoicos parecem ter negado a possibilidade de quaisquer pares de objetos que se assemelhassem entre si em cada aspecto. Eles propuseram a tese que viria a ser conhecida como a identidade dos indiscerníveis: não há dois grãos de areia, dois fios de cabelo totalmente idênticos. Os acadêmicos reclamaram que a tese era gratuita; mas com certeza não era mais gratuita que sua própria afirmação de que as impressões verdadeiras eram *sempre* confiáveis para serem confundidas com falsas réplicas.

Na verdade, a réplica estoica parece ou desnecessária ou insuficiente, dependendo de como interpretemos a contestação cética. Se somente uma autêntica possibilidade de engano impede uma impressão de ser cognitiva, para preservar as impressões cognitivas não havia então razão para os estoicos afirmarem que em todos os casos uma impressão verdadeira seria insubstituível por uma falsa; eles precisavam apenas afirmar que há alguns casos em que isso acontece. Por outro lado, se a mera possibilidade imaginativa de uma réplica enganadora é suficiente para enfraquecer a cognitividade de uma impressão, então a identidade dos indiscerníveis não irá restaurá-la. Eu posso estar tão seguro como estou de outra coisa qualquer de que estou falando com você, mas não é concebível que você tenha um gêmeo idêntico, desconhecido para mim, e que seja a ele que eu esteja me dirigindo?

Há graus variados de ceticismo. Um cético pode ser apenas alguém que negue a possibilidade do conhecimento autêntico (em algumas ou em todas as áreas de investigação). Tal tipo de cético não necessita fazer objeções à manutenção de crenças quanto a vários tópicos, desde que a pessoa que as possua não afirme que essas crenças possuem o estatuto de conhecimento. Até esse próprio cético pode possuir seu próprio conjunto de crenças, incluindo a crença de que não existe algo como o conhecimento. Não há inconsistência aqui, desde que ele não afirme *saber* que não há conhecimento. Arcesilau chegou mesmo a reprovar Sócrates por afirmar que sabia apenas que nada sabia (Cícero, *Acad*. 1, 45).

Um cético mais radical, contudo, poderia questionar não apenas a possibilidade de conhecimento, mas também a adequação da crença. Ele poderia recomendar abstinência não apenas da afirmação determinada, característica da certeza, mas também da afirmação incerta, característica da opinião. Arcesilau parece ter sido um cético desse tipo, pois afirmava, segundo informa Cícero (*Acad.* 1, 44; LS 68A), que "ninguém deveria afirmar ou declarar qualquer coisa, e nem conceder a nada seu assentimento; em vez disso, deveríamos conter nossos impulsos e evitar qualquer deslize. Seria realmente impulsivo aprovar algo falso ou desconhecido, e nada é pior que permitir assentimento e aprovação para obter cognição". Arcesilau especializou-se em oferecer argumentos a favor e contra toda tese, visando facilitar a suspensão do assentimento por ele recomendada (Cícero, *Fin.* 5, 10). Estudiosos não estão certos quanto a seus argumentos serem todos puramente *ad hominem* ou se ele afirmou de fato (de modo inconsistente) como verdadeira sua própria posição filosófica cética[7].

De acordo com algumas de nossas fontes antigas, Carneades era um cético do tipo menos radical, que ao mesmo tempo em que rejeitava a possibilidade do conhecimento aceitava que o homem sábio pudesse manter de modo legítimo uma mera crença. Os dois acadêmicos concentraram seu ataque a Zenão em pontos diferentes. Zenão afirmava que nenhum sábio afirmaria meras crenças, mas que se ele confiasse somente nas impressões cognitivas seus assentimentos poderiam ser todos considerados conhecimento. Arcesilau e Carneades concordavam entre si quanto a não haver impressões cognitivas, e portanto não existir conhecimento, mas Arcesilau concluía daí que o homem sábio não daria nenhum assentimento, enquanto Carneades concluía que o homem sábio iria estimar a mera crença (Cícero, *Acad.* 2, 148).

Por outro lado, contudo, ao avaliarmos a posição de Carneades, temos de proceder a uma análise mais sutil dos fenômenos mentais estudados pelo epistemologista. Em lugar de simplesmente distinguir uma aparência de um assentimento à aparência, temos de introduzir uma nova noção de impulso (*horme*). Se o assentimento é voluntário e pode ser contido, a aparição, sabemos, está além de nosso controle. Mas a aparição é inevitavelmente acompanhada do impulso, e é possível seguir isso sem o assentimento mental em que a verdade tem de ser encontrada e o engano ser evitado (Plutarco, *Contra Colotes* 1122 LS 69A; Cícero, *Acad.* 2, 103-104 LS 69I).

Essa distinção parece ter sido introduzida com a intenção de responder a uma objeção comum ao ceticismo radical: Se o cético suspende o juízo, como faz ele para viver uma vida normal? Como pode dirigir-se a um banho público se, de acordo com o que sabe, se trata de um vazio? A

---

7. Ver SCHOFIELD, in *CHHP*, 334.

resposta é que ele não julga, impulsivamente, tratar-se de fato de um banho público, mas deixa-se levar por seu impulso de entrar-em-um-banho-público. Em discussões não-filosóficas, um homem sábio pode seguir seus impulsos de modo tão radical a ponto de responder às questões que lhe dirigirem com "sim" e "não".

O ceticismo pirrônico

No século I a.C. surgiu uma nova escola fundamentalista de ceticismo, que considerava que os acadêmicos haviam diluído o ceticismo de modo inaceitável. O fundador dessa escola foi Enesidemo, mas ele e seus seguidores descreveram sua versão de ceticismo como pirronismo, batizada em alusão a Pirro de Elis, a quem consideravam seu pai fundador, e que fora soldado do Exército de Alexandre, o Grande. Enesidemo escreveu um livro — hoje perdido — de discursos pirrônicos em que se expunham as diferenças com o ceticismo acadêmico. Ele reuniu argumentos céticos do tipo que encontramos neste capítulo, agrupando-os sob dez tópicos, que ficaram célebres como os Dez Tropos de Enesidemo. Nosso conhecimento deles, como da maior parte do ceticismo antigo, deriva dos escritos de Sexto Empírico, um cético pirrônico do século II.

Sexto nos legou três livros de *Esboços pirronianos* além de onze livros *Contra os matemáticos*. Nesses livros estão contidos quase todos os argumentos céticos sobre a ilusão que apareceram em escritos posteriores, e muitos que ninguém se deu ao trabalho de utilizar novamente. Nele encontramos a aparência amarelecida da icterícia, a imagem depois do livro, a visão distorcida pela pressão no globo ocular, os espelhos côncavo e convexo, o vinho cujo gosto é amargo após comermos figo, e doce após comermos nozes, navios aparentemente parados na linha do horizonte, remos de aparência curva dentro da água, odores mais fortes na sala de banhos, os reflexos coloridos nos pescoços dos pombos e, claro, nossa velha conhecida, a torre que parece redonda de longe e quadrada de perto.

A versão particular de Sexto do ceticismo acaba por não ser tão diferente do ceticismo da Academia quanto ele quer nos fazer acreditar. Os céticos, ao não assentirem a coisa alguma, parecem ainda, para ele, ser capazes de ter opiniões, não apenas sobre coisas perceptíveis no cotidiano, mas até mesmo quanto a questões filosóficas. As obras de Sexto são valiosas para nós não por indicarem uma nova reviravolta na discussão cética, mas por constituírem um tesouro de informação sobre o raciocínio dos primeiros e mais originais céticos. Ele encerra a tradição cética da qual foi o cronista.

O estudo da epistemologia antiga pode nos ensinar muito sobre a natureza do conhecimento e os limites do ceticismo. Várias percepções tornaram-se parte do patrimônio de toda filosofia futura: o conhecimento só pode ser conhecimento do que é verdadeiro; o conhecimento só é conhecimento se pode apelar implícita ou explicitamente a algum tipo de apoio — da experiência, do raciocínio ou de alguma outra fonte qualquer; e todo aquele que afirma conhecer deve ser firme, excluindo a possibilidade de ser corretamente convertido, em um estágio posterior, a uma visão diferente.

A epistemologia antiga foi atormentada contudo por duas falácias diferentes, embora relacionadas, que tiveram origem numa incompreensão da verdade que afirma que, qualquer que seja, o conhecimento deve ser verdadeiro. Uma dessas falácias assombrou a epistemologia clássica, até os tempos de Aristóteles; a outra assombrou as epistemologias helenista e imperial.

A primeira falácia é a seguinte: "Qualquer que seja, o conhecimento deve ser verdadeiro" pode ser interpretado de dois modos:

(1) Necessariamente, se p é conhecido, p é verdadeiro.

ou

(2) Se p é conhecido, p é verdadeiro necessariamente.

(1) é verdadeiro mas (2) é falso. É uma verdade necessária que se eu sei que você está sentado que então você está sentado; mas se eu sei que você está sentado não é uma verdade necessária que você esteja sentado; você pode se levantar a qualquer momento. Platão e Aristóteles, vezes sem conta, pareciam considerar (2) indistinguível de (1). Dada a necessária conexão entre conhecimento e verdade, parece ter sido este seu raciocínio, apenas o que é necessário pode ser conhecido. Da aceitação de (2) emergiu a construção da teoria das Ideias eternas e imutáveis, e daí também o ideal impossível da ciência aristotélica.

Se o que é conhecimento deve ser verdadeiro, então pode parecer que o conhecimento deve ser o exercício de uma capacidade que não pode errar. Essa é a forma que assumiu a falácia na época helenística. Os epicuristas e estoicos, à diferença de Platão e Aristóteles, estavam preparados para aceitar o conhecimento não apenas das verdades eternas, mas das contingências mundanas como a de que Díon está caminhando agora. Mas isso só é possível, afirmavam, se possuímos faculdades — sensoriais ou racionais — que sejam capazes de operar de modo infalível. Essa falácia helenística é nada menos que a imagem da falácia clássica refletida no espelho. Assumamos F para uma faculdade qualquer. Então, é verdade que

É impossível, se F conhece aquele p, que F esteja errado.

Mas não é a mesma coisa, nem é verdade que,

Se F conhece aquele p, então teria sido impossível a F ter errado.

A falácia epistemológica, tanto em sua forma clássica como na helenística, manteria suas sombras por longo tempo na história da filosofia.

5

Como as coisas acontecem: a física

Em capítulos anteriores vimos como os pensadores gregos, de Tales a Platão, conceberam um quadro elaborado do universo em que vivemos. Embora possuam grande interesse histórico, suas teorias físicas foram superadas pelo progresso científico, não podendo mais nos oferecer iluminação quanto ao mundo. O mesmo é verdade sobre a representação do mundo de Aristóteles. Mas além da especulação física Aristóteles ofereceu, de forma bem mais ampla que qualquer um de seus predecessores, um exame filosófico dos conceitos subliminares fundamentais para a explicação física de muitos e diversos tipos. Sua filosofia da física, à diferença de seu sistema físico em si, contém muita coisa que permanece de interesse.

A segunda das categorias de Aristóteles é a quantidade, aquela que responde à questão "quão grande?", e para a qual Aristóteles tinha em mente respostas como "Um metro e vinte de largura", "um metro e oitenta de altura" (*Cat.* 4, 1b28). Há dois tipos de quantidades, ele nos diz, discretas e contínuas. Uma quantidade discreta seria, por exemplo, um exército de mil homens (cf. *Metafísica* Δ 13, 1020a7); como exemplo de quantidades contínuas nos são fornecidas linhas, superfícies, corpos, tempo e lugar (*Cat.* 6, 4b20ss.). O tratamento de Aristóteles do *continuum* e das quantidades contínuas é fundamental para sua filosofia da física, e a primeira parte deste capítulo será dedicada a esses tópicos.

O *continuum*

No começo do livro 6 da *Física*, Aristóteles apresenta três termos para indicar as diferentes relações entre itens quantificados: esses itens podem ser sucessivos (*ephexes*), adjacentes (*hama*) ou contínuos (*syneches*). Dois itens são sucessivos se entre eles não há nada que seja do mesmo tipo desses itens. Assim, duas ilhas em um arquipélago são sucessivas se somente o mar se interpõe entre elas; dois dias são sucessivos se não há dia, mas tão somente a noite, entre eles. Dois itens são adjacentes se possuem duas fronteiras em contato entre si, e são contínuos se têm somente uma fronteira comum entre eles (231a18-25). Aristóteles faz uso dessas definições para afirmar um argumento de que um *continuum* não pode ser composto de átomos indivisíveis.

Uma linha, por exemplo, não pode ser composta de pontos que carecem de grandeza. Como um ponto não tem partes, ele não pode ter uma fronteira distinta de si: dois pontos, portanto, não podem ser nem adjacentes nem contínuos. Se se afirmar que a fronteira de um ponto é coincidente com o próprio ponto, então dois pontos que são contínuos serão um e o mesmo ponto. E os pontos também não podem ser sucessivos uns aos outros, porque entre quaisquer dois pontos em uma linha contínua sempre poderemos encontrar outros pontos na mesma linha (231a29-b15).

Um raciocínio similar, diz Aristóteles, aplica-se à grandeza espacial, ao tempo e ao movimento: todos os três são *continua* da mesma espécie. O tempo não pode ser composto de momentos indivisíveis, porque entre quaisquer dois momentos existe sempre um período de tempo, e um átomo de movimento terá, na verdade, de ser um momento de descanso.

A divisibilidade, de fato, é uma característica definidora de quantidade ou grandeza, e é desse modo utilizada no léxico aristotélico de termos filosóficos na *Metafísica* Δ (1020a7): "Quantidade se diz do que é divisível em partes imanentes e das quais cada uma é, por sua natureza, algo uno e determinado"[1]. Deixaremos para explorar posteriormente o que significa ser, "por sua natureza, algo uno e determinado".

Portanto, pontos ou momentos, que eram indivisíveis, careceriam de grandeza, e grandeza zero, não importando quantas vezes possa se repetir, jamais poderia acrescentar qualquer grandeza. Tomando outro caminho, portanto, chegamos à conclusão de que uma quantidade contínua não é

---

1. Tradução: Marcelo Perine, in *Metafísica*, São Paulo, Loyola, 2002, 231. (N.T.)

composta de termos indivisíveis. Se uma grandeza pode ser dividida somente em outras grandezas, e toda grandeza tem de ser divisível, segue-se que toda grandeza é infinitamente divisível.

A noção de divisibilidade infinita de Aristóteles não é de fácil apreensão, e ele tinha total consciência dessa dificuldade. Em *Sobre a geração e a corrupção* ele expõe detalhadamente uma linha de objeção à sua tese, a qual sugere ter sido a linha de raciocínio que levou Demócrito a abraçar o atomismo. O argumento se desenvolve a seguir.

Se a matéria é infinitamente divisível, então suponhamos que essa divisão já tenha sido feita — já que se a matéria é genuinamente tão divisível não há nada de incoerente nessa suposição. Qual seria o tamanho dos fragmentos resultantes dessa divisão? Se eles tiverem de fato alguma grandeza, então, partindo da hipótese da divisão infinita, seria possível continuar a dividi-los, o que leva à conclusão de que eles devem ser fragmentos sem extensão, como um ponto geométrico. Mas tudo o que pode ser dividido pode ser reunido novamente: se serrarmos uma tábua em vários pedaços, mesmo em pedaços tão minúsculos como poeira de serragem, poderemos juntá-los novamente para formar uma tábua do mesmo tamanho. Mas, se nossos fragmentos não tiverem grandeza, como poderão então ser de fato juntados para formar a porção extensa de matéria que tínhamos inicialmente? A matéria não consiste de meros pontos geométricos, nem mesmo de um infinito número deles, o que nos força a concluir que a divisibilidade tem um limite, e que os menores fragmentos possíveis devem ser corpos com tamanho e forma (1, 2, 316a14–317a3).

Aristóteles tenta responder a essa dificuldade em várias passagens (*F* 3, 6, 206a18-25; 7, 207b14). "Divisibilidade ao infinito", insiste, quer dizer "divisão sem fim", não "divisível em um número infinito de partes". Não importa quão frequentemente uma grandeza tenha sido dividida, ela sempre poderá ser mais dividida. Ela é infinitamente divisível no sentido de que não há fim para a sua divisibilidade. O *continuum* não tem um número infinito de partes. Aristóteles, de fato, considera incoerente a ideia de um número realmente infinito. O infinito, ele afirma, possui apenas uma existência potencial (3, 6, 206a18).

Trata-se de uma resposta suficiente ao argumento de Demócrito, mas Aristóteles continua, e estraga tudo. Ele oferece uma distinção entre diferentes tipos de potencialidade. Um bloco de mármore tem a potencialidade para tornar-se uma estátua: quando isso acontece, a estátua ocupará aquele lugar, tudo ao mesmo tempo. Mas as partes em que um período ou séries de tempo podem ser divididas possuem um tipo diferente de potencialidade. Elas não podem estar todas ali ao mesmo tempo: quando acordo, o dia à minha frente contém tanto a manhã como a tarde, mas elas não podem ocorrer ao mesmo tempo.

Esse movimento não parece apropriado, e por mais de uma razão. Primeiro, Aristóteles defende uma tese sobre o *continuum* em geral: parece errôneo defender essa tese apelando para uma propriedade que pode ser peculiar a uma forma particular do *continuum*, a saber, o tempo. Segundo, o argumento a favor da divisibilidade infinita do *continuum* não lida com o processo de divisão. Demócrito, no argumento que Aristóteles tributa a ele, diz que se algo é infinitamente divisível não importa se a divisão é feita simultaneamente, pois a questão é se o resultado da divisão será algo coerentemente concebível (*GC* 1, 2, 316a18). Terceiro, o contraste com a potencialidade de produzir uma estátua é uma pista falsa.

Em um de seus sonetos, Michelangelo evoca de forma poderosa as potencialidades inerentes a um bloco de mármore:

> Não tem o bom artista qualquer conceito,
> Que um mármore somente em si não circunscreva
> Com seu excesso, e lá somente chega
> A mão que obedece ao intelecto[2].

A atualização simultânea, a partir de um simples bloco de mármore, de todos os conceitos de todos os grandes artistas seria tão impossível quanto a atualização simultânea de todas as partes do *continuum*. Em geral, é uma falácia argumentar de

(1) É tanto possível que p como possível que q

para

(2) É possível que tanto p como q,

e para notá-la é preciso apenas que se verifique o caso em que "q" é "não-p". Daí que, para responder a Demócrito, Aristóteles não precise introduzir

---

2. Non ha l'ottimo artista alcun concetto/Ch'un marmo solo in sè non circoscriva/Col suo soverchio, e solo a quello arriva/La man che ubbidisce all'intelletto.

sua distinção entre poderes que são e poderes que não são atualizáveis simultaneamente. Basta salientar (como ele o faz em *GC* 1, 2, 317a8) que há uma diferença entre dizer que qualquer contínuo pode ser dividido em *qualquer* ponto e dizer que qualquer contínuo pode ser dividido em *todo* ponto.

Deveríamos porém apreciar o soneto com mais apuro. Enquanto a mão e o intelecto de Michelangelo são insuperáveis no que se refere a realizar as potencialidades do mármore, pode-se questionar se seu poema oferece uma adequada apreensão filosófica sobre a natureza da potencialidade. Claramente, Michelangelo pensa nas estátuas potenciais como realidades impalpáveis, já presentes ali de alguma forma misteriosa no interior do mármore não talhado. Se se concebem as potencialidades como realidades impalpáveis, então pode parecer que se pode contá-las e quantificá-las. O que quer que seja infinitamente divisível, nesse caso, teria um número infinito de partes. Mas devemos resistir à tentação de pensar nas potencialidades desse modo, seja em Michelangelo, seja em Demócrito.

Aristóteles sobre o lugar

A quinta das categorias de Aristóteles é o lugar, a resposta à questão "onde?", para a qual a típica resposta é "no Liceu" (*Cat.* 4, 2a1). A nós não é dito mais nada sobre essa categoria nas *Categorias*, mas o quarto livro da *Física* contém seis capítulos sobre o lugar (um tópico difícil, nos diz Aristóteles, a respeito do qual ele não encontrou nada em seus predecessores que pudesse auxiliá-lo; 4, 1, 208a32-3). Todo corpo — *prima facie*, pelo menos — está em algum lugar e pode se mover de um lugar para outro. O mesmo lugar pode ser ocupado em diferentes tempos por diferentes corpos, como um frasco pode conter primeiro a água e depois o ar. Assim, o lugar não pode ser idêntico ao corpo que o ocupa (4, 1, 208b29–209a8). O que então é o lugar?

A resposta a que por fim chega Aristóteles é que o lugar de uma coisa é o primeiro limite imóvel do que quer que a contenha. Assim, o lugar de uma dose de vinho é a superfície interior do frasco que o contém — contanto que o frasco esteja imóvel. Mas suponhamos que o frasco esteja em movimento, talvez em um bote flutuando rio abaixo. Então o vinho estará se movendo também, de um lugar para o outro, e seu lugar terá de ser dado pela especificação de sua posição em relação às margens imóveis do

A imaginação medieval mostra aqui Alexandre, o Grande, como o pesquisador-assistente de Aristóteles, a explorar o leito do mar em um sino de mergulho de vidro.

rio (4, 5, 212b15). Do mesmo modo com uma árvore numa enxurrada, cercada por águas revoltas: seu lugar é definido pelo leito imóvel no qual ela está enraizada[3].

Como fica claro a partir desses exemplos, para Aristóteles uma coisa não está apenas no lugar definido por seu recipiente imediato, mas também no que quer que contenha o recipiente. Portanto, assim como uma criança pode escrever seu endereço como sendo rua Direita, 1, São Paulo, Brasil, Terra, Universo, do mesmo modo Aristóteles afirma: "Você está agora no universo porque você está na atmosfera e a atmosfera está no universo; e você está na atmosfera porque você está na Terra, e você está na Terra porque você está em sua residência particular". O universo é o lugar que é comum a tudo.

Se estar no lugar é estar em um recipiente, segue daí que o universo não está em lugar algum: e essa é uma conclusão tirada pelo próprio Aristóteles. "O universo não está em lugar nenhum, pois o que quer que esteja em algum lugar deve não somente ter existência própria, mas deve ter também algo a seu lado em que esteja e que o contenha. Mas não há nada que exista fora do todo e do universo" (F 4, 5, 212b14-17). E se o universo não está em um lugar ele não pode se movimentar de lugar para lugar.

---

3. Ver W. D. Ross, *Aristotle*, 86; Id., *Aristotle's Physics*, Oxford, Clarendon, 1936, 575.

Fica claro que o lugar, na descrição de Aristóteles, é um tanto diferente do espaço como foi frequentemente concebido, a partir de Newton, como uma extensão infinita ou uma rede cósmica. O espaço newtoniano existiria tivesse ou não sido criado o universo material. Para Aristóteles, se não houvesse corpos não haveria lugar; pode, contudo, existir um vácuo, um lugar vazio de corpo, mas somente se o lugar é cercado de corpos reais (4, 1, 208b26). Seu conceito de lugar, portanto, pode evitar as dificuldades que levaram filósofos como Kant a negar a realidade do espaço. Contudo, Aristóteles acrescenta a seu conceito básico um elemento significante que é irremediavelmente anacrônico: a noção de lugar natural.

Em um cosmos ordenado, acreditava Aristóteles, cada um dos quatro elementos — terra, ar, fogo e água — tinha seu lugar natural, o qual exercia uma influência causal: o ar e o fogo, por natureza, moviam-se para o alto, a água e a terra moviam-se para baixo. Cada um desses movimentos era natural a seu elemento; outros movimentos eram possíveis, mas eram "violentos". No universo como o encontramos, esses movimentos naturais são contidos por vários fatores, de modo que poucas coisas estão de fato em seu lugar natural; mas a verdadeira disposição dos elementos seria explicada *inter alia* por sua tendência a buscar seu lugar natural, o lugar que é o melhor para eles estarem (4, 1, 208b9-22). Preservamos uma recordação da distinção que Aristóteles faz dos movimentos naturais e violentos quando contrastamos a morte natural à morte violenta. Mas nenhum dos modernos admiradores de Aristóteles defende mais essa visão classista do universo, em que cada elemento sabe o seu lugar e é feliz por estar situado no local que lhe foi designado pela natureza.

Aristóteles sobre o movimento

A descrição fundamental de Aristóteles sobre o movimento, todavia, não é corrompida pela teoria antiquada com a qual se relacionava, sendo na verdade um dos mais sutis componentes de sua filosofia da física. "Movimento" (*kinesis*) era para Aristóteles um termo abrangente, que incluía mudanças em várias categorias diferentes, como o crescimento em tamanho ou a mudança de cor (*F* 3, 1, 200b32). O movimento de lugar para lugar, contudo — o movimento local —, fornece um paradigma que pode ser utilizado para expor sua teoria.

A definição de movimento que Aristóteles oferece em seu terceiro livro da *Física* não é, à primeira vista, particularmente iluminadora. "Movimento", diz ele, "é a realidade daquilo que é em potência, desde que o seja em potência". Vamos destrinçar essa definição. Se um corpo X deve se mover do ponto A ao ponto B, ele deve ser capaz de fazê-lo: quando X está em A ele está apenas potencialmente em B. Quando essa potencialidade tiver sido realizada, então X estará em B. Mas então estará em repouso, e não em movimento. Assim, o movimento da A até B não é simplesmente a realização de uma potência em A de estar em B. Poderíamos dizer que é uma realização parcial daquela potência? Também não, porém, porque um corpo em repouso em um ponto intermédio entre A e B pode ser descrito como tendo realizado parcialmente aquela potencialidade. Podemos dizer que é uma realização de uma potencialidade que ainda está sendo realizada, e é a isso que a definição de Aristóteles chega. Enquanto em A, o corpo tem na verdade duas diferentes potencialidades: uma de estar em B e uma de se mover até B. Aristóteles ilustra o ponto com outros exemplos de *kinesis*: o aquecimento gradual de um corpo; o entalhar de uma estátua; o tratamento de um paciente; a construção de uma casa (3, 1, 201a10-15).

O movimento, continua Aristóteles, é uma noção difícil de apreender, e isso porque é como se se encontrasse a meio caminho entre a potencialidade pura e a realidade pura. Ele resume seu relato em um lema, afirmando que o movimento é uma realidade incompleta ou imperfeita de uma potencialidade imperfeita (3, 2, 201b31). Estar em B seria a realidade perfeita; mover-se até B é a realidade imperfeita. A potencialidade para estar em B é a potencialidade perfeita; a potencialidade para mover-se até B é a potencialidade imperfeita.

O movimento é um *continuum*, uma mera série de posições entre A e B e não um movimento de A até B. Para que X se mova de A até B ele tem de passar por todo ponto intermédio entre A e B; mas passar por um ponto não é o mesmo que estar localizado naquele ponto. Aristóteles argumenta que o que quer que esteja em movimento já estava em movimento. Se X, viajando de A até B, passa pelo ponto intermédio K, ele seguramente já havia passado por um ponto J anterior, no meio do caminho entre A e K. E não importando quão curta a distância entre A e J também essa é divisível, e assim por diante, *ad infinitum*. Em qualquer ponto sobre o qual X esteja se movendo, haverá um ponto anterior por sobre o qual ele já passou (cf. *F* 6, 5, 236b33-5). Disso se segue que não existe algo como um primeiro instante de movimento.

A descrição de Aristóteles do movimento está envolta por uma cuidadosa análise das propriedades semânticas dos verbos gregos. Ao contrário do grego, o português tem uma forma especial do contínuo para cada tempo verbal. A diferença entre "Ele corre" e "Ele está correndo" é suficientemente clara em português, assim como a diferença entre "O que quer que se mova se moveu antes" (o que é duvidoso) e "O que quer que esteja se movendo esteve se movendo antes" (o que é verdadeiro). Em grego, Aristóteles tem de se esforçar para deixar claro que ele está falando não sobre algo que se move, mas sobre algo que está se movendo. Ele confirma, no entanto, não apenas que o que quer que esteja se movendo esteve se movendo antes, mas que o que quer que esteja se movendo *se moveu* antes (F 5, 6, 237b5).

Para Aristóteles, há alguns verbos que significam *kineseis* (movimentos) e alguns que significam *energeiai* (realidades) (Met. Θ 6, 1048b18-36). *Kinesis*, como já se disse, inclui não apenas o movimento, mas vários tipos diferentes de mudança e produção, entre os quais Aristóteles dá como exemplos: aprender algo, construir uma casa em particular, caminhar para um lugar definido. Como exemplos de *energeiai* ele lista: enxergar, conhecer, ser feliz. Ele distingue suas duas classes de verbos por meio de sutis pontos linguísticos.

Verbos do primeiro tipo significam atividades que são imperfeitas no seguinte sentido: se eu estou ϕindo, então eu ainda não ϕí (se eu ainda estou construindo esta casa, então eu ainda não a construí, e assim por diante). As atividades que eles significam são atividades que levam tempo (*EN* 10, 4, 1174b8). Atividades ou realizações do segundo tipo, contudo, não *levam* tempo, mas antes *perduram* ou continuam no tempo. Uma *kinesis* pode ser rápida ou lenta, e pode ser completada ou interrompida; o mesmo não ocorre com a *energeia*. Eu posso aprender algo rapidamente, mas eu não posso conhecer este algo rapidamente; eu posso ser interrompido enquanto estiver aprendendo, mas não enquanto estiver conhecendo (*EN* 10, 4, 1173a33; *Met.* Θ 6, 1048b19).

Energeiai como o conhecer são estados. Além de estados como o conhecimento, há *energeiai* secundárias, ou realidades que são o exercício de tais estados. Assim, temos uma sequência triádica: eu aprendo grego, eu sei grego, eu falo grego. As realidades secundárias têm algumas das características dos movimentos e algumas características das atividades: falar grego não é um processo imperfeito voltado a um fim da forma como aprender grego o é; por outro lado ele pode ser interrompido, e o saber grego não pode.

As classificações de Aristóteles podem ser vistas como um estudo daquilo que os gramáticos denominam *aspectos* dos verbos, que em grego, mais ainda que em português, são com frequência indissociáveis do tempo verbal. Ainda utilizamos a terminologia aristotélica para distinguir, por exemplo, o tempo imperfeito (que nos diz o que *esteve acontecendo*) do tempo perfeito (que nos diz o que *aconteceu*). Já deparamos com o tratamento dado por Aristóteles aos tempos verbais quando, no capítulo 3, estudamos seu tratamento das proposições de tempo pretérito e futuro no *Sobre a interpretação*. É agora apropriado que observemos seu tratamento formal do tópico do tempo na *Física* (4, 10-14).

Aristóteles sobre o tempo

Para Aristóteles, extensão, movimento e tempo são três *continua* fundamentais, em relação íntima e ordenada entre si. Seu paradigma de mudança é o movimento local, movimento em uma distância: o movimento adquire sua continuidade do *continuum* da extensão espacial. O tempo, por sua vez, deriva sua continuidade da continuidade do movimento (*F* 4, 11, 219a10-14). Desse modo, a descrição aristotélica do tempo é parasitária de sua descrição do movimento: sua definição formal, na realidade, é: tempo é a quantidade de movimento em termos do antes e do depois (4, 11, 219b1).

O movimento e o tempo estão intimamente relacionados, mas, ainda assim, como poderíamos não questionar a prioridade que Aristóteles concede ao movimento? Movimentos, e mudanças de qualquer tipo são obviamente impossíveis sem o tempo. Se X deve mover-se de A até B, ele deve *primeiro* estar em A e *depois* estar em B, e qualquer mudança deve implicar um estado *anterior* e um estado *posterior*. Mas é o tempo impossível sem movimento? Será que não podemos conceber um universo estático, ou de fato vazio, existindo durante um período de tempo maior ou menor?

Aristóteles acreditava que não: onde não existe movimento não existe tempo (4, 11, 219a1). Não que o tempo seja idêntico ao movimento: movimentos são movimentos de coisas particulares, e tipos diferentes de mudanças são movimentos de tipos diferentes, mas o tempo é universal e uniforme. Movimentos, além disso, podem ser rápidos ou lentos, o que não é o caso do tempo. De fato, é em relação ao tempo que a velocidade dos movimentos é determinada (4, 10, 218b9; 14, 223b4). Todavia, diz Aristóteles, "percebemos o movimento e o tempo como uma coisa só" (4, 11, 219a4).

Dizemos quanto tempo se passou graças à observação do processo de alguma mudança. Nós, hoje em dia, sabemos o tempo correto pela identificação dos pontos a que chegaram os ponteiros do relógio em sua jornada em torno da face de um relógio. Podemos estabelecer pontos análogos em relação a quaisquer processos que estiverem sendo empregados como relógios, como ampulhetas ou clepsidras. Para Aristóteles, ainda mais importante, medimos os dias, meses e anos pela observação do sol, da lua e das estrelas em seus deslocamentos celestiais.

A parte de uma jornada que está mais próxima de seu ponto de partida ocorre antes da parte que está mais próxima de seu fim. Essa relação espacial entre próximo e distante fornece a base para a relação de antes e depois no movimento; e estes são o "antes" e "depois" que aparecem na definição aristotélica de tempo. É o *antes* e o *depois* no movimento que possibilitam o *antes* e o *depois* no tempo. Assim, segundo Aristóteles, a ordem temporal é derivada da ordenação espacial final de porções de tempo.

Quando Aristóteles diz que o tempo é a quantidade de movimento, essa ordenação é sem dúvida uma das coisas que ele tinha em mente: podemos enumerar partes do movimento como primeiras, segundas, terceiras e assim por diante. Mas ele podia estar pensando tanto em uma ordenação cardeal como ordinal, já que o tempo tem tanto um elemento métrico como um elemento topológico. Podemos sempre dizer não apenas que A vem antes de B, mas também *quanto tempo* antes. Isso parece implícito quando Aristóteles explica que quando ele fala de "número" ele quer dizer aquilo que é contado e não a unidade de contagem (*F* 4, 11, 219a9). Para explicitar essa questão ele poderia ter acrescentado à sua definição que o tempo é quantidade não apenas no que diz respeito a um antes e a um depois, mas também no que respeita ao mais rápido e ao mais lento. Como prova da universalidade do tempo ele oferece o fato de que qualquer mudança que aconteça pode ser medida em termos de velocidade (*F* 4, 13, 222b30).

Qual a relação entre o tempo como aparece na definição aristotélica (a série antes–depois) e o tempo como expressado pelo tempo verbal (passado, presente e futuro)? Aristóteles relaciona os dois por meio de seu conceito de "o agora" (*to nun*).

> Dizemos "anterior" e "posterior" em referência à distância do agora; e o agora é a fronteira entre o passado e o futuro. […] Mas "anterior" é empregado de maneiras opostas em relação ao tempo passado e ao tempo futuro: no passado chamamos anterior ao que está mais distanciado do agora, e chamamos posterior ao que está mais próximo do agora; já no futuro, chamamos anterior ao que está mais próximo do agora, e chamamos posterior ao que está mais distante do agora (*F* 4, 14, 223a5-14).

Aristóteles fala amiúde do "agora". Ele parece fazer uso disso para dois propósitos diversos: um, o uso corrente para indicar o tempo presente; outro, um emprego mais técnico, em que parece significar "instante" ou "momento". Neste segundo emprego, pode-se falar de "agora" anterior e posterior (*F* 4, 10, 218b24; 11, 220a21). No trecho que acabamos de citar, Aristóteles parece estar fundindo os dois usos, para significar "o instante presente". Um uso infeliz, porque *o instante presente* é uma noção incoerente. "Presente" é um adjetivo aplicável somente a períodos, tais como o presente ano ou o presente século. Instantes são as fronteiras dos períodos: os períodos futuros são ligados por instantes futuros; os períodos passados são ligados por instantes passados. Mas os períodos presentes não são ligados por instantes presentes, mas por dois instantes, um dos quais é passado, o outro futuro. Não existe presente instantâneo[4].

A tese segundo a qual o presente é um instante resulta frágil em comparação com outra tese à qual Aristóteles concede considerável importância, a saber, sua afirmação de que não pode haver movimento no instante. Se o agora é um instante, e não há movimento no instante, então nada está em movimento agora. Esse argumento pode ser repetido a todo tempo; assim, parece que o movimento será sempre irreal. Mas o que, de qualquer modo, podemos entender dessa segunda tese ao tomá-la isoladamente?

Podemos concordar prontamente que nenhum objeto pode mover-se num instante. Não pode haver movimento entre *t* e *t*, tanto quanto não pode haver movimento de A até A. Mas disso não se segue que nenhum objeto possa *estar se movendo* em um instante, tanto quanto não se segue que nenhum objeto possa estar se movendo em um ponto. Aristóteles, contudo, não está simplesmente fazendo uma inferência falaciosa a partir de um sentido do tempo presente grego em relação a um outro; como vimos, ele é perfeitamente capaz de evitar qualquer tipo de confusão semântica desse tipo. Ele oferece um argumento para a conclusão mais forte com base na premissa já vista por nós de que qualquer coisa que esteja se movendo já estava se movendo. Mas a conclusão correta a extrair desse argumento não é que nada pode estar se movendo em um momento, mas que nada pode estar se movendo apenas por um momento.

A verdade encontra-se por trás da afirmação de Aristóteles de que somente podemos falar de X movendo-se no tempo *t* se *t* é um momen-

---

4. Owen sugere que esta confusão se originou no *Parmênides* de Platão (152a-e), não tendo sido desfeita até Crisipo. Cf. G. E. L. OWEN, Aristotle on time, in J. BARNES, M. SCHOFIELD, R. SORABJI (ed.), *Articles on Aristotle* [III: *Metaphysics*], London, Duckworth, 1975, 151.

to dentro de um período de tempo — t' até t'' — durante o qual X está em movimento; assim como somente podemos falar de X movendo-se no ponto p se p é um ponto em uma trilha entre p' e p'' ao longo da qual X está em movimento. A noção de velocidade em um ponto é então uma derivada (que pode ser simples ou complexa, a depender da uniformidade do movimento ou de sua ausência) da duração do tempo, t' até t'', que X leva para ir de p' até p''.

Aristóteles sobre a causa e a mudança

Em seu léxico filosófico na *Metafísica* Δ, e também na *Física* 2, 3194b16–195b30, Aristóteles distingue quatro tipos de causa ou explicação. Primeiro, diz, há aquela de que e do que uma coisa é feita, como o bronze de uma estátua e as letras de uma sílaba, à qual chama de causa material. Segundo, há a forma e o modelo de uma coisa, o que pode ser expressado por sua definição: seu exemplo é que a proporção do comprimento de duas cordas em uma lira é a causa de uma nota ser uma oitava acima da outra. O terceiro tipo de causa é a origem de uma mudança ou estado de repouso em outra coisa, ao que os discípulos de Aristóteles com frequência denominavam "causa eficiente". Aristóteles dá como exemplos uma pessoa que toma uma decisão, um pai que gera um filho, um escultor entalhando uma estátua, um doutor curando um paciente e, em geral, qualquer um que faça algo ou altere alguma coisa. O quarto e último tipo de causa é o fim, ou propósito, em razão do qual algo é feito; é o tipo de explicação que damos se alguém nos pergunta por que estamos caminhando e respondemos: "Para nos mantermos saudáveis". Este último tipo de causa veio a ser conhecida como a "causa final".

Na moderna filosofia a causação é comumente pensada como uma relação entre dois eventos, um a causa, outro o efeito. Aristóteles, de forma clara, estrutura a causação de modo diferente. Ocasionalmente, ele fala de eventos causando eventos (a expedição ateniense a Sardis causou a guerra com a Pérsia [2A 2, 11, 94a36]), mas nenhuma das causas que ele menciona em sua lista canônica é um evento episódico. Em sua maioria, são entidades substanciais — seres humanos, por exemplo, ou pedaços de bronze; outros são estados permanentes, como a proporção entre as cordas de uma lira ou a habilidade do escultor (que é a causa mais imediata da estátua; *F* 2, 3, 195a6). Também os efeitos, do modo como ele os descreve, podem se apresentar em muitas categorias: estados, ações e produtos. Os efeitos do terceiro tipo de causa, as causas eficientes, como relacionados, incluem as substâncias (uma criança), os artefatos (uma estátua) e os eventos (a cura de um paciente). Mas isso não prejudica o conceito de Aristóteles que afirma que, no caso da causação eficiente, o resultado é sempre um evento, seja a mudança para algo (a recuperação de um paciente), seja a transformação de algo em alguma coisa (a procriação de uma criança, a produção de uma estátua).

A diferença entre as noções aristotélica e moderna de causa é tão notável que alguns estudiosos rejeitam a tradução tradicional de *aitia* por causa e preferem outros termos, como "explicação", ou falam dos quatro porquês em lugar das quatro causas. O próprio Aristóteles nos diz que há quatro tipos de respostas para a questão "por quê?".

> A pergunta "por quê?", com efeito, pode nos levar, no caso de coisas imutáveis, como a matemática, ao "o que" (à definição do reto, do comparável ou do análogo), ou pode nos levar à causa primeira (Por que foram à guerra? Porque haviam sido atacados), ou pelo motivo (para que dominassem), ou, no caso das coisas que se fazem, para a matéria (*F* 2, 7, 198a14-21).

Aqui encontramos os mesmos quatro itens, mas em ordem: formal, eficiente, final, material.

Ao listar suas quatro causas, Aristóteles fornece exemplos matemáticos de causas formais. Mas as formas cuja causação mais lhe interessam são as formas ou naturezas dos seres vivos: são estas que oferecem a explicação interna para os ciclos da vida e as atividades características das plantas e dos animais. Nesses casos, as causas formal e final coincidem: a realização madura da forma natural é o fim para o qual as atividades dos organismos se orientam. Mas ele também estava interessado na explicação dos intercâmbios entre as substâncias não-vivas, das quais ele daria como exemplo a transformação de água em vapor. Em tais casos ele faz uso de causas materiais e formais como princípios explicadores.

Mudança, para Aristóteles, pode se dar em muitas categorias diferentes: o crescimento, por exemplo, é mudança na categoria da quantidade; e a uma mudança em uma qualidade (por exemplo, de cor) foi chamada de alteração (*GC* 1, 5, 320a13). O movimento local, como vimos, é mudança na categoria de lugar. Mas a mudança na categoria da substância, em que há mudança de um tipo de coisa para um outro tipo de coisa, é um tipo muito especial de mudança. Quando uma substância sofre uma mudança de quantidade ou qualidade, a mesma substância mantém, durante o processo, sua forma substancial. Mas, se um tipo de coisa se torna outra, algo permanece no processo? Aristóteles responde: a matéria.

> Temos um caso de alteração quando o sujeito da mudança é perceptível e persiste, e apenas mudam suas propriedades. [...] Um corpo, por exemplo, enquanto permanece o mesmo corpo, está ora saudável, ora doente; certo bronze pode ser ora esférico e ora angular, e ser ainda o mesmo bronze. Mas quando nada perceptível persiste em sua identidade como sujeito passível de mudança, e a coisa muda como um todo (e.g., quando o sêmen se torna sangue ou a água altera-se para ar, ou o ar torna-se todo água), esse tipo de ocorrência é um caso de uma substância sendo gerada e outra sendo corrompida. [...] A matéria, no sentido mais apropriado do termo, deve ser identificada com o sujeito suscetível de geração e corrupção (*GC* 1, 4, 319b8–320a2).

Qual é a natureza dessa matéria que subjaz à mudança substancial? Aristóteles explica constantemente a relação da matéria com a forma nas coisas vivas (por exemplo na formação de um feto, como descrita por ele acima de maneira primitiva) por analogia com artefatos. "Como o bronze para a estátua, a madeira para a cama, ou o informe antes de receber sua forma são para o objeto formado, assim o é a natureza subjacente para a substância" (*F* 1, 7, 191a9-12). A analogia não é de fácil apreensão. O que é a natureza subjacente que permanece quando submetida à mudança substancial do mesmo modo pelo qual a madeira permanece madeira antes e depois de ser transformada em cama? Seguramente o molde da madeira ou do bronze é um exemplo de mudança acidental, não de mudança substancial.

E as coisas não ficam mais claras quando Aristóteles nos diz:

> Chamo matéria aquilo que, por si, não é nem algo determinado, nem uma quantidade, nem qualquer outra das determinações do ser. Existe, de fato, alguma coisa da qual cada uma dessas determinações é predicada: alguma coisa cujo ser é diferente do ser de cada uma das categorias. Todas as outras categorias, com efeito, são predicadas da substância e esta, por sua vez, é predicada da matéria. Assim, este termo, por si, não é nem algo determinado, nem quantidade, nem qualquer outra categoria (*Met*. Z 3, 1029a21-5)[5].

---

5. Tradução de Marcelo Perine, in *Metafísica*, São Paulo, Loyola, 2002, 293. (N.T.)

Uma entidade que não é nem algo determinado nem uma quantidade ou alguma forma, e da qual nada possa ser dito, parece ser algo altamente misterioso. Mas não é isso o que Aristóteles está nos convidando a aceitar. Sua matéria definitiva (à qual ele chama às vezes de matéria-prima) não é *por si e em si* algo determinado. Não é por si e além de si uma quantidade particular, já que pode crescer ou encolher; não é por si e além de si água, e não é por si e além de si vapor, pois é cada um desses a seu tempo. Isso não quer dizer que haja alguma ocasião em que não seja de nenhum tamanho, ou alguma ocasião em que não seja nem água nem vapor e nem coisa alguma.

Como, então, pode ser identificado um pedaço de matéria? Bem, na vida cotidiana estamos familiarizados com a ideia de que uma e a mesma porção de uma coisa pode primeiro ser uma coisa e depois um outro tipo de coisa. Uma garrafa contendo uma dose de nata pode aparentar, após ser agitada, conter não creme, mas manteiga. A coisa que sai da garrafa é a mesma coisa que a coisa que entrou na garrafa, nada tendo sido acrescentado e nada tendo sido retirado. Mas o que sai da garrafa é algo de espécie diferente daquilo que nela foi colocado. É de casos desse tipo que a noção aristotélica de matéria foi derivada.

A opinião dos estoicos sobre a causalidade

A descrição que os estoicos fazem das causas é a um só tempo mais simples e mais complexa que a descrição aristotélica. É simples porque o estoicos não consideram as causas material, formal e final como causas propriamente ditas, além de ironizar a "multidão de causas" dos discípulos de Aristóteles (Sêneca, *Ep*. 65, 4). A abordagem que dão às causas eficientes, contudo, é mais complexa, porque eles adotam uma forma canônica para a descrição da causação, além de oferecer uma rica classificação dos diferentes tipos de causa. Mais importante, à diferença de Aristóteles, eles oferecem uma lei da causação universal, que necessita ser exposta e defendida.

A análise estoica padrão da causação se apresentava da seguinte maneira: A faz que B seja F. A, a causa, deve ser um corpo, da mesma forma que B; mas o resultado, B ser F, não é um corpo mas uma entidade abstrata, um *lekton*. Isso é explicado por Sexto Empírico:

> Os estoicos afirmam que toda causa é um corpo que se torna para outro corpo uma causa de algo incorpóreo. Por exemplo, um bisturi, que é um corpo,

torna-se para a carne, outro corpo, uma causa do predicado incorpóreo *ser cortado*. Assim também o fogo, que é um corpo, torna-se para a madeira, outro corpo, uma causa do predicado incorpóreo *ser queimada* (M. 9, 211).

Embora A e B sejam ambos entidades materiais, os estoicos fazem uso do termo "matéria" para se referir especialmente a B, o elemento passível na causação (Sêneca, *Ep.* 65, 2; LS 55E). Assim, na causação estoica temos uma tríade de causa, matéria e efeito.

Os estoicos introduziram a noção de causas associadas (*sunaitia*) e causas auxiliares (*sunerga*). Dois bois são causas associadas do movimento do arado se nenhum deles pode puxá-lo sozinho; eu sou uma causa auxiliar se o ajudo a levantar uma carga que você pode, quando quiser, mover sozinho (LS 55I). O reconhecimento de causas associadas e auxiliares foi importante, por demonstrar que frequentemente pode ser equívoco falar *da* causa de um estado ou evento particulares. Causas formam não uma corrente, mas uma rede.

Para os estoicos não são apenas as mudanças e os inícios da existência que necessitam de causas: há ainda as causas mantenedoras (*aitiai synektikai*), que propiciam que as coisas continuem a existir. Corpos de todos os tipos, por exemplo, são mantidos unidos por um fluido ativo e tênue chamado *pneuma* — literalmente, "sopro" —, o qual é responsável pela coesão do universo. Os corpos vivos são mantidos vivos pela alma, que é a sua causa mantenedora. É característico de tais causas que se elas cessarem de operar seus efeitos deixarão de ocorrer.

Zenão, de fato, afirmou essa característica como um componente de todas as causas (LS 55A), mas outros estoicos parecem ter permitido outra categoria de causas antecedentes (*prokatarktikai*), cujo efeito permanecia mesmo depois que elas fossem removidas (LS 55I). Parece suficientemente óbvio que uma casa pode continuar a existir por muito tempo após o seu construtor ter encerrado o trabalho. O que Zenão parecia ter em mente eram causas mantenedoras que mantinham algo além da existência ou vida: é a prudência, por exemplo, que faz que um homem seja prudente, e ele é prudente somente enquanto sua prudência se mantém. Para os estoicos materialistas, a prudência, é bom recordar, era um componente físico de uma pessoa (LS 55A).

O modo pelo qual a existência das causas anteriores seria adequada à teoria de Zenão das causas mantenedoras parece ter sido o seguinte: uma causa anterior faz que um objeto possua um componente interno que é em si uma causa mantenedora simultânea ao efeito a ser explicado. Essa, com certeza, foi a forma que a teoria assumiu quando empregada para sustentar a prática médica: quando um paciente pega um resfriado, o frio da corrente de ar é a causa antecedente, e a febre do paciente é a condição interna e contínua que vem a ser a causa mantenedora de seus sintomas[6].

Crisipo era conhecido por fazer uso da imagem de um cortador de grama ou de um pião. O pião não se moveria a não ser que a criança o liberasse desenrolando a fieira, mas tão logo liberto iria continuar a girar "a partir de sua própria força e natureza" (Cícero, *SD* 43). O desenrolar a fieira é a causa antecedente, mas a força interna do pião é a causa principal. Do mesmo modo o cortador de grama, uma vez empurrado, continuará a rolar por si só. Essa imagem foi utilizada como uma tentativa de conciliar a teoria estoica da causalidade com a possibilidade da responsabilidade humana.

Causação e determinação

Os estoicos não acreditavam apenas na causação universal, a saber, na tese de que tudo tem uma causa, mas acreditavam também no determinismo causal universal, ou seja, em que tudo tem uma causa pela qual é determinado. Alexandre de Afrodísia fornece disso o seguinte relato:

> Nada no mundo é ou vem a ser sem uma causa, porque nada que [o mundo] contém independe ou é isolado de tudo o que aconteceu antes. Pois o mundo seria separado e abalado, e não mais permaneceria uma unidade sob o governo de uma ordem e política singulares, se qualquer movimento sem causa fosse introduzido. E tal aconteceria, a não ser que todas as coisas que são e que vierem a ser possuíssem causas anteriores das quais decorressem por necessidade (*SD* 191, 30; LS 55N).

Note-se a posição extremada dos estoicos. Eles alegam não apenas que todo começo de existência tem uma causa, mas que tudo que acontece tem uma causa. Além disso, alegam que toda causa é uma causa necessária: dada a causa, o efeito não pode deixar de acontecer. Eles afirmam não apenas a causação universal, mas o determinismo universal. Essa doutrina, que terá uma influência fortíssima a partir de então, é uma

---
6. Ver os textos em HANKINSON, *CHHP*, 487-491.

invenção estoica, que repousa, sem dúvida, no antigo atomismo (Cícero, *SD* 23). Mas Demócrito não a profere com a clareza estoica. Nenhuma das afirmações causais dos estoicos fora aceita por Aristóteles, e os epicuristas, embora aceitassem a universalidade da causação, não aceitavam a universalidade da necessidade.

Essa série unificada, sucessiva e inescapável de causas necessárias foi denominada destino, tanto pelos estoicos como por seus críticos (LS 55F). A doutrina do destino foi imediatamente objeto de criticismo filosófico de várias origens, e o livro *Sobre o destino*, de Cícero, oferece um vívido relato dos argumentos apresentados contra essa doutrina, bem como as respostas dos estoicos a eles. Um dos mais famosos ficou conhecido como o "argumento da preguiça" (*argos logos*); seu objetivo era demonstrar que se o determinismo era uma verdade então não havia por que fazer o que quer que fosse.

O argumento imagina alguém se dirigindo a um paciente estoico em seu leito de convalescente. "Se está determinado que você irá se recuperar dessa doença, então, quer chame ou não um médico, você irá se recuperar. Da mesma forma, se você estiver fadado a não se recuperar dessa doença, então, quer chame ou não um médico, você não irá se recuperar. Seu destino será ou um ou outro, logo não adianta chamar um médico" (*SD* 29; LS 55S). Obviamente, argumentos do mesmo tipo podem ser aplicados a qualquer dos acontecimentos corriqueiros a uma existência, e outra fonte concebe o mesmo argumento sendo utilizado para convencer um boxeador de que não adianta levantar sua guarda.

Em sua resposta, Crisipo faz uma distinção entre fatos simples e complexos. "Sócrates irá morrer em tal e qual dia" pode ser verdadeiro não importa o que Sócrates vier a fazer. Laio gerará Édipo, porém, não pode ser verdadeiro a não ser que Laio copule com sua esposa. Se a recuperação de um paciente é um fato complexo relacionado com a chamada de um médico, então a chamada do médico será não menos determinada que a eventual recuperação.

Se a história do mundo é uma tessitura única de eventos interconectados, não fica claro o quanto Crisipo está habilitado a fazer sua distinção entre fatos simples e complexos: talvez a morte de Sócrates seja codeterminada (para usar o termo cunhado por Crisipo) por várias de suas ações, como o seu comportamento em seu julgamento. Na verdade, talvez tudo seja codeterminado por tudo o mais.

Não obstante, Crisipo está habilitado a rejeitar o "argumento da preguiça". Considere as proposições:

(1) Se eu chamar o médico, vou me recuperar.
(2) Se eu não chamar o médico, vou me recuperar.

Se eu estiver destinado a me recuperar, então o resultado dessas proposições será verdadeiro, e se interpretarmos cada uma das proposições verofuncionalmente, ao modo de Fílon, cada uma delas será, a partir dessa suposição, verdadeira. Nesse sentido, será verdade que, chame ou não um médico, irei me recuperar. Mas, em razão de essas proposições serem normalmente utilizadas para orientar o comportamento, elas devem ser compreendidas não simplesmente de forma verofuncional, mas também como avalizando as correspondentes hipóteses contrafactuais:

(3) Se eu tivesse chamado o médico, teria me recuperado.
(4) Se eu não tivesse chamado o médico, teria me recuperado.

Um estoico, porém, não tem motivos para aceitar (4)[7].

Determinismo e liberdade

Um argumento mais sério era o que afirmava que se o determinismo fosse verdade a responsabilidade humana quanto às ações evaporaria, e louvor e culpa perderiam a razão de ser. Esse argumento foi apresentado pelos epicuristas e pelos acadêmicos. A necessidade não é atribuível a ninguém, afirmou Epicuro, e o que depende de nós, o que atrai a culpa e o seu contrário, tem de estar livre do jugo do destino (LS 20A). Para reconciliar essa liberdade com o seu sistema atomístico, os epicuristas especularam que os átomos se engajavam em desvios imprevisíveis. Daí Lucrécio:

> Visando impedir que o espírito padeça sob força compulsiva
> E siga impotente um predeterminado curso
> Um átomo viajante traça um rumo no espaço
> E dele se desvia sem tempo ou lugar demarcados.
>
> (*RN* 2, 290)

---

7. O "argumento da preguiça" surge por entre os séculos em vários e diferentes contextos, por exemplo na forma de um argumento que contesta a predestinação na *Doctrina Christiana* de John Milton.

Nem na Antiguidade, nem em tempos modernos ficou claro que quantidade de desvio randômico constituir-se-ia em uma condição suficiente para a liberdade humana, e não somente os estoicos, mas também os acadêmicos consideravam o desvio não somente insuficiente, mas desnecessário.

Carneades, conta-nos Cícero,

> mostrou que os epicuristas podiam defender sua posição sem fazer uso desse desvio fictício. Eles ensinavam que algum movimento voluntário do espírito era possível, e uma defesa dessa doutrina era melhor que a introdução do desvio, especialmente por eles não poderem apresentar uma causa para tal. Ao defendê-la, eles deram uma resposta a Crisipo: eles podiam aceitar que nenhum movimento carece de uma causa sem conceder que tudo o que acontece é um resultado de causas anteriores. Porque não existem causas exteriores anteriores para a operação de nossa vontade (*SD* 33).

O movimento voluntário, devido à sua natureza intrínseca, é por nós comandado e nos é obediente; e é essa natureza intrínseca que constitui a sua causa.

Aqui Carneades oferece aos epicuristas uma resposta a Crisipo. Apesar disso, atribui-se a Crisipo a afirmação de sua opinião posicionando-se em um modo muito semelhante ao de Carneades. Crisipo, como salientei anteriormente, gostava de utilizar os exemplos do pião e do cortador de grama para explicar a causação, e ele os utiliza para conceder espaço à ação responsável. Nosso assentimento a qualquer proposição ou proposta é desencadeado por estímulos externos, assim como o pião só começa a girar quando a criança desenrola a fieira. Mas o assentimento de fato cabe a nós, e isso preserva a responsabilidade sem violentar o destino. "Se algo puder vir a ser sem uma causa anterior, torna-se falso [afirmar] que tudo ocorre por destino; mas se é provável que há uma causa anterior para tudo o que acontece, que possível razão pode haver para negar que todas as coisas ocorram por destino?" (Cícero, *SD* 43).

A diferença parece ser a seguinte. Carneades nega que as ações voluntárias tenham uma causa anterior exterior; Crisipo afirma que elas têm, mas parece negar aqui que elas são compelidas por esta. Como conciliar isso com o determinismo universal que os estoicos mantinham para todo o resto? Para responder a essa questão temos de analisar mais de perto a analogia com o pião. O pião é posto em movimento pelo desenrolar da fieira, mas move-se do jeito que se move (um movimento diferente, digamos, daquele de um cortador de grama) por conta de sua própria natureza. De modo similar, o assentimento da mente a um estímulo é dado em razão de sua própria natureza. O assentimento enquadra-se sob a abrangente regra do destino somente se é o único resultado possível das causas associadas, do estímulo externo e da natureza do próprio agente. Mas não é compelido pela causa anterior — externa —, e nesse sentido Crisipo pode negar que seja necessário.

Muitos filósofos em épocas posteriores afirmaram que se um agente humano é responsável por uma ação X deve ser possível a ele, no momento da ação, tanto fazer como não fazer X. Tal liberdade de escolha entre alternativas ganhou posteriormente o nome técnico "liberdade da indiferença". Crisipo não está afirmando que a liberdade da indiferença é compatível com o destino, antes está interessado no que os filósofos posteriores irão chamar de "liberdade da espontaneidade". Um agente desfruta a liberdade da espontaneidade se ele faz X porque quer fazer X. Os homens em Crisipo desfrutam de fato a liberdade da espontaneidade, porque eles fazem X por assentirem a X, assentem a X em razão de sua própria natureza e de seu próprio caráter. A responsabilidade que ele defende é a autonomia do agente de agir sem a coerção das causas externas e dos estímulos.

Desde o tempo de Crisipo até o presente os filósofos têm debatido o quanto se pode conciliar o determinismo e a liberdade. Uma das contribuições mais interessantes no mundo antigo foi feita por santo Agostinho em sua obra sobre o livre-arbítrio, escrita no ano de sua conversão ao cristianismo. Contudo, como ele situa sua discussão em um contexto ético e teológico, devemos aguardar para considerá-la no capítulo 8.

6

O que existe: a metafísica

O tópico central da metafísica é a ontologia, o estudo do Ser. A palavra "ontologia" é derivada da palavra grega *on* (no plural, *onta*), que é o particípio presente de *einai*, o verbo "ser". No grego, como em línguas modernas, um artigo definido pode ser colocado antes de um particípio para indicar uma classe de pessoas ou de coisas, como quando falamos de os vivos ou de os mortos, querendo com isso dizer todas as pessoas que vivem agora ou todas as pessoas que agora estão mortas. O fundador da ontologia foi Parmênides, que definiu seu tópico apondo o artigo definido *to* ao particípio *on*. *To on*, literalmente "o ser", à semelhança de "os vivos", significa: tudo o que é. É costume traduzir a expressão para o português como "Ser", com inicial maiúscula. Sem maiúscula, a palavra "ser", em português, teve dois usos na filosofia, um correspondendo ao particípio grego, outro ao infinitivo nessa língua. Um ser, podemos dizer, fazendo uso do particípio, é um indivíduo que é; e o ser (fazendo uso do infinitivo) é, logicamente, aquilo a que todo indivíduo se dedica. A totalidade dos seres individuais forma o Ser.

Essas sabidamente tediosas distinções gramaticais são incontornáveis, pois negligenciá-las pode induzir a confusão, como tem induzido, mesmo a grandes filósofos. Para entender Parmênides é preciso estabelecer mais uma importante distinção: entre ser e existência.

Em português, "ser" e o seu equivalente em grego certamente podem significar "existir". Assim, Wordsworth nos diz, "Ela viveu em segredo, e poucos poderiam saber/Quando Lucy deixou de ser"[1]. Em português, este uso é essencialmente poético, não sendo comum dizer coisas como "As pirâmides são, mas o Colosso de Rodes não é" quando queremos dizer que as pirâmides continuam a existir mas o Colosso não existe mais. Mas afirmações análogas seriam consideradas naturais em grego antigo, e este sentido de "ser" está certamente implícito no discurso de Parmênides sobre o Ser. Tudo o que é, tudo o que existe, faz parte do Ser.

Contudo, o verbo grego "ser" ocorre não apenas em orações como "Troia já não é mais [já não existe]", mas também em orações de muitos e diferentes tipos, como "Helena é linda", "Afrodite é uma deusa", "Aquiles é valente" e assim por diante, em todos os diferentes modos que Aristóteles iria dignificar como categorias. Para Parmênides, Ser não é apenas aquilo que existe, mas aquilo do qual toda sentença contendo "é" é verdadeiro. Da mesma forma, ser não é apenas existir (sou, ponto final) mas ser qualquer coisa: ser quente ou frio, ser terra ou ser água, e assim por diante. Interpretado desse modo, Ser é um reino ao mesmo tempo mais rico e mais intrigante que a totalidade de existentes.

A ontologia de Parmênides

Apreciemos em detalhe algumas das misteriosas afirmações de Parmênides, expressas em seu verso quebrado, que me esforcei para traduzir de modo igualmente desajeitado.

> O que se pode chamar e pensar deve ser o Ser
> Pois o Ser pode, e nada não pode, ser.
>
> (DK 28 B6)

A primeira linha (literalmente: "O que há para dizer e para pensar deve ser") expressa a universalidade do Ser: o que quer que se possa chamar por algum nome, qualquer coisa que se possa pensar, deve ser. Por que seria assim? Presumivelmente porque se emito um nome ou penso um pensamento

---
1. "She lived unknown, and few coul know/When Lucy ceased to be". William WORDSWORTH, "She dwelt among the untroden ways". (N.T.)

devo ser capaz de responder à questão "O que *é* isto de que você está falando ou pensando a respeito?". A mensagem da segunda linha (literalmente: "É do Ser ser, mas o nada não é") é que tudo o que pode ser, afinal, deve ser alguma coisa ou outra, não podendo simplesmente nada ser.

A questão fica clara quando Parmênides, em um fragmento posterior, apresenta uma noção negativa para corresponder ao Ser.

> Não, impossível que isto prevaleça, o Inexistente ser;
> Renuncie tua mente a qualquer pensamento como este.
>
> (DK 28 B7, 1-2)

Meu "Inexistente" representa a negação do particípio empregado por Parmênides (*me eonta*). Faço uso da palavra em vez de algum tipo de fórmula como "não-Ser" porque o contexto deixa claro que a expressão grega empregada por Parmênides, embora seja perfeitamente natural, foi concebida para indicar um polo oposto ao Ser. Se Ser é aquilo a respeito do qual alguma coisa, ou outra, não importando o que, seja verdadeira, então o Inexistente é aquilo a respeito do qual nada, no fim das contas, é verdadeiro, o que, seguramente, não tem sentido: não somente não pode existir, mas nem mesmo pode ser pensado.

> O Inexistente não se pode apreender — tal não se pode fazer —
> Nem expressar; ser pensado e ser é uma coisa só.

Se entendemos "Inexistente" como significando aquilo ao qual não se pode apor nenhum predicado, então com certeza é correto afirmar que se trata de algo impensável. Se, em resposta a sua questão "Em que tipo de coisa você está pensando", eu responder que não é em qualquer tipo de coisa, você ficará confuso. Se, em seguida, eu não puder lhe dizer com o que se parece esta coisa, ou no fim das contas disser qualquer coisa sobre ela, você irá simplesmente concluir que eu não estou pensando em nada, na verdade nem mesmo estou pensando. Se entendermos Parmênides desse modo, poderemos concordar que ser pensado e ser são indissociáveis.

Mesmo com tudo isso estabelecido, porém, podemos ainda querer protestar contra a generalização de que ser pensado e ser são uma mesma coisa. Pode se dar que se tiver de pensar em X eu deverei ser capaz de agregar, em pensamento, algum predicado a X. Mas isso não significa que

Parmênides e Heráclito, lado a lado em *A Escola de Atenas*, de Rafael.

qualquer pensamento que eu tenha sobre X deva ser verdadeiro, pois eu posso pensar que X *é* P quando X *não é* P. Se assumirmos a afirmação dessa maneira, então ela será falsa: ser pensado e ser verdadeiro são duas coisas muito diferentes.

De novo, podemos concordar que o Inexistente não pode ser pensado sem estarmos de acordo que o que não existe não possa ser pensado.

Podemos pensar sobre heróis ficcionais e animais quiméricos que jamais existiram. Se fosse verdade que o que não existe não pode ser pensado, nós poderíamos provar que as coisas existem simplesmente pensando nelas. Será que Parmênides acreditava que poderíamos? Dados os contorcionismos de sua língua, é difícil afirmar com certeza. Alguns acadêmicos afirmam que ele confundiu o "é" da predicação (envolto na afirmação verdadeira de que o Inexistente não pode ser pensado) com o "é" da existência (envolto na afirmação falsa de que o não existente não pode ser pensado). Creio ser antes de maior proveito dizer que Parmênides sempre considera "ser" — em qualquer um de seus usos — um verbo completo, ou seja, ele considera "o ser água" ou "o ser ar" relacionados a "ser" de modo semelhante ao que "o correr rápido" e "o correr devagar" relacionam-se a "correndo". Em uma oração no formato "S é P", em vez de considerar o "é" como um verbo de ligação e o "P" como um predicado, ele considera o "é" como um verbo e o "P" como o análogo de um advérbio. Uma pessoa que inicialmente corre rápido e depois corre devagar está correndo o tempo todo. De modo similar, para Parmênides, algo que seja primeiro água e depois ar continua a ser-sendo o tempo todo. A mudança nunca ocorre do não-ser para o ser, ou vice-versa; a maior parte do que pode sempre ser é uma variação do ser.

Interpretar Parmênides dessa maneira ajuda a entender como ele extrai algumas conclusões extremamente notáveis das teses sobre a universalidade do Ser e sobre o caráter inconcebível do Inexistente.

> Diz-se que existe uma via em que indícios existem
> De que o Ser não é gerado nem perecível,
> Pois é todo inteiro, inabalável e sem fim.
> Jamais foi, ou será, pois é agora todo,
> Uno, contínuo. Como então poderia ter sido gerado?
> Ou [ter] crescido teria podido? Inexistente? — Não —
> Isso não é dizível nem pensável, não podendo sequer
> Chegar-se a dizer que não é. Que necessidade, cedo ou tarde,
> Poderia fazer o Ser do Inexistente ser?
> Assim, é necessário ser ou não.
>
> (DK 28 B 8, 1-11)

Do princípio "Nada pode se originar de nada" muitos filósofos de diferentes orientações concluíram que o mundo deve ter existido sempre. Também outros filósofos ofereceram como apoio a essa conclusão que não haveria razão suficiente para um mundo vir a existir em um momento e não em outro, antes ou depois. Mas a afirmação de Parmênides de que o Ser não tem começo e nem fim assume uma forma muito mais geral. O Ser é não apenas eterno, mas não é sujeito a mudança ("todo inteiro, inabalável") e nem sequer à passagem do tempo (é todo agora, e não tem passado ou futuro). O que poderia diferenciar o passado do presente e do futuro? Se não é a qualidade do ser, então o tempo é irreal; se é alguma qualidade do ser, então é tudo parte do Ser. Passado, presente e futuro são todos um Ser.

Com argumentos semelhantes, Parmênides buscava demonstrar que o Ser é indiviso. O que poderia separar o Ser do Ser? O Ser? Nesse caso não haveria divisão, mas Ser contínuo. O Inexistente? Nesse caso, qualquer divisão seria irreal (DK 28 B8, 22-25). Poderíamos esperar dele que arguisse de modo paralelo que o Ser é ilimitado. O que poderia estabelecer limites ao Ser? O Inexistente nada pode fazer a nada, e se imaginarmos que o Ser é limitado pelo Ser, então o Ser ainda não atingiu os seus limites. Alguns dos discípulos de Parmênides argumentavam dessa maneira (Aristóteles, *GC* 1, 8, 325a15), mas não era desse modo que Parmênides via as coisas. Quando ele chega a sumarizar sua doutrina, começando pelas premissas que nos são agora familiares, ele chega antes a uma espantosa conclusão.

> Pensar uma coisa é pensar que ela é, nada menos.
> Excetuando-se o Ser, o que quer que possamos expressar,
> O pensamento não alcança; pois nem era ou é ou será
> Além daquilo que é, pois o Destino decretou
> A restringir-se inteiro e imóvel. Por isso tudo será nome
> Que a credulidade dos mortais estatuiu —
> Nascer e perecer, ser tudo ou nada,
> Mudanças de lugar, cores cambiantes.
> Mas desde que um limite extremo a tudo abrangeu,
> Sua forma, semelhante a volume de esfera bem redonda, aconteceu.
> (DK 28 B8, 34-43)

Não fica totalmente claro de que modo a concepção do universo como uma esfera perfeita seja ou coerente em si ou conciliável com o resto da doutrina parmenidiana. Seja como for, há uma questão mais urgente. Se for esta a natureza do Ser, uniforme, inalterável, imóvel e eterna, o que fazer da multiplicidade das propriedades cambiantes que normalmente atribuímos aos itens do mundo a partir da percepção sensorial? Estas, para Parmênides, pertencem ao Caminho das Aparências. Se tivermos de seguir o Caminho da Verdade, deveremos manter nossas mentes concentradas no Ser.

Enquanto Parmênides e seus discípulos, na Itália grega, afirmavam que somente o que é expressamente estável é real, Heráclito — do outro lado do mar, na Ásia grega — afirmava que o que é real flui continuamente. Heráclito costumava falar por enigmas: para expressar sua filosofia do movimento universal ele fazia uso tanto do fogo como da água como imagens. O mundo é um fogo eterno, ora aumentando ora diminuindo; o fogo é a moeda à qual tudo pode ser convertido, assim como o ouro e os bens são trocados uns pelos outros (DK 22 B30, B90). Mas o mundo é também um rio sempre corrente. Se você entrar num rio, você não poderá pôr seus pés duas vezes na mesma água. Empolgado com a própria metáfora, Heráclito avançou ainda mais, afirmando — se podemos confiar no relato de Platão — que não poderíamos pisar duas vezes no mesmo rio (*Crát.* 402a). Seja como for, Heráclito parece sem sombra de dúvida ter afirmado que todas as coisas estão em movimento o tempo todo (Aristóteles, *F* 8, 3, 253b9). Se não nos apercebemos disso, é devido aos defeitos de nossos sentidos. Para Heráclito, portanto, o Caminho da Verdade é a mudança, cabendo à estabilidade ser o Caminho das Aparências.

As Ideias de Platão e os problemas por elas apresentados

Parmênides e Heráclito estabeleceram um campo de batalha que alimentou séculos de guerra filosófica. Muito do mais vigoroso filosofar de Platão foi dedicado à tarefa de reconciliar, ou desarmar, esses dois campeões. Um de seus personagens nos diz que o verdadeiro filósofo deve recusar-se a aceitar seja a doutrina de que toda a realidade é imutável, seja a doutrina de que a realidade está mudando em toda parte. "Como uma criança que quer não apenas ter o bolo mas comê-lo, [o verdadeiro filósofo] teria de afirmar que o Ser, a soma de tudo, é os dois ao mesmo tempo — tudo o que é imutável e tudo o que está em mudança" (*Sof.* 249c-d).

Aristóteles nos diz que Platão começou a filosofar influenciado pelas ideias heraclitianas, e as manteve consigo por toda a vida (*Met.* A 6, 987a31-33). No *Teeteto*, Platão oferece uma teoria da percepção que visa preservar a verdade das percepções de Heráclito sem aceitar o fluxo uni-

Platão, aqui idealizado em um busto pertencente ao
acervo do Vaticano, possuía o dom, quase ímpar entre filósofos,
de criticar e rever suas próprias e mais prezadas ideias.

versal. Consideraremos isso no capítulo 7, concentrando-nos por ora em sua abordagem dos problemas parmenidianos.

No curso de sua vida, Platão tentou sistematicamente, por três vezes, chegar a um acordo com as questões metafísicas levantadas pelos dois gigantes. A primeira dessas tentativas é a teoria das Ideias, como apresentada no *Banquete*, no *Fédon* e na *República*. *Grosso modo*, pode-se dizer que nessa fase o Sócrates de Platão dividiu o reino da filosofia em dois, concedendo o universo inteligível das Ideias a Parmênides e o universo perceptível dos sentidos a Heráclito. Na segunda fase, o próprio Parmênides, no diálogo que leva seu nome, é representado como expondo a Sócrates algumas consequências inaceitáveis da teoria Ideal. Na fase final, no *Sofista*, um terceiro protagonista, um Estrangeiro sem nome de Eleia, leva-nos a recusar não somente Parmênides e Heráclito, mas também a própria teoria das Ideias de Platão, em favor de uma solução elaborada que superaria todas as três e nos capacitaria a ter nosso próprio bolo metafísico — e a comê-lo.

Como vimos, as Ideias, nos modos como representados nos primeiros diálogos do período médio, fazem parte de um mundo eterno que é tão imutável quanto o Ser revelado pelo Caminho da Verdade de Parmênides. As entidades que habitam o mundo empírico, por outro lado, estão em um fluxo heraclitiano, constantemente alternando-se entre o ser e o não-ser. Platão, contudo, não é completamente imparcial em relação aos dois protagonistas: o mundo parmenidiano é muito superior ao heraclitiano; o mundo imutável das Ideias é mais real, e contém mais verdade, que o cambiante mundo da experiência. Somente a percepção intelectual com origem nas Ideias gera conhecimento; os sentidos não podem oferecer nada além da crença real.

Mas embora o reino das Ideias seja imutável, não é uniforme ou homogêneo como o Ser parmenidiano. O Ser é indiferenciado e singular, enquanto há muitas Ideias que mantêm algum tipo de relação umas com as outras e parecem ser hierarquicamente ordenadas sob a Ideia do Bem, que aparentemente supera qualquer noção de Ser (*Rep*. 6, 509b). Sem dúvida as outras Ideias devem à Ideia do Bem serem todas Ideias no fim das contas: uma cama é uma Cama Perfeita ou Ideal porque participa na Perfeição e é a melhor cama possível. Mas as relações entre as diferentes ideias subordinadas não são comentadas. Certo é que não há sequer sugestão de que todas se relacionam entre si em alguma sublime esfera parmenidiana.

Não surpreende, então, que quando Platão põe uma avaliação crítica da teoria das Ideias na boca de Parmênides seja o Uno, a Ideia de Unidade, o centro da discussão.

O *Parmênides* é o diálogo platônico de mais difícil interpretação, e muitos estudiosos confessaram ter sido confundidos por ele. Consta de duas partes. A primeira assemelha-se aos primeiros diálogos de Sócrates, nos quais se demonstra que um autoproclamado especialista não tem as qualificações para pronunciar-se sobre o tema de sua alegada especialização. O que surpreende aqui é a inversão dos papéis tradicionais. Em vez do Sócrates inquisidor a espicaçar as pretensões de alguns sofistas famosos, é o próprio Sócrates jovem que é chamado a se justificar, e o tema do questionamento do qual ele emerge humilhado não é outro senão o da teoria das Ideias. Parmênides, a quem cabe o papel de inquisidor bem-sucedido, diz a Sócrates que ele é insuficientemente treinado em dialética e necessita de mais exercício. A segunda parte do diálogo busca oferecer exemplos do tipo de exercício de que Sócrates necessita. Começando por um par de hipóteses sobre o Uno e o Ser, os quais parecem esgotar as possibilidades entre si, Parmênides demonstra por uma série de argumentos bem amarrados, mas frequentemente implausíveis, que seja qual for o ramo de contradições que aceitemos seremos levados a conclusões totalmente não-digeríveis.

Os estudiosos não são unânimes nem quanto à natureza de cada uma das duas partes, nem quanto à relação que mantêm uma com a outra. Teriam as críticas às Ideias na primeira parte sido consideradas por Platão seriamente prejudiciais à sua Teoria? Se sim, teria ele uma solução a propor ou estaria tão somente confessando candidamente sua perplexidade? Teriam as provas apresentadas na segunda parte sido concebidas como piadas ou como argumentos sérios? Se sérios, pretendia Platão que identificássemos as falácias que continham ou ele mesmo os consideraria válidos? De qualquer modo, qual seria a relevância da segunda parte para o ataque às Ideias na primeira parte?[2]

Antes de delinear os principais problemas para a teoria das Ideias apresentados na primeira parte, vale a pena repetir aqui os seis princípios que identificamos no capítulo 1 como constituindo o núcleo da teoria clássica.

(1) *O princípio da comunidade*. Onde muitas coisas são F, isto se dá porque elas participam de ou reproduzem uma Ideia particular de F (*Rep.* 5, 476a).

---

2. Devo o raciocínio que se segue a Constance C. MEINWALD, *Plato's Parmenides*, New York, Oxford University Press, 1991, embora não concorde com ela em importantes pontos interpretativos.

(2) *O princípio da separação*. A Ideia de F é distinta de todas as coisas que são F (*Féd.* 74c).
(3) *O princípio da autopredicação*. A Ideia de F é em si F.
(4) *O princípio da pureza*. A Ideia de F não é senão F (*Féd.* 74c).
(5) *O princípio da exclusividade*. Nada senão a Ideia de F é de fato, verdadeiramente, ao mesmo tempo F (*Féd.* 74d; *Rep.* 5, 479a-d).
(6) *O princípio da sublimidade*. Ideias são eternas, não possuem partes, não sofrem mudança e não são perceptíveis aos sentidos (*Féd.* 78d).

Os problemas expostos na primeira parte do diálogo são os seguintes.

1. De acordo com a teoria, determinados Fs são F porque participam da Ideia de F. Mas qual é o significado de "participação"? Partilhará um determinado F apenas parte da Ideia ou conterá em si o todo da Ideia? Qualquer que seja a resposta, há dificuldades. Se uma determinada coisa grande G contém em si toda a Ideia de Grande, então a Ideia parece estar dispersada, carecendo portanto da unidade de uma Ideia. Mas se G partilha somente uma parte do Grande, então G é grande em razão de algo que é em si pequeno, porque ser somente uma parte implica ser menor que o Grande (131ass.).

2. É essencial à teoria que se várias coisas forem F que elas derivem essa qualidade de alguma outra entidade que seja a Ideia de F. Assim, as várias coisas grandes derivam sua grandeza da Ideia de Grande. Mas se reunirmos o conjunto original de coisas grandes mais a Ideia teremos um novo conjunto de coisas grandes, o qual deve derivar sua grandeza de alguma outra entidade. "Assim, uma outra forma de grandeza irá surgir, ao lado da Ideia de Grandeza e das coisas que dela participam, e depois, novamente, outra superior a todas essas" — de forma que estamos às voltas com uma infinita regressão (132b). Essa linha de pensamento impressionou grandemente Aristóteles, que pondo "homem" no lugar de F — em vez de "grande" — na premissa original batizou-a de argumento do Terceiro Homem, a partir do Homem que iria aparecer como uma Supra-ideia, após (*a*) os homens no mundo e (*b*) o Homem Ideal.

3. Uma dificuldade especial é posta pelos predicados relacionais. Suponhamos que eu seja um escravo. De acordo com a teoria, isso deve se dar porque eu me assemelho ao Escravo Ideal. Mas que é o proprietário do Escravo Ideal? O Proprietário Ideal, seguramente. Mas eu não sou um escravo do Proprietário Ideal, mas de quem quer que seja meu proprietá-

rio de escravos terreno. Logo, as relações entre as entidades no mundo não podem ser explicadas pelas relações entre as Ideias (133e).

As dificuldades acima expostas são problemas autênticos para a teoria das Ideias, e com certeza Platão queria que nos déssemos conta disso. Em última instância elas indicam a necessidade de uma substancial modificação da teoria, e em outros diálogos Platão encarrega-se dessa modificação. No *Parmênides*, contudo, ele não apresenta de modo explícito as modificações necessárias. Seria de esperar, no entanto, que a segunda parte do diálogo oferecesse alguma orientação quanto às linhas de modificação que precisam ser tomadas.

Um problema maior oferecido pela segunda parte é que não fica exatamente claro no que consiste o par de hipóteses a partir do qual Parmênides inicia seu argumento (137b). Ele descreve as hipóteses como hipóteses sobre o Uno em si, mas o grego em que essas hipóteses são afirmadas pode ser traduzido de diversas formas. Os dois pares seguintes são as traduções mais promissoras para o mesmo trecho:

(1) Se o Uno é   *vs.*   Se o Uno não é.
(2) Se isto é uno   *vs.*   Se isto não é uno.

A tradução (2) é a que melhor se adéqua ao grego do texto recebido dessa passagem do diálogo, em que não há a ocorrência de artigos definidos antes da palavra "um" (*hen*). Na verdade, mesmo os mais fervorosos partidários da primeira leitura concedem que ela somente pode ser defendida se fazemos uma emenda ao texto neste ponto. De outra parte, (1) parece ser uma opção mais adequada não apenas à fraseologia imediatamente anterior, mas a toda a série de argumentos subsequentes, que muito frequentemente referem-se ao Uno sem ambiguidade, com um artigo definido. Além disso, qualquer um que aceite a tradução (2) tem de responder à questão sobre o que o "isto" representa.

Creio não ser necessário emendar o texto. A segunda leitura, que é a tradução mais natural, pode facilmente ser conciliada ao argumento subsequente. Há dois modos para assim proceder.

O primeiro é considerar que o "isto" da questão seja o mesmo "isto" que é o sujeito do Caminho da Verdade no poema do Parmênides histórico, a saber: o Ser. As referências ao Uno no desenrolar dos argumentos subsequentes são fáceis de justificar. Elas ocorrem no curso da apresentação da hipótese de que "Isto [a saber, o Ser] é Uno". Se esta hipótese é verdadeira, então há um sujeito preeminente ao qual se aplica o predicado "Uno", a saber, o próprio Ser. A esse sujeito pode-se fazer referência de modo bem natural como ao "Uno", e ele é assim referido, antecipando prolepticamente as objeções feitas por Parmênides em 137b3. Contudo, essa interpretação torna-se difícil de sustentar quando Parmênides passa a avaliar a hipótese negativa, que nessa descrição seria "que Ser é não uno".

Contudo, a preferência cai sobre uma segunda interpretação. O "isto" pode ser lido como "o Uno". Nesse caso, as duas hipóteses são "O Uno é um" e "O Uno não é um". A princípio, essa leitura pode parecer muito implausível — a segunda hipótese, seguramente, se exclui automaticamente por ser autocontraditória. Mas se refletirmos veremos que tal não é o caso. Alguns dos maiores problemas da teoria das Ideias expostos na primeira parte do diálogo derivam do princípio da autopredicação, a saber, que a Ideia de F é em si F (ver p. 247). É apropriado que a segunda parte do diálogo não deva assumir a autopredicação como certa, mas explorar as consequências, no caso da Ideia preeminente, de sua negação como de sua afirmação.

A dialética se inicia com o Parmênides protagonista perguntando quais predicados associar ao Uno e quais predicados associar a outras coisas, tomando por base a primeira hipótese. Se o Uno é um, então o Uno não é um todo com partes (137d). Ele é sem limites e sem lugar (138b). É imutável, mas ao mesmo tempo não está em repouso (139b). Não é nem diferente nem igual a si ou a outro (139e), e não é nem igual nem diferente de si ou de outra coisa (140b). Não é maior ou menor (mais nem menos) do que si próprio ou outra coisa (140d). Não se encontra situado no tempo, e dado que não pertence ao passado, ao presente ou ao futuro não pode ter sequer nenhuma participação no ser. A conclusão é a seguinte:

> Logo, o Uno de forma alguma é. Logo, não o é de modo a ser um, porque em tal caso seria um ser e um participante do ser. Mas, como parece, o Uno não é um e não é de fato, a confiarmos nesse argumento. Mas, se algo não é, então nada pode pertencer a isto ou ser sobre isto. Portanto, isto não tem nome, nenhuma oração ou pensamento pode ser sobre isto, e não pode haver sensação ou conhecimento a respeito disto (142a).

Fica perfeitamente claro que não se pretende que aceitemos essa conclusão como uma afirmação verdadeira sobre o Uno. O interlocutor de Parmênides no diálogo, Aristóteles (que não é "o" Aristóteles), que na maior parte do tempo assente a tudo, interpõe uma rara nota de discordância quando indagado sobre a possibilidade dessa conclusão. Se fosse verdadeira, ela iria abalar os alicerces dos argumentos que conduzem a ela, dado que todos têm como objetivo falar sobre o Uno, o que, de acordo com essa conclusão, não pode ser feito. Até aí, a dialética deve ter sido concebida como uma *reductio ad absurdum*, mas uma *reductio* do quê? Seguramente da hipótese de que o Uno é um *e nada senão um*. Mas é claro que uma parte importante da teoria das Ideias era o princípio da pureza: que a Ideia de F era F e nada senão F. Assim, a dialética, até aí, é uma revogação de um elemento importante da teoria.

A essa altura, Parmênides tira uma nova conclusão da hipótese de que o Uno é um e prova que o Uno é um todo com todas as suas muitas partes (142b, 143a), unidas e moldadas (145b), localizadas tanto nele como ao seu redor, em movimento e em repouso, ao mesmo tempo idênticas e diferentes de si mesmas e de outras coisas (146b), semelhante e dessemelhante a si e a outras coisas (148c), ao mesmo tempo igual a, maior que e menor que si e outras coisas (151b). Ele é e se torna mais velho e mais novo que si mesmo e que outras coisas, mas igualmente nem é nem se torna mais velho e mais novo que si mesmo ou que outras coisas (155c). Ele pertence ao passado, ao presente e ao futuro, e participa no ser, embora o ser e a unidade não sejam o mesmo (se fossem, pondera Platão, "é um" significaria o mesmo que "um um") (142c). Logo, não há nenhum problema em nomear, falar e argumentar sobre isto (155e).

Há claramente um paralelo estreito entre essas duas primeiras seções da dialética. A cada estágio de cada argumento somos apresentados a um par de predicados opostos (por exemplo, em movimento, em repouso). Na primeira seção, Parmênides argumenta que nenhum desses predicados se aplica ao Uno. Na segunda seção ele argumenta que esses dois predicados se aplicam ao Uno. Entre elas, as duas seções iluminam de forma constrangedora a teoria das Ideias. A primeira seção demonstra a tolice de manter que a Ideia de F não é nada senão F (o princípio da pureza). A segunda seção demonstra o equívoco de manter que nada senão a Ideia de F é F (o princípio da exclusividade).

Mas as duas seções não foram concebidas para ser concordes entre si. A conclusão da primeira seção, como vimos, é autoanuladora, e todo o raciocínio somente pode ser levado a sério como uma *reductio ad absurdum*. A segunda seção, contudo, conduz a uma conclusão que, embora possa ser surpreendente, pode ser entendida de uma maneira que não é de nenhum modo autonegadora.

Resumindo os resultados dessa seção, Parmênides diz que o Uno às vezes partilha do ser, e às vezes não. Suas palavras fazem eco à queixa feita na *República* a respeito dos objetos ordinários da percepção sensorial, explicitamente aquela que afirma que eles vagam entre o ser e o não-ser. Mas agora é uma forma que apresenta esse padrão, quando no auge da teoria o que distinguia as Ideias dos objetos comuns ou cotidianos era que não se alternavam. A Ideia de F não era às vezes F e às vezes não-F, e nem era F quanto a algo e não-F quanto a outra coisa. O que se afirma agora sobre o Uno estabelece um novo e bem significativo ponto de partida da teoria original das Ideias.

No caso dos particulares sensíveis, podemos especificar os tempos, os aspectos, as relações etc. que os fizeram — sem qualquer violação do princípio da não-contradição — tanto F como não-F. O que temos de fazer agora é estabelecer as distinções próprias para perceber como tanto o predicado como o seu oposto podem ser verdadeiros em diferentes aspectos — do Uno e, em decorrência, das outras Formas. Deve-se notar que os sujeitos de todas as predicações de Parmênides são Ideias, ou ao menos são todos itens referidos por termos universais e não por substantivos particulares: as expressões usadas para se referir a eles são coisas do tipo "o mesmo" e "o outro", e não "Cálias" ou "Díon".

Para solucionar alguns dos problemas atinentes às Ideias, Platão apresenta uma distinção entre dois tipos de predicação. Fazendo uso de uma terminologia de um período posterior, podemos dizer que ele estabelece uma distinção entre a predicação *per se* e a predicação *per accidens*. A diferença entre as duas pode ser exposta como segue: S é P *per se* se ser P é parte daquilo que é ser S. Assim, um carvalho é uma árvore *per se*. (Se permitimos às partes tanto impróprias como próprias do que é ser S, então um carvalho é um carvalho *per se*.) Por outro lado, S é *per accidens* se S, na verdade, é P mas não é parte de ser S ser P. Assim, se carvalhos de fato são abundantes em uma certa área, "abundantes" é predicado somente *per accidens*[3].

Vimos que Platão, no *Parmênides*, abandonou os princípios de pureza e exclusividade. Quanto ao princípio da autopredicação, ele faz uso da distinção entre tipos de predicado. O grande é de fato grande: ser grande é uma parte inapropriada do que seja ser grande. Mas outras coisas não são grandes

---

3. Os termos latinos foram pensados para corresponder, embora não sejam traduções, dos termos gregos *pros heauto* (a respeito de si) e *pros alla* (a respeito de outros) empregados por Platão.

per se. Se minha casa é grande, isso não se dá porque ser grande é parte do que seja ser uma casa. Daí "grande" não ser predicado do mesmo modo das coisas grandes e do Grande; e daí o Grande e as outras coisas grandes não poderem se associar para formar um conjunto como o têm de ser para serem capazes de gerar a regressão denominada Terceiro Homem.

De modo similar, o escravo pertence *per se* ao proprietário, porque pertencer ao proprietário é parte do que é ser um escravo. Mas as relações entre os escravos homens e os proprietários homens, e as relações entre os dois e o Escravo Ideal e o Proprietário Ideal não são *per se* mas *per accidens*. Os dois conjuntos de relações, relações entre particulares e relações entre formas, podem operar lado a lado sem conflito.

Finalmente, podemos voltar à noção de participação. A maior dificuldade para entender como muitas coisas podem participar em uma mesma Ideia era que isso aparentemente equivalia a dividir a Ideia em partes. Podemos agora dizer que uma Forma é una *per se* se ela é parte do que é ser uma Forma que deve ser particular e única: de outro modo ela não atinge o objetivo para o qual foi inventada, ou seja, delimitar o que é comum às coisas que possuem o mesmo nome. Mas, se houver muitos particulares servindo de instância à Forma, então muitos serão *per accidens*.

O traço comum que perpassa os argumentos dialéticos e as soluções sugeridas para resolver as dificuldades parmenidianas quanto à teoria das Formas é a seguinte: nada pode ser predicado da mesma maneira dos particulares e das Formas das quais os indivíduos participam. Um análogo moderno da noção platônica de participação é o de participação em uma classe: se *x* participa da Forma de F, *x* é um membro da classe de Fs. Igualmente, um análogo moderno da mensagem de Parmênides é que algo não pode simplesmente predicar das classes o que algo predica dos particulares. O paradoxo que resulta se falarmos sobre a classe de todas as classes que não são membros de si mesmas é da linhagem que descende dos paradoxos do *Parmênides*.

A adaptação da teoria das Ideias a uma teoria das Formas é desenvolvida posteriormente no *Sofista*. O objetivo oficial do diálogo é encontrar uma definição para um sofista. A definição que no final se apresenta é nitidamente concebida como uma piada. O que a busca da definição pretende ilustrar é um método de definição ainda hoje popular em jogos de adivinhação. Em tais jogos o desafiante pensa em um objeto que cabe ao desafiado identificar por uma série de perguntas em forma dicotômica. É vivo ou não-vivo? Se vivo, é um animal ou um vegetal? Se animal, é humano ou não humano? E assim por diante. Durante o diálogo, Platão avalia as pressuposições metafísicas desse estilo de definição.

O que a busca da definição por divisão irá revelar, se for encarada seriamente, é um diagrama no qual as espécies estarão divididas em gênero, com subdivisões de gêneros menores associados a gêneros mais amplos: homem como parte do gênero animal, animal como parte dos seres vivos e assim por diante. Esse diagrama em forma de árvore é relacionado *per se* à predicação, a qual descobrimos ser um importante elemento do *Parmênides*. Pois tudo que esteja acima de F em um diagrama-árvore do tipo gênero-espécie será algo que é predicado *per se*. Assim, ser um animal é parte do que é ser humano; ser algo vivo é parte do que é ser um animal.

Para chegar à definição do sofista, é necessário abordar o problema do falso pensamento e do falso discurso. Ninguém pode distinguir o sofista fraudulento do verdadeiro filósofo sem antes discutir a natureza da falsidade. Mas como falar da falsidade sem cair nas armadilhas colocadas pelo Parmênides histórico em seu poema (237a)? Afirmar que algo é falso é afirmar o que não é. Mas o que não é, seguramente, é Inexistente, e o Inexistente é algo sem sentido pelas razões que Parmênides nos deu (238e). Parece portanto impossível afirmar o que é falso sem dizer coisas sem sentido. Deveríamos revisar nossa descrição, então, e afirmar que dizer o que é falso é dizer que o que é não é, ou que o que não é é? Escaparemos assim à censura de Parmênides?

Para lidarmos com esse problema temos de desarmar Parmênides forçando-o a concordar que o que não é, com relação a algo, é, e que o que é, de algum modo, não é (241d). O movimento, por exemplo, não é repouso, mas isso não significa que o movimento não seja algo afinal (250b). Há muitas coisas que mesmo o Ser não é: por exemplo, o Ser não é movimento e o Ser não é repouso (250c-e).

No *Sofista*, como no *Parmênides*, o interesse de Platão está voltado para as relações entre diferentes Formas. Aqui, ele descreve esse tópico como "o entrelaçamento das Formas", o que afirma ser a base da linguagem (259e). Estaremos cavando nossa própria sepultura se concluirmos que as Formas não podem combinar-se entre si ou que todas o podem (251e–252e). Naturalmente, algumas podem e algumas não, e precisamos indagar quais Formas podem combinar com que outras Formas. O Ser (*to on*) desempenha aqui o protagonismo que o Uno (*to hen*) ocupou no Parmênides. Mas além do Ser, quatro outras formas — movimento, repouso, igualdade e diferença — são consideradas, e suas inter-relações são exploradas.

A diferença acaba por ter uma relação crucial com o Ser (256d-e). Quando falamos do que não é não estamos falando do Inexistente, o contrário do Ser, mas falamos apenas de algo que é diferente de uma das coisas que são (257b). O não-lindo difere do lindo e o injusto difere do justo; mas o não-lindo e o injusto não são menos reais que o lindo e o justo (257e-258a). Se juntarmos em um bloco todas as coisas que são não-algo ou nada, então teremos a categoria do não-ser, que é tão real quanto a categoria do Ser. Rompemos assim a prisão na qual Parmênides nos havia confinado (258c).

Estamos agora habilitados a dar uma descrição da falsidade no pensamento e no discurso. O problema que havia é que não era possível pensar ou dizer o que não era, porque o Inexistente era ausência de sentido. Mas agora que descobrimos que o não-ser é perfeitamente real podemos fazer uso disso para explicar os falsos pensamentos e as falsas orações.

Uma oração típica consiste de um substantivo e de um verbo, e diz algo sobre algo (262a-e). "Teeteto está sentando" e "Teeteto está voando" são ambas orações sobre Teeteto, mas uma delas é verdadeira e uma delas é falsa (263b). Elas dizem diferentes coisas sobre Teeteto, e a verdadeira diz uma coisa a seu respeito que faz parte das coisas que ele é, enquanto a falsa diz algo sobre ele que faz parte das coisas que ele não é. Voar não é o Inexistente, é algo que é — há disso em profusão —, mas é um algo que é diferente das coisas que Teeteto é, das coisas que podem de fato ser ditas a respeito de Teeteto (263b).

De tempos em tempos no *Sofista*, Platão descreve a controvérsia sobre a natureza do Ser em termos de uma batalha entre grupos de filósofos adversários. Em uma passagem há uma batalha entre gigantes e deuses: os gigantes são materialistas que julgam não haver nada além de corpos, e os deuses são idealistas que aceitam as Formas incorpóreas como descritas na teoria das Ideias (246ass.) Em outra passagem, os materialistas, liderados por Heráclito, surgem como os propositores do fluxo universal (dado que todos os corpos estão mudando constantemente), enquanto o líder dos partidários das Formas parece ser Parmênides, com sua doutrina que afirma que toda a realidade é imutável. Finalmente, nos é dito que o verdadeiro filósofo não deve dar ouvidos a Heráclito, assim como deve recusar a doutrina de que toda a realidade existente é imutável, seja ela exposta por um defensor da Forma única (Parmênides) ou por um defensor das muitas Formas (o Platão da teoria).

O *Sofista* nos mostra o caminho para obtermos e comermos o nosso bolo, e afirma que o Ser abrange tudo que é imutável e tudo que está em mutação (271d).

As formas aristotélicas

Aristóteles foi um crítico severo da teoria das Ideias. Algumas vezes ele a critica de forma respeitosa (por exemplo, *EN* 1, 6, 1096a11ss.: Platão é meu amigo, mas a verdade é mais), e outras com desprezo (por exemplo, *2A* 1, 22, 83a28: Fora com essa trapaça!). Sua crítica, seja rude ou civilizada, parece estar sempre dirigida à teoria tal como é apresentada nos diálogos centrais, e não aos desenvolvimentos da teoria das Formas no *Parmênides* e no *Sofista*. Contudo, ele tacitamente faz uso dos pensamentos posteriores de Platão em seus próprios escritos, em particular quando desenvolve sua própria teoria das formas na *Metafísica* Z. Ali, ele trata em igualdade de termos os problemas decorrentes da teoria de Platão e as dificuldades de sua própria teoria. O livro é denso e difícil, e a descrição dele que aqui ofereço pretende ser apenas um fio possível a nos guiar em seu labirinto.

A diferença entre as formas aristotélicas e as Formas platônicas é que para Aristóteles as formas não são separadas (*chorista*): qualquer forma é a forma de algum particular real. Como vimos em nossa descrição da física aristotélica, a forma é equiparada à matéria, e os exemplos paradigmáticos de formas são as formas substanciais ou acidentais das substâncias materiais. Aristóteles não pode evitar, contudo, as questões para as quais Platão buscava uma solução em sua teoria. Ele deve, por exemplo, fornecer sua própria resposta a alguém que pergunte o que é comum às muitas coisas que são chamadas pelo mesmo nome ou têm o mesmo predicado. O que ele deve é oferecer uma descrição dos termos universais.

Na *Metafísica* Z Aristóteles discute as relações entre ser, substância, matéria e forma. Ele trabalha ali buscando relacionar a doutrina das *Categorias* sobre substância e predicação com a doutrina da *Física* sobre matéria e forma, combinando as duas, com modificações e ampliações, em um tratado sobre o Ser. "E na verdade, o que desde os tempos antigos, assim como agora e sempre, constitui o eterno objeto de pesquisa e o eterno problema: 'que é o ser?', equivale a este: 'que é a substância?'" (Z 1, 1028a2-4)[4].

O motivo que ele oferece para elidir as duas questões remonta às *Categorias*. O que quer que exista deve ser ou uma substância ou algo que pertença a uma substância, como uma quantidade ou uma qualidade

---

4. Tradução de Marcelo Perine, in ARISTÓTELES, *Metafísica*, II, III, 289. Todas as traduções dos trechos da metafísica citadas neste capítulo serão citadas a partir dessa edição. (N.T.)

Tenha Aristóteles refutado ou não o platonismo,
Filippino Lippi não tinha dúvidas de que Aquino o fizera
(Capela de Caraffa, S. Maria sopra Minerva, Roma).

desta. Ao listarmos as coisas que são, podemos considerar, se quisermos, saúde e bondade; mas qualquer saúde real é a saúde de alguém, e qualquer bondade real é a bondade de algo ou alguma outra coisa. Se perguntarmos, em tais casos, o que de fato e verdadeiramente é, a resposta será: esta pessoa saudável, este cachorro bom (Z 1, 1028a24-30).

Assim, Aristóteles pode considerar uma obviedade que as entidades materiais, como animais e vegetais e terra e água e sol e as estrelas sejam substâncias (Δ 8, 1017b8; Z 2, 1028b8). Ele põe de lado, para uma análise posterior que não temos aqui espaço para tratar, várias questões derivadas. Seriam as superfícies, linhas e pontos substâncias? Seriam os números substâncias? Mas ele aborda diretamente, embora de uma maneira tateante, a grande questão platônica: Existem substâncias separadas de qualquer espécie, distintas daquelas que percebemos por nossos sentidos? (Z 2, 1028b8-32).

Essência e quididade

Vimos que no *Parmênides* Platão apresentou uma forma de predicação *per se*: S é P se ser P é parte do que seja ser S. Aristóteles está especialmente interessado nessa forma de predicação. Nas *Categorias* é a predicação na categoria da substância (segunda). Na *Metafísica* é a predicação que responde à questão sobre que espécie de coisa algo é (*ti esti*). Por vezes Aristóteles fala de "o-que-é?" de uma coisa, e nesse contexto da presente discussão ele faz uso frequente de uma expressão quase intraduzível, *to ti en einai*, composta do artigo definido, da questão "o-que-é?" e do infinitivo do verbo "ser", expressão cuja tradução literal é "o o-que-é o ser de uma coisa", isto é, o tipo de ser que responde à questão "O que é isto?".

Os comentadores latinos de Aristóteles empregaram amiúde a palavra *quidditas* como o correspondente para essa expressão grega. A pergunta latina *Quid est?* corresponde ao grego *Ti esti*. Muitos estudiosos adotam "essência" como uma tradução, uma solução perfeitamente possível, mas partirei da solução latina e utilizarei a palavra "quididade". "Essência", naturalmente, é também em si um latinismo, derivado do verbo latino para "ser", *esse*, assim como o verbo grego *ousia* é derivado do termo grego para ser. Há porém uma boa razão para mantermos a tradicional tradução de "substância" para *ousia*, pois assim podemos fazer uso da palavra "essência" para lidar com outra complicada expressão aristotélica. Podemos falar, por exemplo, da essência do ouro na passagem em que Aristóteles fala do "ser para-o-ouro" usando o infinitivo após o caso grego dativo, significando "o que existe para o ouro ser ouro". Essa última expressão, repetimos, origina-se da preocupação platônica com as questões sobre o que é e o que não é parte daquilo que o ser ouro implica. Para vários objetivos, "quididade" e "essência" podem ser encaradas como sinônimos.

Feitos estes esclarecimentos preliminares, podemos apresentar o plano que Aristóteles estabelece para si no início da seção central da *Metafísica* Z. A "substância", ele afirma, tem quatro significados básicos: a quididade, o universal, o gênero e o sujeito. Ele aborda detalhadamente cada um desses quatro itens em capítulos posteriores: o substrato no capítulo 3, a quididade nos capítulos 4 e 5, o gênero somente no capítulo 12 e, finalmente, o universal no capítulo 14.

O substrato (*to hypokeimenon*) vem a ser o mesmo que a substância primeira das *Categorias*: é aquilo do qual tudo é predicado e que não é ele mesmo predicado de nada. Tais substâncias primeiras, nos é informado, são compósitos de matéria e forma, no modo como uma estátua é relacionada a seu bronze e sua forma (1029a3-5), a maior parte disso já nos sendo familiar desde a *Física*. Mas a matéria não é substância (porque matéria pura não pode existir sozinha [1029a27]), e para descobrirmos se a forma é substância teremos de investigar sua relação com a quididade.

Ao abordar a quididade, Aristóteles faz uso de uma distinção que ele retira de seu léxico na *Metafísica* Δ (1017a7) entre o ser *per se* (*kath'auto*) e o ser *per accidens* (*kata sumbebekos*). Eu mesmo já fiz uso dessas expressões ao falar do *Parmênides*, embora as expressões gregas platônicas não sejam exatamente as mesmas. As locuções latinas são nada mais que transverbalizações das expressões gregas de Aristóteles. Seria inútil querer traduzi-las para nosso idioma, uma vez que o significado de nossos equivalentes, à semelhança das frases latinas e gregas, teriam de ser extraídos dos contextos em que ocorrem, e as locuções são utilizadas em vários contextos, por exemplo no da causação. Um construtor é *per se* a causa de uma casa, ele a constrói *qua* construtor. Mas se calhar de o construtor ser também cego, então a sentença "Homem cego constrói casa" fornece não a causa *per se* mas sim a causa *per accidens* da casa.

A distinção se aplica ao caso do ser do seguinte modo. As entidades em todas as dez categorias, nos diz Aristóteles, são exemplos de seres *per se*: a cor ou a forma de uma coisa é tanto um ser *per se* como a própria coisa (Δ 7, 1017a22). Naturalmente, a distinção entre *per se* e *per accidens* não é a mesma que entre substância e acidente. Acidentes, de modo confuso, são seres *per se*. A substância-definida-por-um-acidente é que vem a ser um ser *per accidens*. Assim, enquanto a sabedoria de Sócrates é um ser *per se*, o sábio Sócrates não o é, ele é um ser *per accidens*.

Aristóteles faz uso dessa sua definição para definir a quididade. Uma quididade é o que uma coisa é dita ser *per se*. Você pode ser um acadêmico, mas você não é um acadêmico *per se* da maneira como é uma pessoa *per se* (Z 4, 1029b15). "O estudioso Teofrasto" denomina um ser *per accidens*. Contudo, "o homem Teofrasto" denomina um ser *per se*, e "Teofrasto é um homem" é uma predicação *per se*. Ser um homem é a quididade ou essência de Teofrasto.

Uma quididade, nos é dito depois, é aquilo que é dado por definição. Algo que confunde, pois seguramente não apenas os seres *per se* possuem definições. Sem dúvida, para Aristóteles, um carteiro seria um ser *per accidens*, mas não podemos nós definir um "carteiro" como "o homem que entrega as correspondências" (cf. 1029b27)? Aristóteles responde que nem sempre temos uma definição de X quando possuímos uma série de palavras equivalentes a "X", caso contrário toda a épica seria uma definição da palavra "Ilíada" (Z 4, 1030a9). Uma definição deve ser em termos de espécies e gênero, e somente tal tipo de definição irá gerar uma quididade (Z 4, 1030a12).

Os acidentes, assim como as substâncias, podem ser definidos do seguinte modo: podemos perguntar o que significa "triangular" assim como perguntamos o que é um cavalo. Para isso permitir, Aristóteles não se importa em suavizar seu relato estritamente original sobre a definição. Todos esses termos: "Definição", à semelhança de "ser", "quididade" e "essência", são análogos, afirma ele, e os quatro pertencem primariamente somente às substâncias, assim como "saúde" é primariamente predicado de pacientes e somente secundariamente de medicamentos e instrumentos. Secundariamente, eles podem ser aplicados a acidentes, e em terceiro lugar até mesmo a seres *per accidens* (Z 4, 1030b1; 5, 1031a9).

A seguir, Aristóteles pergunta: Qual é a relação entre uma coisa e sua quididade? Sua resposta é que elas são idênticas, o que nos causa surpresa, já que uma coisa é seguramente concreta, enquanto uma quididade é seguramente abstrata. Sua justificação inicial para esta sua afirmação surpreendente é que uma coisa é com certeza a mesma substância que ela própria, e que a quididade de uma coisa é chamada sua substância. As *Categorias* parecem oferecer um modo mais direto de resolver esse mistério: Sócrates, por exemplo, é idêntico a uma substância primeira, e sua quididade é sua substância secundária. Mas aqui, na *Metafísica* Z, Aristóteles busca a resposta à questão: o que realmente se quer dizer com "substância secundária"? Em "Sócrates é homem", o que significa de fato "homem"?

A primeira resposta que Aristóteles leva em consideração é a de Platão: ela representa uma Humanidade que é algo distinto de Sócrates. Aristóteles faz uso de uma variante do argumento do Terceiro Homem para demonstrar que isso não se sustenta. Se um cavalo fosse distinto de sua quididade, a quididade do cavalo teria sua própria quididade identificadora, e assim por diante para sempre. O capítulo se encerra com o seguinte alerta: "É claro portanto que, tratando-se de realidades primeiras e que se dizem *per se*, a essência da coisa individual e a coisa individual são uma única e mesma realidade".

O significado provável disso é: Em uma oração como "Sócrates é sábio", a palavra "sábio" significa um acidente, a sabedoria de Sócrates, a qual é distinta de Sócrates. Mas em "Sócrates é homem", a palavra "homem" não significa nada que seja indistinguível do próprio Sócrates. Necessitamos distinguir Sócrates de sua sabedoria por terem eles duas histórias diferentes: à medida que Sócrates envelhece, a sabedoria de Sócrates pode aumentar ou, talvez, evaporar. Mas Sócrates e sua humanidade não possuem duas histórias diferentes: ser Sócrates é ser homem, e se Sócrates deixar de ser um ser humano ele deixará de existir.

Mas não há ainda a diferença entre o concreto e o abstrato a ser levada em consideração? Aristóteles nos auxilia a esse respeito em sua discussão do vir-a-ser, nos capítulos 7 e 8, em que afirma que quando uma coisa passa a ser nem sua forma e nem sua quididade começam a existir. Fazendo uso de sua por muito tempo trabalhada analogia, ele afirma que se manufaturo uma esfera de bronze não estou por isso fazendo nem o bronze e nem a forma esférica. E prossegue, generalizando:

> De fato, o que se gera deve sempre ser divisível: deve ser em parte isso e em parte aquilo, ou seja, em parte matéria e em parte forma. [...] Portanto, o que se chama forma ou substância não se gera; o que se gera é o sínolo, denominado a partir da forma (Z 8, 1033b16-19).

E ele prossegue para extrair uma conclusão antiplatônica: se as formas cotidianas que não são matéria não vêm por fim à existência, não há motivo para se convocar Formas Ideais, separadas, para explicar como as formas vêm a existir (Z 8, 1033b26).

Nem mesmo precisamos invocar as Formas para explicar como uma substância particular assume sua forma. Os seres humanos derivam sua forma não de um Ideal Humano, mas de seus pais (Z 8, 1033b32). O pai (e a mãe, embora Aristóteles ignorasse este fato) é responsável por introduzir a forma na matéria apropriada. "O que resulta, enfim, é uma forma de determinada espécie realizada nessas carnes e [nesses] ossos: por exemplo Cálias e Sócrates; e eles são diferentes pela matéria (ela é diversa nos diversos indivíduos), mas são idênticos pela forma (a forma, de fato, é indivisível)" (Z 8, 1034a8). Nesse trecho, Aristóteles enuncia uma tese que teria uma longa história, a saber, a tese de que a matéria é o princípio da individuação. Segundo ela, não importando quão diferentes as coisas possam ser umas das outras, não são as diferenças entre suas propriedades ou características que as distinguem entre si, pois é possível a elas assemelhar-se totalmente uma à outra sem ser idênticas uma à outra. Duas ervilhas, por exemplo, não importando o quão semelhantes sejam, são duas ervilhas e não uma ervilha, porque são duas diferentes porções de matéria.

Em algumas passagens Aristóteles identifica a forma à quididade (por exemplo, Z 7, 1032a33), e prossegue afirmando que no caso dos homens e de outros animais a forma e a quididade devem ser identificadas à alma (Z 10, 1035b14), o que apresenta um problema: sendo alma a quididade, e sendo a quididade o mesmo que possui a quididade, quereria isso dizer que Sócrates é idêntico à alma de Sócrates? Por instantes, Aristóteles parece pronto a aceitar essa possibilidade (Z 11, 1037a8), mas esta acaba por não ser a opinião que assume, e ele prossegue para qualificar sua identificação da alma, da forma e da quididade. "O homem e o cavalo considerados em geral, e outras noções como estas predicadas universalmente das coisas individuais, não são substâncias, mas compostos de determinada forma e de determinada matéria consideradas universalmente" (Z 10, 1035b27). Isso significa que ter carne e sangue faz parte de fato de se ser humano, mas ter *esta* carne e *este* sangue não é parte do se ser humano, mas é parte, porém, do ser Sócrates.

Podemos nos perguntar qual a relação entre os pares matéria–forma e corpo–alma. Em Z 11, 1037a5, Aristóteles diz que um animal é um composto de corpo e alma, e identifica com clareza o corpo com a matéria, mas nesse mesmo trecho ele não afirma que a alma é forma, mas sim que é a substância primeira. Ele continua nessa trilha um pouco à frente, afirmando que a substância primeira é a forma inerente na coisa, e que a substância (de outra espécie) é o compósito disso e da matéria (Z 11, 1037a29). Para tornar isso coerente com seu ensinamento anterior, temos de aceitar que o que ele chama aqui de "substância primeira" é aquilo que nas *Categorias* ele chamava de "substância segunda"!

Contudo, isso nos confronta com um sério problema. Do estudo de uma passagem anterior da *Metafísica*, temos razões suficientes para concluir que Aristóteles ensinara que em "Sócrates é homem" o predicado "homem" significava nada mais que Sócrates. Agora ele parece sugerir que esse predicado significa a forma, ou a alma, de Sócrates, sendo aquilo que define Sócrates, e é aqui diferenciado da parte material de Sócrates. O corpo de Sócrates é claramente parte de Sócrates — mas parte da definição de Sócrates ou de sua quididade?

Algum esclarecimento sobre isso é fornecido pelo tratamento que Aristóteles confere às definições. As definições possuem partes, e as substâncias que elas definem também possuem partes. Aristóteles leva todo um capítulo para explicar que se A é uma parte de X isso nem sempre implica que a definição de A tem de fazer parte da definição de X. (Não é necessário mencionar um ângulo agudo na definição de um ângulo reto — na verdade, dá-se o contrário [Z 11, 1035b6].) A definição tem de mencionar partes da forma, e não partes da matéria. Partes da forma têm de ser identificadas pelo método da definição por divisão em gêneros e espécies, o que vimos nos últimos diálogos platônicos.

Podemos perceber agora por que é inadequado perguntar se o corpo de Sócrates é parte de sua quididade. O corpo e a alma são partes de Sócrates (partes de um tipo antes especial, como será explicado no próximo capítulo). Ser racional e ser animal são partes da quididade de Sócrates, e ser animal inclui ter um corpo (um corpo orgânico de um tipo particular). Mas *ter um corpo* não é afinal o mesmo que um corpo. Perguntar se o corpo de Sócrates é parte de sua quididade é incorrer na confusão entre concreto e abstrato à que estávamos antes inclinados a acusar o próprio Aristóteles de nela incorrer. Por outro lado, devemos afirmar algo de similar a respeito da alma. A alma não pode simplesmente ser identificada à quididade, como Aristóteles sugere inadvertidamente algumas vezes: ser homem é ter uma alma de um tipo apropriado encarnada em um corpo orgânico.

Esforçamo-nos aqui da melhor forma para entender a doutrina da substância na *Metafísica*. O tópico foi apresentado por Aristóteles como um método para responder à questão fundamental "O que é ser?". É chegado agora o momento de encararmos essa questão de frente.

Ser e existência

É sabido que Aristóteles utiliza a expressão *to on* da mesma maneira que Parmênides: Ser é o que quer que algo seja. Sempre que Aristóteles explica seu significado, ele o faz explicando o sentido do verbo grego "ser" (por exemplo, Δ 7, 1017a6ss.; Z 2, 1028a19ss.).

Ser contém quaisquer itens que possam ser sujeitos de sentenças verdadeiras contendo a palavra "é", seja esta palavra seguida ou não de predicado. Tanto "Sócrates é" como "Sócrates é sábio" nos dizem algo a respeito do Ser. Os predicados em todas as categorias, nos afirma Aristóteles, significam ser, pois qualquer verbo pode ser substituído por um predicado que contenha o verbo de ligação "é". "Sócrates corre", por exemplo, pode ser substituído por "Sócrates é um corredor". Todo ser em qualquer categoria que não a substância é uma propriedade ou modificação da substância. É por isso que o estudo da substância é a via para o entendimento da natureza do Ser.

Em Aristóteles, como em Parmênides, é um engano igualar o ser à existência. No verbete "ser" dos dicionários, a acepção filosófica de existência da *Metafísica* Δ nem mesmo é mencionada como um dos sentidos da palavra, o que não deixa de surpreender, pois de tempos em tempos em suas obras lógicas ele parece ter assinalado este como um sentido especial. Assim, nas *Refutações sofísticas*, ele destaca que "ser algo não é o mesmo que ser, ponto final", isto é, ser e ser F não são a mesma coisa (5, 167a2). Aristóteles utiliza este princípio para enfraquecer inferências falaciosas do tipo "O que não é existe, porque o que não é pode ser pensado", ou "X não é, porque X não é um homem". Ele faz um movimento similar em conexão com o ser F de algo que deixou de ser: por exemplo, de "Homero é um poeta" não se segue que ele seja (*Int.* 11, 21a25).

Numa famosa passagem dos *Segundos analíticos* (11, 7, 92b14), Aristóteles afirma que "ser não é parte da substância (*ousia*) de coisa alguma, porque o que é (*to on*) não é um gênero". Isso pode ser tomado como uma afirmação de que a existência não é parte da essência de coisa alguma, isto é, o fato de *que algo exista* não é *o que* faz algo ser. Se é isso o que se quis dizer, então o reconhecimento prestado por Schopenhauer é merecido. Schopenhauer afirmou que Aristóteles, com intuição profética, antecipou o argumento ontológico[5]. Mas não fica claro se é este o único sentido que se pode dar a essa passagem.

A premissa de que o *to on* não é um gênero não implica necessariamente que não haja algo como *as coisas que são*, por mais verdadeiro que isso possa ser. Em outro lugar, Aristóteles argumenta que ser não é um gênero porque um gênero é diferenciado em espécies a partir de diferenças que são dele distintas, em que pese qualquer *differentia* em ser um ser de algum tipo (*Met.* B 3, 998b21)[6]. O caso mais cristalino em que "ser" deve significar "existir" ocorre quando ele está associado a *entia per accidens*: quando ele afirma "sábio Sócrates é" e diferencia isto de "Sócrates é sábio", dificilmente ele pode significar algo além de que um sábio Sócrates existe, e de que está entre as coisas que existem. A escolha torna-se muito

---

5. Cf. G. E. M. Anscombe, in ANSCOMBE and P. T. GEACH, *Three Philosophers* (Oxford: Blackwell, 1961), 20-21.
6. Na tradução de Marcelo Perine: "Com efeito, existem necessariamente as diferenças de cada gênero, e cada uma delas é única. Por outro lado, é impossível que as espécies de um gênero se prediquem das próprias diferenças ou que o gênero separado de suas espécies se predique de suas diferenças. De onde se segue que, se o Ser e o Um são gêneros, nenhuma diferença poderá ser nem poderá ser uma" (*Metafísica*, II, 105). (N.T.)

mais difícil quando Aristóteles escreve simplesmente "Sócrates é", signifique isto que Sócrates existe ou que seja um sujeito de uma predicação: não podemos associá-lo à distinção que nos parece tão clara entre o verbo de ligação "é" e o "é" da existência.

Quando "é" ocorre de fato em um verbo de ligação, unindo sujeito e predicado, podemos indagar qual o seu significado. Duas possíveis explicações são sugeridas pelos textos aristotélicos. Uma é que não possui significação: é um símbolo incompleto, não sendo destinado a ser tomado em si, mas com o termo-predicado que lhe é posterior, de forma que "... é branco" seja tomado como representando a forma acidental sendo "branco". Não haverá então nenhuma resposta geral à questão a respeito de o que "é" indica, mas haverá em geral uma resposta à questão sobre o que "... é P" indica, a saber, uma entidade em uma das dez categorias.

A outra, que é mais fácil encaixar nos textos, é a que ocorre como um substituto para *ser* em que "ser" deve ser considerado uma forma verbo-nominal, como "correndo", por exemplo. Se dissermos isto, vai parecer que necessitamos acrescentar que há vários tipos de ser: o ser que é indicado por "é" no predicado substancial "... é um cavalo" é um ser substancial, embora o ser que é indicado por "é" no predicado acidental "... é branco" seja um ser acidental de um tipo correspondente à categoria da qualidade. Outras e mais detalhadas diferenças podem ser apontadas entre diferentes tipos de ser, e portanto de diferentes sentidos do "é".

Uma passagem que avaliza fortemente essa leitura é o segundo capítulo da *Metafísica* H, em que Aristóteles afirma que há diversos meios pelos quais as coisas diferem umas das outras. Algumas vezes porque há diferentes maneiras pelas quais seus componentes são combinados: algumas vezes são misturados, como no hidromel; outras são ajuntados, como em um feixe; outras ainda por colagem, como se dá num livro. Algumas vezes a diferença se dá devido à posição: por exemplo, um bloco de pedra pode ser uma soleira ou o batente conforme esteja acima ou abaixo de uma porta. O tempo estabelece a diferença entre a ceia e o almoço, já a direção marca a diferença entre um vento e o seguinte. Aristóteles segue nessa toada para afirmar que se diz "é" em sentidos muito diferentes. Determinada soleira *é* por estar situada de determinado modo, e portanto o seu ser é estar situada assim dessa maneira. Para o gelo ser ele deve estar condensado desse modo determinado (H 3, 1043b15ss.).

Embora seja um equívoco buscar no tratamento aristotélico do ser uma descrição da existência, seria um erro julgar que ele não está a par das questões que têm ocupado os filósofos nesse campo. Quando os filósofos indagam a si mesmos quais coisas existem de fato e quais não existem, eles podem estar preocupados com o contraste entre o concreto e o abstrato (por exemplo, Sócrates *vs.* sabedoria; Sócrates *vs.* humanidade), ou com o contraste entre ficcional e factual (por exemplo, Pégaso *vs.* Bucéfalo), ou ainda com o contraste entre o existente e o extinto (a Grande Pirâmide *vs.* o Farol de Alexandria). Em diferentes passagens, Aristóteles aborda os três problemas.

Vimos em detalhe como Aristóteles lida com as abstrações ao apresentar as categorias. Acidentes são modificações da substância, de modo que afirmações sobre abstrações — como cores, ações e mudanças — são passíveis de análise considerando-se-os como parte das substâncias primeiras. Predicados na categoria das substâncias, por outro lado, não necessitam da existência de qualquer entidade — como Forma ou Humanidade — distinta da substância particular de tipo apropriado.

Aristóteles fornece a si os meios de lidar com os problemas sobre as ficções pelo expediente de apresentar um sentido para "é" no qual ele significa "é verdadeiro" (Δ 7, 1017a31). Uma ficção *é* um pensamento genuíno, mas *não é*, isto é, não é verdadeira. No que respeita ao existente e ao extinto, Aristóteles resolve os problemas sobre as coisas que existiram e deixaram de existir fazendo uso da doutrina da matéria e da forma. Existir é ser matéria sob alguma forma, ser uma coisa de certo tipo. Sócrates deixa de existir se deixa de possuir sua forma, isto é, se deixa de ser um ser humano.

Ainda não consideramos de forma explícita a mais importante das contribuições de Aristóteles à metafísica, a saber, a doutrina do ato e da potência. Se considerarmos qualquer item, de uma dose de leite a um policial, descobriremos uma porção de coisas verdadeiras sobre tal item e uma porção de outras coisas que, embora não sendo verdadeiras a respeito de um ou do outro em determinada ocasião, podem vir a ser verdadeiras em algum outro período. Assim, uma dose de leite *é* leite, mas *pode ser* transformada em manteiga; o policial *é* gordo, desajeitado e fala somente português, mas, se quiser, ele *pode* se tornar esbelto, aprumar-se e aprender francês. As coisas que algo o é correntemente, ou está fazendo, são chamadas por Aristóteles de seus atos (*energeiai*); as coisas que pode vir a ser, ou pode fazer, são as suas potências (*dynameis*). Assim, o líquido é leite em ato e manteiga em potência; o policial é gordo em ato e esbelto em potência; e assim sucessivamente. A potência, em oposição ao ato, é a capacidade de sofrer algum tipo de mudança, seja causada pela própria ação ou pela ação de outros agentes sobre si. Uma mudança de gordo a esbelto é uma mudança acidental, pois em casos do tipo uma substância tem a potencialidade para ser agora F e agora não-F. Uma mudança de leite para manteiga, todavia, seria para Aristóteles uma mudança do tipo substancial. Não é a substância, mas a matéria que possui a potencialidade de assumir diferentes formas substanciais.

Naturalmente, ao estudar os pares matéria–forma e substância–acidente, tomamos de fato contato com tipos particulares de potencialidade e realidade. A importância da análise na história da metafísica é que Aristóteles a via como um modo de desarmar as contestações de Parmênides, Heráclito e Platão. Os primeiros metafísicos nomearam os paradoxos que poderiam ser gerados ou dizendo que o ser vinha do ser ou que o ser vinha do não-ser. Aristóteles quis mediar essas duas afirmações ao dizer que o ser real vem do ser potencial. Naturalmente, essa não é uma fórmula mágica que irá resolver toda a confusão filosófica, mas é um modelo apropriado para inserir análises detalhadas dos diferentes tipos de mudança possíveis.

Aristóteles não deu a suas próprias investigações o nome "metafísica". Este nome, a princípio, significava simplesmente "depois da física" e foi dado por seus editores para situar o lugar desse texto no *corpus*. No entanto, ele afirmou de fato que "Existe uma ciência que considera o Ser *enquanto* ser e as propriedades que lhe competem enquanto tal" (Γ 1, 1003a21). Essa disciplina é chamada "primeira filosofia", e lida como os princípios primeiros e causas supremas. Aristóteles parece fornecer duas descrições conflitantes de seu tema: uma a de que, à diferença das ciências especiais, ela lida com o Ser como um todo; a outra a de que lida com uma espécie particular de ser, a saber, a substância divina, independente e imutável (por essa razão ele a chama às vezes de "teologia"). Poderíamos afirmar que lidamos aqui com duas diferentes descrições do "Ser *enquanto* ser"?

Não, pois não existe algo como um Ser *enquanto* ser, mas tão somente diferentes maneiras de estudar o Ser. Pode-se estudar o Ser *enquanto* ser, mas isso não é o mesmo que estudar um objeto misterioso, mas antes se pôr a braços com um tipo particular de estudo. Esse estudo, como todas as ciências aristotélicas, é uma investigação das causas, e quando estudamos o Ser *enquanto* ser estamos em busca das mais universais e primeiras causas. Compare isso com as outras disciplinas: quando estudamos a fisiologia humana, estudamos os homens *enquanto* animais, vale dizer, estudamos as estruturas e funções que os homens possuem em comum com os animais. Mas é claro que não há uma entidade como o homem *enquanto* animal.

Estudar algo como um ser é estudá-lo a partir do que partilhe com todas as outras coisas. (Grande coisa!, o leitor pode pensar: e o próprio Aristóteles afirma, como vimos, que nada pode ter o ser como sua essência ou natureza.) Mas um estudo do universo *como ser* é estudá-lo como um simples e abrangente sistema contendo todas as causas das coisas que vêm a existir e permanecem na existência. No ponto mais alto da hierarquia aristotélica das causas — como veremos de modo mais completo no capítulo 9 — estão os móveis celestiais movidos e não-movidos que são as causas finais de toda a geração e corrupção. Quando Aristóteles afirma que a primeira filosofia estuda o todo do Ser, ele está designando a este todo o campo que se deve explicar; quando ele afirma que ela é a ciência do divino, ele está consignando a esta seus princípios últimos de explicação. Assim, a filosofia primeira de Aristóteles é ciência do Ser *enquanto* ser e é também teologia.

Os epicuristas e os estoicos dedicaram pouca atenção às questões ontológicas que preocupavam Platão e Aristóteles. Um novo desdobramento, no entanto, merece breve menção.

Em uma de suas cartas, Sêneca escreve a um amigo para explicar o modo pelo qual as coisas são classificadas por espécie e gênero. O homem é uma espécie de animal, mas acima do gênero *animal* está o gênero *corpo*, uma vez que alguns corpos são animados e outros (por exemplo, pedras) não são. Existe um gênero superior ao *corpo*? Sim, existe o gênero de "o que é" (*quod est*), pois entre as coisas que são algumas são corpóreas e outras não o são. Este, de acordo com Sêneca, é o gênero supremo.

> Os estoicos queriam situar acima deste ainda um outro, mais primário, gênero. Para esses estoicos, o gênero primário parece ser "algo" — e eu explico o porquê. Na natureza, afirmam, algumas coisas são e algumas coisas não são, e a natureza inclui até mesmo essas coisas que não são — coisas que entram na mente, como os centauros, os gigantes e quaisquer outras ficções enganosas que tenham uma imagem embora careçam de substância (*Ep.* 58, 11-15).

Aqui vemos claramente identificado um uso do verbo "ser" no sentido de "existir", sem nenhuma das complicações que datam de Parmênides[7], o que é um grande avanço. Por outro lado, ao considerar o existente e o não existente duas espécies de um simples gênero ontológico supremo, a saber, "algo" (*ti quid*), os estoicos plantaram as sementes de séculos de

---
7. Ver LS i, 163.

confusão filosófica. Encontraremos os frutos dessa confusão nos próximos volumes desta obra. Seu produto mais elaborado é o argumento ontológico para a existência de Deus; seu resultado mais popular é a distinção entre mundos que são reais e mundos que são possíveis.

A despeito da importância dessa contribuição estoica, foi somente com o advento dos neoplatônicos que a metafísica assumiu sua importância na Antiguidade como o primeiro elemento da filosofia. Mas em um autor como Plotino a metafísica conheceu uma virada teológica de um tipo tal que sua doutrina será mais bem examinada no capítulo 9, dedicado à filosofia da religião.

7

Alma e mente

A alma é muito mais antiga que a filosofia. Em muitos lugares e em muitas culturas os seres humanos imaginaram a si mesmos sobrevivendo à morte, e os antigos equivalentes da palavra "alma" surgiram primeiramente como uma expressão para designar o que quer que em nós fosse imortal. Assim que a filosofia teve início, a possibilidade de uma vida depois da vida e a natureza da alma passaram a ser uma de suas principais preocupações, confundindo as fronteiras entre religião e ciência.

A metempsicose pitagórica

Pitágoras, com frequência venerado como o primeiro dos filósofos, era também um reputado defensor da sobrevivência após a morte. Contudo, ele não acreditava, como muitos outros o fizeram, que por ocasião da morte a alma adentrava num mundo diferente e sombrio, mas acreditava sim que ela retornava ao mundo em que todos nós vivemos, mas que o fazia como alma de um corpo diferente. O próprio Pitágoras afirmava ter herdado sua alma de uma distinta linhagem de ancestrais espirituais, e reportou que podia recordar ter combatido, alguns séculos antes, como um herói durante o cerco de Troia. Esse tipo de transmigração (que não necessita

Pitágoras calcula para seus discípulos o peso corpóreo
do há muito morto Hércules (de um manuscrito do
século XV de autoria de Aulo Gélio).

perpetuar-se) era bem diferente da abençoada imortalidade dos deuses, totalmente imunes à morte (DL 8, 45).

As almas podiam transmigrar desse modo, segundo Pitágoras, não somente entre um homem e outro, mas também entre as espécies. Certa ocasião ele impediu um homem de bater em um cachorro por ter reconhecido em seus ganidos a voz de um amigo morto (DL 8, 36). Shakespeare impressionou-se com essa doutrina, e a ela se refere em diversas ocasiões. Malvolio, informado sobre Pitágoras em *Noite de reis*, nos diz que sua crença era

> Que a alma de nossa avó possa feliz habitar um pássaro.
>
> (iv.ii, 50-1)

E quando Shylock é humilhado no *Mercador de Veneza*, levanta-se a possibilidade da migração na direção reversa.

> Quase me fazes vacilar em minha fé
> E ladear Pitágoras em sua opinião
> De que as almas dos brutos possam passar
> Para os corpos dos homens.
>
> (iv.i, 130-3)

Pitágoras não ofereceu argumentos filosóficos para a sobrevivência e a transmigração, antes alegava provar a veracidade disso em seu próprio caso identificando seus pertences em uma prévia encarnação. Foi assim o primeiro de uma longa linhagem de filósofos a tomar a memória como um critério da identidade pessoal (Diodoro 10, 6, 2). Seu contemporâneo Alcmeão parece ter sido o primeiro a apresentar um argumento filosófico nessa área, afirmando, a partir de uma inferência duvidosa, fundamentada em uma premissa obscura, que a alma deve ser imortal porque está em movimento perpétuo como os corpos divinos do céu (Aristóteles, *SA* 1, 2, 405a29-b1).

Empédocles adotou uma elaborada versão da transmigração pitagórica como parte de sua concepção cíclica da história. Em decorrência de uma queda primeva, pecadores como assassinos e perjuros sobreviviam como almas errantes por três períodos de dez mil anos, encarnados em muitas formas diferentes, passando de uma vida dura para outra (DK 31 B115). Dado que os corpos dos animais também serviam de lugares de passagem para as almas penadas, Empédocles instava seus discípulos a se abster de comer seres vivos. Ao matar um animal poder-se-ia mesmo estar atacando o próprio filho ou a própria mãe (DK 31 B137). Além disso, a transmigração é possível não somente em animais, mas também em plantas, de modo que mesmo os vegetarianos deveriam ser cuidadosos quanto àquilo que comem, evitando particularmente feijões e louro (DK 31 B141). Após a morte, se alguém tiver de ser um animal, será melhor ser um leão; se planta, melhor ser um louro. O próprio Empédocles afirmava ter experimentado a transmigração não apenas como homem, mas também nos reinos vegetal e animal.

> No passado, por uma vez moço fui,
> moça em outra vez, e árvore ainda.
> Também uma vez fui pássaro,
> além de um mudo peixe no mar.
>
> (DK 31 B117)

Nesse período inicial, a investigação sobre a natureza da alma na vida presente parece ter sido posterior à especulação sobre a sua morada em uma vida posterior. Todos os primeiros pensadores parecem ter assumido uma visão materialista: a alma consistiria apenas de ar (Anaxímenes e Anaximandro) ou de fogo (Parmênides e Heráclito). Contudo, foi necessário algum tempo para que o problema fosse abordado: como um elemento material, não importando quão delicado e fluido, poderia desempenhar as características funções da alma de sentimento e pensamento?

Heráclito oferece um esplêndido símile:

> Assim como uma aranha situada no centro de sua teia percebe de imediato o dano provocado por uma mosca a quaisquer de seus fios, e se desloca para lá lamentando a quebra de sua tessitura, assim a alma de uma pessoa, se alguma parte do corpo é ferida, se encolhe rapidamente como se incapaz de suportar a dor do corpo ao qual está firme e harmoniosamente vinculada (DK 22 B67a).

O parágrafo heraclitiano é o ancestral de muitas tentativas filosóficas de explicar as capacidades e o comportamento dos homens como as atividades de um minúsculo animal interior — embora filósofos posteriores tenham se inclinado a considerar a alma antes como um homúnculo, e não como um artrópode, interior.

Percepção e pensamento

Empédocles foi o primeiro filósofo a oferecer uma descrição detalhada de como a percepção ocorre. Como seus predecessores, ele era um materialista. A alma, como tudo o mais no universo, era um composto de terra, ar, fogo e água. A sensação se dava pela combinação de cada um desses elementos, na forma em que ocorriam nos objetos de percepção, com suas contrapartes em nossos órgãos sensoriais. O Ódio e o Amor, as forças que, no sistema concebido por Empédocles, operam sobre os elementos, também têm seu papel nesse procedimento de combinação, o qual é governado pelo princípio de que o semelhante é percebido pelo semelhante.

> Pois com terra vemos terra, com água vemos água,
> Com éter divino, e com fogo aniquilante,
> Afeição com afeição, e ódio com ódio lúgubre.[1]
>
> (DK 31 B109)

O processo parece se dar do seguinte modo. Dos objetos no mundo sai um eflúvio que atinge os poros de nossos olhos; o som é um eflúvio que penetra nossos ouvidos. Para a percepção ocorrer, poros e eflúvios têm que se combinar uns aos outros (DK 31 A86). Essa combinação, naturalmente, deve se dar no nível dos elementos, os princípios fundamentais de explicação do sistema de Empédocles. Em alguns casos isso se dá de modo simples: o som é transportado pelo ar, o qual é ecoado pelo ar no ouvido interno. No caso da visão isso é mais complicado, estando vinculado à proporção de cada um dos elementos, como sugerido pelo fragmento acima. A mistura mais complexa de todos os elementos é o sangue, e o movimento do sangue em torno do coração produz o pensamento. A refinada natureza da constituição sanguínea é o que explica a natureza extremamente abrangente do pensamento (DK 31 B105, 107).

A natureza bruta do materialismo de Empédocles fez dele um alvo fácil para os posteriores filósofos da mente. Aristóteles lamentava que ele não tivesse feito a distinção entre a percepção e o pensamento. Outros ressaltavam a existência de outras coisas, além de olhos e ouvidos, que possuíam poros: porque então não eram as esponjas e as pedras-pomes ca-

---

1. Tradução de José Cavalcante de Souza, in *Os pré-socráticos* [Pensadores I], São Paulo, Abril, 1973. (N.T.)

pazes de percepção? O atomista Demócrito ofereceu uma resposta a esta questão. A imagem visual era o produto de uma interação entre os eflúvios do objeto visto e os eflúvios da pessoa que o via. Essa imagem, ou impressão, se formava no ar intermediário, para então adentrar na pupila do olho (KRS 589). Mas Demócrito, como Empédocles, foi incapaz de oferecer qualquer tipo de descrição remotamente convincente do pensamento, e portanto, como ele, foi presa fácil para a crítica de Aristóteles.

O pré-socrático a quem os gregos posteriores reverenciaram como um filósofo da mente foi Anaxágoras, que acreditava que o universo se iniciara como uma minúscula e complexa unidade, que se expandira e evoluíra para formar o mundo como o conhecemos, mas que em todo estágio de evolução toda coisa individual contém uma porção de tudo o mais. Essa evolução é comandada pelo Espírito (*nous*), o qual se situa à parte do processo evolucionário.

> As outras coisas têm uma porção de tudo, mas o Espírito é ilimitado e autônomo, não estando misturado com nenhum tipo de coisa, mas permanecendo em si e por si. Pois se não fosse por si, mas estivesse misturado a outra coisa, partilharia de todo tipo de coisa, pois, como afirmei anteriormente, em tudo há um pouco de tudo. E as coisas com que estivesse misturado iriam impedi-lo de controlar a tudo como de fato o faz agora, quando o é por si só. Pois é a mais sutil e pura de todas as coisas, e possui o conhecimento de tudo e o poder sobre tudo. Todas as coisas que possuem almas, sejam maiores ou menores, são governadas pelo Espírito (KRS 476).

Anaxágoras faz a distinção entre almas, que são parte do mundo material, e um Espírito à feição divina, que é imaterial, ou pelo menos composto de um tipo de matéria ímpar e etérea. Embora para Empédocles o semelhante fosse conhecido pelo semelhante, o Espírito de Anaxágoras pode conhecer tudo somente em razão de ser diferente de tudo. Não existe apenas um grande Espírito cósmico: algumas outras coisas (homens, é de supor) fazem parte do Espírito, de forma que há espíritos menores e espíritos maiores (KRS 476, 482).

A imortalidade no *Fédon* de Platão

Entre os que sofreram influência de Anaxágoras encontrava-se Sócrates, mas é difícil afirmar com certeza algo sobre o que o Sócrates histórico

A morte de Sócrates tem sido o tema de muitas pinturas.
O quadro acima, de Claude Dufresnoy (1611-1668), faz parte
do acervo da Galeria Uffizi, em Florença.

pensava de fato sobre a alma e o espírito. Na *Apologia* de Platão, Sócrates parece cético quanto à possibilidade de uma vida após a vida. Seria a morte, ele se pergunta, um sono sem sonhos? Ou seria uma jornada a um outro mundo para encontrar os mortos em glória? "Seguimos nossos caminhos, eu para morrer, você para viver. O melhor deles, só Deus sabe" (40c–42a). Todavia, o Sócrates platônico no *Fédon* é um protagonista mais articulado da tese de que a alma não somente sobrevive à morte, mas está em melhor situação após a morte (63e).

O ponto de partida de sua discussão é a concepção de um ser humano como uma alma aprisionada em um corpo. Os verdadeiros filósofos dão pouca importância aos prazeres do corpo como comida, bebida e sexo, e consideram o corpo um obstáculo antes que um auxílio para os anseios filosóficos (64c–65c). "O pensamento é melhor quando o espírito está todo em si, e nenhuma dessas coisas o perturba — nem sons, nem visões, nem dor, e nem, ainda, qualquer prazer —, quando deixa o corpo e mantém com este a mínima relação possível" (65c). Assim, os filósofos que buscam a verdade devem manter suas almas separadas de seus corpos. Mas a morte é a separação de alma e corpo: daí que o verdadeiro filósofo, por toda a sua vida, está de fato ansiando pela morte (67e).

Os interlocutores de Sócrates, Símias e Cebes, consideram suas palavras edificantes, mas Cebes se vê obrigado a observar que muitas pessoas rejeitariam a ideia de que a alma pudesse sobreviver ao corpo. Elas creem que no momento da morte a alma deixa de existir, desaparecendo no nada como uma nuvem de fumaça (70a). Sócrates concorda que ele precisa oferecer provas de que a alma ainda exista depois da morte de um homem.

Primeiro ele oferece o argumento dos opostos. Se duas coisas são opostas, cada uma delas vem da outra. Para dormir, você precisa estar acordado; para acordar você precisa estar dormindo. Se A se torna maior que B, A deve ter sido menor que B; se A se torna melhor que B, A deve ter sido pior que B. Assim, opostos como *maior* e *menor*, *melhor* e *pior* passam a ser em decorrência uns dos outros. Mas vida e morte são opostos, e o mesmo vale para elas. Se a morte resulta da vida, não deveria a vida, por sua vez, resultar da morte? Uma vez que a vida depois da morte não é visível, ela deve estar em outro mundo (70c–72e).

O argumento seguinte de Sócrates busca provar a existência de uma alma incorpórea não depois, mas antes de sua vida no corpo. Ele afirma primeiramente que o conhecimento é recordação, e em seguida que a recordação envolve a preexistência. Frequentemente vemos coisas, ele diz, que são mais ou menos de igual tamanho; mas jamais vemos duas coisas no mundo que sejam absolutamente iguais uma à outra. Nossa ideia de igualdade, portanto, não pode ser derivada da experiência. As coisas aproximadamente iguais que vemos são simples lembretes de uma absoluta igualdade que encontramos anteriormente. Mas este encontro não se deu em nossa vida atual, nem se deu através dos sentidos, mas deve ter acontecido em uma vida prévia e por uma operação de puro intelecto. O que vale para a Ideia de igualdade absoluta deve valer também para outras Ideias similares, como as de bondade absoluta e beleza absoluta (73a–77d).

A seguir, Sócrates fala dos conceitos de dissolubilidade e indissolubilidade. O que quer que possa se desintegrar, como ocorre com o corpo na morte, deve ser compósito e modificável. Mas as Ideias das quais a alma se ocupa são imodificáveis, ao contrário das belezas visíveis e evanescentes que vemos com nossos olhos. Dentro do mundo visível em fluxo, a alma claudica como um bêbado; é somente quando retorna a si mesma que ela adentra no mundo de pureza, eternidade e imortalidade ao qual pode chamar de lar. Se mesmo os corpos, quando mumificados no Egito, sobrevivem à passagem dos anos, seria pouco crível que a alma se dissolvesse no momento da morte. Em vez disso, desde que seja uma alma purificada pela filosofia, ela partirá em direção a um invisível mundo de êxtase (78b–81a).

Em resposta a esses argumentos, Símias oferece uma concepção diferente da alma. Considere uma lira feita de madeira e cordas, ele diz, afinada pela tensão das cordas. Um corpo humano pode ser comparado a uma lira afinada, e um corpo morto a uma lira desafinada. Seria absurdo afirmar que, por não ser algo material, como a madeira e as cordas, a afinação poderia sobreviver à destruição das cordas. Quando as cordas do corpo perdem seu tom devido a acidentes ou doenças, a alma desaparece com a morte tal qual a afinação se vai com a quebra da lira (84c–86e).

Também Cebes tinha uma objeção a fazer. Ele concorda que a alma é mais resistente que o corpo e não necessita extinguir-se junto com o corpo. No curso normal de uma vida, o corpo passa por poucas e boas, necessitando de constantes reparos providenciados pela alma. Mas uma alma deve ser imortal, no sentido de que deve sobreviver à morte, sem ser imperecível, no sentido de que deva viver para sempre. Mesmo que ela transmigre de corpo para corpo, talvez um dia ela pereça, assim como um tecelão, que fez e puiu muitos mantos durante sua vida, depara-se um dia com a morte e deixa um manto para trás (86e–88b).

Sócrates levanta muitas razões para rejeitar a analogia de Símias. Estar em sintonia implica graus, mas nenhuma alma pode ser mais ou menos alma que uma outra. É a tensão das cordas a causa da afinação da lira, mas no caso do homem a relação vai em outra direção: é a alma que mantém o corpo em ordem (92a–95e).

Em resposta a Cebes, Sócrates apresenta uma distinção entre o que os filósofos anteriores denominariam propriedades necessárias e contingentes das coisas. Os seres humanos podem ou não ser altos: a altura é uma propriedade contingente dos homens. O número três, contudo, não pode ser senão ímpar, e à neve não resta outra coisa que ser fria: essas propriedades são necessárias a tais coisas, e não apenas contingentes. A frieza não pode tornar-se quente e, consequentemente, a neve, que é necessariamente fria, deve ou se retirar ou perecer com a aproximação do calor (103a–105c).

Podemos generalizar: não apenas os opostos não recebem opostos, mas nada que necessariamente traga em si um oposto irá admitir o oposto daquilo que traz. Ora, a alma traz vida, assim como a neve traz o frio. Mas a morte é o oposto da vida, o que implica que a alma não pode permitir a morte mais que a neve pode permitir o calor. Mas o que não pode permitir a morte é imortal, e portanto a alma é imortal. À diferença da neve, ela não perece, mas se retira para um outro mundo (105c–107a).

Os argumentos de Sócrates no diálogo convencem Símias e Cebes, mas certamente não deveriam ter convencido. Será verdade que os opostos originam-se sempre de opostos? E, mesmo que os opostos venham de fato de opostos, será que o ciclo continua para sempre? Mesmo se ao sono se deva suceder o despertar, não poderá um último despertar ser seguido (como o Sócrates da *Apologia* ressaltara) por um sono eterno? E não importando quão verdadeiro possa ser que a alma não possa suportar a morte, porque deve ela se retirar para outro lugar quando o corpo morre em vez de perecer como a neve derretida?

A anatomia da alma

No *Fédon*, a alma é tratada como uma entidade singular e unificada. Em outro lugar, Platão nos oferece relatos sobre a alma em que ela tem diferentes papéis para diferentes funções. No *Fedro*, depois de oferecer uma breve prova, à semelhança de Alcmeão, de que a alma deve ser imortal porque ela tem moto-próprio, Platão passa a descrever sua estrutura. Pense nela, ele diz, como se fosse uma tríade: um auriga com um par de cavalos, um bom e o outro mau, dirigindo-se a um banquete celestial (246b). O bom cavalo movimenta-se para adiante, enquanto o cavalo mau puxa o carro constantemente para baixo. Os cavalos são claramente destinados a representar duas diferentes partes da alma, mas suas funções exatas jamais são esclarecidas. Platão aplica sua analogia principalmente no curso de expor os antecedentes de seu ideal filosófico de um tipo de amor homoerótico. Ao atingirmos o ponto em que temos um homem, um garoto e quatro cavalos todos juntos numa cama, a metáfora, obviamente, perdeu bastante o prumo (256a).

A anatomia da alma é descrita de forma mais sóbria na *República*. No livro 4 Sócrates sugere que a alma contém três elementos, assim como seu Estado utópico contém três classes. "Será que aprendemos as coisas com uma parte", ele se pergunta, "sentimos raiva com outra, e com uma terceira, ainda, ansiamos pelos prazeres da comida, do sexo e de seus símiles? Ou estaríamos operando com toda a nossa alma quando de posse desses impulsos?" (436a-b) Ele encontra sua resposta ao analisar o fenômeno do conflito mental. Um homem pode estar sedento e não desejar beber (tal-

A concepção de Platão da alma como um auriga foi gravada
por Donatello nesse medalhão, detalhe de um busto maior.

vez por razões médicas): isso demonstra que há uma parte da alma que reflete e uma outra que sente os desejos do corpo. À primeira se pode chamar razão (*to logistikon*), à segunda se pode chamar vontade (*to epithymetikon*) (439d). Ora, a ira não pode ser atribuída a nenhum desses elementos. Não pode ser atribuída à vontade, porque podemos sentir aversão a nossos próprios desejos pervertidos, e nem à razão, porque as crianças têm frequentes acessos de raiva antes de chegar à idade da razão. Uma vez que a ira pode conflitar com a razão e a vontade, temos de atribuí-la a um terceiro elemento da alma, ao qual podemos chamar temperança (*to thymoeides* [441b]). A justiça, na alma, é a harmonia desses três elementos.

Encontramos a alma tripartida novamente no livro 9 da *República*. O mais baixo elemento nela pode ser denominado o elemento avaro, dado que o dinheiro é o principal meio de satisfazer os desejos da vontade. A temperança busca poder, vitória e reputação, e portanto pode ser chamada de a amante da honra, ou a parte ambiciosa da alma. A razão persegue o conhecimento da verdade: o seu amor é o aprendizado. Na alma de cada homem, um ou outro desses elementos pode ser dominante, o que faz que seja classificado apropriadamente como avaro, ambicioso ou estudioso. Cada tipo de pessoa irá afirmar que a sua própria vida é a melhor vida: o avaro irá elogiar a vida dos negócios, o ambicioso fará o elogio da carreira política, o estudioso irá louvar o conhecimento, o entendimento e a vida de aprendizado. Naturalmente, Platão concede os louros ao filósofo, pois este tem a experiência mais ampla e o julgamento mais apropriado, sendo os objetos aos quais dedica sua vida muito mais reais que os prazeres ilusórios perseguidos por seus competidores (587a).

Há diferenças, veremos, entre as descrições da alma no livro 4 e no livro 9. Nesse meio-tempo, Platão apresentou a teoria das Ideias e expôs seu plano de educação para os reis filósofos. A tarefa da razão não era mais apenas cuidar do corpo, mas ser exercida numa escala ascendente de estados mentais e atividades descritas na sequência: imaginação, crença e conhecimento. No final do livro 9, despedimo-nos da alma tripartida com uma vívida imagem. O apetite é uma fera de muitas cabeças, constantemente gerando cabeças de animais domesticados e selvagens; a temperança se assemelha a um leão; a razão, a um homem. A fera é maior que as outras duas, e todas estão armazenadas no interior de um ser humano. Um longo caminho foi percorrido desde a humilde aranha de Heráclito.

A alma tripartida não é a última palavra de Platão na *República*. No livro 10 ele estabelece um contraste entre os diferentes elementos presentes na parte racional: um que é confundido por ilusões de óptica, e outro que mede, conta e pesa. Se nos primeiros livros as partes da alma eram diferenciadas por seus desejos, uma diferenciação de capacidade cognitiva nos é agora apresentada como a base para a distinção entre as partes.

No mesmo livro, Sócrates oferece uma nova prova da imortalidade. Cada coisa é destruída por uma doença que lhe é peculiar: os olhos pela oftalmia, o ferro pela ferrugem. O vício é a doença característica da alma, mas ele não a destrói. Se a doença exclusiva da alma não pode matá-la, então ela não pode ser morta por doenças do corpo, e deve portanto ser imortal (609d). Mas o que é imortal não pode ser uma entidade compósita instável como a alma tripartida. Tal tipo de alma é como uma estátua no mar coberta de cracas. O elemento da alma que ama a sabedoria e tem uma paixão pelo divino deve ser libertado dos elementos extemporâneos se queremos apreciá-lo em toda a sua graça. Se a alma apreciada em sua verdadeira natureza provará ser múltipla ou simples permanece uma questão em aberto (611bss., 612a3).

No *Timeu*, contudo, a alma tripartite reaparece, e às suas partes são atribuídas localizações corpóreas. A razão situa-se na cabeça, as outras duas partes são situadas no corpo, o pescoço é um istmo cuja função é manter os elementos divino e mortal da alma separados um dos outros. A temperança localiza-se em torno do coração, a vontade no estômago, e cabe ao diafragma separar as duas em uma divisão semelhante à dos aposentos do homem e da mulher em uma casa. O coração é o quartel-general do qual os comandos podem ser transmitidos pelo corpo, via circulação sanguínea, quando a razão, por algum motivo qualquer, ordena outras estações. A parte mais baixa da alma é mantida sob controle pelo fígado, o qual é particularmente suscetível à influência da mente. O enrolamento do estômago tem a função de evitar que os apetites se tornem insaciáveis (69c-73b).

Platão e a percepção sensorial

Enquanto o *Timeu*, à semelhança dos primeiros livros da *República*, anatomiza a alma sobre as bases do desejo antes que da cognição, o diálogo na verdade lida a certa altura com os mecanismos da percepção. O estatuto da percepção sensorial também atraiu a atenção de Platão no *Teeteto*, no curso da discussão sobre a tese de Protágoras de que o que aparece a uma pessoa em particular é verdadeiro para aquela pessoa. Em Protágoras, Platão identifica a doutrina heraclitiana do fluxo universal.

Se tudo no mundo está em constante mudança, então as cores que vemos e as qualidades que detectamos com nossos outros sentidos não podem ser realidades estáveis e objetivas. Em vez disso, cada uma delas é um encontro entre um de nossos sentidos e algum item transitório apropriado presente no turbilhão universal. Por exemplo, quando o olho entra em contato com uma contraparte adequadamente visível, ele começa a ver brancura, e o objeto começa a parecer branco. A brancura em si é gerada pelo intercurso entre esses dois geradores, o olho e o objeto. O olho e o objeto são em si sujeitos a mudanças perpétuas, mas seu movimento é lento em comparação à velocidade com a qual as percepções sensoriais vêm e vão. A visão pelo olho do objeto branco e a brancura do objeto em si são dois gêmeos que nasceram ao mesmo tempo e ao mesmo tempo podem perecer (156a–157b).

Uma história similar pode ser contada sobre os outros sentidos, mas não fica claro quão seriamente Platão pretende que consideremos essa descrição da sensação. Ela aparece, afinal, no curso de um argumento *reductio ad absurdum* contra a tese heraclitiana de que tudo está em constante mutação, tanto em qualidade quanto em lugar. Se algo ficasse em repouso, argumenta Sócrates, poderíamos descrever como se parece, e se tivéssemos um retalho de cores constantes poderíamos descrever como ele se move de um lugar para outro. Mas se os dois tipos de mudança ocorrem ao mesmo tempo estamos destinados a não ter o que dizer, pois não podemos dizer *o que* está se movendo ou *o que* está mudando de cor. Cada episódio do ver irá se tornar instantaneamente em um episódio de não-ver, com a percepção sendo então impossível (182b-e).

Apesar disso, o princípio que reza que ver é um encontro entre o olho e o objeto é afirmado por Platão em sua própria descrição no *Timeu*, em que se oferece uma explicação do mecanismo da visão. Dentro de nossas cabeças há um fogo tênue, semelhante à luz do dia. Este fogo flui por nossos olhos e forma uma coluna uniforme com a luz exterior. Quando ele encontra um objeto, fragmentos são enviados de volta ao longo da coluna, através dos olhos e ao interior do corpo, para produzir a sensação a que chamamos visão (45d). As cores são um tipo de chama que emana dos corpos e é composta de partículas adequadas à nossa visão de forma a despertar a sensação. Essas chamas viajam pelo olho utilizando a coluna de luz original como uma espécie de onda transportadora. As cores individuais são o produto de diferentes misturas de partículas de quatro tipos básicos: preto, branco, vermelho e brilhante (67b–68d).

A psicologia filosófica de Aristóteles

A filosofia da mente de Platão tem de ser reconstituída a partir dos fragmentos de vários diálogos, entre os quais a maioria se ocupa de questões éticas e metafísicas. O caso se torna muito diferente quando abordamos a psicologia filosófica de Aristóteles. Aqui, em complemento ao material de seus escritos éticos, temos um tratado sistemático sobre a natureza da alma (*De Anima* [*Sobre a alma*]) e uma quantidade de monografias menores sobre assuntos como a percepção sensorial, a memória, o sono e os sonhos. Aristóteles assumiu e desenvolveu algumas das ideias platônicas, como a da divisão da alma em partes e faculdades e a análise filosófica da sensação como encontro, mas sua abordagem fundamental difere da platônica por ter suas raízes no estudo da biologia. O modo com que ele estrutura a alma e suas faculdades influenciou, por quase dois milênios, não apenas a filosofia, mas também a ciência.

Para o Aristóteles biólogo, a alma não é, como no *Fédon*, a exilada de um mundo melhor mal acomodada em uma base corpórea. A essência mesmo da alma é definida por sua relação com uma estrutura orgânica. Não somente os homens, mas os animais e plantas também possuem almas — e não almas de segunda mão, transmigradas, pagando as penas de antigos delitos, mas princípios intrínsecos da vida animal e vegetal. Uma alma, afirma Aristóteles, é "a atualidade da matéria [o ato] de um corpo que tem vida", vida aqui significando a capacidade de autossustento, crescimento e decadência. Se concebemos uma substância viva como um compósito de matéria e forma, então a alma é a forma de um corpo natural ou, como afirma às vezes Aristóteles, orgânico (SA 2, 1, 412a 20,b5-6).

Aristóteles dá várias definições para "alma", as quais pareceram, para alguns estudiosos, inconsistentes entre si[2]. Mas as diferenças entre as definições surgem não a partir de uma noção incoerente da alma, mas de uma ambiguidade no uso que Aristóteles faz da palavra grega para "corpo". Por vezes a palavra significa a substância composta viva: neste sentido, a alma é a forma de um corpo que está vivo, um corpo com moto-próprio (2, 1, 412b17). Em outras ocasiões, a palavra significa o tipo adequado de matéria a ser moldada por uma alma: neste sentido, a alma é a forma de um corpo que tem vida *em potência* (2, 1, 412a 22; 2, 2, 414a15-29). A alma é a forma de um corpo orgânico, um corpo que tem órgãos, vale dizer, partes que possuem funções específicas, tais como as bocas dos mamíferos e as raízes das árvores.

A palavra grega *órganon* designa uma ferramenta, e Aristóteles ilustra sua noção de alma pela comparação entre ferramentas inanimadas e órgãos corporais. Se um machado fosse um corpo vivo, seu poder de cortar seria sua alma; se um olho fosse um todo animal, seu poder de enxergar seria sua alma. Uma alma é uma atualidade, nos diz Aristóteles, mas ele distingue atualidade primária de atualidade secundária. Quando o machado está de fato cortando, e o olho está de fato enxergando, trata-se aí da atualidade secundária. Mas um machado em sua caixa e o olho de alguém que dorme mantêm um poder que não estão de fato exercendo: esse poder ativo é a

---

2. Quanto a isto, ver Julian BARNES, Aristotle's concept of Mind, *Proceedings of the Aristotelian Society* (1972) 101-114; J. L. ACKRILL, Aristotle's definition of *Psyche*, *Proceedings of the Aristotelian Society* (1973) 119.

atualidade primária, e é esse tipo de atualidade que a alma é: a atualidade primária de um corpo vivo. O exercício dessa atualidade é a totalidade das operações vitais do organismo (2, 1, 412b11–413a3).

A alma não é apenas a forma, ou causa formal, do corpo vivo, é também a origem da mudança e do movimento no corpo e, acima de tudo, é também a causa final que dá ao corpo sua orientação teleológica. A reprodução é uma das mais fundamentais operações vitais. Cada ser vivo busca "reproduzir sua espécie, um animal produzindo um animal, uma planta produzindo uma planta, de forma que eles tenham sua parcela do eterno e do divino da melhor maneira que puderem" (2, 4, 415a26-29, b16-20).

As almas dos seres vivos podem ser ordenadas hierarquicamente. Plantas possuem uma alma vegetativa ou nutritiva, a qual consiste nos poderes de crescimento, nutrição e reprodução (2, 4, 415a23-26). Além disso, os animais possuem os poderes de percepção e locomoção: eles possuem uma alma sensível, e todo animal tem pelo menos uma capacidade sensitiva, das quais o tato é a mais universal. O que quer que possa sentir, afinal, pode sentir prazer, e os animais, portanto, que possuem sentidos, também têm desejos. Os humanos, além disso, têm o poder da razão e do pensamento (*logismos kai dianoia*), que podemos chamar de alma racional.

O conceito teórico de alma em Aristóteles difere do de Platão, anterior a ele, e do Descartes, seu posterior. Uma alma, para Aristóteles, não é um agente interior ou imaterial agindo sobre um corpo. "Não deveríamos indagar se corpo e alma são uma única coisa, não mais do que deveríamos indagar sobre a cera e o selo impresso sobre ela, ou sobre a matéria de qualquer coisa e aquela da qual é a matéria" (2, 1, 412b6-7). Uma alma não necessita ter partes do modo como um corpo precisa — talvez eles não sejam mais distintos que o côncavo e o convexo na circunferência de um círculo (*EN* 1, 13, 1102a30-32). Ao falarmos das partes da alma estamos falando de suas faculdades, que se distinguem entre si a partir de suas operações e de seus objetos. O poder de crescimento é distinto do poder da sensação, porque crescer e sentir são duas atividades diferentes; e o sentido da visão é diferente do sentido da audição não porque os olhos são diferentes dos ouvidos, mas porque as cores são diferentes dos sons (*SA* 2, 4, 415a14-24).

Os objetos do sentido são de dois tipos: os que são próprios aos sentidos particulares, como cor, som, gosto e odor, e os que são percebíveis por mais de um sentido, como o movimento, a quantidade, a forma e o tamanho. Por exemplo, à distância pode-se dizer se algo está em movimento seja vendo este algo ou sentindo-o, e portanto o movimento é um "sensível comum" (2, 6, 418a7-20). Não possuímos um órgão especial para a detecção dos sensíveis comuns, mas Aristóteles afirma que temos sim uma faculdade que ele denomina *koiné aisthesis*, literalmente "sentido comum", mas mais bem traduzida como "sentido geral". Quando nos deparamos com um cavalo, podemos vê-lo, escutá-lo, senti-lo e cheirá-lo, sendo o sentido geral que unifica essas percepções de um objeto único (embora o conhecimento de que esse objeto é um cavalo seja, para Aristóteles, uma função do intelecto antes que dos sentidos). Ao sentido geral, Aristóteles concede outras funções: por exemplo, é por ele que percebemos quando estamos utilizando os sentidos particulares (3, 1, 425b13ss.), e é pelo sentido geral que somos capazes de identificar as diferenças entre os objetos do sentido próprios aos diferentes sentidos (por exemplo, entre branco e doce) (3, 4, 429b16-19). Esse último movimento parece irrefletido: identificar a diferença entre branco e doce não é, seguramente, um ato de discriminação sensorial equivalente a identificar a diferença entre vermelho e rosa. O que seria confundir branco com doce?

A tese mais interessante de Aristóteles sobre a operação dos sentidos individuais é a de que uma faculdade sensorial em operação é idêntica a um objeto sensível percebido em ação: a atualidade do objeto sensível é idêntica à atualidade da faculdade sensorial (3, 2, 425b26-7, 426a16). Ele explica sua tese utilizando como exemplo o som e a audição, mas por conta das diferenças entre o idioma grego e o idioma português tentarei explicar o que ele quis dizer no caso do sentido do paladar[3]. A doçura de uma xícara de chá é um objeto sensível, algo que pode ser saboreado. Minha capacidade de saborear é uma faculdade sensorial. A operação do paladar sobre o objeto do paladar é a mesma coisa que a ação do objeto sob meu sentido. Vale dizer, o gosto doce do chá é para mim um evento uno e idêntico à minha experiência de saborear a doçura do chá.

Aristóteles aplica ao caso da sensação o seu esquema de camadas de potência e ato (2, 5, 417a22-30, b28–418a6). O chá é de fato doce, mas antes que lhe fosse adicionado açúcar era apenas potencialmente doce. A doçura do chá na xícara é uma atualidade primária: a atualidade do chá sendo doce para mim é uma atualidade secundária. A doçura nada mais é que a potência de ter um gosto doce para provadores adequados; e a facul-

---

3. Aristóteles lamenta que o grego não tenha uma palavra para o resultado de um objeto em nós quando sentimos seu gosto (3, 2, 426a17). Em português ocorre o contrário, pois este idioma não possui uma única palavra que corresponda à palavra grega para aquilo que um som faz conosco quando nos faz ouvi-lo.

dade do paladar é nada mais que a potência de saborear coisas tais como a doçura de coisas doces. Podemos assim concordar que a propriedade sensível na operação é a mesma coisa que a faculdade em operação, embora, naturalmente, a potência de saborear e a potência de ser saboreado sejam duas coisas diferentes, uma em um animal e a outra em uma substância.

Isto parece ser uma firme e importante análise filosófica do conceito de sensação: ela nos permite compreender a noção, que confundiu muitos filósofos, de que a sensação implica uma transação entre a mente e alguma *representação* daquilo que é sentido. As explicações detalhadas que Aristóteles dá dos veículos químicos das propriedades sensoriais e o mecanismo dos órgãos da sensação são questões muito diferentes, teorias especulativas há muito superadas. Embora Aristóteles seja muito crítico daqueles que o precederam nessa área, como Demócrito e o Platão do *Timeu*, sua própria descrição não é menos distante da verdade que as deles, como ficou provado pelo progresso da ciência.

Além dos cinco sentidos e do sentido geral, Aristóteles admite outras faculdades que posteriormente seriam reunidas sob a denominação "sentidos interiores", notavelmente a imaginação (*phantasia*) (*SA* 3, 3, 427b28–429a9) e a memória, à qual ele dedicou todo um opúsculo (*Sobre a memória*). Correspondendo aos sentidos de nível cognitivo, há uma parte afetiva da alma, o *locus* das emoções que são sentidas espontaneamente. Isso é apresentado na *Ética a Nicômaco* como aquela parte da alma que é basicamente irracional mas, ao contrário da alma vegetativa, passível de ser contida pela razão. É a parte da alma para o desejo e a paixão, correspondendo ao apetite e à temperança na alma tripartida platônica. Quando sob a orientação da razão, torna-se a residência das virtudes morais como a coragem e a temperança (1, 13, 1102a 26–1103a3).

Para Aristóteles e para Platão, a parte mais elevada da alma é ocupada pela mente, ou razão, o local do pensamento e do entendimento. O pensamento difere da percepção sensorial, e é restrito — ao menos na Terra — aos seres humanos (*SA* 3, 3, 427a18-b8). O pensamento, como a sensação, diz respeito ao fazer juízos, mas a sensação diz respeito aos particulares, enquanto o conhecimento intelectual concerne aos universais (2, 5, 417b23). Aristóteles faz uma distinção entre o raciocínio prático e o raciocínio teórico e elabora uma divisão correspondente das faculdades no interior da mente. Há uma parte deliberativa da alma racional (*logistikon*), que lida com os assuntos humanos, e uma parte científica (*epistemonikon*), que lida com as verdades eternas (*EN* 6, 1, 1139a16; 12, 1144a2-3). Essa distinção é fácil

O primeiro comentador árabe de Aristóteles, Averróis, é aqui representado em uma iluminura do século XVI que ilustra seu comentário. Nela ele recebe instruções do próprio Aristóteles.

de entender, mas em célebre trecho do *Sobre a alma* Aristóteles apresenta uma distinção diferente, e muito difícil de apreender, entre os dois tipos de mente (*nous*). Em toda parte na natureza, ele diz, encontramos um elemento material que é em potência qualquer coisa e tudo, e há um elemento criativo que opera na matéria. Assim também com a mente.

> Há uma mente de tipo tal que vem a ser todas as coisas, e outra para fazer todas as coisas, uma espécie de estado positivo, como a luz, porque de certo modo a luz torna cores potenciais em cores reais. Essa mente é separável, impassível e não está misturada a nada, sendo em essência atualidade; o agente, com efeito, é sempre superior ao paciente, assim como o princípio à matéria. O conhecimento da atualidade é exatamente a mesma coisa que o objeto do conhecimento (SA 3, 5, 430a14-21).

Na Antiguidade e na Idade Média, este texto foi sujeito a agudas e diferentes interpretações. Algumas delas — particularmente entre os comentadores árabes — identificaram o agente ativo e separável, a luz da mente, com Deus, ou com alguma outra inteligência sobre-humana. Outros — particularmente entre os comentadores latinos — julgaram que Aristóteles estaria identificando duas faculdades diferentes no interior da mente humana: um intelecto ativo, que formava conceitos, e um intelecto passivo, que era um depósito de ideias e crenças.

O teorema da identidade na atualidade do conhecimento e de seu objeto — paralelamente à tese correspondente sobre a percepção sensorial — foi compreendido, na segunda interpretação, do seguinte modo. Os objetos que encontramos na experiência são apenas em potência, e não em verdade, pensáveis, assim como as cores no escuro são apenas em potência, e não em verdade, visíveis. O intelecto ativo cria conceitos — objetos pensáveis em verdade — abstraindo formas universais da experiência particular. Essas formas imateriais existem somente na mente: sua atualidade é simplesmente o serem pensadas. O pensamento em si consiste de nada além de se ocupar sobre tais universais. Assim, a realização do objeto do pensamento e a operação do pensador do pensamento são uma e a mesma coisa.

Se a segunda interpretação é correta, então Aristóteles admite aqui uma parte da alma humana que é separável do corpo, portanto imortal. No mesmo espírito, em *Sobre a geração dos animais* (2, 3, 736b27), Aristóteles diz que a razão entra no corpo "vinda de fora", sendo o único elemento divino na alma e no ser sem conexão com qualquer atividade corpórea. Esses trechos nos recordam que, em acréscimo à noção biológica oficial de alma que vimos estudando, ocorre de tempos em tempos em Aristóteles um detectável resíduo do pensamento platônico segundo o qual o intelecto é uma entidade distinta separável do corpo.

Essa linha de pensamento não encontra destaque maior que no último livro da *Ética a Nicômaco*. Embora na *Ética a Eudemo* e nos livros comuns aos dois tratados o intelecto teórico seja claramente uma faculdade da alma, e embora não haja sugestão de que seja transcendente ou imortal, no livro 10 da *Ética a Nicômaco* a vida do intelecto é descrita como sobre-humana e contrastada com a do *syntheton*, ou composto corpo–alma. As virtudes morais e a sabedoria prática são virtudes do composto, mas a excelência do intelecto é capaz de uma existência separada (10, 7, 1177a14, b26-9; 1178a14-20). É nessa atividade do intelecto separável que, para a *Ética a Nicômaco*, consiste a suprema felicidade humana.

É difícil reconciliar as correntes biológica e transcendente no pensamento aristotélico. Nenhuma teoria da evolução cronológica teve sucesso em fazê-lo. O próprio *Sobre a alma*, como vimos, contém um trecho que sugere com firmeza que há um elemento imortal na alma do homem, e na seção da obra que apresenta de forma mais clara a teoria da alma na forma de um corpo orgânico Aristóteles nos diz que permanece em aberto saber se a alma está no corpo como um marinheiro está em um barco (2, 1, 413a9). Mas esta é uma formulação clássica da concepção dualista da relação entre corpo e alma.

A filosofia helenística da mente

Nenhum autor antigo entre Aristóteles e Agostinho formulou uma filosofia da mente comparativamente rica. A psicologia filosófica de Epicuro avança pouco em relação à de Demócrito. Para Epicuro, a alma, como tudo o mais, consiste de átomos, que diferem de outros átomos somente por serem menores e mais sutis, e até mais finamente estruturados que aqueles que formam os ventos. É absurdo afirmar que a alma é incorpórea: o que quer que não seja corpo não passa de mero vazio. A alma é a maior responsável pela sensação, mas somente graças à sua posição no composto corpo–alma. Quando de sua morte, seus átomos são dispersados e perdem a capacidade de sensação, por não mais ocuparem seu lugar apropriado em um corpo (LS 14B).

O terceiro livro do grande poema de Lucrécio, *Sobre a natureza das coisas*, é dedicado à psicologia. Inicialmente, ele faz a distinção entre *animus* e *anima* (34-35). O *animus*, ou mente, é uma parte do corpo, assim como uma mão ou um pé, o que é demonstrado pelo fato de que um corpo se torna inerte tão logo tenha dado seu último suspiro. O espírito é parte da *anima*, ou alma — a sua parte dominante, localizada no coração. O restante da alma distribui-se por todo o corpo e se movimenta quando instado pelo espírito. Espírito, alma e corpo estão intimamente entrelaçados, como percebemos quando o medo faz que o corpo trema e quando as feridas do corpo fazem o espírito lamentar. O espírito e a alma devem ser corpóreos sob pena de não serem capazes de mover o corpo — para movê-lo, eles devem tocá-lo, e como poderão tocá-los a não ser que eles próprios sejam corpóreos (160-167)? O espírito é muito leve e de fina textura, como o buquê de um vinho — afinal, um corpo morto pesa pouco menos que um corpo vivo. Ele é composto de fogo, ar, vento e um quarto elemento inominado. O espírito é mais importante que a alma, pois tão logo o espírito cessa, a alma segue seu rumo, mas o espírito pode sobreviver a grandes danos infligidos à alma (402-405).

Alguns dizem que o corpo não percebe ou sente qualquer coisa, mas apenas a alma, concebida como um homúnculo interior. Lucrécio argumenta de forma engenhosa contra essa visão primitiva. Se os olhos não estão exercitando nenhuma visão, mas sendo apenas meras portas para que o espírito enxergue, então teríamos de ser capazes de enxergar com maior clareza se nossos olhos fossem arrancados, porque um homem em uma casa pode enxergar muito mais se as portas e as ombreiras forem removidas (367-369).

O objetivo da discussão de Lucrécio sobre a mente e a alma é provar que ambas são mortais, e dessa forma remover os fundamentos sobre os quais as pessoas temem a morte. A água escorre de um recipiente rompido: quão mais rapidamente deve o tênue fluido da alma escapar uma vez quebrado o corpo! O espírito evolui com o corpo e irá decair com o corpo. A mente sofre quando o corpo está enfermo, e é curada pela medicina do corpo. Todas estas são indicações claras de mortalidade.

> O que é essa assombração, a morte, para assustar o homem,
> Se as almas podem morrer, como os corpos podem também?
> Porque assim como antes de nascer dor não sentimos,
> Quando os Exércitos púnicos infestaram a terra e cimos.
> Quando em confusão foram céus e terra jogados,
> Pois assim como o dito império do mundo,
> Com temerosa expectativa esperava
> Escravos o ser com certeza, incertos sobre quem comandaria:
> Assim, quando nossa compleição mortal for estilhaçada,
> A massa sem vida do espírito separada,
> Da sensação de pesar e dor livres estaremos
> E nada sentiremos, pois nada seremos.
>
> (*RN* 830-840[4])

Somos apenas o que somos, Lucrécio afirma na conclusão, com o que em uníssono almas e corpos concordam.

Os epicuristas fizeram uma descrição atomística da percepção sensorial, particularmente da visão. Os corpos no mundo emanam delicados

---
4. Tradução para o português a partir da versão inglesa de Dryden. (N.T.)

filamentos dos átomos de que são feitos, os quais mantêm sua forma original e servem assim de imagens (*eidola*). Estas voam ao redor do mundo com velocidade estonteante, e a percepção se dá quando elas entram em contato com os átomos da alma. Quando vemos imagens mentais, trata-se do resultado de filamentos ainda mais tênues, que se juntam no ar, como uma teia de aranha ou ouro em folha. Assim, a imagem de um centauro é o resultado da junção de uma imagem de homem a uma imagem de cavalo, que pode adentrar ao espírito tanto durante o sono como na vigília. Estamos sempre cercados por incontáveis desses tipos de finas imagens, mas percebemos apenas aquelas às quais o espírito volta seu raio de atenção (Lucrécio, 4, 722-785).

Os estoicos, à semelhança dos epicuristas, possuíam uma concepção materialista da alma. Vivemos enquanto respiramos, argumentava Crisipo: a alma é o que nos faz viver, e o sopro é o que nos faz respirar, de modo que o sopro e a alma são idênticos (LS 53G). O coração é a morada da alma: ali reside a alma *par excellence*, a faculdade-dominante (*hegemonikon*) que envia os sentidos com a missão de trazer de volta relatos sobre o meio ambiente para que ela os avalie. A percepção sensorial em si tem lugar exclusivamente no interior da faculdade-mestra (LS 53M). A faculdade-dominante é material como o restante da alma, mas é capaz de sobreviver, pelo menos temporariamente, à separação do corpo por ocasião da morte (LS 53W). Não há, contudo, qualquer tipo de imortalidade pessoal para os estoicos: no máximo, depois da morte, as almas dos sábios podem ser absorvidas pela Alma Divina que permeia e governa o universo.

Alguns estoicos comparavam a alma humana a um polvo: oito tentáculos emanados da faculdade-dominante em torno do corpo: cinco deles são os sentidos, um é um agente motor para causar o movimento dos órgãos, um controla os órgãos da fala e o último deles é um tubo para transporte do sêmen aos órgãos geradores. Cada um desses tentáculos foi feito do sopro (LS 53H, L).

Será destacado que dos oito tentáculos cinco são aferentes e três eferentes, o que reflete um importante esclarecimento que os estoicos apresentaram à psicologia filosófica. Platão e Aristóteles interessavam-se principalmente pelas faculdades que dividiam a alma hierarquicamente, baseados nos valores cognitivos ou éticos dos objetos da faculdade. Assim, o intelecto precedia a sensação, enquanto a escolha racional precedia o desejo animal. Os estoicos estavam bem conscientes da diferença entre as capacidades daqueles que possuíam a capacidade de uma linguagem racional e dos animais mudos (LS 53T), mas consideravam tão importante uma divisão de faculdades que fosse vertical e não horizontal. A distinção é assim apresentada por Cícero, que cita Panécio:

> Os movimentos do espírito são de dois tipos: alguns pertencem ao pensamento, outros à vontade. O pensamento se ocupa principalmente da investigação da verdade, enquanto a vontade é um motor para a ação (*Off.* 1, 132).

A distinção entre faculdades cognitivas e volitivas se põe no caminho da distinção entre as faculdades sensoriais e intelectuais. Na Antiguidade tardia e na Idade Média, os filósofos passaram a aceitar o seguinte esquema:

<blockquote>
Intelecto   Vontade
Sensação   Desejo
</blockquote>

Este esquema combina a distinção aristotélica entre os níveis racional e animal com a distinção estoica entre as dimensões cognitiva e volitiva.

Vontade, mente e alma na Antiguidade tardia

Amiúde se diz que na filosofia clássica não existe o conceito de vontade. Alguns chegaram ao limite de afirmar que na psicologia de Aristóteles a vontade nem sequer ocorre e que o conceito foi inventado somente após mais onze séculos de reflexões filosóficas. É certamente inegável que não há expressão aristotélica que corresponda exatamente à moderna expressão "liberdade de escolha", o que levou os estudiosos a concluir que ele não possuía real compreensão do assunto.

Essa crítica a Aristóteles é dependente de uma certa visão da natureza da vontade. Nos tempos modernos, os filósofos com frequência têm considerado a vontade um fenômeno da consciência introspectiva. Atos da vontade, ou volições, são eventos mentais que precedem e são a causa das ações humanas, sua presença ou ausência estabelecendo a diferença entre as ações voluntárias ou involuntárias. A liberdade de escolha seria localizada na indeterminação dessas volições introspectivas.

Não fica claro quanto os epicuristas e estoicos partilhavam essa concepção da causação da ação humana, mas é certo que esse conceito de vontade não se encontra em Aristóteles, embora isso conte a seu favor, pois o conceito é radicalmente falho e tem sido desacreditado em tempos recentes. Uma descrição filosófica satisfatória da vontade deve relacionar a ação humana à capacidade, ao desejo e à crença. Deve conter abordagens do voluntarismo, da intencionalidade e da racionalidade. Os tratados aristotélicos contêm amplo e relevante material para o estudo da vontade assim compreendida, apesar de seus conceitos não coincidirem de forma exata àqueles que hoje em dia seria natural utilizar.

Aristóteles definia o voluntarismo da seguinte forma: algo seria voluntário se tivesse origem em um agente livre da compulsão ou do erro (*EN* 3, 1, 1110a1ss.). Em seu sistema moral, um papel importante é também desempenhado pelo conceito de *prohairesis*, ou escolha racional: a escolha de uma ação como parte de um plano de vida abrangente (*EN* 3, 2, 1111b4ss.). Seu conceito de voluntário foi definido de forma muito confusa, e o de *prohairesis* de forma muito sucinta, para demarcar a moral cotidiana que orienta nossas vidas. O fato de que não haja palavra em português que corresponda a *"prohairesis"* é em si um indício da dificuldade do conceito, já que a maioria da terminologia moral de Aristóteles encontrou equivalentes em todas as línguas europeias.

Embora ofereça uma descrição rica e perceptiva do raciocínio prático, Aristóteles não possui nenhum conceito técnico que corresponda a nosso conceito de intenção, a saber, de fazer A *de modo a* possibilitar B, de escolher meios para fins assim como de somente buscar os fins. O voluntarismo é um conceito mais amplo que o de intenção, pois inclui qualquer coisa que provoquemos de forma consciente, mas sem intenção de fazê-lo, como uma consequência indesejada de uma ação. *Prohairesis*, por sua vez, é um conceito mais limitado, porque restringe o objetivo da intenção ao estabelecimento de uma grande padronização da vida.

Essas falhas na abordagem de Aristóteles do lado apetecível da vida humana constituem a verdade por trás da exagerada afirmação de que ele não tinha nenhum conceito de vontade. Na verdade, foi a reflexão dos filósofos latinos que levou ao desenvolvimento integral do conceito, reflexão que pode ser vista de forma exaustiva nos escritos de Agostinho.

Nos séculos II e III, posteriores desdobramentos pediam certa modificação na filosofia da mente de Aristóteles. O médico Galeno (129-199) descobriu que para que os músculos operassem, os nervos que saíam do cérebro e da medula espinhal tinham de estar ativos. Assim, o cérebro, e não o coração, devia ser considerado a principal morada da alma. À semelhança dos estoicos, porém, Galeno distinguia uma alma sensória de uma alma motora, a primeira associada aos nervos aferentes que se deslocam para o cérebro, a última aos nervos motores com origem na medula espinhal[5].

O comentador peripatético Alexandre de Afrodísia, que se destacou nas primeiras décadas do século III, identificou o intelecto ativo do *Sobre a alma* ao motor imóvel da *Metafísica* Λ. Alexandre dava início assim a uma longa tradição de interpretação que floresceu, sob diferentes formas, entre comentadores posteriores, notadamente no mundo árabe. Ele sustentava que por ocasião do nascimento um ser humano possuía apenas um intelecto físico, ou material, a verdadeira inteligência sendo adquirida somente sob a influência da suprema mente divina. Resulta disso a alma humana não ser imortal: o melhor que pode fazer é pensar pensamentos imortais ao meditar sobre o motor imóvel (*SA* 90, 11–91, 6).

Em reação ao "mortalismo" dos epicuristas, estoicos e dos peripatéticos que os sucederam, Plotino buscou, seguindo os passos de Platão, provar que a alma individual é imortal. Ele expõe seu caso em um de seus primeiros escritos, a *Enéada* 4, 7(2), "Sobre a imortalidade da alma". Se a alma é o princípio da vida nos seres vivos, ela não pode, em si, ser corpórea por natureza. Se for um corpo, deve ou ser um dos quatro elementos — terra, ar, fogo e água — ou um composto de um ou mais deles. Mas os elementos são eles próprios desprovidos de vida. Se um composto tem vida, isso deve ser creditado a uma particular proporção dos elementos no composto: mas isso deve ser concedido por algo mais, a causa que fornece a receita para tal e combina os ingredientes da mistura. Esse algo mais é a alma (4, 7, 2, 2).

Plotino argumenta que nenhuma das funções da vida, da mais baixa forma de nutrição e crescimento às mais altas formas de imaginação e pensamento, podem ser executadas por algo que seja meramente corpóreo. Os corpos sofrem mudanças a todo instante: como poderia algo em tal tipo de fluxo perpétuo recordar-se de qualquer coisa de momento a momento? Os corpos são divididos em partes e se espalham pelo espaço: como poderia uma entidade assim espalhada prover o foco unificado do qual estamos conscientes na percepção? Podemos imaginar entidades abstratas, como a beleza e a justiça: como o que é corpóreo pode conceber o que é incorpóreo? (4, 7, 5-8). A alma deve pertencer não ao mundo do vir-a-ser, mas ao mundo do Ser (4, 8, 5).

----
5. M. R. BENNETT, P. M. S. HACKER, *Philosophical foundations of neuroscience*, Oxford, Blackwell, 2003, 20.

Santo Agostinho em seu gabinete. Vittorio Carpaccio, S. Giorgio, Veneza.

Plotino sabe que há os que dizem que a alma, embora não sendo em si um corpo, depende, apesar disso, de um corpo para existir. Ele recorda a discordância de Símias no *Fédon* quanto à alma ser nada mais que uma afinação dos tecidos do corpo. De forma ordenada, ele contesta aquele raciocínio. Quando um músico toca as cordas de uma lira, afirma Plotino, são as cordas, e não a melodia, que ele move; mas as cordas não seriam tocadas se a melodia não o exigisse (3, 6, 4, 49-80; 4, 7, 8).

Plotino, de modo claro, mantém a imortalidade pessoal dos indivíduos. Seria absurdo sugerir que Sócrates deixaria de ser Sócrates quando ele passasse desta para a melhor. As almas sobreviverão naquele mundo melhor porque nada que possua um ser real perece jamais (4, 3, 5). Contudo, o significado exato dessa afirmação não é claro, já que Plotino afirma também que todas as almas formam uma unidade, unidas em uma Alma-Mundo superior, da qual elas se originaram e para a qual retornarão (3, 5, 4). Aprenderemos mais sobre essa Alma-Mundo no capítulo 9, na discussão da teologia de Plotino.

Um dos que mais aprenderam com as especulações de Plotino foi o jovem Agostinho. Sua própria contribuição original à filosofia da mente, contudo, é encontrada em seus escritos sobre a liberdade. Em seu *Sobre o livre-arbítrio*, escrito no ano de sua conversão ao cristianismo, ele defende uma forma de libertarianismo que difere tanto do compatibilismo que vimos em um capítulo anterior, quando considerávamos Crisipo, como do predestinarianismo pelo qual é conhecido o cristão Agostinho.

No terceiro livro, a questão proposta é se a alma peca por necessidade. Temos de distinguir, dizem-nos, três sentidos para "necessidade": natureza, certeza e compulsão. A natureza e a compulsão são incompatíveis com o voluntarismo, e somente os atos voluntários são condenáveis. Se um pecador peca por natureza ou por compulsão, o pecado não é voluntário. Já a certeza é compatível com o voluntarismo: pode constituir uma certeza que X irá pecar, e mesmo assim X irá pecar voluntariamente, e de forma correta deverá ser culpado.

Considere-se primeiramente a necessidade da natureza. A alma não peca por necessidade da mesma maneira que uma pedra cai por necessidade da natureza: a ação da alma ao pecar é voluntária. A alma e a pedra são ambas agentes, mas a alma é um agente voluntário, e não natural. A diferença é a seguinte: "a pedra não possui o poder de deter o seu movimento para baixo, mas, a não ser que a alma o queira, ela não age de modo a abandonar o que é elevado em troca do que é baixo" (III,2).

Como vimos ao considerar Crisipo, o voluntarismo pode ser definido em relação ao poder de fazer de outro modo (liberdade da indiferença), ou em relação ao poder de fazer o que se quer (liberdade da espontaneidade). Em *Sobre o livre-arbítrio* Agostinho combina as duas abordagens. As moções da alma são voluntárias, porque a alma faz o que quer. "Não sei o que posso chamar de meu", diz Agostinho, "se a vontade segundo a qual quero ou desprezo não é minha de fato". Mas o poder de querer é em si um poder de mão dupla. "A moção pela qual a vontade dirige-se para esta ou para aquela direção não seria louvável a não ser que fosse voluntária e estivesse em nossos poderes". Nem pode o pecador ser considerado culpado quando volta a chave (*cardo*) da vontade para as regiões baixas (III,3).

Agostinho quer provar que podemos controlar o querer. O ordenamento exato de sua prova não é muito claro. Segundo uma interpretação ela se apresenta da seguinte maneira: fazer X está em nosso poder se fazemos X quando queremos. Mas, sempre que queremos, queremos. O querer está portanto em nosso poder. Isso parece muito fácil, mas é claro que a primeira premissa está incompleta, pois deveria ser assim: fazer X está em nosso poder se fazemos X quando queremos fazer X. A segunda premissa seria então: sempre que queremos querer fazer X queremos fazer X. Isso nos daria então a conclusão de Agostinho: O que quer que seja X, querer X está em nosso poder. Mas pode-se questionar a segunda premissa. Não poderíamos ter um querer enquanto premência, sem ter o querer em si, enquanto ideal positivo? Quando Agostinho quer ser casto, mas não ainda, está ele querendo realmente ser casto ou apenas querendo querer ser casto?

Se está em meu poder fazer X, no sentido anteriormente delineado por Agostinho, então deve estar em meu poder não fazer X, o que enfraquece seu argumento para demonstrar que o querer está sob nosso poder. Porque qualquer plausibilidade que haja na afirmação de que se eu quero querer algo isso quer dizer que eu quero esse algo, não há plausibilidade alguma na afirmação de que se eu não quero querer algo então eu não quero esse algo. Eu posso sinceramente querer deixar de fumar, mas isso não impede que eu queira apaixonadamente um cigarro neste momento.

Sem dúvida Agostinho pode responder estabelecendo distinções entre os diferentes tipos de querer, mas no presente contexto não haveria ganho em seguir mais detalhadamente sua análise da volição. A parte do *Sobre o livre-arbítrio* mais relevante para a questão do determinismo e da liberdade é sua consideração do conhecimento anterior de Deus. Agostinho acreditava que a qualquer momento Deus conhece previamente a todos os futuros eventos, o que capacita nosso filósofo a elaborar o seguinte argumento contra a possibilidade do pecado voluntário:

(1) Deus sabia que Adão ia pecar.
(2) Se Deus sabia que Adão ia pecar, necessariamente Adão pecaria.
(3) Se Adão iria necessariamente pecar, então Adão pecou necessariamente.
(4) Se Adão pecou necessariamente, Adão não pecou a partir de seu livre-arbítrio.
(5) Adão não pecou a partir de seu livre-arbítrio.

A linha argumentativa aqui é claramente tributária da discussão da batalha naval em Aristóteles e do argumento-mestre de Diodoro: em cada caso, de maneiras diferentes, a necessidade de um estado ou evento anterior é utilizada como um ponto de partida do qual deriva a necessidade de um evento futuro. Nos gregos, a premissa inicial é lógica, em Agostinho é teológica.

Agostinho propõe-se a desarmar o argumento distinguindo a certeza, de um lado, da causação natural, ou compulsão, de outro. Posso conhecer algo sem que seja dele causa (como quando conheço esse algo por recordar-me dele). Eu posso estar certo de que alguém está prestes a fazer algo sem, de modo algum, instá-lo a fazer o que quer que seja. Do mesmo modo, podemos distinguir os sentidos de "necessidade" no argumento acima. Na segunda premissa, que é antecedente da terceira premissa, "necessariamente" deve ser considerado como "certamente". Na quarta premissa, que é consequente da terceira premissa, o "necessariamente" deve ser considerado como "sob compulsão". Graças ao equívoco resultante na terceira premissa, o argumento fracassa.

A resposta de Agostinho não convence totalmente: não há com certeza uma exata analogia entre o conhecimento humano do futuro por conjectura e a onisciência onitemporal divina. As dificuldades que essa abordagem deixa irresolvidas foram assumidas por muitas gerações futuras de teólogos cristãos, mas sua discussão pode ser adequadamente considerada representativa do estágio final da reflexão sobre o determinismo na Antiguidade.

8

Como viver: a ética

Muitos dos ditos atribuídos aos primeiros filósofos gregos possuem um conteúdo moral. A Tales, por exemplo, se atribui uma primitiva versão do "Aja como gostaria que agissem contigo". Ao ser indagado sobre como poderíamos viver melhor, ele respondeu: "Se não fizermos nós mesmos o que condenamos os outros por fazerem". Em um tom mais ambíguo, ao ser indagado por um adúltero se este deveria jurar inocência, ele respondeu: "Bem, o perjúrio não é pior que o adultério" (DL 1, 37). Expressões oraculares de tipo semelhante são encontradas em Heráclito: "Não beneficia aos homens obter tudo que querem" (DK 22 B110); "O caráter de um homem é seu destino" (DK 22 B117). Outros filósofos emitiram juízos sobre particulares questões morais: Empédocles condenou o sacrifício animal e o alimentar-se de carne (DK 31 B128, 139). Mas é somente em Demócrito que encontraremos algum indício de um filósofo provido de um sistema moral.

Demócrito, o moralista

Demócrito foi eloquente quanto aos tópicos morais: sessenta páginas de seus fragmentos, como registrados por Diels-Kranz, são dedicadas a aconselhamento moral. A maioria deles é pouco sofisticada, tipo "receitas do bem viver": Não abrace tarefas que não pode realizar. Não inveje os ricos e famosos. Pense nos que estão em situação pior que a sua, e conforme-se com o seu quinhão (DK 68 B91). Não tente saber tudo, ou terminará não sabendo nada (DK 68 B69). Não culpe a falta de sorte pelas coisas que dão errado por culpa sua: você pode evitar o afogamento aprendendo a nadar (DK 68 B119, 172). Aceite auxílio apenas se estiver disposto a dar ainda mais em troca (DK 68 B92). Uma observação que é sempre lembrada em quase todo banquete de casamento é o fragmento 272: "Aquele que ganha um genro bom ganha um filho, o que ganha um péssimo genro perde uma filha".

Em algumas ocasiões o aconselhamento de Demócrito é mais controverso. É melhor não ter filhos, pois criá-los bem envolve muito trabalho e cuidado, e perceber que se tornam maus ao crescer é a mais cruel de todas as dores (DK 68 B275). Se tiver que ter filhos, adote-os de algum amigo em vez de gerá-los você mesmo. Desse modo, você poderá escolher o tipo de filho que quer, enquanto pelo método tradicional você teria de aceitar o que obtivesse (DK 68 B277).

A partir de Platão surgiram filósofos que desprezavam o corpo como o corruptor da alma. Demócrito assumia exatamente a posição contrária. Se um corpo, no fim da vida, fosse processar a alma pelas dores e pelos sofrimentos que tivesse enfrentado, um juiz justo daria ganho de causa ao corpo. Se algumas partes do corpo foram danificadas por negligência ou arruinadas pela esbórnia, a culpa cabe à alma. Talvez você pense que o corpo não passa de uma ferramenta utilizada pela alma: pode até ser, mas se uma ferramenta não está em condições de uso você não culpa a ferramenta, mas sim seu dono (DK 68 B159).

As opiniões de Demócrito sobre moral chegaram a nós como uma série de aforismos, mas há alguns indícios de que ele teria concebido um sistema ético, embora não fique claro que relação esse sistema teria com o atomismo, se é que teria alguma. Ele escreveu um tratado sobre o objetivo da vida e procedeu a uma investigação sobre a natureza da felicidade (*eudaimonia*), que seria encontrada não nas riquezas mas nos bens da alma, e ninguém deveria extrair prazeres das coisas mortais (DK 68 B37, 171, 189). As esperanças dos educados, ele declarou, eram melhores que as riquezas dos ignorantes (DK 68 B285). Mas os bens da alma, nos quais a felicidade seria encontrada, não parecem ter sido de qualquer tipo místico sublime. Antes, seu ideal era uma vida de contentamento plácido e intenso (DK 68 B188). Por esse motivo, Demócrito ficou conhecido em épocas posteriores como o filósofo risonho. Ele louvava a moderação, mas não era um ascético.

Quadro de Bramante em que Demócrito é mostrado como
o filósofo que ri e Heráclito como o filósofo que chora.

Economia e jejum eram bons, afirmava, mas assim como um banquete: a dificuldade era avaliar o momento exato para cada um. Uma vida sem banquetes seria como uma estrada sem hospedarias (DK 68 B229, 230).

De certa forma, Demócrito estabeleceu um programa para os pensadores gregos que o sucederam. Ao situar a busca da felicidade no centro da filosofia moral, ele foi seguido por quase todo moralista da Antiguidade. Quando afirmou que "a causa do vício é a ignorância quanto ao que seja melhor" (DK 68 B83), ele formulou uma ideia que seria central no pensamento moral socrático. Uma vez mais, quando afirma que é melhor ser julgado mal do que fazer o mal (DK 68 B45), ele vocalizou um pensamento que foi aperfeiçoado por Sócrates como o princípio de que é melhor sofrer o mal do que infligir o mal — um princípio incompatível com os sistemas morais influentes que encorajam a julgar as ações apenas quanto a suas consequências e não a partir da identidade de seus agentes. Outras de suas afirmações descompromissadas, se levadas a sério, podem revolucionar sistemas éticos inteiros. Por exemplo, quando afirma que uma pessoa boa não apenas evita cometer um erro mas nem mesmo quer cometer um erro (DK 68 B62), ele coloca-se contra a visão tradicional de que a virtude atinge seu ápice quando triunfa sobre as paixões conflituosas.

Demócrito não explorou, contudo, o mais importante de todos os conceitos na ética antiga, a saber, a *arete*, ou virtude. A palavra grega não tem nenhum correlato exato em português, e nos mais recentes estudos acadêmicos a tradicional tradução por "virtude" tem sido substituída por "excelência". *Arete* é o nome abstrato correspondente ao adjetivo *agathos*, a palavra mais comum para "bom". O que quer que seja bom em si possui a correspondente *arete*. É de uso arcaico, na língua portuguesa, falar da virtude de um cavalo ou de uma faca, o que sem dúvida é uma razão para preferir a tradução "excelência"; e algumas das *aretai* dos seres humanos, como a competência científica, não se adéquam satisfatoriamente à descrição de "virtude intelectual". Mas é da mesma forma estranho chamar de "excelência" um traço de caráter como a gentileza; de modo que farei uso da tradução tradicional de *arete*, ressaltando no entanto que ela está longe de ser perfeitamente adequada. A questão aqui não é simplesmente idiomática, mas revela uma diferença conceitual entre os gregos antigos e os ocidentais modernos com relação ao modo apropriado de agrupar diferentes propriedades desejáveis dos seres humanos. A diferença entre as duas estruturas conceituais, ao mesmo tempo que é causa da dificuldade, fornece também grande parte do valor, do estudo da filosofia moral da Antiguidade.

Sócrates e a virtude

Foi Sócrates quem iniciou a investigação sistemática sobre a natureza da virtude, situando-a no centro da filosofia moral — e na verdade da filosofia como um todo. No *Críton*, sua própria aceitação da morte é apresentada como um martírio pela justiça e pela piedade (54b). Nos diálogos socráticos, as virtudes particulares são submetidas a exame detalhado: a piedade (*hosiotes*) no *Eutífron*, a moderação (*sophrosyne*) no *Cármides*, a coragem (*andreia*) no *Laques* e a justiça no primeiro livro da *República* (que com grande probabilidade era inicialmente um diálogo separado, o *Trasímaco*). Cada um desses diálogos segue um padrão semelhante. Sócrates busca uma definição da respectiva virtude e os outros personagens do diálogo apresentam definições em resposta. O método de exame cruzado de informações (*elenchus*) força cada um dos protagonistas a admitir a inadequação de suas definições. Sócrates, no entanto, não é mais capaz do que seus oponentes de oferecer uma definição satisfatória, e todos esses diálogos terminam de forma inconclusa.

O padrão pode ser ilustrado pelo primeiro livro da *República*, no qual a virtude a ser definida é a justiça. O ancião Céfalo sugere que justiça é dizer a verdade e devolver o que tenha sido tomado emprestado. Sócrates a isso refuta perguntando se é então justo devolver uma arma emprestada a um amigo que tenha enlouquecido. Há concordância quanto a não ser justo, dado que não pode ser justo ferir um amigo (331d). A proposição seguinte, feita pelo filho de Céfalo, Polemarco, é a de que justiça é fazer o bem aos amigos e prejudicar os inimigos, proposição que é rejeitada sob o fundamento de que não é justo prejudicar alguém: a justiça é uma virtude, e não pode ser uma prática virtuosa fazer o mal antes que o bem, seja a quem for (335d).

Outro personagem do diálogo, Trasímaco, questiona então se afinal seria a justiça uma virtude. Ela não pode ser uma virtude, é seu argumento, porque ninguém se beneficia por possuí-la. Pelo contrário, a justiça é justamente aquilo que protege os poderosos, a lei e a moralidade sendo os sistemas criados para proteger seus interesses. Fazendo uso de argumentos complicados, e com frequência dúbios, eventualmente Trasímaco é no final forçado a conceder que o homem justo terá uma vida melhor que a do injusto, o que prova que a justiça é algo que beneficia quem a possui (353e). E o diálogo ainda se encerra com uma observação agnóstica: "O resultado da discussão, no que respeita a mim", diz Sócrates, "é que nada aprendi. E, dado que não sei o que seja a justiça, dificilmente saberei se é ou não uma virtude, e se quem a possui é feliz ou infeliz" (354c).

A admissão de ignorância que Platão põe na boca de Sócrates nesses diálogos não implica que Sócrates não possua convicções a respeito da virtude moral, mas sim que um patamar muito mais elevado está sendo preparado para que algo possa ser tomado como conhecimento. Nesses diálogos, Sócrates e seus interlocutores podem quase sempre concordar quanto a se ações particulares podem ou não podem ser consideradas instâncias da virtude em questão: o que neles está ausente é uma fórmula que pudesse abranger a todos os atos da virtude relevante, e somente a eles. Além disso, durante a discussão, Sócrates defende várias teses substantivas sobre as virtudes em particular (por exemplo, que nunca é justo ferir outrem) e sobre a virtude em geral (por exemplo, que sempre será benéfica a quem a possuir).

Ao perguntar sobre a natureza de uma virtude, a prática comum de Sócrates é compará-la a um engenho ou ofício, como carpintaria, navegação e medicina, ou a uma ciência, como aritmética ou geometria. Muitos leitores, antigos e modernos, julgaram a comparação bizarra. É claro que o conhecimento e a virtude são duas coisas totalmente diferentes, a primeira afeita ao intelecto, a segunda à vontade. Em resposta a isso, duas coisas podem ser afirmadas. Primeiro, se estabelecemos uma aguda distinção entre o intelecto e a vontade, isto se dá porque somos os herdeiros de muitas gerações de reflexão filosófica para a qual o impulso inicial foi dado por Sócrates e Platão. Segundo, há de fato semelhanças notáveis entre as virtudes e as várias formas de engenho, pois as duas, à diferença de outras propriedades e características da espécie humana, são adquiridas e não inatas, sendo duas valorizadas características dos seres humanos (admiramos as pessoas tanto por seus talentos quanto por suas virtudes). As duas, afirma Sócrates, são benéficas a quem as possui: somos bem melhores quanto mais talentos possuímos e quanto mais virtuosos somos.

Mas no que respeita a importantes detalhes os talentos e as virtudes são diferentes entre si, pelo menos *prima facie*. Sócrates está bem a par disso, e uma razão para que apele constantemente ao recurso da analogia entre os dois é tanto a de contrastá-los como a de compará-los. Ele anseia por testar o quão significativas possam ser as diferenças. Uma das diferenças é que as artes e as ciências são transmitidas pelo ensinamento de especialistas, mas não parece haver quaisquer especialistas que possam ensinar a virtude. Não há, verdade seja dita, autênticos especialistas, apesar de alguns sofistas afirmarem falsamente serem tal tipo de especialistas (*Prot.* 319a–320b; *Mên.* 89e–91b). Outra diferença é a seguinte: Suponha que alguém faça algo errado. Podemos perguntar se fez aquilo de propósito ou não, e, se o fez de propósito, se isso torna as coisas piores ou melhores. Se o erro foi cometer um engano na prática de um talento — por exemplo, tocar uma nota falsa na flauta ou errar o alvo na prática do arco-e-flecha —, então seria melhor que esses erros tivessem sido propositais, pois um erro deliberado não é um reflexo dos talentos individuais. Mas as coisas parecem diferentes quando o erro é uma falha da virtude: é estranho dizer que alguém que viola meus direitos propositalmente é menos injusto que alguém que os viola sem o saber (*H. Me.* 373d–376b).

Sócrates crê poder lidar com as duas objeções quanto a assemelhar a virtude ao engenho. Em resposta ao segundo ponto, ele nega prontamente que há pessoas que pecam contra a virtude intencionalmente (*Prot.*

358b-c). Se um homem erra, ele o faz por ignorância, por ausência de conhecimento do que seja melhor para si. Todos queremos nos realizar e ser felizes. Esta é a razão de as pessoas desejarem coisas como saúde, riqueza, poder e honra. Mas estas coisas somente são boas se sabemos fazer bom uso delas, pois na ausência desse conhecimento elas podem nos causar mais mal que bem. Esse conhecimento de como fazer melhor uso do que se possui é a sabedoria (*phronesis*), e trata-se da única coisa que é verdadeiramente boa (*Eut.* 278e–282e). A sabedoria é a ciência do que é bom e do que é mau, e é idêntica à virtude — a todas as virtudes.

A razão de não haver mestres da virtude não é que a virtude não seja uma ciência, mas que é uma ciência quase impossível de se dominar, o que se deve ao modo pelo qual as virtudes se entrelaçam para formar uma unidade. As ações que demonstram coragem são naturalmente ações diversas daquelas que demonstram moderação, mas aquilo que as duas exprimem é um estado de alma singular e indivisível. Se afirmarmos que a coragem é a ciência daquilo que é bom e mau no que respeita a futuros perigos, teremos de concordar que uma ciência desse tipo somente será possível como parte de uma abrangente ciência do bem e do mal (*La.* 199c). As virtudes individuais são partes dessa ciência, mas ela somente pode ser dominada como um todo. Ninguém, nem mesmo Sócrates, domina essa ciência[1].

É-nos dada, contudo, uma descrição daquilo com o que poderia se assemelhar — e trata-se de uma descrição surpreendente. Sócrates pede a Protágoras, no diálogo homônimo deste, que aceite a premissa de que a bondade é idêntica ao prazer e que o mal é idêntico à dor. Partindo dessa premissa, Sócrates se propõe provar sua afirmativa de que ninguém pratica o mal intencionalmente. Afirma-se com frequência que as pessoas fazem o mal sabendo que estão fazendo o mal porque cederam à tentação e foram dominadas pelo prazer. Mas se "prazer" e "bem" possuem o mesmo significado, então elas devem ter feito o mal porque estavam dominadas pelo bem. Não é um absurdo? (354c–355d)

O conhecimento é algo poderoso, e o conhecimento de que algo é mal não pode ser constrangido, como um escravo. Dada a premissa que foi aceita por Protágoras, o conhecimento de que uma ação é má deve ser o conhecimento de que, levada a suas consequências, a ação irá provocar

---

1. Devo o raciocínio acima a vários artigos de Terry PENNER, reunidos em seu ensaio Socrates and the Early Dialogues, in R. KRAUT (ed.), *The Cambridge companion to Plato*, Cambridge, Cambridge University Press, 1992.

mais dor que prazer. Ninguém que possua tal tipo de conhecimento irá empreender tal ação; logo, a pessoa que incorre em erro não deve saber o que faz. Objetos próximos parecem maiores à visão que os distantes, e algo similar ocorre no que respeita à visão mental. O transgressor padece da ilusão de que o prazer imediato é maior que a dor que se segue. Seria necessária assim uma ciência que medisse os tamanhos relativos de prazeres e dores, presentes e futuros, "dado que nossa salvação na vida tornou-se uma questão de fazer a escolha correta de prazer e dor" (356d–357b). É essa a ciência do bem e do mal que é idêntica a cada uma das virtudes de justiça, moderação e coragem (361b).

Platão sobre a justiça e o prazer

Os estudiosos não estão de acordo quanto a se Sócrates pensava de fato que o cálculo hedonista seria a resposta para a pergunta "O que é a virtude?". Pensasse Sócrates dessa maneira ou não, o certo é que Platão não pensava assim, e na *República* encontramos uma descrição diferente da justiça — na verdade, mais de uma descrição. O principal trecho do diálogo começa no livro 2, com dois desafios lançados pelos irmãos de Platão, Glauco e Adimanto. Glauco deseja que lhe seja demonstrado que a justiça não é apenas um método de evitar os males, mas algo válido por si só (358b–362c). Adimanto, por seu turno, deseja que lhe provem que, independentemente de quaisquer recompensas ou sanções a ela vinculadas, a justiça é preferível à injustiça de modo semelhante ao que a visão é preferível à cegueira e a saúde à doença (362d–367d).

O Sócrates do diálogo apresenta sua resposta estabelecendo a analogia entre a alma e a cidade. Em sua cidade imaginada, as virtudes são distribuídas entre as diferentes classes que compõem o Estado: a sabedoria da cidade é a sabedoria dos governantes, sua coragem é a coragem dos soldados, sua temperança é a obediência dos artesãos à classe dominante. A justiça é a harmonia das três classes e consiste em que cada cidadão e cada classe façam aquilo para o qual sejam mais bem qualificados. Às três partes da alma correspondem as três partes do Estado, e as virtudes são distribuídas na alma de forma similar à sua distribuição no Estado (441c–442d). A coragem pertence ao temperamento, a temperança é a dominação dos baixos elementos, a sabedoria está localizada na razão, a qual governa e cuida de toda a alma. A justiça é a harmonia dos elementos psíquicos.

"Cada um de nós será uma pessoa justa, cumprindo sua própria função, apenas se as várias partes de nossa alma cumprirem as suas" (441e).

Se a justiça é a harmonia hierárquica dos elementos da alma, a injustiça e todos os modos de vício se dão quando os elementos inferiores se revoltam contra essa hierarquia (443b). A justiça e a injustiça na alma são como a saúde e a doença no corpo. É absurdo, pois, perguntar se é mais lucrativo viver de modo justo ou errar. Toda a riqueza e todo o poder existentes no mundo não podem tornar a vida digna de se viver quando o corpo está assolado pela doença. Valeria mais então a pena viver quando a alma, o princípio da vida, fosse desordenada e corrupta? (445b)

Esta foi a primeira descrição da justiça e da virtude dada em resposta a Glauco e Adimanto. Ela difere em vários pontos da descrição dada no *Protágoras*. A tese da unidade da virtude foi abandonada, ou pelo menos modificada, como resultado da tripartição da alma. O prazer surge não como objeto da virtude, mas como o parceiro da parte mais baixa da alma. A conclusão de que a justiça beneficia quem a possui, contudo, é o terreno comum tanto da *República* como dos primeiros diálogos socráticos. Além disso, se a justiça é a saúde psíquica, então todos devem de fato querer ser justos, já que todo mundo deseja ser saudável. Isso combina bem com a tese socrática de que ninguém erra propositadamente e de que o vício é, fundamentalmente, ignorância.

Contudo, a conclusão desenhada no final do livro 4 da *República* é apenas provisória, pois não menciona a grande inovação platônica: a teoria das Ideias. Depois de o papel das Ideias ter sido exposto nos livros centrais do diálogo, nos é oferecida uma descrição revisada da relação entre a justiça e a felicidade. O homem justo é mais feliz que o injusto, e não apenas porque sua alma está em harmonia, mas porque é mais deleitoso preencher a alma com o entendimento que se render aos caprichos da vontade. A razão já não é mais a faculdade que cuida da pessoa, mas está sim próxima do mundo inalterável e imortal da verdade (585c).

Os seres humanos podem ser classificados como avarentos, ambiciosos ou acadêmicos, com base em se o elemento dominante em sua alma for o apetite, a moderação ou a razão. Cada tipo de homem irá afirmar que a melhor vida é aquela que leva: o avaro irá louvar o mundo dos negócios, o ambicioso fará o elogio da carreira política, e o acadêmico prestará seus louvores ao conhecimento e ao entendimento. É o juízo do acadêmico, do filósofo, que será o preferido, pois ele supera os outros em experiência, percepção e raciocínio (580d–583b). Além disso, os objetos aos quais o filósofo devota sua vida são de tal modo mais reais que os objetos perseguidos pelos outros, que os prazeres destes parecem ilusórios em comparação (583c-587a). Platão ainda não disse adeus ao cálculo hedonístico, pois estimou para nós que o rei-filósofo vive 729 vezes mais prazerosamente que a sua contraparte maligna (587e).

Platão retoma o tópico da felicidade e do prazer no diálogo de sua maturidade, o *Filebo*. Um personagem, Protarco, argumenta que o prazer é o bem maior. Sócrates replica que a sabedoria é superior ao prazer e que conduz mais facilmente à felicidade (11a-12b). O diálogo abre espaço para uma abrangente discussão sobre os diferentes tipos de prazer, algo muito diferente do tratamento do prazer no *Protágoras* como um caso particular de itens comensuráveis. Ao fim da discussão, Sócrates faz prevalecer o seu ponto de vista contra o de Protarco: numa bem pesada gradação dos bens, mesmo o melhor dos prazeres vem abaixo da sabedoria (66b-c).

A parte mais interessante do diálogo, contudo, é um argumento que afirma que nem o prazer e nem a sabedoria podem ser a essência de uma vida feliz, mas que somente uma vida mista, que tenha em si tanto prazer quanto sabedoria, seria de fato uma boa escolha. Alguém que tivesse todo tipo de prazer a todo momento, mas que não fosse provido de razão, não seria feliz, porque não seria capaz nem de recordar, nem de antecipar qualquer tipo de prazer que não o prazer presente: essa pessoa iria viver não uma vida humana, mas sim a vida de um molusco (21a-d). Mas uma vida puramente intelectual sem qualquer tipo de prazer seria intolerável (21e). Nenhuma dessas vidas seria "suficiente, perfeita ou digna de escolha". O bem final consiste em uma proporção harmônica entre o prazer e a sabedoria (63c-65a).

Aristóteles e a *eudaimonia*

O critério para uma boa vida estabelecido no *Filebo* reaparece quando da descrição por Aristóteles da boa vida. O bem que buscamos, afirma ele no início da *Ética a Nicômaco*, deve ser perfeito quando comparado a outros fins — ou seja, deve ser algo buscado sempre para seu próprio proveito, jamais para o proveito de alguma outra coisa; além disso, deve ser autossuficiente, a saber, deve ser algo que, sozinho, baste à vida e não necessite de nada mais. Estas, ele prossegue, são as propriedades da felicidade (*eudaimonia*) (*EN* 1, 7, 1097a15-b21).

Em todos os tratados éticos de Aristóteles, a noção de felicidade é a protagonista. Isso fica mais claramente estabelecido, contudo, na *Ética a Eudemo*, e ao iniciar minha exposição sobre o tópico começo por seguir esse texto em vez do texto mais conhecido da *Ética a Nicômaco*. A *Ética a Eudemo* tem início com uma questão: "O que é uma boa vida e como esta pode ser alcançada?" (*EE* 1, 1, 1214a15). São-nos oferecidas cinco opções de resposta à segunda parte da questão (por natureza, por aprendizado, por disciplina, por intervenção divina, por sorte) e sete opções à primeira (sabedoria, virtude, prazer, honra, reputação, bens materiais, cultura) (1, 1, 1214a32, b9). Imediatamente, Aristóteles descarta algumas respostas à segunda questão: se a felicidade vier por natureza, por sorte ou pela graça divina, então ela estará fora do alcance da maior parte das pessoas, e a elas nada restará fazer quanto a isso (1, 3, 1215a 15). Mas uma resposta integral à segunda questão, obviamente, depende da resposta à primeira, e a isso Aristóteles se dedica ao fazer a seguinte pergunta: O que faz a vida valer a pena ser vivida?

Há alguns acontecimentos durante a vida, por exemplo doença e dor, que fazem que as pessoas queiram dela desistir; claro que tais experiências não fazem a vida valer a pena. Há ainda os acontecimentos da infância, os quais não podem ser as coisas mais dignas de escolha na vida, uma vez que ninguém, em sã consciência, optaria por voltar à infância. Na vida adulta há coisas que fazemos somente como meios para a consecução de um fim, e é claro que essas coisas, em si, não podem ser o que faz a vida valer a pena ser vivida (1, 5, 1215b15-31).

Se a vida deve valer a pena ser vivida, certamente tem de ser assim em razão de algo que seja um fim em si mesmo. Um fim que se encaixa nesta descrição é o prazer. Os prazeres da comida, da bebida e do sexo são, por si sós, demasiado toscos para se constituírem como fins adequados para a vida humana; mas se os combinarmos a prazeres estéticos e intelectuais encontraremos um objetivo que foi seriamente buscado por pessoas de importância. Outros optam por uma vida de ações virtuosas — a vida de um político verdadeiro, por exemplo, não a dos falsos políticos que buscam apenas dinheiro ou poder. Terceiro, há a vida da contemplação científica, como exemplificada por Anaxágoras, que, ao ser perguntado por que alguém deveria escolher nascer em vez de não nascer, respondeu: "Para apreciar os céus e a ordem do universo".

Desse modo, Aristóteles reduziu as possíveis respostas à questão sobre o que seria a boa vida a uma curta lista de três: sabedoria, virtude e prazer. Todas estas, ele diz, ligam a felicidade a uma ou outra das três

Talvez não tenha sido esta a noção aristotélica de
uma vida feliz, mas foi assim que ela pareceu ser
para o autor desta iluminura do século XV.

formas de vida, a filosófica, a política e a voluptuária (1, 4, 1215a27). Essa tríade fornece a chave da investigação ética aristotélica. As duas *Éticas* (*a Nicômaco* e *a Eudemo*) contêm análises detalhadas dos conceitos de virtude, sabedoria (*phronesis*) e prazer. E quando Aristóteles apresenta sua própria descrição de felicidade ele pode afirmar que ela incorpora os atrativos de todas as três formas de vida tradicionais.

Um passo decisivo para chegar a isto é aplicar, nesse campo ético, a análise metafísica da potencialidade e da atualidade. Aristóteles distingue um estado (*hexis*) de seu uso (*chresis*) ou exercício (*energeia*)[2]. Virtude e sabedoria são ambos estados, enquanto a felicidade é uma atividade, e portanto não pode simplesmente ser identificada a cada um deles (*EE* 2, 1, 1219a39; *EN* 1, 1, 1098a16). A atividade que constitui a felicidade, contudo, é um uso ou exercício da virtude. A sabedoria e a virtude moral, embora diferentes *hexeis*, são exercitadas inseparavelmente em uma única *energeia*, de modo que não são competidoras, mas contribuintes colaborando para a felicidade (*EN* 10, 8, 1178a16-18). Além disso, o prazer, afirma Aristóteles, é idêntico ao exercício desimpedido de um estado apropriado, de forma que a felicidade, tomada como o exercício desimpedido desses dois estados, é simultaneamente a vida da virtude, da sabedoria e do prazer (*EE* 7, 15, 1249a 21; *EN* 10, 7, 1177a23).

Para chegar a essa conclusão são necessárias muitas páginas de análise e argumentação. Primeiro, Aristóteles deve demonstrar que a felicidade é atividade em acordo com a virtude. Isso deriva de uma consideração sobre

---

2. A *Ética a Eudemo* opta pela distinção na forma virtude–uso da virtude; a *Ética a Nicômaco* opta pela forma virtude–atividade concorde à virtude (*energeia kat'areten*).

a função ou atividade característica (*ergon*) dos seres humanos. O homem deve ter uma função, argumenta a *Ética a Nicômaco*, porque os tipos particulares de homens (por exemplo, escultores) e as partes e os órgãos dos seres humanos têm. Em que consiste essa função? Não se trata de crescimento e nutrição, porque estas são partilhadas pelas plantas; nem da vida dos sentidos, porque estes são partilhados pelos animais. Deve tratar-se de uma vida da razão ocupada com a ação: a atividade da alma em acordo com a razão. Assim, o bem humano será o bom homem funcionando, a saber, a atividade da alma em acordo com a virtude (*EN* 1, 7, 1098a16). A virtude não exercida não é felicidade, porque isso seria compatível com uma vida passada a dormir, à qual ninguém chamaria de feliz (1, 8, 1099a1).

Depois, Aristóteles deve analisar o conceito de virtude. As virtudes humanas são classificadas de acordo com a divisão das partes da alma delineadas no capítulo anterior. Quaisquer virtudes da porção vegetativa da alma, tais como o equilíbrio da digestão, são irrelevantes para a ética, que se ocupa da virtude especificamente humana. A parte da alma que se ocupa do desejo e da paixão é especificamente humana por estar sob controle da razão: ela possui suas próprias virtudes, virtudes morais como a coragem e a moderação. A parte racional da alma é a morada das virtudes intelectuais.

Aristóteles sobre a moral e a virtude intelectual

As virtudes morais são abordadas nos livros 2 e 5 da *Ética a Nicômaco*, e nos livros 2 e 3 da *Ética a Eudemo*. Essas virtudes não são inatas, mas adquiridas pela prática e perdidas pela falta de uso, diferindo assim de faculdades como inteligência e memória. Trata-se de estados duradouros, não se igualando assim às paixões momentâneas como a ira e a piedade. O que faz uma pessoa boa ou má, digna de louvor ou de reprimenda, não é nem a simples posse de faculdades e nem a simples ocorrência de paixões, mas antes um estado de caráter que é expressado na intenção (*prohairesis*) e na ação (*práxis*) (*EN* 2, 1, 1103a11-b25; 4, 1105a19–1106a13; *EE* 2, 2, 1220b1-20).

A virtude é expressa em boa intenção, vale dizer, como uma receita para a ação de acordo com um bom plano de vida. As ações que expressam o desejo de uma virtude moral, nos diz Aristóteles, evitam o excesso e a falta. Uma pessoa ponderada, por exemplo, irá evitar comer ou beber em demasia, mas irá também evitar comer ou beber muito pouco. A virtude escolhe o justo meio, ou o meio-termo, entre o excesso e a falta, comendo e bebendo as porções suficientes. Aristóteles enumera uma longa lista de virtudes, começando pelas tradicionais fortaleza e moderação, mas incluindo outras como liberalidade, sinceridade, dignidade e convivialidade, e apresenta um esboço de como cada uma delas se dedica a um justo meio.

A doutrina do justo meio não pretende ser uma receita de mediocridade ou uma determinação para que se permaneça no meio do rebanho. Aristóteles nos alerta que aquilo que constitui a dose certa para se beber, a quantia certa a ser doada, o discurso suficiente a ser feito, tudo isso pode diferir de pessoa para pessoa, do mesmo modo que a quantidade de comida adequada para um campeão olímpico pode não servir para um atleta iniciante (*EN* 2, 6, 1106b3-4). Cada um de nós aprende qual é a quantia certa pela experiência: observando e corrigindo o excesso e a falta em nossa conduta.

A virtude diz respeito não apenas à ação, mas também à paixão. Podemos ter muitos medos ou poucos medos, a coragem irá nos capacitar a ter medo quando o medo for conveniente e a ser destemidos quando o medo não o for. Podemos ter uma preocupação excessiva em relação ao sexo e podemos demonstrar por ele um interesse insuficiente: a pessoa ponderada irá assumir o grau apropriado de interesse no assunto, e não será nem frígida e nem presa da luxúria (*EN* 2, 7, 1107b1-9).

As virtudes, além de preocupadas com o justo meio entre a ação e a paixão, são em si justos meios, no sentido em que ocupam um meio-termo entre dois vícios contrários. Assim, a coragem está no meio, flanqueada de um lado pela temeridade e do outro pela covardia; a generosidade, por sua vez, situa-se no estreito patamar entre a sovinice e a prodigalidade (*EN* 2, 7, 1107b1-16; *EE* 2, 3, 1220b36–1221a12). Mas enquanto existe um justo meio da ação e da paixão, não há justo meio da virtude em si, pois não pode haver excesso de uma virtude de maneira semelhante à que pode haver excesso de um tipo particular de ação ou paixão. Se nos sentimos inclinados a declarar que alguém é muito valente, o que realmente queremos dizer é que suas ações ultrapassam as fronteiras entre a virtude da coragem e o vício da temeridade. E se não pode haver excesso de uma virtude também não pode haver carência de um vício; logo, não há justo meio para um vício na mesma medida em que há um justo meio na virtude (*EN* 2, 6, 1107a18-26).

Embora todas as virtudes morais constituam-se como justos meios de ação e paixão, isso não significa que todo tipo de ação e paixão seja capaz de um justo meio virtuoso. Há algumas ações para as quais não há uma quantidade correta, pois qualquer quantidade já constitui excesso. Os exemplos desse tipo de ações dados por Aristóteles são o assassinato e o adultério. Não existe algo do tipo cometer adultério com a pessoa certa, no momento apropriado e da maneira correta. Do mesmo modo, há paixões às quais não se aplica o conceito de justo meio: não há quantidade adequada de inveja ou malícia (*EN* 2, 6, 1107a8-17).

A descrição de Aristóteles da virtude como um justo meio pareceu ser um truísmo a bem mais de um leitor. Na verdade, é uma teoria ética singular que contrasta com outros influentes sistemas de vários tipos. Sistemas morais como as tradicionais doutrinas judaica e cristã dão ao conceito de lei moral (natural ou revelada) um papel central. Isso conduz a uma ênfase no aspecto proibitivo da moralidade, numa listagem das ações a ser completamente evitadas. (A maioria dos mandamentos do Decálogo, por exemplo, se iniciam com "Não".) Aristóteles acredita realmente que há algumas ações a ser completamente descartadas, como já pudemos observar, mas ele não afirma o mínimo necessário para a decência moral, mas sim as condições para a conquista da excelência moral (é isso o que, na verdade, significa *ethike arete*). Podemos dizer que ele escreve um texto sobre moralidade para um pós-doutorado, e não simplesmente uma peça sobre o mesmo assunto para um curso de graduação.

Mas não são somente os sistemas religiosos a contrastar com a abordagem de Aristóteles do justo meio. Para um utilitarista, ou qualquer tipo de consequencialista, não há nenhuma classe de ação a ser descartada por antecipação. Do ponto de vista utilitário, uma vez que a moralidade de uma ação deve ser julgada a partir das consequências que provoca, pode haver, em um caso específico, uma dose adequada de adultério ou assassinato. Por outro lado, alguns sistemas ascéticos seculares descartaram classes inteiras de ações: para um vegetariano, por exemplo, não pode haver algo como comer a porção apropriada de carne. Podemos dizer que, do ponto de vista aristotélico, os utilitaristas exageram em sua aplicação do justo meio, enquanto os vegetarianos são culpados por carência em sua aplicação do mesmo princípio. O aristotelismo, naturalmente, acerta em cheio na justa medida da aplicação da doutrina.

Aristóteles resume sua descrição da virtude moral afirmando que ela é um estado de caráter que se expressa na escolha, repousando sobre o justo meio apropriado, determinada pela receita que seria dada por uma pessoa sábia. Para completar sua descrição, ele tem de explicar o que é a sabedoria e como as receitas da pessoa sábia podem ser atingidas, o que ele faz em um livro comum às duas éticas (*EN* 6; *EE* 5), no qual aborda a virtude intelectual.

A sabedoria não é somente a virtude intelectual, como Aristóteles explica no início do livro. A virtude do que quer que seja depende de seu *ergon*, sua função ou trabalho. O trabalho da razão é a produção dos juízos verdadeiros e falsos, e quando ela desempenha bem o seu trabalho produz juízos verdadeiros (*EN* 6, 2, 1139a29). As virtudes intelectuais são então excelências que fazem que a razão produza a verdade. Há cinco estados, diz Aristóteles, que provocam este efeito: arte (*techne*), ciência (*episteme*), sabedoria (*phronesis*), entendimento (*sophia*) e intuição (*nous*) (6, 3, 1139b17). Estes estados são contrastados com outros estados mentais como a crença ou opinião (*doxa*), que pode ser verdadeira ou falsa. Há portanto cinco candidatos ao posto de virtudes intelectuais.

A *techne*, a arte demonstrada por artesãos e especialistas como arquitetos e médicos, não recebe todavia de Aristóteles o tratamento de uma virtude intelectual. Como vimos, Sócrates e Platão gostavam de assemelhar virtudes a artes, mas Aristóteles enfatiza a existência de importantes diferenças entre as duas. As artes geram produtos que são distintos de seus exercícios: seja o produto concreto — como a casa construída por um arquiteto — ou abstrato — como a saúde produzida por um médico (6, 4, 1140a1-23). O exercício de uma arte é avaliado pela excelência de seu produto, não pelas razões de seu praticante: se as curas do médico são bem-sucedidas e as casas do arquiteto são esplêndidas, não necessitamos indagar sobre suas razões para praticar suas artes. Já as virtudes não funcionam dessa forma, pois são exercidas em ações que não necessitam apresentar qualquer resultado, e uma ação, não importando quão objetivamente irrepreensível, não se torna virtuosa a não ser que seja feita pelas razões certas, vale dizer, escolhida como parte de um modo de vida digno (*EN* 2, 4, 1105a26-b8). Não pesa contra a arte de uma pessoa que esta a execute de modo relutante, mas uma pessoa virtuosa de fato, insiste Aristóteles, deve apreciar fazer o que é bom, e não apenas executar seu dever por obrigação (*EN* 2, 3, 1104b4). Finalmente, embora quem possua uma arte deva saber como exercê-la, determinadas exibições de uma arte podem constituir-se em engano deliberado — um professor, talvez, demonstrando a um aluno como determinada tarefa *não* deve ser executada. Ninguém, por contraste, pode exercer a virtude da moderação se, digamos, bebe até cair.

Resta então que as outras quatro virtudes do intelecto podem ser reduzidas a duas. A *sophia*, o abrangente entendimento das verdades eternas que é o objetivo da busca filosófica, acaba sendo um amálgama da intuição (*nous*) e da ciência (*episteme*) (6, 7, 1141a19-20). A sabedoria (*phronesis*) se ocupa não com as questões eternas e imutáveis, mas com os afazeres humanos e com os assuntos que podem ser objeto de deliberação (6, 7, 1141b9-13). Devido a se ocuparem de objetos diferentes, o entendimento e a sabedoria são virtudes de duas partes diferentes da alma racional. O entendimento é a virtude da parte teórica (o *epistemonikon*), que se ocupa das verdades eternas; a sabedoria é a virtude da parte prática (o *logistikon*), que decide sobre os afazeres humanos. Todas as outras virtudes do intelecto são ou partes das duas virtudes da razão teórica e prática ou a estas podem ser reduzidas.

A virtude intelectual da razão prática é indissociável das virtudes morais da parte afetiva da alma. É impossível, nos diz Aristóteles, ser realmente bom sem sabedoria, ou ser realmente sábio sem virtude moral (6, 13, 1144b30-2). Isso decorre da natureza do tipo de verdade que é a preocupação da razão prática.

> O que a afirmação e a negação são para o pensamento, a busca e a recusa são para o desejo: assim, considerando que a virtude moral é um estado que encontra expressão na escolha, e a escolha é a escolha deliberada, logo, para que a escolha seja boa, a reflexão deve ser verdadeira e o desejo deve ser reto, se o desejo for bom, e o desejo deve buscar o que o pensamento prescreve. São esses os tipos de reflexão e verdade que se consideram práticos (6, 2, 1139a21-7).

A ação virtuosa pode ser fundamentada na escolha virtuosa. A escolha é o desejo refletido, de modo que se a escolha for boa a reflexão e o desejo terão de ser bons. É a sabedoria a causa da boa reflexão, e a virtude moral a causa do bom desejo. Aristóteles admite a possibilidade de uma reflexão reta na ausência da virtude moral, o que denomina "inteligência" (*deinotes*) (6, 12, 1144a23). Ele admite também a possibilidade de um desejo reto na ausência da reflexão acertada: tais são os naturalmente virtuosos impulsos das crianças (6, 13, 1144b1-6). Mas é somente quando a razão acertada e o desejo reto se unem que obtemos a ação verdadeiramente virtuosa (*EN* 10, 8, 1178a16-18). A aliança dos dois torna a inteligência sabedoria e a virtude natural, virtude moral.

A reflexão prática é concebida por Aristóteles como um processo que se inicia a partir de uma concepção geral sobre o bem-estar humano, passa a considerar as circunstâncias de um caso particular e conclui com uma receita para o agir³. Nas deliberações de uma pessoa sábia, todos os três estágios serão corretos e terão em si a verdade prática (6, 9, 1142b34; 13, 1144b28). A primeira premissa, geral, é uma premissa para a qual a virtude moral é essencial; sem isso teremos uma percepção pervertida e enganosa dos princípios de ação (6, 12, 1144a9, 35).

Aristóteles não fornece uma descrição sistemática da reflexão prática comparável à silogística que ele construíra para a reflexão virtuosa. Na verdade, é difícil encontrar em seus escritos um único silogismo prático-virtuoso descrito de forma completa. Os exemplos mais claros que ele oferece dizem todos respeito a reflexões que de alguma forma são moralmente defeituosas. A reflexão prática pode ser seguida por uma má conduta (*a*) em razão de uma premissa geral falha, (*b*) em razão de um defeito relativo à premissa particular, ou premissas, e (*c*) em razão de uma incapacidade de estabelecer, ou influenciar, a conclusão. Aristóteles ilustra isso ao considerar um caso de gula.

Somos convidados a imaginar alguém confrontado com um delicioso doce do qual a moderação (não se sabendo exatamente por qual motivo) recomenda abstenção. A falha em se abster será atribuída a uma premissa geral falha se o guloso for alguém que, em vez do plano de vida da moderação, adote a política usual de perseguir todo prazer que a ele se ofereça. A tal tipo de pessoa Aristóteles chama "destemperado". Mas alguém pode obedecer a algum princípio de moderação, estando assim em posse da premissa geral, e mesmo assim ceder dessa vez à avassaladora força da gula. Aristóteles chama tal pessoa não de "destemperado" mas de "incontinente", explicando como tal incontinência (*akrasia*) assume formas diferentes de acordo com os vários modos pelos quais os subsequentes estágios da reflexão prática cedem (7, 3, 1147a24-b12).

De tempos em tempos, em sua discussão sobre a relação entre a sabedoria e a virtude, Aristóteles faz uma pausa para comparar e contrastar sua doutrina à de Sócrates. Sócrates estava certo, ele afirma, em considerar a sabedoria essencial para a virtude moral, mas errava ao simplesmente identificar a virtude à sabedoria (*EN* 6, 13, 1144b17-21). Uma vez mais Sócrates havia negado a possibilidade de alguém fazer o que sabe ser errado, baseado na crença de que o conhecimento não pode ser conduzido como um escravo. Ele estava correto quanto ao poder do conhecimento, diz Aristóteles, mas errava ao concluir que a incontinência seria impossível. A incontinência surge

---

3. Ver A. KENNY, *Aristotle's theory of the will*, London, Duckworth, 1979, 111-154.

das deficiências concernentes às premissas menores ou da conclusão da reflexão prática, e não afeta o *status* da premissa maior universal, que por méritos próprios merece o nome de "conhecimento" (*EN* 7, 3, 1147b13-19).

Prazer e felicidade

Os prazeres que são o domínio da moderação, da falta de moderação e da incontinência são prazeres de um tipo particular: são os prazeres corporais comuns da comida, da bebida e do sexo. Para explicar a relação entre o prazer e a felicidade, Aristóteles tem de fornecer uma descrição mais geral da natureza do prazer, o que fará em duas passagens: na *Ética a Nicômaco* 7 (equivalente à *EE* 6, 1152b1–54b31) e na *Ética a Nicômaco* 10, 1-5 (1172a16–1176a29). As duas passagens diferem em estilo e método, mas seu conteúdo fundamental é o mesmo[4].

Em cada tratado Aristóteles fornece uma classificação quíntupla do prazer. Primeiramente, há os prazeres daqueles que estão doentes (seja do corpo, seja da alma); estes são na verdade apenas pseudoprazeres (1153b33, 1173b22). A seguir, há os prazeres da alimentação, da bebida e do sexo na forma apreciada pelo glutão e pelo libertino (1152b35ss., 1173b8-15). Prosseguindo na hierarquia, há duas classes de percepções sensoriais estéticas: os prazeres dos sentidos inferiores do tato e do gosto, por um lado, e, por outro, os prazeres dos sentidos superiores da visão, da audição e do olfato (1153b26, 1174b14–1175a10). Finalmente, no topo da escala, encontram-se os prazeres da mente (1153a1-20, 1173b17).

Diferentes como sejam esses prazeres, uma descrição comum pode ser dada da natureza de cada prazer autêntico.

> Cada sentido tem um prazer que lhe é correspondente, o mesmo ocorrendo com o pensamento e a contemplação. Cada atividade causa mais prazer no momento em que é mais perfeita, e é mais perfeita quando o órgão está em boa condição e quando é direcionado ao mais excelente de seus objetos; sendo que o prazer aperfeiçoa a atividade. Contudo, o prazer não aperfeiçoa a atividade do mesmo modo que o objeto e o sentido, se bons, a aperfeiçoam, assim como a saúde e o médico não são, do mesmo modo, a causa do estado saudável de alguém (*EN* 10, 4, 1174b23-32).

---
4. Ver A. KENNY, *The aristotelian ethics*, Oxford, Clarendon, 1978, 233-7.

A doutrina segundo a qual o prazer aperfeiçoa a atividade é apresentada em termos diversos em outra passagem, em que o prazer é definido como a atividade desimpedida de uma disposição conforme à natureza (*EN* 7, 12, 1153a14).

Para perceber o que Aristóteles tinha em mente, considere os prazeres estéticos do gosto. Você está em um evento de degustação de vinhos envelhecidos, não está resfriado e não tem a atenção distraída por música ambiente; neste caso, se você não aprecia o vinho, ou possui um palato ruim ("o órgão não está em boa condição") ou o vinho não presta ("não está direcionado ao mais excelente de seus objetos"). Não há terceira opção. O prazer "aperfeiçoa" a atividade no sentido de que é causa de a atividade — neste caso, uma degustação — ser um bom exemplo de sua espécie. O órgão e o objeto — neste caso, o palato e o vinho — são a causa eficiente da atividade. Se ambos forem bons, serão a causa eficiente de uma boa atividade, logo, também eles irão "aperfeiçoar" a atividade, isto é, torná-la um bom exemplo de tal atividade. Mas o prazer é causa da atividade não como uma causa eficiente, mas como uma causa final: a exemplo da saúde, não do médico.

Após tal análise, Aristóteles encontra-se em posição de considerar a relação entre prazer e bondade. A questão "É o prazer bom ou mau?" é bem simples, e pode ser respondida apenas depois de os prazeres terem sido distinguidos e classificados. O prazer não deve ser pensado como uma coisa boa ou má em si mesma: o prazer próprio às boas atividades é bom, o prazer próprio às más atividades é mau (*EN* 10, 5, 1175b27).

> Se certos prazeres são maus, isso não impede o melhor de ser algum prazer — do modo como o pode ser o conhecimento, embora certos tipos de conhecimento sejam maus. Talvez seja até mesmo necessário, se cada estado tiver atividades desimpedidas, que a atividade (se desimpedida) de todos, ou de algum deles, deva ser a felicidade. Será essa então a mais valiosa de todas as coisas: e terá sido um prazer (*EN* 7, 13, 1153b7-11).

Desse modo, pode se dar que o prazer (de certa espécie) seja o melhor de todos os bens humanos. Se a felicidade consiste no exercício da mais alta forma de virtude, e se o exercício desimpedido de uma virtude constitui um prazer, então a felicidade e aquele prazer são uma e a mesma coisa.

Platão, no *Filebo*, propôs a questão sobre se o prazer ou a *phronesis* constituiria a melhor vida. A resposta de Aristóteles é que, entendidos de modo apropriado, os dois não estão em competição entre si como candidatos à felicidade. O exercício da mais alta forma de *phronesis* é o equivalente da mais verdadeira forma de prazer, cada um sendo idêntico ao outro e os dois à felicidade. No uso que lhe dá Platão, a *phronesis* cobre todo o espectro da virtude intelectual que Aristóteles separa em sabedoria (*phronesis*) e entendimento (*sophia*). Se perguntarmos se a felicidade deve ser identificada ao prazer da sabedoria ou ao prazer do entendimento, obteremos respostas diferentes nos dois tratados éticos de Aristóteles.

A *Ética a Nicômaco* identifica a felicidade com o prazeroso exercício do entendimento. A felicidade, foi-nos dito antes, é a atividade da alma em concordância com a virtude e, se houver muitas virtudes, em concordância com a melhor e mais perfeita virtude. Aprendemos, no curso do tratado, que há tanto virtudes morais como intelectuais, e que estas são superiores; e que entre as virtudes intelectuais o entendimento, a apreensão científica das verdades eternas, é superior à sabedoria, que diz respeito às coisas do homem. A suprema felicidade, portanto, é a atividade em concordância com o entendimento, uma atividade denominada por Aristóteles "contemplação". Diz-nos que a contemplação se relaciona com a filosofia de forma semelhante à que o conhecimento se relaciona com a busca: de algum modo, que permanece obscuro, ela consiste no deleite dos frutos da investigação filosófica (*EN* 10, 7, 1177a12-b26).

Na *Ética a Eudemo*, a felicidade é identificada não à prática de uma única virtude dominante, mas à prática de todas as virtudes, o que inclui não somente o entendimento como também as virtudes morais ligadas à sabedoria (*EE* 2, 1, 1219a35-9). A atividade concorde a todas essas virtudes é prazerosa, e assim o homem verdadeiramente feliz terá também a vida mais prazerosa (7, 25, 1249a18-21). Para a pessoa virtuosa, os conceitos de "bom" e "prazeroso" são coincidentes quanto a sua aplicação; de fato, se os dois não forem coincidentes, então a pessoa não será virtuosa, mas incontinente (7, 2, 1237a8-9). A causação dessa coincidência é a tarefa da ética (7, 2, 1237a3).

Embora a *Ética a Eudemo* não identifique a felicidade com a contemplação filosófica, ela lhe concede, como faz a *Ética a Nicômaco*, uma posição dominante na vida da pessoa feliz. A prática das virtudes morais, assim como a das intelectuais, é incluída na *Ética a Eudemo* como parte da felicidade; mas o padrão para essa prática é definido a partir de sua relação com a contemplação — aqui definida em termos antes teológicos que racionais:

Qualquer escolha ou posse de bens naturais — saúde e vigor, riqueza, amigos, e assemelhados — que mais conduzir à contemplação de Deus é a melhor: este é o melhor critério. Mas qualquer padrão de existência que por excesso ou falha prejudique o serviço e contemplação de Deus é mau (*EE* 7, 15, 1249b15-20).

Logo, dado o papel que concede à contemplação, às virtudes morais e ao prazer, o ideal de felicidade eudemiano pode afirmar, como prometido por Aristóteles, que combina as características das três vidas tradicionais, a vida do filósofo, a vida do político e a vida do hedonista. O homem feliz irá prezar a contemplação acima de tudo, mas parte de sua vida feliz será a prática das virtudes políticas e o desfrute moderado dos prazeres humanos naturais, tanto do corpo como da alma.

O hedonismo de Epicuro

Ao estabelecer uma identidade entre o bem supremo e o prazer supremo, Aristóteles se candidata a ser chamado de hedonista. Mas ele é um hedonista de um tipo muito pouco usual e situa-se a uma grande distância do mais famoso hedonista da Grécia antiga, Epicuro. A abordagem que Epicuro faz do prazer é menos sofisticada, mas mais fácil de entender, que a de Aristóteles. Ele busca estabelecer um valor para o prazer que seja independente do valor da atividade desfrutada: todo prazer, assim, é bom. Seu hedonismo ético recorda o de Demócrito ou o do *Protágoras* platônico, antes que aquele de qualquer dos dois tratados éticos aristotélicos.

Para Epicuro, o prazer é o fim último da vida e o critério de excelência na escolha, afirmação que prescinde de argumentação, já que a sentimos em cada um de nossos ossos (LS 21A).

> Confirmamos que o prazer é o princípio e o fim de uma vida abençoada, e o reconhecemos como nosso bem primeiro e natural. O prazer é nosso ponto de partida sempre que confrontados com a escolha ou a recusa do que quer que seja, e é a ele que tornamos em nosso objetivo, utilizando o sentimento como o critério pelo qual julgamos a todas as coisas boas (DL 10, 128-9).

Isso não quer dizer que Epicuro, à semelhança do homem destemperado de Aristóteles, decida ser sua política buscar todo prazer que se apresente. Se o prazer é o bem maior, a dor é o mal maior, é melhor dispensar um prazer se ele for levar a um sofrimento de longa duração. Do mesmo modo, vale a pena suportar a dor se ela for trazer maior prazer a longo termo (DL 10, 129).

Essas qualificações implicam que o hedonismo de Epicuro está bem longe de ser um convite a uma vida de voluptuosidades. Não são as bebidas em excesso, ou as mesas fartas de iguarias, ou o sexo promíscuo com rapazes e mulheres que tornam uma vida prazerosa, mas a sobriedade, a honra, a justiça e a sabedoria (DL 10, 132). Uma simples dieta vegetariana e a companhia de uns poucos amigos em um modesto jardim são bastantes para a felicidade epicurista.

O que permite que Epicuro combine o hedonismo teórico ao ascetismo prático é sua compreensão do prazer como essencialmente a satisfação do desejo. O mais forte e mais fundamental de nossos desejos é o desejo do encerramento da dor (DL 10, 127). Daí a mera ausência de dor ser em si um prazer fundamental (LS 21A). Entre nossos desejos, alguns são naturais e alguns são fúteis, e é aos desejos naturais que correspondem os mais importantes prazeres. Temos desejos naturais do fim dos estados dolorosos de fome, sede e frio, desejos cuja satisfação é naturalmente prazerosa. Mas há dois tipos de prazer envolvidos, para os quais Epicuro cunhou termos técnicos. Há o prazer cinético de saciar a sede de alguém, e o prazer estático que se dá quando a sede de alguém é saciada (LS 21Q). Os dois tipos de prazer são naturais, mas entre os prazeres cinéticos alguns são necessários (o prazer de comer e beber de modo suficiente para satisfazer a fome e a sede) e outros são não-necessários (os prazeres do *gourmet*) (LS 21I, J).

Os prazeres naturais não-necessários não são maiores que os prazeres naturais necessários, mas apenas variações deles. A fome é o melhor tempero, e alimentar-se de uma comida simples quando faminto é mais prazeroso que se empanturrar de iguarias quando se está saciado. Mas de todos os prazeres naturais são os prazeres estáticos que de fato contam. "O desejo da carne é não estar faminta, não estar sedenta, não ter frio. Qualquer um que não esteja enfrentando esses estados, e tenha boas razões para acreditar que assim continuará, pode rivalizar em felicidade até mesmo com Zeus" (LS 21G).

Os desejos sexuais são classificados por Epicuro como não-necessários, sob o critério de que sua não satisfação não se faz acompanhar de dor, o que pode surpreender, uma vez que o amor não correspondido pode causar angústia. Mas a intensidade de tal desejo, afirmava Epicuro, não se devia à natureza do sexo, mas à imaginação romântica do amante (LS 21E). Epicuro não se opôs à realização dos desejos naturais não-necessários, desde que eles não causassem dano — o que naturalmente seria medido por sua capacidade de provocar dor (LS 21F). O prazer sexual, ele disse, pode ser obtido de qualquer modo que alguém deseje, desde que se respeitem a lei e a convenção, não se prejudique ninguém e que disso não resulte dano ao corpo ou aos recursos essenciais de quem quer que seja. Contudo, essas qualificações agregam constrangimento substancial, e mesmo quando o sexo não provoca danos ele acaba também por não causar o bem (LS 21G).

Epicuro é mais crítico quanto à realização dos desejos fúteis. Trata-se dos desejos que não são naturais e, à semelhança dos desejos naturais não-necessários, não geram dor se não forem realizados. São exemplos desse tipo de desejo os desejos de riqueza e o de receber honrarias e reconhecimento público (LS 21G, I). Mas também são assim classificados os desejos dos prazeres da ciência e da filosofia: "Ice as velas", disse a um discípulo prezado, "e navegue para longe de toda cultura!" (DL 10, 6). Aristóteles, em defesa da filosofia, afirmara que seus prazeres, à diferença dos prazeres dos sentidos, não vinham misturados à dor (*EN* 10, 7, 1177a25); agora se oferecia um motivo para rebaixar os prazeres da filosofia ao se afirmar que não havia dor em não se ser um filósofo. Para Epicuro, a mente desempenha de fato um importante papel na vida feliz, mas sua função é antecipar e recolher os prazeres dos sentidos (LS 21L, T).

Com base nos textos que chegaram até nós, podemos concluir que o hedonismo de Epicuro, embora convencional, estava longe de ser licencioso. Mas de tempos em tempos ele se expressava em termos talvez propositadamente chocantes a muitos. "De minha parte, não concebo o bem se dele tirar os prazeres do gosto, do sexo, da música e da beleza" (DL 10, 6). "O prazer do estômago é o princípio e raiz de todo o bem" (LS 21M). Esse tipo de declarações pavimentou o terreno de sua reputação póstuma de glutão e libertino. A lenda, na verdade, teve início ainda enquanto era vivo, espalhada por um discípulo dissidente, Timócrates, que adorava contar histórias sobre suas orgias da meia-noite e sua dose dupla de vômitos diários (DL 10, 6-7).

A crítica mais séria se concentrou sobre seu ensinamento de que as virtudes eram apenas meios de assegurar o prazer. O estoico Cleanto costumava pedir a seus alunos que imaginassem o prazer como uma rainha em um trono cercado de virtudes. Segundo a visão ética epicurista, prosseguia, essas virtudes eram aias totalmente dedicadas a serviço dela, meramente sussurrando alertas, de tempos em tempos, contra ser inadvertidamente ofensivo e causar dor. Os epicuristas não objetaram: Diógenes de Enoanda concordou com os estoicos que as virtudes eram produtoras de felicidade, mas negou que fossem parte da própria felicidade. As virtudes eram apenas um meio, não um fim. "Afirmo hoje e sempre, a plenos pulmões, que para todos, gregos ou bárbaros, o prazer é a meta do modo melhor de vida" (LS 21P).

A ética estoica

Em defesa do papel central que concederam ao prazer, os epicuristas argumentavam que, tão logo nasce, todo animal sai em busca do prazer e desfruta dele como o seu maior bem, ao mesmo tempo em que recusa a dor como o maior de todos os males. O estoico Crisipo, ao contrário, argumentava que o primeiro impulso de um animal não era direcionado ao prazer, mas à sua autopreservação. A consciência tem início com a percepção daquilo que os estoicos denominaram, cunhando uma nova palavra, a particular *constituição* de alguém (LS 57A). Um animal aceitaria o que auxiliasse o desenvolvimento dessa constituição e rejeitaria o que o tolhesse. Assim, um bebê buscaria ficar de pé sem auxílio, mesmo que isso lhe custasse tombos e lágrimas (Sêneca, *Cartas*, 121, 15; LS 57B). Esse movimento para a preservação e o progresso da constituição é algo mais primitivo que o desejo de prazer, dado que ocorre em plantas e animais e mesmo os homens o exercem frequentemente de modo desprovido de consciência (DL 8, 86; LS 57A). Preocupar-se com a própria constituição natural é a primeira lição da natureza.

A ética estoica atribui grande importância à Natureza. Embora Aristóteles fale sempre da natureza das coisas e espécies individuais, são os estoicos os responsáveis pela introdução da noção de "Natureza", com "N" maiúsculo, como uma ordem cósmica única manifestada na estrutura e nas atividades das coisas de muitos tipos diferentes. Segundo Diógenes Laércio (DL 7, 87), Zenão teria afirmado que o objetivo da vida era "viver em harmonia com a Natureza". A Natureza nos ensina a cuidar de nós mesmos durante a vida, enquanto nossa constituição muda da infância para a juventude e desta para a idade avançada; mas o amor-próprio não é o único ensinamento da Natureza. Assim como há um impulso natural para procriar, há um impulso natural para cuidar da própria prole; assim como

Zenão e Epicuro (acompanhados de um porco), representados
em uma taça de prata de Boscoreale, século I d.C.

possuímos uma inclinação natural ao aprendizado, do mesmo modo possuímos uma inclinação natural a partilhar com os outros o conhecimento que adquirimos (Cícero, *Fin.* 3, 65; LS 57E). Esses impulsos de beneficiar os mais próximos de nós deveriam, segundo os estoicos, ser estendidos e ampliados a todo o mundo.

Cada um de nós, segundo Hiérocles, um estoico contemporâneo de Adriano, permanece no centro de uma série de círculos concêntricos. O primeiro ciclo que contorna minha mente individual contém meu corpo e suas necessidades. O segundo contém minha família imediata, o terceiro e o quarto, extensões de minha família. Chega então a vez dos círculos de vizinhos, a distâncias variadas, além do círculo que contém todos os meus compatriotas. O círculo mais extremo e amplo abarca toda a raça humana. Se eu for virtuoso tentarei aproximar esses círculos o máximo possível, tratando a primos como se fossem irmãos, e constantemente transferindo pessoas dos círculos exteriores para o mais interiores (LS 57G).

Os estoicos cunharam uma palavra especialmente para o processo descrito dessa forma tão pitoresca: *oikeiosis*, literalmente, "familiarização". Um estoico, ao adaptar a si mesmo à natureza cósmica, nada mais faz que ficar à vontade no mundo/lar em que vive. A *oikeiosis* é a comunhão disso: é alguém tornando possível que outras pessoas se sintam confortáveis com ele ou ela, aceitando-as em seu círculo doméstico. O universalismo impressiona, mas suas limitações logo foram percebidas. É irrealista pensar que, por mais virtuosa que seja, uma pessoa pode conceder uma afeição ao mais distanciado estrangeiro do mesmo tipo que concede a um membro de sua própria família. A *oikeiosis* começa em casa, e mesmo no interior do primeiro círculo enfrentamos mais problemas devido à perda de um olho que à perda de uma unha. Mas se a benevolência da *oikeiosis* não é universalmente uniforme ela não pode oferecer uma fundação para a obrigação da justiça de tratar todos os homens com igualdade (LS 57H). Além disso, os estoicos acreditavam ser uma honra morrer por seu país: mas isso não é o mesmo que preferir um círculo exterior a um círculo interior?

Mais uma vez: o universo da natureza abriga mais que seres humanos habitantes dos círculos concêntricos. Qual seria a atitude correta em relação aos que dividem o cosmos conosco? Os estoicos, de alguma maneira, descreveram o universo como uma cidade ou Estado partilhado pelos homens com os deuses, e a isso apelavam para justificar o autossacrifício do indivíduo pelo bem da comunidade. Em seu ensinamento ético-prático, a preocupação com os agentes não humanos é mínima. Certamente, os animais não possuem direitos que sejam contrários aos da humanidade. Crisipo estava convencido de que os humanos podiam servir-se dos animais para satisfação das necessidades humanas sem que com isso violassem a justiça (Cícero, *Fin.* 3, 67; LS 57G).

A ordem cósmica, contudo, provê não apenas o contexto, mas o modelo para o comportamento ético humano. "Viver conforme a natureza" não significa somente "viver em conformidade com a natureza humana". Crisipo afirmou que devíamos viver segundo o aprendizado trazido pela experiência dos eventos naturais, porque nossas naturezas individuais são parte da natureza do universo. Segue-se daí que a doutrina estoica sobre o fim da vida pode ser assim resumida:

Temos de seguir a natureza, vivendo nossas vidas em conformidade à nossa própria natureza e àquela do cosmos, não cometendo nenhum ato que seja proibido pela lei universal, a saber, a razão reta que está em todas as coisas, e que não é outra senão Zeus, que preside sobre a administração de tudo o que existe (DL 7, 88).

A vida da pessoa virtuosa transcorrerá tranquilamente sob o movimento uniforme dos céus, e a lei moral interior será o reflexo das estrelas que coalham os céus acima.

Viver em conformidade com a natureza era, para os estoicos, o equivalente de viver conforme à virtude. O mais conhecido e mais amiúde criticado entre seus dogmas morais era o de que apenas a virtude era bastante e suficiente para a felicidade. A virtude não era somente o objetivo final e supremo bem, mas era também o único bem real.

Entre as coisas que existem, algumas são boas, algumas são más, e algumas não são nem uma coisa nem outra. As coisas que são boas são as virtudes: sabedoria, justiça, coragem, moderação e as outras [virtudes]. As coisas que são más são os contrários: tolice, injustiça e outros [vícios]. As coisas que não são nem uma nem outra são todas aquelas coisas que nem causam dano nem bem, por exemplo: vida, saúde, prazer, beleza, força, riqueza, fama, berço, e seus contrários: morte, doença, dor, feiura, fraqueza, pobreza, má fama, origem baixa (DL 7, 101-2; LS 58A).

Os itens na longa lista de "coisas que nem causam dano nem bem" são chamados pelos estoicos de "coisas indiferentes" (*adiaphora*). Os estoicos aceitavam que não eram questões de indiferença do tipo saber se a quantidade de cabelos em uma determinada cabeça seria par ou ímpar, mas questões que despertavam nas pessoas ou forte desejo ou forte repulsa. Mas eram indiferentes no sentido em que eram irrelevantes para uma vida bem-estruturada: era possível ser perfeitamente feliz com elas ou sem elas (DL 7, 104-5; LS 58B-C).

À semelhança dos estoicos, Aristóteles localizava a felicidade na virtude e em sua prática, e desconsiderava a fama e as riquezas como parte da felicidade de uma pessoa feliz. Mas ele julgava ser condição necessária para a felicidade possuir uma cota suficiente de bens exteriores (*EN* 1, 10, 1101a14-17; *EE* 1, 1, 1214b16). Além disso, ele acreditava que mesmo um homem virtuoso poderia deixar de ser feliz se o desastre caísse sobre si e sua família, como se dera com Príamo (*EN* 1, 10, 1101a8). Em contraste, os estoicos, com Crisipo como única exceção, pensavam que a felicidade, uma vez possuída, não poderia jamais ser perdida, e mesmo Crisipo pensava que ela poderia ser encerrada somente por algo como a loucura (DL 7, 127).

Os estoicos admitiam que os indiferentes não estavam todos no mesmo nível. Alguns eram populares (*proegmena*), outros eram impopulares (*apoproegmena*). Mais importante, alguns eram conformes à natureza, outros a ela contrários. Os favoráveis à natureza tinham valor (*axia*) e os contrários eram desprovidos de valor (*apaxia*). Entre as coisas que possuem valor encontram-se os talentos e habilidades, a saúde, a beleza e a riqueza, as coisas opostas a estas sendo desprovidas de valor (DL 7, 105-6). Parece claro que, segundo os estoicos, todas as coisas que têm valor são populares, embora não fique tão claro se tudo o que é popular tenha também valor. A própria virtude não é classificada entre as coisas populares, do mesmo modo que um rei não é um nobre como seus cortesãos, mas qualquer coisa de superior a um nobre (LS 58E). Crisipo estava pronto a conceder que se podia, na linguagem usual, chamar "bom" àquilo que fosse estritamente apenas popular (LS 58H), e nas questões atinentes à escolha prática entre coisas indiferentes os estoicos na verdade encorajavam as pessoas a optar pelo popular (LS 58C).

Uma ação pode deixar de ser virtuosa (*katorthoma*) e mesmo assim ser decente (*kathekon*). Ela é decente ou adequada se é apropriada a uma natureza e a um estado de vida particulares (LS 59B). É decente honrar os próprios pais e o próprio país, e indecentes a negligência em relação aos pais e a ausência de patriotismo. (Algumas coisas, como colher um ramo e viajar para o campo, não são nem decentes nem indecentes.) As ações virtuosas são, *a fortiori*, ações decentes: o que a virtude acrescenta à mera decência é, em primeiro lugar, pureza de intenções e, depois, estabilidade na prática (LS 59G, H, I). Aqui, a doutrina estoica se aproxima da doutrina aristotélica que afirma que para agir virtuosamente uma pessoa deve não apenas julgar corretamente o que deve ser feito, mas escolhê-lo pela coisa em si e demonstrar constância de caráter (*EN* 2, 6, 1105a30-b1). Algumas ações, ainda segundo os estoicos, são não apenas indecentes, mas viciosas (*hamartemata*) (LS 59M). A diferença entre esses dois tipos de maldade não é bem explicada: talvez um pecador estoico seja o correlato de um destemperado aristotélico, na mesma medida em que a indecência pode ser o paralelo da incontinência. Porque, embora os estoicos, de maneira implausível, tenham dito que todas as ações pecaminosas seriam igualmente más, eles realmente consideravam aquelas que emanavam de um caráter endurecido e incurável possuidoras de uma maldade de tipo especial (LS 59O).

A descrição estoica da incontinência difere contudo de Aristóteles em um ponto importante. Os estoicos consideram-na não originada em uma disputa entre diferentes partes da alma, mas antes o resultado de um erro intelectual. A incontinência é o resultado da paixão, que é o movimento irracional e não natural da alma. As paixões se apresentam em quatro tipos: medos, desejos, dores e prazeres. Segundo Crisipo, as paixões são apenas juízos confusos sobre o bem e o mal; já segundo os primeiros estoicos, tratava-se de perturbações originadas desses juízos confusos (LS 65G, K). Mas todos estão de acordo quanto ao caminho para o progresso moral repousar na correção das crenças equívocas (LS 65A, K). Em razão de as crenças serem equívocas, as paixões devem ser eliminadas, e não apenas moderadas como no modelo aristotélico do justo meio.

O desejo está enraizado na crença equívoca de que algo que se aproxima nos fará bem; o medo está enraizado na crença equívoca de que algo que se aproxima nos fará mal. Essas crenças se fazem acompanhar de uma crença adicional na propriedade de uma resposta emocional, de incremento ou redução, conforme seja o caso. Uma vez que, segundo a teoria estoica, nada pode nos causar o bem senão a virtude, e nada pode nos causar o mal senão o vício, crenças do tipo apresentado em situações de desejo e medo serão sempre injustificadas, e é por isso que as paixões devem ser erradicadas. Não é que as respostas emocionais sejam sempre inapropriadas, pois pode haver alegria legítima e apreensão justificada. Mas se as respostas forem apropriadas então não serão consideradas paixões (LS 65F). Novamente, mesmo o homem sábio não está livre de moções corporais de várias espécies, mas, enquanto ele não ceder a elas, não constituirão paixões (Sêneca, *de Ira* 2, 3, 1).

Quando Crisipo afirma que as paixões são crenças, não é necessário considerá-lo apresentando as paixões, de forma implausível, como juízos intelectuais plácidos; ao contrário, pois ele está alertando para o fato de que o assentimento a proposições que estabelecem um alto valor para as coisas é em si um evento tumultuoso. Ao perder uma pessoa amada, vai parecer a mim que um valor insubstituível abandonou minha vida. O assentimento completo a essa proposição envolve violenta perturbação interior. Mas se queremos ser felizes não devemos jamais nos permitir acrescentar supremo valor a qualquer coisa que não possamos controlar[5].

O ponto fraco na posição estoica está, na verdade, em sua recusa a aceitar a fragilidade da felicidade. Presenciamos uma tentação similar ao

---

5. Devo esta sugestão a um trabalho ainda não publicado de Martha Nussbaum.

abordarmos a epistemologia clássica: a recusa a aceitar a falibilidade do juízo. A tentação epistemológica está corporificada no argumento falacioso que afirma que "Necessariamente, se você sabe que p, então p" conclui que "Se eu sei que p, então necessariamente p". A tentação paralela na ética é concluir de "Necessariamente, se sou feliz, eu tenho X" que "Se sou feliz, tenho X necessariamente". Este argumento, se bem sucedido, leva à negação de que a felicidade pode ser constituída por qualquer contingente bom que é capaz de se perder (Cícero, *Tusc.* 5, 41). Devido às frágeis e contingentes naturezas dos seres humanos como sabemos que são, a negação de que os bens contingentes possam constituir felicidade é equivalente à afirmação de que somente seres sobre-humanos possam ser felizes.

Os estoicos, com efeito, aceitaram essa conclusão em sua idealização do homem sábio. A felicidade repousa na virtude, e não há graus de virtude, de modo que ou uma pessoa é perfeitamente virtuosa ou não é virtuosa afinal. A mais perfeita virtude é a sabedoria, e o homem sábio tem todas as virtudes, dado que as virtudes são inseparáveis (LS 61F). Como Sócrates, os estoicos pensavam nas virtudes como ciências e na reunião de todas como formando uma ciência única (LS 61H). Um dos estoicos chegou a dizer que distinguir coragem de justiça era algo semelhante a encarar a faculdade de enxergar o branco como diferente da faculdade de enxergar o preto (LS 61B). O homem sábio é totalmente livre das paixões, estando de posse de todo conhecimento válido; sua virtude é a mesma que a de um deus (LS 61J, 63F).

> O homem sábio a quem buscamos é o homem feliz que não considera nenhuma experiência dolorosa o suficiente a ponto de abalá-lo, e nem prazer suficiente para levantar seu espírito. Pois o que pode parecer importante quanto às coisas do homem a alguém que esteja familiarizado com toda a eternidade e com a vastidão do universo inteiro? (Cícero, *Tusc.* 4, 37).

O homem sábio é rico, possui todas as coisas, dado que, sozinho, sabe como utilizá-las da melhor forma. E por si só é verdadeiramente belo, dado que o rosto do espírito é mais belo que o do corpo; e apenas ele é livre, mesmo que esteja aprisionado, dado não ser escravo de nenhum apetite (Cícero, *Fin.* 3, 75). Não surpreende portanto, depois de tudo isso, que os estoicos admitissem que um homem sábio era mais difícil de encontrar que uma fênix (LS 61N). Era assim que eles buscavam a invulnerabilidade da felicidade, fazendo da sua obtenção uma meta inalcançável.

Uma vez que um homem sábio não pode ser encontrado, e que não há graus de virtude, a raça humana inteira constituir-se-ia de tolos. Deveríamos então dizer que o homem sábio é uma ideia mítica afirmada apenas para nossa admiração e imitação (LS 66A)? Dificilmente, porque, não importa o quanto avancemos na direção desse objetivo inalcançável, não teremos sequer nos aproximado um pouco mais da salvação. Alguém que esteja a pouco mais de meio metro da superfície estará se afogando tanto quanto quem esteja a mil metros de profundidade no oceano (LS 61T).

A doutrina estoica da sabedoria e da felicidade, então, encoraja-nos bem pouco a lutar pela virtude. Contudo, estoicos posteriores estabeleceram uma distinção entre doutrina (*decreta*) e preceito (*praecepta*), o primeiro sendo geral e o segundo particular (Sêneca, *Cartas* 94, 1-4). Enquanto a doutrina é austera e olímpica, os preceitos, por artes de uma inconsistência amigável, são quase sempre liberais e práticos. Os estoicos estavam dispostos a dar conselhos sobre tópicos como a conduta no casamento, o tempo apropriado para cantar, o melhor tipo de piada, e muitos outros detalhes a respeito da vida cotidiana (Epicteto, *Disc*. 4, 12, 16). A distinção entre doutrina e preceitos é igualada por uma distinção entre escolha e seleção: a virtude, em si, é boa e digna de ser escolhida (DL 7, 89), mas entre coisas indiferentes algumas podem ser escolhidas em detrimento de outras. Roupas práticas, por exemplo, são sem valor; mas pode advir um bem da seleção de roupas práticas (Sêneca, *Cartas* 92, 12). Os críticos argumentaram que uma seleção somente poderá ser boa se o que for selecionado for bom (LS 64C). Algumas vezes, novamente, os estoicos falam como se o fim da vida não fosse tanto a obtenção de fato da virtude quanto dar o melhor de si para alcançar a virtude. Nesse ponto, os críticos reclamam que os estoicos não conseguiam chegar a uma conclusão quanto ao fim da vida ser a meta inalcançável em si, ou se seria a simples persistência sem consequências na busca da meta inalcançável.

Um dos preceitos mais bem conhecidos e controversos dos estoicos era o que considerava que às vezes o suicídio poderia ser permitido. Os estoicos "diziam ser razoável que o homem sábio pudesse ultimar sua própria saída da vida, em benefício de seu país ou seus entes amados, ou se padecesse de dores intoleráveis, alguma deficiência ou doença" (DL 7, 130). É difícil enxergar como isso pode ser reconciliado à ilustração estoica do homem sábio. Nenhuma quantidade de dor ou sofrimento pode afetar a felicidade do homem sábio, foi o que nos foi dito; e na verdade, quando recomendam o suicídio racional, os estoicos concordam que será o suicídio de um homem

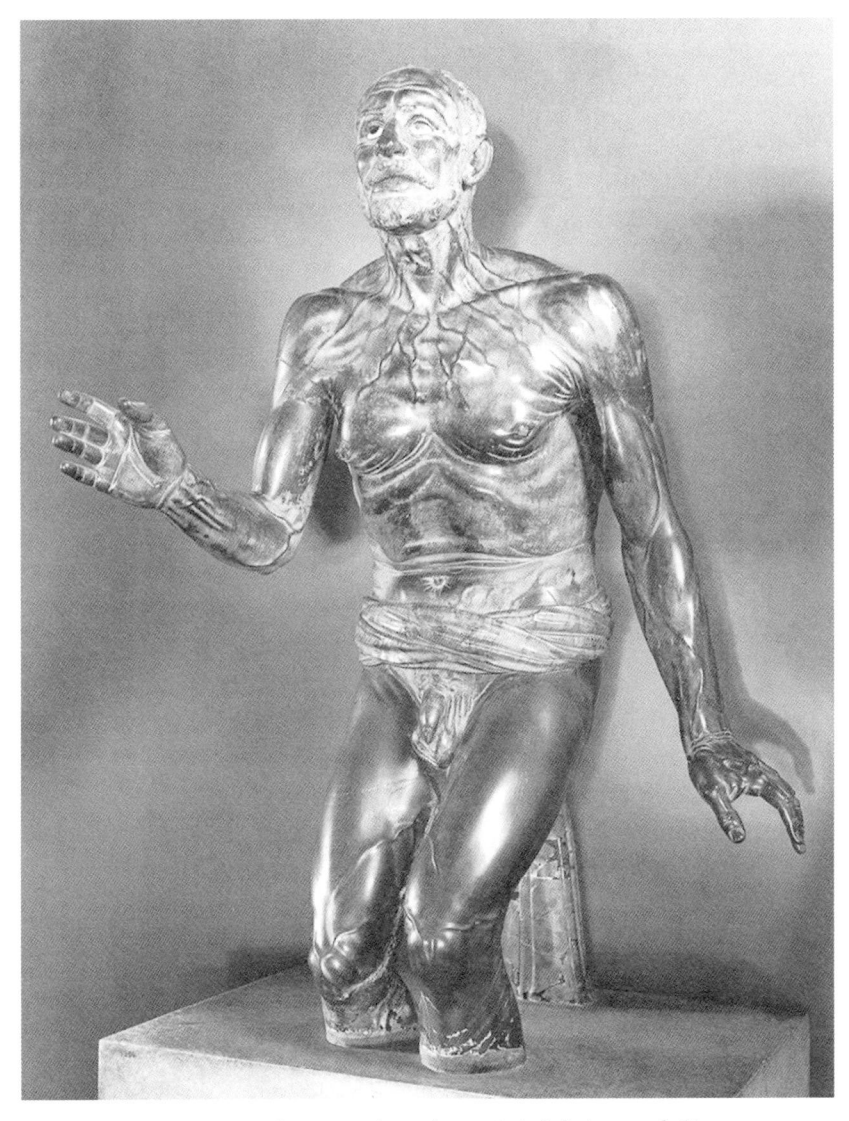

Estátua romana no Louvre, tradicionalmente intitulada *A morte de Sêneca*.

feliz (Cícero, *Fin.* 3, 60). Mas então que motivo poderia fornecer uma razão para deixar a vida, uma vez que se supõe serem a virtude e a felicidade aquilo pelo qual tudo o mais deve ser escolhido?

    Considerando-se que o homem sábio estoico é uma idealização, torna-se uma questão acadêmica saber se seu suicídio seria um ato virtuoso. O que importa praticamente aqui é se para o restante de nós o suicídio pode ser um ato decente. Muitos na Antiguidade acreditavam que os estoicos ensinaram este princípio, e parece mesmo que alguns estoicos o cometeram. Contudo, é estranhamente difícil encontrar o princípio afirmado em nossas fontes de um modo cristalino e sem ambiguidades. O suicídio estoico mais célebre, o de Sêneca, não foi uma questão de escolha, mas a execução de uma sentença de morte emitida por um tirano.

9

Deus

Nos poemas de Homero, deuses e deusas têm papel proeminente entre o elenco de personagens. Zeus, o rei dos deuses, ao lado de sua consorte, Hera, e dez membros de sua extensa família — incluindo sua irmã, Atena; Afrodite, a deusa do amor; e Poseidon, o deus dos mares — vivem todos reunidos em uma morada bem-aventurada no monte Olimpo. Todos demonstram um agudo interesse pelos feitos dos heróis humanos da *Ilíada* e da *Odisseia*. Esses deuses e deusas são nada mais que homens amplificados, com todas as emoções e os vícios dos seres humanos, que interagem mental e fisicamente com os homens comuns, frequentemente com resultados desastrosos. A única diferença fundamental entre deuses e homens é que os homens morrem enquanto os deuses são imortais.

A teologia natural de Xenófanes

Essa concepção do divino foi atacada por Xenófanes, o primeiro filósofo da religião. Xenófanes arrasou a teologia homérica em versos satíricos dos quais restaram apenas fragmentos. As histórias de Homero, era a queixa de Xenófanes, atribuíam aos deuses roubo, adultério, trapaça e tudo o que entre os humanos seria motivo de vergonha e reprovação (KRS 166). Mas, mesmo se os deuses homéricos tivessem se comportado de forma honrada, ainda assim eles se assemelhariam em demasia aos seres humanos para ser dignos de crédito. Os homens concebem os deuses à sua própria imagem: os etíopes acreditam em deuses que são negros e têm nariz chato, enquanto os deuses venerados pelos trácios têm cabelo ruivo e olhos azuis (KRS 168). "Tivessem mãos as vacas, os cavalos e os leões, e pudessem com elas desenhar, os cavalos desenhariam então deuses semelhantes aos cavalos, as vacas os fariam semelhantes às vacas, fazendo que as formas dos corpos dos deuses se assemelhassem a suas próprias formas" (KRS 169).

Em lugar desse antropomorfismo infantil, Xenófanes propôs um sofisticado monoteísmo. Ele acreditava em

> Um único deus, entre deuses e homens o maior,
> Em nada no corpo ou no pensamento semelhante aos mortais.
>
> (DK 24 B23)

Por ser a mais poderosa de todas as coisas, somente um deus poderia existir; se houvesse mais de um deus, nenhum deles poderia ser mais poderoso que os outros, e nenhum deles seria capaz de fazer qualquer coisa que desejasse. Deus deve ter sempre existido, não poderia ter passado a ser a partir de algo como ele mesmo (porque não poderia haver algo igual a ele), nem poderia ter vindo a existir a partir de algo diferente de si (porque o maior não pode ser trazido à existência pelo menor) (Aristóteles, *MXG* 976b14-36). Deus é um ser vivo, não um ser orgânico como os homens e os animais: não há partes em Deus que "todo inteiro vê, todo inteiro pensa, todo inteiro ouve" (DK 21 B24). Ele não tem contato físico com nada no mundo, "mas, distante e sem esforço, a tudo governa apenas com o pensamento" (DK 21 B25).

Embora desejoso de afirmar e argumentar em defesa dessas teses substanciosas sobre Deus, a teologia de Xenófanes é excessivamente negativa. Ele considera difícil aceitar tanto que Deus seja finito quanto que seja infinito. Do mesmo modo, quando pergunta se Deus é mutável ou imutável, ele encontra argumentos igualmente balanceados para cada uma das alternativas. Algumas de nossas fontes não esclarecem se o Deus de Xenófanes é de fato transcendente ou se deve ser identificado de algum modo misterioso com o universo eleata como um todo. "A verdade definitiva sobre os deuses, jamais a viu homem algum, nem homem algum jamais a saberá" (DK 21 B34).

É claro que Xenófanes não foi o primeiro monoteísta, tendo sido antecipado de muito no Egito por Akenaton, e um pouco antes, em Israel, pelos profetas hebreus. Mas ele apresenta o monoteísmo não como uma revelação oracular, mas como o resultado de argumento racional. Em termos de uma distinção estabelecida apenas séculos depois, os profetas proclamaram uma religião revelada, enquanto Xenófanes foi um teólogo natural.

Sócrates e Platão sobre a fé

Na *República*, Platão dá sequência ao ataque de Xenófanes às desagradáveis histórias de deuses contadas por Homero e Hesíodo. As histórias deveriam ser eliminadas do currículo educativo, por serem falsas em si e por incentivarem o mau comportamento em seus leitores. Não se deveria contar às crianças histórias sobre batalhas entre deuses, ou sobre deuses se metamorfoseando para assumir formas de homens e animais (377e–381d). Deus é bom, e a ninguém causa mal. Apenas as boas coisas na vida provêm de Deus, e se os deuses punem as pessoas o fazem para o benefício delas próprias (379c–380b). Repita-se, Deus é imutável, e não engana os outros fazendo uso de artimanhas ou disfarces (382e).

O ataque de Platão a Homero e aos poetas parece sempre exagerado do ponto de vista de um leitor moderno, e somente pode ser entendido se recordamos o papel central da *Ilíada* e da *Odisseia* na educação grega e a importância da religião na vida cotidiana na Grécia antiga. É certo que os gregos jamais foram um "povo do livro", e que os poemas homéricos jamais tiveram na vida e na religião gregas uma autoridade similar àquela que foi exercida pela Bíblia hebraica, pelos Evangelhos e pelo Alcorão. Apesar disso, as histórias de Homero e Hesíodo exerceram uma influência muito mais poderosa na educação que a dos contos de fadas e dos livros infantis em nossa sociedade. Naquele contexto, torna-se fácil compreender a polêmica de Platão. E isso deve ter também requerido coragem, afinal de contas Sócrates havia sido condenado à morte sob a acusação de ensinar os jovens a não acreditar nos deuses em que a cidade acreditava (*Apol.* 26b).

Sócrates foi também acusado de apresentar novas divindades. Essa acusação devia se referir a seu *daimon*, uma voz divina interior que, ele afirmava, costumava alertá-lo evitando que errasse (*Apol.* 40b). Por outro lado, ele parece ter respeitado a religião convencional grega. Claro, ele afirmava não saber o que seria a piedade, mas isso do mesmo modo que afirmava não saber o que fosse qualquer outra virtude. Mas o diálogo socrático *Eutífron* contém uma interessante discussão de uma definição proposta de piedade ou santidade com "aquilo que os deuses amam".

Sócrates apresenta a questão: amam os deuses o que é sagrado por ser sagrado, ou o sagrado é sagrado porque os deuses o amam? Eutífron responde que o sagrado não é assim chamado em razão de os deuses o amarem; antes, os deuses amam o que é sagrado em razão de ser sagrado. Sócrates apresenta então o termo "divino" como uma abreviatura para "aquilo que é amado pelos deuses". Em acordo a isso, a tese de Eutífron pode ser expressa nos seguintes termos, substituindo-se "divino" por "sagrado":

(A) O divino é amado pelos deuses porque é divino.

Por outro lado, parece óbvio que

(B) O divino é divino porque é amado pelos deuses,

dado que "divino" foi apresentado como um sinônimo para "amado pelos deuses". Assim, Sócrates afirma ter reduzido Eutífron à inconsistência, e o insta a desistir da afirmação de que o sagrado é aquilo que os deuses amam (10a-11b).

Contudo, não há na verdade inconsistência entre (A) e (B): o "porquê" é utilizado em dois diferentes sentidos nas duas teses. Em (A) ele apresenta o motivo dos deuses; em (B) ele apela àquilo que estipulamos sobre o significado. Um ponto paralelo pode ser afirmado em português ao afirmarmos que são verdadeiras as seguintes declarações:

(C) Um juiz julga porque é um juiz.

(isto é, ele faz isso porque é seu trabalho); e também que

(D) Um juiz é um juiz porque julga

(sendo esta a razão de ser chamado juiz).

Apesar disso, Eutífron desiste da definição que propôs e oferece uma outra: o sagrado é a justiça a serviço dos deuses. Também esta definição é derrubada: que serviço podemos oferecer aos deuses? Sócrates ri da ideia de sacrifício como uma forma de negociação com os deuses em razão de não possuirmos nada de valor para oferecer a eles em troca dos favores que a eles solicitamos (14e-15a). Se o *Eutífron* de Platão oferece um quadro realista do método de interrogatório rigoroso de Sócrates, podemos compreender a razão de as pessoas religiosas em Atenas poderem tê-lo considerado um promotor da descrença e um perigo para a juventude.

Outro diálogo socrático (dessa vez, provavelmente, não narrado por Platão), o *Segundo Alcibíades*, contém uma discussão que desfaz da prática da oração. Quando oramos por algo que desejamos, podemos estar pedindo algo que nos causará dano: o atendimento a nossas preces, portanto, pode ser causa de um desastre. Uma vez que não temos conhecimento sobre o que constitui o melhor para nós, é melhor não pedirmos nada; ou, à semelhança dos espartanos, apenas orarmos por coisas que sejam boas e nobres, sem maiores especificações (148c). Em termos de sacrifícios e culto, os atenienses eram bem mais religiosos que os espartanos, e apesar disso os espartanos sempre se davam melhor nas batalhas. Será isto causa de surpresa? "Seria estranho se os deuses prezassem mais nossas oferendas e nossos sacrifícios que nossas almas e se há nelas santidade e justiça por encontrar" (150a).

A teologia em evolução de Platão

A posição particular de Platão em relação à religião evoluiu assim como suas outras crenças metafísicas. Na parte central da *República*, o topo do universo é ocupado não por um Deus pessoal, mas pela Ideia do Bem, que no mundo ideal do Ser desempenha o papel interpretado pelo Sol em nosso cotidiano mundo do vir-a-ser (508c-e). Tudo o mais, no limite, deve sua existência a essa bondade absoluta, que em si está além e é superior ao ser (509b). No *Banquete*, é a Ideia do Belo que é suprema, e a sacerdotisa Diotima descreve a Sócrates, em termos próprios à iniciação religiosa dos cultos misteriosos, a ascensão da alma aos altos devaneios de sua visão. Os homens desejam a imortalidade: esse desejo os leva a procriar e cuidar de sua prole, a buscar feitos que perdurarão pela história e a criar obras de arte de valor perene. Mas estes são apenas os mistérios menores do amor. Para alcançar os maiores entre os mistérios, o candidato deveria elevar-se acima das belezas do corpo, acima da beleza das almas, acima da beleza das ciências e instituições, a fim de atingir um patamar eterno e imutável de belo absoluto. A mais nobre vida consiste na contemplação intelectual da beleza divina, absoluta e totalmente pura. Esses ritos de amor farão do iniciado alguém tão imortal quanto um ser humano possa ser (206b–212a).

Apesar do contexto e da fraseologia religiosos, a Ideia do Belo no *Banquete* não é mais pessoal que a Ideia do Bem na *República*. Mas no *Sofista* este simples fato é considerado a razão para uma reavaliação substancial da teoria das Ideias. "Devemos nos deixar convencer tão facilmente", pergunta o Estrangeiro eleata, "de que o movimento, a vida, a alma e a sabedoria não têm lugar no seio do ser universal, e que ele não vive e nem pensa, mas que solene, sagrado e vazio de entendimento permanece ali, fixo, sem poder se mover?" (248e).

À época em que redigiu o *Timeu*, Platão chegara a uma concepção de Deus próxima às das maiores religiões monoteístas. O assunto do diálogo é a origem do mundo em que vivemos: teria ele sempre existido ou teria vindo a existir? Em razão de ser visível e tangível, deve ter vindo a ser; mas não constitui tarefa fácil "descobrir o criador e pai deste universo" (28c). Qual seria a razão de tal ente ter sido trazido à existência? "Ele era bom, e o que é bom não possui em si nenhum traço de ciúme; e assim, estando livre de ciúme, ele quis que todas as coisas fossem o máximo possível como ele" (29e)[1]. Platão não concebe Deus como tendo criado o universo a partir do nada; antes, ele teria estabelecido o cosmos ao trazer ordem ao caos. "Deus, portanto, tendo querido que todas as coisas fossem boas, e que nada fosse menos perfeito que o necessário, tendo encontrado o universo não em repouso mas em movimento discordante e desordenado, trouxe-o de um estado de desordem a um estado de ordem, uma ordem que ele julgou mais bem adequada" (30a). O diálogo nos conduz então pelos estágios desse ordenamento: primeiro criou-se a alma, depois a matéria, com a alma encarnada no corpo visível dos céus (34e, 36e). No interior do universo há quatro tipos de seres vivos: deuses, pássaros, peixes e animais (40a). Os deuses, somos informados, são de dois tipos: os visíveis e os invisíveis. Os deuses visíveis são as estrelas fixas, seres vivos divinos e eternos; os deuses invisíveis aparecem aos humanos de tempos em tempos, quando julgam melhor (40b, 41a). O pai do universo delega a esses seres criados, mas imortais, a tarefa de criar as criaturas inferiores. No que se refere aos seres humanos, ele próprio cuidou de fazer a alma imortal, deixando aos deuses inferiores o encargo de colocar a alma em uma cabeça e acrescentar o resto do corpo abaixo dela (69c-d). O

---

1. Cf. KRETZMANN, *The metaphysics of Creation*, Oxford, Oxford University Press, 1999, 101-104.

diálogo se encerra com a descrição do universo visível como sendo em si um deus perceptível, a imagem de Deus conhecida somente pela mente (92c).

No último dos diálogos de Platão, as *Leis*, a religião tem um papel destacado, com todo um livro, o décimo, a ela dedicado. Na cidade ideal de Magnésia, o ateísmo é proibido, sob penalidades severas. A 58ª das leis da cidade determina aos servidores públicos levarem à corte qualquer ato de impiedade de que tomem conhecimento. Aqueles condenados por impiedade devem ser enviados a uma penitenciária para cumprimento de uma pena de cinco anos de isolamento na solitária, e todo aquele que reincidir após ter sido libertado deverá ser punido com a pena capital. O ateísmo acompanhado de afirmações falsas de posse de poderes sobrenaturais é considerado impiedade com agravante, cuja pena é a prisão perpétua (907e–909c).

Os legisladores de Magnésia creem ser preferível o uso de argumentação e persuasão, em lugar de sanções, para assegurar a obediência às leis, e é nesse espírito que eles fazem que suas rígidas proibições sejam precedidas do seguinte preâmbulo:

> Ninguém que acredite em deuses seguindo as orientações da lei cometerá voluntariamente um ato de impiedade ou proferirá qualquer palavra contrária à lei. Se alguém o fizer isso será devido a um de três possíveis erros. Ou ele não acredita na existência de deuses; ou ele acredita que os deuses existem, mas que não se interessam pela raça humana; ou ele acredita que eles podem ser amaciados com oferendas e orações (885b).

Os legisladores aceitam o dever de curar as pessoas de incorrer nesses erros oferecendo provas de três verdades que os contraditam.

Para provar a existência de deuses não basta apelar às maravilhas do universo ou ao ordenamento das estações. Ateus dirão que o sol, a lua e as estrelas não passam de terra e pedras sem sensações, e que os elementos e seus componentes devem sua existência à natureza e ao acaso (886d, 889a). Do mesmo modo, também não se pode apelar à unânime concordância entre gregos e bárbaros de que os deuses existem, pois os ateus sustentam que essas crenças são simplesmente o resultado da doutrinação empreendida desde a infância e que, de qualquer modo, não há aí unanimidade quanto à natureza dos deuses (887c, 889e).

Uma refutação do ateísmo deve percorrer um longo caminho. O erro fundamental daqueles que pensam que a disposição do mundo originou-se de uma evolução aleatória reside em que eles não aceitam a precedência da alma sobre o corpo. A alma foi criada bem antes dos corpos, e é ela a causa da evolução e da transformação das coisas físicas (892a). A prioridade da alma é provada por uma análise dos diferentes tipos possíveis de movimento, dos quais há dez, entre eles dois os mais importantes: (*a*) um que distribui o movimento às outras coisas, ele próprio sendo movido por alguma outra coisa; e (*b*) um que distribui o movimento para si *e* para as outras coisas. É óbvio que um movimento do primeiro tipo não pode ser a origem do movimento no mundo, pois o movimento no universo deve começar a partir do movimento autogerado. Mas o movimento autogerado é o equivalente da alma, pois "o que move a si mesmo" é uma definição da "coisa viva" (894c–896a).

A alma, portanto, é anterior ao corpo, e é a alma, ou melhor, são almas que controlam os céus. Se perguntarmos como a alma controla o sol, três respostas parecem ser possíveis: ou o próprio sol tem alma, a qual se localizaria em sua esfera de modo similar àquele pelo qual as almas residem em nossos corpos; ou há uma alma que possui um corpo diferente e próprio a si, que está em contato com o sol e o impele em seu rumo; ou a alma é totalmente imaterial, e guia o sol em seu caminho por meio de algum tipo de força espiritual. Seja como faça o que faz, a alma é claramente uma espécie de deus, e Tales estava certo ao afirmar que o mundo está repleto de deuses (898e–899b).

Resta provar que os deuses se importam com a humanidade e que não serão influenciados por orações ou oferendas. A principal razão para duvidar que se importam é que eles parecem permitir que os vigaristas prosperem a despeito de sua imoralidade. Mas não podemos duvidar que os deuses que velam pelo universo possuam as virtudes da sabedoria, da moderação e da coragem; não podemos concebê-los como preguiçosos e autocomplacentes. Além disso, conhecem, enxergam e ouvem tudo; e podem fazer tudo o que fazem os mortais e os imortais. Se eles ignoram nossas necessidades deve ser ou porque não sabem sobre elas ou porque permitiram à tentação que as desviasse desse conhecimento. Mas isto é absurdo: afinal, cuidar de nossos pequenos assuntos é brincadeira de criança se comparado à criação do universo (899d–903a).

A prosperidade dos imorais é somente temporária e aparente. Ela tem seu lugar no desígnio divino mais amplo, mas ninguém irá escapar para sempre à punição por seus malfeitos, ascenda ele aos céus ou busque abrigo no inferno (905a). Os que dizem que se pode comprar o perdão por meio de oferendas e orações acham que os deuses são cães de guarda que cederiam ao lobo se este lhes pagasse uma propina (906b).

Os moventes imóveis de Aristóteles

O argumento de Platão para a precedência da alma sobre o corpo foi o gerador de uma longa série de argumentos em defesa da existência de Deus fundamentados em uma análise do movimento e da mudança. Um dos primeiros e mais elaborados deles é o argumento para a existência de um movente imóvel cósmico, apresentado nos dois últimos livros da *Física* de Aristóteles, e ao qual é dada uma interpretação altamente teológica na *Metafísica* Λ.

O princípio básico do argumento de Aristóteles é o de que tudo o que se move é movido por alguma outra coisa. No princípio do livro 7 da *Física* ele apresenta uma *reductio ad absurdum* da ideia do automovimento. Um objeto semovente deve (*a*) ter partes, de modo que possa se mover de verdade; (*b*) estar em movimento como um todo, e não apenas em uma de suas partes; e (*c*) ser causa de seu próprio movimento. Mas isto é impossível. De (*b*) conclui-se que se qualquer parte do corpo estiver em repouso o resto do corpo estará em repouso. Mas se o repouso do corpo como um todo depender de uma parte estar em repouso, então o movimento do corpo inteiro dependerá do movimento da parte; logo, ele não pode ser a causa de seu próprio movimento. Assim, aquilo que era suposto mover-se por si só não é movido por si só (*F* 8, 241b34–242a49)[2].

Esse argumento contém duas falácias. A primeira está representada em minha paráfrase, por um equívoco na expressão "depende de". O movimento do todo depende logicamente do movimento da parte, mas não é necessariamente dependente disso de forma causal[3]. Além disso, existe uma confusão entre condições necessárias e condições suficientes. A parte estar em repouso é uma condição suficiente para o todo estar em repouso; mas disso se pode concluir apenas que o movimento da parte é uma condição necessária para o movimento do todo. O argumento não consegue provar

---

2. Há um problema ao traduzir os escritos de Aristóteles sobre o movimento. "Mover", em português, pode ser transitivo ou intransitivo. Eu posso mover alguém para fora do meu caminho, ou me mover para fora do caminho de alguém. O verbo grego correspondente tem somente um sentido transitivo — para expressar o sentido intransitivo usa-se em grego a forma passiva do verbo. Portanto, na maioria das vezes é difícil identificar se uma oração em particular significa "X está movendo" ou "X está sendo movido" — uma ambiguidade obviamente crucial em uma discussão sobre o movimento imóvel. Para evitar a ambiguidade em minha discussão farei uso de "X está em movimento" para o sentido intransitivo, reservando "X move" para o caso transitivo em que um objeto pode ser fornecido. Agirei da mesma forma com relação a "deslocamento" [*motion*] e "movimento" [*movement*]. Ver meu *The five ways*, London, Routledge, 1969, 8-9.

3. Ver Sir David Ross, *Aristotle's Physics*, Oxford, Clarendon, 1936, 669.

que o movimento do autoproclamado semovente deve possuir algo mais, a saber, o movimento da parte, como uma condição suficiente causal.

Aristóteles prossegue, derivando da premissa de que tudo que está em movimento deve ser movido por algo, a conclusão de que deve haver um primeiro movente. Em vez de considerar imediatamente seu argumento contrário a uma infinita regressão, será mais lucrativo examinar em sua inteireza o argumento contra o automovimento apresentado no livro subsequente, e final, da *Física*. Nele, Aristóteles observa logo de saída que aparentemente algumas coisas no mundo são semoventes, nomeadamente os seres vivos (*empsycha*).

> Acontece com frequência que quando não há movimento em nós passamos de um estado de repouso a um de movimento, quer dizer, o movimento se origina em nós de nós mesmos, sem nenhum agente externo a nos mover. Isso jamais se dá com os seres inanimados, pois se eles se movem é sempre graças a um agente exterior que os move; mas um animal, dizemos, *se* move. Portanto, se um animal estiver completamente em repouso em um momento dado, temos um caso de algo imóvel no qual o movimento se dá a partir de seu interior e não do exterior. Ora, se isso é possível em um animal, o que impede que aconteça com o universo como um todo? (252b18-25)

Aristóteles prossegue, oferecendo um detalhado e complexo argumento para demonstrar que não é possível.

Ele oferece uma prova apresentando casos em que tudo que está em movimento é movido por algo além de si. O movimento pode ser dividido em movimento *per accidens* e movimento *per se*. (Se algo está em movimento por estar localizado em algo além de si, como um homem adormecido em um navio de cruzeiro, então seu movimento é *per accidens*. Outro exemplo de movimento *per accidens* se dá quando somente uma parte de uma coisa está em movimento, como quando um homem acena com suas mãos.)

Ele parece assumir como certo que o movimento *per accidens* não é o automovimento (254b7-11). As coisas que estão em movimento *per se* podem estar em movimento a partir de si ou por causa de outras coisas; no primeiro caso, seu movimento é natural, enquanto no segundo pode ser ou natural (o movimento para cima do fogo) ou violento (o movimento para cima de uma pedra). É claro, crê Aristóteles, que o movimento violento deve ser derivado de algo diferente da coisa em si. Podemos aceitar de pronto que uma pedra não vai se mover para cima a não ser que alguém a lance; mas não é tão óbvio que uma vez lançada ela não continue em movimento por si só. Nem tanto, afirma Aristóteles: um lançador impõe o movimento não apenas a um projétil, mas ao ar circundante, e além disso ele impõe ao ar um poder quase magnético de carregar o projétil adiante (266b28–267a3). É claro, pensa ele, que não apenas os movimentos violentos, mas também os movimentos naturais dos corpos inanimados podem ser causados pelos próprios corpos: se uma pedra cadente foi a causa de seu próprio movimento, ela pode parar de cair por si só (255a5-8). Há dois modos pelos quais os corpos pesados e leves devem seus movimentos naturais a um movente. Primeiro, eles ascendem e caem porque tal é sua natureza, e portanto eles devem seu movimento a seja o que for que lhes tenha dado sua natureza; eles são movidos, diz Aristóteles, por seu "gerador". Assim, quando o fogo esquenta a água, uma substância pesada, ele a transforma em vapor, que é leve, e sendo leve ascende naturalmente; a causa do movimento natural do vapor sendo assim o fogo, do qual pode ser dito que moveu o vapor. O vapor, contudo, pode ser impedido de ascender por um obstáculo, por exemplo a tampa de um caldeirão. Este agente seria um tipo diferente de movente, um *removens prohibens*, ao qual Aristóteles dá o nome de "liberador" (255b31–256a2).

Mas e quanto aos movimentos naturais de um animal? Não são eles um exemplo de automovimento? Todas essas causas parecem ser explicadas por Aristóteles como a ação de uma parte do animal sobre alguma outra. Se um animal inteiro movesse todo o seu ser, Aristóteles sugere que isto seria tão absurdo como se alguém fosse ao mesmo tempo o professor e o aprendiz da mesma lição, ou se o curador fosse idêntico à pessoa curada (257b 5). (Mas seria isso tão absurdo? Não pode o médico às vezes curar a si mesmo?) "Quando algo move a si mesmo, uma parte desse algo é o movente e outra parte é o movido" (257b13-14). Mas, no caso de um animal, qual parte é o movente e qual parte é o movido? Presume-se que a alma e o corpo respectivamente[4].

Tendo estabelecido para si satisfatoriamente que nada está em movimento sem ter sido movido por algo além de si, Aristóteles apresenta vários argumentos para demonstrar que não pode haver uma série infinita de moventes movidos: temos de chegar a um termo, encontrando um primeiro movente imóvel que é em si sem movimento. Se for verdade que quando A está em movimento deve haver algum B que move A, então se

---
4. Ver S. WATERLOW, *Nature, change and agency in Aristotle's Physics*, Oxford, Clarendon, 1982, 66.

o próprio B está em movimento deve haver algum C que esteja movendo B, e assim por diante. Essa série não pode continuar para sempre, e portanto devemos chegar a algum X que move sem estar em movimento (7, 242a54–b54, 256a4-29).

Os detalhes dos longos argumentos de Aristóteles são obscuros e difíceis de acompanhar, mas o problema mais sério quanto à orientação de seu raciocínio é descobrir que tipo de séries ele tem em mente. O exemplo que ele utiliza com mais frequência — um homem que com suas mãos empunha uma pá para virar uma pedra — sugere uma série simultânea de moventes e movidos. Podemos concordar que deve haver um primeiro termo de uma série desse tipo se o movimento tem mesmo de acontecer, mas é difícil compreender por que isso teria de nos conduzir a um movente cósmico imóvel e não a uma multidão de agitadores e moventes humanos[5]. Aristóteles poderia porém, eu suponho, responder que um escavador humano está ele próprio em movimento, e portanto deve ser movido por algo além. Mas seus argumentos anteriores não demonstram que o que quer que esteja em movimento esteja *simultaneamente* sendo movido por alguma outra coisa: os geradores e liberadores que são aceitos como causas do movimento podem ter há muito deixado de agir, e talvez até deixado de existir, embora o movimento que causaram ainda continue.

Destinar-se-ia então o argumento, a partir da impossibilidade da regressão infinita, a ser aplicado a uma série de causas do movimento regredindo no tempo? É difícil conceber como Aristóteles, que acreditava que o mundo não teve um princípio, pudesse contestar a impossibilidade de uma série infinita de causas de movimento em um universo perene em constante mudança. De modo que, de qualquer série que iniciemos, não lograremos encontrar qualquer movente cósmico imutável, totalmente simples, do tipo que Aristóteles sustenta assemelhar-se à grande Mente de Anaxágoras (256b28).

É tal tipo de ser que, na *Metafísica* Λ, Aristóteles descreve em termos teológicos. Deve haver, ele diz, uma substância eterna sem movimento que seja a causa do movimento eterno. Esta deve ser imaterial — não devendo vir à existência ou deixar de existir ao se transformar em outra coisa qualquer — e não deve ter potencialidade — porque o mero *poder* de causar a mudança não asseguraria a perenidade do movimento. Ela

---

5. O próprio Aristóteles, em determinado momento, parece concordar com esta objeção, considerando um escavador humano como um semovente (256a8).

As esferas planetárias concêntricas do cosmos aristotélico
(sob a influência do movente imóvel) na concepção de Giovanni di Paolo
em sua ilustração para uma edição do *Paraíso* de Dante Alighieri.

deve ser simplesmente ato (*energeia*) (1071b3-22). Os céus em rotação carecem, para Aristóteles, da possibilidade de mudança substancial, mas eles possuem potencialidade, porque cada ponto dos céus tem o poder de se mover para um outro ponto em seu período diuturno. Uma vez que estão em movimento, eles necessitam de um movente; e este há de ser um movente imóvel. Esse movente não poderá agir como uma causa eficiente, porque isso implicaria uma mudança em si próprio, mas ele pode agir como uma causa final, um objeto de amor, porque ser amado não implica qualquer mudança no amado, e assim o movente pode permanecer sem movimento. Para ser assim, é claro que os corpos celestes devem ser capazes do sentimento de amor pelo movente supremo. "Desse princípio, portanto", diz Aristóteles, "dependem o céu e a natureza" (1072b).

Qual a natureza do movente sem movimento? Sua vida deve ser como o melhor de nossa vida, e o melhor de nossa vida é o pensamento intelectual. O deleite que alcançamos em momentos de sublime contemplação é um estado perpétuo no movente imóvel — ao qual Aristóteles está agora pronto a chamar "Deus" (1072b15-25). "E Ele também é vida, porque a atividade da inteligência é vida, e Ele é, justamente, essa atividade. E sua atividade, subsistente por si, é vida ótima e eterna. Dizemos, com efeito, que Deus é vivente, eterno e ótimo; de modo que a Deus pertence uma vida perenemente contínua e eterna: isto, portanto, é Deus" (1072b23-30). Aristóteles, surpreendentemente, não se interessa em saber quantas coisas divinas existam. Em certas ocasiões (como no trecho acima), ele fala como se houvesse apenas um Deus, em outras ele fala de "deuses", no plural, e mais amiúde do "divino", no singular neutro. Em razão da estreita ligação entre os movimentos celestiais e o(s) movente(s) imóvel(is) postulado(s) para explicá-los, ele parece ter encarado a questão da quantidade de moventes como uma questão de astronomia antes que de teologia, e estava disposto a aceitar a possibilidade de um número máximo de 47 [esferas celestes] (1074a 13). Isso supera em muito o monoteísmo racionalizado de Xenófanes.

À semelhança de Xenófanes, contudo, Aristóteles estava interessado na natureza da inteligência divina. Um famoso capítulo da *Metafísica* (Λ 9) aborda o tópico. No que pensa Deus? Com certeza ele deve pensar em algo, sob pena de não ser melhor que um homem adormecido. E no que quer que ele pense deve pensá-lo completamente, pois senão ele sofreria mudança e conteria potencialidade, quando sabemos que ele é pura atividade. Ou ele pensa sobre si, ou ele pensa sobre outra coisa. Mas o valor de um pensamento é ditado pelo valor do que é pensado, do que segue que se Deus pensa sobre algo além de si ele se degrada ao nível daquilo em que está pensando. Logo, ele deve pensar sobre si, o ser supremo, e o seu pensamento é um pensamento de pensamento (*noesis noeseos*) (1074b).

Essa conclusão tem sido objeto de muita discussão. Alguns a consideraram a sublime verdade sobre a natureza divina; outros a julgaram uma peça de engenhoso disparate. Entre aqueles que assumiram esta última interpretação, alguns a consideraram a suprema absurdidade da teologia aristotélica, e outros ainda julgaram que o próprio Aristóteles concebeu-a como uma *reductio ad absurdum* de uma linha de argumento falaciosa, uma preparação para a demonstração de que o objeto do pensamento divino era algo totalmente diferente[6].

Mas tratar-se-ia de um disparate? Se todo pensamento deve ser um pensamento de algo, e Deus pode pensar apenas o pensar, então um pensamento de um pensamento teria de ser um pensamento de um pensamento de, e aquele teria de ser um pensamento de um pensamento de... *ad infinitum*. Isso certamente conduziria a uma regressão mais viciosa que qualquer outra que levara Aristóteles a propor um movente imóvel, antes de qualquer coisa. Mas talvez não seja apropriado traduzir o grego *noesis* como "pensamento de", pois ele pode igualmente significar "pensar que". Certamente, não há nada de absurdo quanto a pensar "Eu penso" — Descartes, é fato, erigiu toda a sua filosofia sobre isso. Então, por que não deveria Deus pensar que

---
6. Ver o artigo de G. E. M. Anscombe em G. E. M. ANSCOMBE, P. T. GEACH, *Three philosophers*, Oxford, Blackwell, 1961, 59.

ele está pensando? Apenas que, se este for seu único pensamento, ele não parece ser deveras grande, para fazer uso das palavras de Aristóteles sobre o Deus hipotético que, afinal, não pensa sobre nada.

Seja qual for a verdade sobre o objeto de pensamento do movente imóvel, parece certo que ele não inclui os assuntos contingentes dos seres como nós. Com base nesse capítulo, portanto, parece que se Aristóteles tivesse vivido na Magnésia de Platão ele seria condenado entre as fileiras da segunda classe de ateístas, aqueles que acreditam que os deuses existem, mas negam que eles tenham qualquer interesse pelos seres humanos.

Os deuses de Epicuro e dos estoicos

Alguém que certamente seria enquadrado nessa classe de ateístas seria Epicuro. Em sua carta a Meneceu ele escreve:

> Pense em Deus como um ser vivo, incorruptível e abençoado, seguindo as principais linhas da ideia comum que se tem dele, mas não atribua a ele nada que seja alheio à incorruptibilidade ou incompatível com sua bem-aventurança. Pense a respeito dele tudo o que for capaz de preservar esta felicidade imortal. Porque os deuses existem de fato — o conhecimento que temos deles é evidente —, mas não são como muitas pessoas creem que sejam, pois as crenças populares não os preservam em êxtase. O ímpio não é aquele que nega os deuses em que a maioria crê, mas sim o que imputa aos deuses as crenças dos muitos (DL 10, 123; LS 23B).

A crença que ameaça o êxtase incorruptível dos deuses é precisamente a crença de que eles têm algum interesse nos assuntos humanos. Favorecer alguns seres humanos, irar-se a propósito de outros, isso tudo interromperia a vida de feliz tranquilidade dos deuses (Epicuro, *Carta a Heródoto*; DL 10, 76; Cícero, *ND* 1, 45). É tolice pensar que os deuses criaram o mundo para o desfrute dos seres humanos. Que vantagem obteriam de nossa gratidão? Qual seria a urgência por novidades que poderia tentá-los a se aventurar na criação após éons de feliz tranquilidade (Cícero, *ND* 1, 21-3; Lucrécio, *RN* 5, 165-9)? Parece por acaso, pergunta o Lucrécio epicurista, que o mundo tenha sido criado para desfrute dos homens? Muitas partes do mundo têm climas tão inóspitos que são inabitáveis, e as partes habitáveis são cultiváveis apenas graças ao esforço humano. A doença e a morte ceifam muitos antes de seu tempo, daí não espantar que um recém-nascido chore copiosamente ao entrar nesse mundo de decepções, em que os animais sentem-se mais à vontade que os seres humanos.

> Assim, como um marinheiro pela tormenta despejado
> Em terra, o infante é no mundo naufragado.
> Nu ele está, pronto a expirar,
> Desprovido de tudo que o homem precisar;
> Exposto a uma terra inóspita,
> Desde o início de seu nascimento infausto.
> Com choros intensos de pressentimento preenchendo o aposento
> (Reais presságios de seu futuro tormento)
> Mas bandos e rebanhos, e todo tipo de animal feroz,
> Mais favorecidos por natureza menos atroz,
> Não necessitam de chocalhos para desviar sua atenção,
> Nem de babás para que procedam à sua alimentação
> Com palavras entrecortadas; nem o inverno os atemoriza
> Nem seus hábitos, a mudança dos anos desautoriza;
> Nem, para sua segurança, cidadelas sejam erigidas
> Ou armas de guerra maléficas sejam construídas;
> [E para os animais] A terra não cultivada garante seu butim
> E as mãos fartas da natureza fornecem o festim.
> 		(LUCRÉCIO, *RN* 5, 195-228,
> 	a partir da tradução de Dryden para o inglês.)

O fardo triste dos homens é piorado, e não melhorado, pelas crenças populares sobre os deuses. Impressionados pela vastidão do cosmos e pelo esplendor dos corpos celestes, aterrorizados pelos trovões e terremotos, imaginamos que a natureza é controlada por uma raça de seres celestiais vingativos dedicados a nos punir por nossos erros. Vergamos aterrorizados, vivemos com medo da morte, e nos diminuímos pela oração, pela prostração e pelo sacrifício (*RN* 1194–1225).

Epicuro aceitava a existência dos deuses devido à opinião consensual da raça humana sobre o assunto: uma crença tão abrangente e tão básica deve ter sido implantada pela natureza, e portanto ser verdadeira. A substância desse consenso, ele afirmava, é que os deuses são abençoados e imortais, e portanto livres de encargos, ira ou favores. Esse conhecimento é o que basta para capacitar os seres humanos a louvar com fé e sem superstição. Contudo, a curiosidade humana deseja ir além e descobrir como se parecem os deuses, o que pensam e como vivem (Cícero, *ND* 1, 43-5).

Para Epicuro, é do seguinte modo que a natureza impõe uma concepção dos deuses. Os seres humanos sonham, e algumas vezes têm visões, nas quais grandes, belos e poderosos seres surgem em forma humana. Estes são então idealizados, atribuindo-se-lhes sensações e concebendo-os como imortais, abençoados e livres de esforço (Lucrécio, *RN* 1161–1182). Mas mesmo assim idealizados os deuses mantêm uma forma humana, porque esta é a mais bela de todas as formas animadas, e a única em que a razão é possível. Os deuses não são contudo seres de carne e sangue como nós, mas são feitos de tênues quase-sangue e quase-carne. Não são tangíveis ou visíveis, mas perceptíveis somente pela mente, e não vivem em qualquer região do mundo. Apesar disso, existem tantos imortais como mortais (Cícero, *ND* 1, 46-49; Lucrécio, *RN* 146-155).

Não é fácil harmonizar todos os elementos da teologia de Epicuro. Um estudo recente tenta fazê-lo considerando os deuses epicuristas como constructos, o produto de fluxos de imagens que, ao convergir para nossas mentes, tornam-se nossos deuses. Os conceitos idealizados resultantes desse movimento fornecem modelos éticos para imitação, mas não existem imortais biológicos em qualquer lugar do universo. A partir dessa interpretação, Epicuro seria um precursor na Antiguidade de pensadores do século XIX como George Elliot e Matthew Arnold, cujo declarado teísmo, quando analisado de perto, prova ser essencialmente uma teologia moral[7]. Por mais engenhosa e atraente que possa ser essa interpretação, é claro que não era assim que a questão era vista seja por Lucrécio ou pelo narrador epicurista do *Sobre a natureza dos deuses* de Cícero, os quais, entre eles, fornecem a maior parte da informação que temos sobre a teologia de Epicuro. Esses dois admiradores tomaram o repúdio de Epicuro ao ateísmo literalmente.

Inegavelmente, contudo, há os que, nos tempos clássicos, tomaram o sistema epicurista como o equivalente do ateísmo — principalmente os estoicos (Cícero, *ND* 2, 25). O pietismo estoico em si, contudo, à semelhança do pietismo epicurista, diferia em muito da religião politeísta popular. Do ponto de vista das grandes religiões monoteístas, tanto os epicuristas como os estoicos erram teologicamente: os epicuristas por distanciarem excessivamente Deus do mundo real; os estoicos por aproximarem Deus em demasia do mesmo mundo. Pois o pensamento controlador da teologia estoica é a

---

7. Ver LS, I 145-9.

identificação de Deus com a providência, vale dizer, com a racionalidade do processo natural. Isto é uma antecipação do *Deus sive Natura* de Spinoza.

Como os epicuristas, os estoicos começam por apelar ao consenso existente na raça humana quanto à existência dos deuses. As duas escolas concordam que uma das origens da crença popular nos deuses é o terror à violência da natureza. A partir daí, no entanto, as duas teologias divergem. Os estoicos, à diferença dos epicuristas, oferecem provas da existência de Deus, e algumas vezes o ponto de partida dessas provas é o mesmo ponto de partida dos argumentos epicuristas contra a ação da divina providência. Assim, Cleanto afirma que o que trouxe o conceito de Deus às mentes dos homens foi o benefício que ganhamos do clima temperado e da fertilidade da Terra (Cícero, *ND* 2, 12-13). Crisipo, uma vez mais, assume como premissa que os frutos da Terra existem para o proveito dos animais, e que os animais existem para o proveito dos homens (*ND* 2, 37).

O mais popular argumento que os estoicos ofereceram foi o que veio a ser posteriormente conhecido como o argumento do desígnio. Os céus se movem com regularidade, e o sol e a lua são não só belos como úteis. Qualquer um que entrar em uma casa, um estádio ou um fórum, dizia Cleanto, e os vê funcionando em perfeita ordem, saberá que há alguém no comando. *A fortiori*, a progressão ordenada de tantos e tão grandes corpos deve estar sob o governo de alguma mente (*ND* 2, 15). Os estoicos anteciparam a comparação que Pailey fez do mundo a um relógio que necessita de um relojoeiro. O estoico Posidônio havia pouco construíra uma impressionante esfera armilar, reproduzindo o movimento do sol, da lua e dos planetas. Se este objeto fosse levado mesmo à primitiva Bretanha, ninguém ali teria duvidado tratar-se de um produto da razão. Inegavelmente, o original assim reproduzido afirma com mais contundência tratar-se do produto de uma mente divina. Quem quer que acredite que o mundo é resultado do acaso pode muito bem acreditar que se colocarmos suficiente quantidade de letras do alfabeto em uma urna, agitar bem este conteúdo e jogá-lo no chão, o resultado obtido será uma cópia dos *Anais* de Ênio. Isso foi o que disse o orador estoico Balbo, de Cícero (*ND* 2, 22), séculos antes de alguém pensar na possibilidade de as obras de Shakespeare poderem ser reproduzidas por batalhões de macacos datilógrafos.

Zenão, o fundador da escola estoica, foi um fértil produtor de argumentos em defesa da existência de Deus, ou ao menos em defesa da racionalidade do mundo. "O racional é superior ao irracional. Mas nada é superior ao mundo. Logo, o mundo é racional." "Nada que seja inanimado pode gerar algo que seja animado. Mas o mundo gera coisas que são animadas. Logo, o mundo é animado." Se de uma oliveira brotassem flautas afinadas, ele dizia, você atribuiria à árvore um conhecimento musical: porque então não atribuir sabedoria ao universo que produz criaturas que possuem sabedoria? (*ND* 2, 22).

Um dos argumentos mais originais de Zenão, se bem que pouco convincente, desenvolve-se do seguinte modo: "É razoável louvar os deuses. Mas não é razoável louvar o que não existe. Logo, os deuses existem". Isso me lembra um argumento com o qual fui confrontado certa vez em uma discussão sobre a lógica dos imperativos: "Frequente a igreja. Se Deus não existe, não frequente a igreja. Logo, Deus existe". Acostumamo-nos a ouvir proibições quanto a derivar um "deve" de um "é". É menos comum encontrar filósofos buscando derivar um "é" de um "deve". Contudo, através dos séculos, os filósofos estiveram sempre prontos a derivar um "não é" de um "não deve". Aqueles que propuseram o problema do mal têm argumentado, com efeito, que o mundo não deveria ser como é, logo que não há Deus.

O problema era particularmente caro aos estoicos. Por um lado, a doutrina da providência divina tinha um papel importante em seu sistema, e a providência pode parecer incompatível com a existência do mal. Por outro lado, dado que o vício é o único mal real para os estoicos, o problema parece ficar mais restrito em alcance para eles que para os teístas de outras escolas. Mas mesmo tão limitado pede uma solução, e Crisipo chegou a apelar a um princípio segundo o qual os contrários somente podem existir em convivência uns com os outros: a justiça com a injustiça, a coragem com a covardia, a moderação com o desregramento, a sabedoria com a tolice (LS 54Q). O princípio (adaptado de um dos argumentos de Platão em defesa da imortalidade no *Fédon*) parece falho: sem dúvida, o conceito de uma virtude individual pode ser inseparável do conceito do vício correspondente, mas isso não demonstra que os dois conceitos devam ser representados por uma asserção.

Os estoicos ofereceram outras respostas menos metafísicas para o problema do mal. Por serem deterministas, não podiam oferecer a defesa do livre-arbítrio, que seria a base da abordagem cristã do assunto. Em vez disso, ofereciam duas principais linhas de defesa: ou os ditos males não eram de fato o mal (mesmo de um ponto de vista não-estoico) ou eram consequências não intencionais, mas inevitáveis, da ação beneficente providencial. No desenvolvimento da primeira linha, Crisipo ressaltou que os percevejos tinham a utilidade de nos fazer levantar prontamente, e que os ratos tinham a utilidade de nos encorajar a ser asseados. Desenvolvendo a segunda, o mesmo Crisipo argumentou (uma vez mais fazendo um empréstimo de Platão) que para ser um receptáculo adequado à razão o crânio humano deveria ser muito fino, o que traria consigo a consequência inevitável de que também seria frágil (LS 54O, Q). Algumas vezes Crisipo faz uso do argumento de que mesmo nas casas mais bem cuidadas acumula-se certa porção de sujeira (LS 54S).

Sejam quais forem as dores ou inconvenientes a que formos submetidos, Crisipo afirmava que o mundo existe para proveito dos seres humanos. Os deuses nos conceberam para nosso próprio proveito e para proveito de outros, e os animais foram feitos para nosso proveito. Os cavalos nos servem na guerra, os cachorros na caça, enquanto os ursos e os leões nos propiciam ocasiões para a demonstração de coragem. Outros animais estão ali para nos alimentar: o objetivo do porco é produzir presunto. Algumas criaturas existem simplesmente para que possamos admirar sua beleza: o pavão, por exemplo, foi criado para que admirássemos sua cauda (LS 54O, P).

A providência divina foi louvada por Cleanto em seu hino majestático a Zeus:

> Ó Rei dos Reis
> Por eras ininterruptas, Deus, cuja providência fez
> Nascer, o que quer que em terra ou mar
> Se encontre, ou ainda na imensidão dos céus;
> Exceto o que a operosidade do pecador inspire.
> Nunca, mas sabeis tornar o torto reto:
> O Caos, para ti, é ordem: a teus olhos
> O detestado é adorável, quem não harmonizaria
> As coisas más às coisas boas, para que possa haver
> Uma Palavra sobre todas as coisas eternas.
> (LS 54I, a partir da tradução inglesa de James Adam.)

Cleanto se dirige a Zeus em termos que seriam suficientemente apropriados para um devoto judeu ou cristão orando ao Senhor Deus. Mas a concepção estoica subjacente de Deus é muito diversa daquela das religiões monoteístas. De acordo com os estoicos, Deus é material, em si uma parte do cosmos, preenchendo-o e ordenando-o a partir de seu interior, como um "fogo planejador". A vida de Deus é idêntica à história do universo, à medida que este evolui e progride.

A doutrina de Crisipo é assim descrita por Cícero:

> Ele diz que o poder divino repousa na razão, na alma e na mente de tudo o que há na natureza. Ele chama ao próprio mundo de deus, e de Alma-Mundo que em tudo está, ou de parte dominante da alma que está situada na mente e na razão. Ele chama deus ainda de o universal, o abrangente, a natureza comum das coisas, e ainda de o poder do destino e a necessidade dos acontecimentos futuros (*ND* 1, 39).

Deus pode ser identificado aos elementos terra, água, ar e fogo, e nessas formas pode ser chamado pelos nomes dos tradicionais deuses do Olimpo. Como terra, chama-se Deméter; como água e ar, Poseidon; como o fogo ou o éter, Zeus, que é também identificado à lei eterna que é a guia de nossa vida e a governante de nossos deveres (*ND* 1, 40). Na forma descrita por Cícero, a religião de Crisipo não é nem monoteísmo nem politeísmo: trata-se de um panteísmo polimorfo.

Sobre a adivinhação e a astrologia

Uma doutrina dos estoicos que foi contestada de forma vigorosa por Cícero era sua crença na adivinhação. Seu diálogo *Sobre a adivinhação* tem o formato de uma conversa entre ele e seu irmão, Quinto Cícero, que defende a adivinhação e afirma que a religião se firma ou fracassa pela crença nela, enquanto Marcos Cícero nega a equivalência e denuncia a adivinhação como uma superstição pueril. Quinto retira parte de seu material de Crisipo, que escrevera dois livros sobre a adivinhação e reunira listas de oráculos e sonhos verídicos (*SA* 1, 6). Marcos, por sua vez, deve muitos de seus argumentos ao cético Carneades, da Academia.

A adivinhação — a tentativa de prever os acontecimentos futuros que seriam aparentemente fruto do acaso — foi praticada em Roma de diversos modos: pelo estudo das estrelas, pela observação do voo dos pássaros, pela análise das entranhas de animais oferecidos em sacrifício, pela interpretação dos sonhos e pela consulta aos oráculos. Nem todas essas modalidades de adivinhação são encontradas no mundo moderno, mas a opinião que Cícero tem da astrologia ainda é, infelizmente, considerada relevante.

Quinto enfileira casos sobre predições notáveis de áugures, adivinhos e outros do mesmo jaez, argumentando que, em princípio, eles não agem

Marco Túlio Cícero, como um aluno aplicado, em afresco de V. Foppa.

diferentemente do resto de nós quando predizemos o clima a partir da observação do comportamento dos pássaros e sapos ou da quantidade de frutos nos arbustos. Em ambos os casos não sabemos a razão que une signo e significado, mas sabemos que existe uma razão, assim como sabemos que não se pode tributar ao acaso quando alguém consegue nos dados uma dupla de seis cem vezes seguidas. Nem todas as predições dos adivinhos tornam-se realidade; mas também os médicos não acertam sempre. Podemos não entender como eles fazem suas predições, mas também não entendemos como funciona um ímã (SA 1, 86).

Quinto confirma sua evidência empírica com um argumento *a priori* tirado dos estoicos. Se os deuses conhecem o futuro e não o revelam a nós, então ou eles não nos amam, ou julgam que tal tipo de conhecimento será inútil, ou são incapazes de comunicar-se conosco. Mas cada uma dessas alternativas é absurda. Eles devem conhecer o futuro, dado que o futuro é aquilo que eles próprios determinam. Assim, eles devem comunicar o futuro para nós, e devem nos conceder o poder para entendermos seu comunicado: este poder é a arte da adivinhação (SA 1, 82-3). A crença na adivinhação não é supersticiosa, mas científica, porque segue de mãos dadas com a aceitação de uma simples série unida de causas interconectadas. É a essa série que os estoicos chamam Destino (SA 1, 125-6).

Marcos Cícero inicia sua réplica sem rodeios. Se você quer saber qual é a cor de algo, é melhor perguntar a alguém que enxergue do que a um cego como Tirésias. Se você cair doente, chame um médico, não um adivinho. Se você quer aulas de cosmologia, dirija-se a um físico, e se deseja aconselhamento moral, busque um filósofo, não um vidente. Se quiser uma previsão do tempo deposite sua confiança em um marinheiro e não em um profeta.

Se um acontecimento for um autêntico produto do acaso então não pode ser predito, porque no acaso não há o equivalente das séries causais que capacitam astrônomos a prever os eclipses (SA 2, 15). Por outro lado, se os eventos futuros são inescapáveis, então o conhecimento prévio de um desastre futuro não serviria para evitá-lo, e por isso os deuses são gentis em nos preservar de tal conhecimento. Júlio César não gostaria de ter sido submetido a uma prévia de seu próprio corpo esfaqueado e abandonado aos pés da estátua de Pompeu. As predições que os adivinhos nos oferecem contradizem umas às outras: como disse Catão, é de espantar que quando seus caminhos se cruzam os adivinhos consigam demonstrar seriedade (SA 2, 52).

Para contrabalançar a lista de profecias fornecida por Quinto, Marcos organiza um dossiê de casos em que o conselho dos adivinhos foi falsificado ou desastroso: Pompeu e César, por exemplo, tiveram mortes felizes preditas a eles. Cícero considera os prodígios de modo similar ao que os humianos considerariam posteriormente os milagres. "Pode-se argumentar contra todos os prodígios que aquilo que era impossível de acontecer jamais aconteceu de fato: e se o que aconteceu era de alguma forma possível não é caso de maravilhar-se com o fato" (SA 2, 49). A mera raridade não faz de algo um prodígio: é mais difícil encontrar um homem sábio que uma mula grávida.

Os melhores astrônomos, afirma Cícero, evitam a previsão astrológica. A crença de que as carreiras dos homens são previsíveis a partir da posição dos astros quando de seu nascimento é pior que uma tolice: trata-se de rematada loucura. Os gêmeos têm frequentemente carreira e sorte diversas. As observações sobre as quais se baseiam as previsões são bem erráticas: os astrólogos não têm a mínima ideia das distâncias entre os corpos celestes. A ascensão e a descida das estrelas é algo relativo a um observador: portanto, de que modo poderia isso influir igualmente em todos os que nasceram à mesma hora? A ancestralidade de uma pessoa é um indicador de caráter mais adequado que qualquer coisa nas estrelas. Se a astrologia fosse racional, porque nem todas as pessoas nascidas no mesmo momento em que nasceu Homero escreveram uma *Ilíada*? Será que todos os romanos que morreram na batalha de Canas possuíam o mesmo horóscopo? (SA 2, 94, 97).

Por fim, Cícero ridiculariza a ideia de que os sonhos podem prever o futuro. Dormimos toda noite, e sonhamos em quase todas: seria motivo de surpresa que os sonhos viessem às vezes a se tornar realidade? Seria tolice dos deuses encaminhar mensagens pelos sonhos, mesmo se eles tivessem tempo para se imiscuir em nossos leitos. Os sonhos, em sua maioria, revelam-se falsos, e naturalmente as pessoas sensatas não lhes dão crédito. Dado não possuirmos a chave para a interpretação dos sonhos, se os deuses falassem conosco por meio deles seria o equivalente de um embaixador dirigir-se ao Senado romano em um dialeto africano.

Surpreendentemente sem constrangimento algum, Cícero admite ter ele mesmo agido como um áugure — mas somente, afirma, "em concordância à opinião das massas e no curso de um trabalho para o Estado". Ele teria simpatizado com os bispos ateístas da França do Iluminismo. Conclui, porém, insistindo não ser ele próprio um ateu: e não apenas por respeito à tradição, mas pela ordem dos céus e pela beleza do universo o fazerem confessar que existe um ser eterno e sublime ao qual os homens devem vislumbrar e admirar. Mas a verdadeira religião é mais bem servida com a eliminação da superstição (SA 2, 149).

A Trindade de Plotino

A teologia filosófica da Antiguidade culmina no sistema de Plotino. Assim a resume Bertrand Russel: "A metafísica de Plotino se inicia com uma Santíssima Trindade: O Uno, o Espírito e a Alma. Esses três não são iguais, como as Pessoas da Trindade cristã; o Uno é supremo, o Espírito vem a seguir, e a Alma é a última"[8]. A comparação com a Trindade cristã é inevitável, e Plotino, que morreu antes de os concílios de Niceia e Constantinopla fornecerem uma afirmação definitiva das relações entre as três Pessoas divinas, influiu sem sombra de dúvida no pensamento de alguns dos Padres da Igreja. Mas para o entendimento de seu próprio pensamento é mais benéfico voltar os olhos para o passado. Com alguma ressalva pode-se dizer que o Uno é um

---

8. Bertrand RUSSEL, *A history of Western philosophy*, London, Allen & Unwin, 1961, 292.

Deus platônico, que o Intelecto (uma tradução para *nous* mais apropriada que "espírito") é um Deus aristotélico, e a Alma é um Deus estoico.

O Uno é um descendente do Uno do *Parmênides* e da Ideia do Bem na *República*. Os paradoxos do *Parmênides* são tomados, em última instância, como vislumbres de uma inefável realidade, que como a Ideia do Bem está "além do ser em poder e dignidade". "O Uno", deve-se reiterar, não é, para Platão e Plotino, um nome para o primeiro da série dos números naturais: antes, o seu significado é o de algo que é manifestamente simples e indivisível, completo em si, e manifestamente único (*Enéada* 6, 9, 1 e 6). Ao afirmar que o Uno e o Bem (Plotino faz uso de ambos os nomes, por exemplo, 6, 9, 3) estão além do ser, Plotino não quer dizer que ele não existe: ao contrário, ele é a coisa mais real que existe. Plotino quer dizer que nenhum predicado pode ser aplicado a ele: não podemos dizer que ele *é* isto ou que *é* aquilo. A razão para isto é que se algum predicado fosse verdadeiro a seu respeito, então teria de haver alguma distinção em seu interior que correspondesse à distinção entre o sujeito e o predicado da sentença verdadeira. Mas isso depreciaria a sublime simplicidade do Uno (5, 3, 13).

> O Ser tem um tipo de forma do ser, mas o Uno não possui forma, nem mesmo uma forma inteligível. Pois, por ser sua natureza a geradora de todas as coisas, o Uno não é nenhuma delas. Ele não é de nenhum tipo, não possui tamanho ou qualidade, não é intelecto ou alma. Ele não se move nem está em repouso, e não está em nenhum lugar ou tempo: nas palavras de Platão, ele é "por si sozinho e uniforme" — ou antes, informe e anterior à forma como é anterior ao movimento e ao repouso. Pois todas estas são propriedades do ser, tornando-o multiforme (6, 9, 3, 38-45).

Se nenhum predicado pode ser atribuído ao Uno, então não surpreende que nos enredemos em contradições ao tentar fazê-lo. Ser, para um platônico, é o reino daquilo que podemos verdadeiramente conhecer — em oposição ao Vir-a-ser, que é o objeto da mera crença. Mas, se o Uno está além do ser, está também além do conhecimento. "Nossa percepção dele não se dá pela ciência ou pelo entendimento, como ocorre com outros objetos inteligíveis, mas por meio de uma presença superior ao conhecimento." Tal percepção é uma visão mística, como o arrebatamento de um amante em presença da pessoa amada (6, 9, 4, 3ss.).

Em razão de o Uno não ser conhecível, ele é também inefável. Como então podemos falar a seu respeito, e o que Plotino está fazendo quando escreve sobre ele? Plotino faz a si esta mesma questão, na *Enéada* 5, 3, 14, e dá uma resposta intrigante.

> Não temos nenhum conhecimento ou conceito dele, e não podemos dizê-lo, mas dizemos algo sobre ele. Como então podemos falar sobre ele, se não o apreendemos. Será que não termos conhecimento sobre ele significa que não podemos apreendê-lo afinal? Nós de fato o apreendemos, mas não de um modo que nos capacite a dizê-lo, mas apenas a falar sobre ele.

A distinção entre dizer e falar é confusa. Será que o que Plotino diz aqui sobre o Uno poderia ser dito a respeito de uma coisa perfeitamente comum como um repolho? Eu não posso dizer ou exprimir um repolho; eu posso apenas falar dele. O que se quer significar aqui com "dizer", penso eu, é algo do tipo "chamar por um nome" ou "atribuir predicados a". Isto eu posso fazer com um repolho, mas não com o Uno. E a palavra grega cuja tradução padrão é "sobre" pode também significar "em torno". Plotino diz em algum lugar que não podemos sequer chamar o Uno de "ele", ou dizer que ele "é"; temos de circular em redor do seu exterior (6, 3, 9, 55).

Qualquer afirmação sobre o Uno é na verdade uma declaração sobre suas criaturas. Estamos bem conscientes a respeito de nossa própria fragilidade: nossa carência de autossuficiência e nossa imperfeição (6, 9, 6, 15-35). Cônscios disso, podemos apreender o Uno de um modo semelhante àquele pelo qual alguém pode identificar a forma de uma peça que falta em um quebra-cabeça a partir do conhecimento da forma das peças a seu redor. Ou, fazendo uso de uma metáfora semelhante à do próprio Plotino, quando em pensamento circulamos em torno do Uno nós o apreendemos como um centro de gravidade invisível. De forma mais pitoresca, Plotino afirma:

> É como uma linha de coro. O coro circula em torno do condutor, às vezes encarando-o, outras vezes olhando na direção contrária; o momento em que o encaram de frente é o momento em que cantam mais belamente. Do mesmo modo, estamos sempre ao redor dele — se não estivéssemos desapareceríamos totalmente e não mais existiríamos — mas nem sempre contemplamos o seu rosto. Quando olhamos em sua direção em nossa divina dança a seu redor, é então que atingimos nosso objetivo e podemos repousar e cantar em perfeita afinação (6, 9, 38-45).

Passemos do Uno para o segundo elemento da Trindade plotiniana, o Intelecto (*nous*). À semelhança do Deus aristotélico, o Intelecto é pura atividade, e não pode pensar em nada fora de si mesmo, dado que isso envolveria potencialidade. Mas sua atividade não é um mero pensamento do pensamento — fosse esta ou não a doutrina aristotélica —, mas um pensamento de todas as Ideias platônicas (5, 9, 6). Não se trata de entidades externas: como o próprio Aristóteles estabeleceu como uma regra universal, a atualidade do intelecto e a atualidade do objeto do intelecto são uma e a mesma. Portanto a vida das Ideias não é outra coisa que a atividade do Intelecto. O Intelecto é o universo inteligível, e contém formas não somente dos universais mas também dos individuais (5, 9, 9; 5, 7).

A despeito da identidade entre pensador e pensado, a multiplicidade de Ideias significa que o Intelecto não possui a simplicidade total que pertence ao Uno. Na verdade, é essa complexidade do Intelecto que convenceu Plotino de que deveria haver algo anterior e superior a ele. Pois, era no que acreditava, toda forma de complexidade deve em última instância depender de algo totalmente simples[9].

O cosmos intelectual é na verdade incomensuravelmente rico.

> Naquele mundo não há limites nem pobreza, mas tudo é pleno de vida, efervescente de vida. Tudo flui a partir de uma simples fonte, não algum tipo especial de sopro ou calor, mas antes uma qualidade singular contendo incólumes todas as qualidades, a doçura de sabor e odor, o vinho no palato e a essência de todo aroma, as visões de cores e todo sentimento tangível, e toda melodia e todo ritmo que a audição pode absorver (6, 7, 12, 22-30).

Este é o mundo do Ser, do Pensamento e da Vida; e embora seja o mundo do Intelecto ele também contém o desejo como um elemento essencial. O Pensamento é em si desejo, assim como olhar é o desejo de ver (5, 6, 5, 8-10). O conhecimento também é desejo, mas desejo satisfeito, a consumação de uma busca (5, 3, 10, 49-50). No Intelecto o desejo "está sempre desejando e sempre alcançando seu desejo" (3, 8, 11, 23-24).

Como se origina o Intelecto? Sem dúvida o Intelecto deriva seu ser do Uno: o Uno nem é tão ciumento que não procrie, nem perde nada por ter dado algo. Mas além disso o texto de Plotino sugere dois relatos bem diferentes. Em alguns pontos ele afirma que o Intelecto emana do Uno de modo semelhante ao que os odores doces emanam dos perfumes, ou como

---

9. Devo muito a Dominic O'Meara, *Plotinus: An introduction to the Enneads*, Oxford, Clarendon, 1993, que a isto denomina "princípio da simplicidade anterior".

a luz emana do sol. Isso lembra aos leitores cristãos a proclamação do Credo de Niceia de que o Filho de Deus é luz de luz (4, 8, 6, 10). Mas em outro trecho Plotino fala do Intelecto como "ousando apostatar do Uno" (6, 9, 5, 30), o que faz o Intelecto assemelhar-se menos à Palavra da Trindade cristã e mais ao Lúcifer de Milton.

Do intelecto procede o terceiro elemento, a Alma. Também aqui Plotino fala de uma revolta ou de uma queda, um desejo arrogante de independência, que assume a forma de uma obsessão pelo metabolismo (5, 1, 1, 3-5). O pecado original da Alma é assim bem descrito por A. H. Armstrong:

> É um desejo pela vida diferente daquela do Intelecto. A vida do Intelecto é uma vida em repouso na eternidade, uma vida de pensamento em eterna, imediata e simultânea posse de todos os possíveis objetos. Assim, o único modo de ser diferente que resta à Alma é passar de uma vida eterna a uma vida em que, em vez de todas as coisas se fazerem presentes ao mesmo tempo, uma se segue à outra, e existe uma sucessão, uma série contínua, de pensamentos e ações[10].

Essa contínua e incessante sucessão é o tempo: o tempo é a vida da alma em sua passagem transitória de um episódio de vida ao próximo (3, 7, 11, 43-5).

A Alma é o elemento imanente controlador no universo da natureza, assim como Deus o era no sistema estoico, mas à diferença do Deus estoico a Alma é incorpórea. O Intelecto é o criador do universo, como o Demiurgo do *Timeu*, mas a Alma é o agente do Intelecto que administra o seu desenvolvimento. A Alma une o mundo inteligível ao mundo dos sentidos e possui um elemento interior que dirige o olhar para cima, para o Intelecto, e um elemento externo que dirige o olhar para baixo, para a Natureza (3, 8, 3). A Natureza é o princípio imanente do desenvolvimento do mundo material: a Alma, olhando para ela, vê ali seu próprio reflexo. O mundo físico que a Natureza tece é algo de maravilhas e belezas mesmo apesar de sua substância ser feita da matéria da qual são feitos os sonhos (3, 8, 4).

O sistema teológico de Plotino é indubitavelmente impressionante, mas podemos perguntar que tipo de argumento ele pode oferecer para nos persuadir a aceitá-lo. Para entendê-lo, temos de explorar o sistema de baixo para cima, em vez de o considerarmos de cima para baixo: devemos

---

10. A. H. ARMSTRONG (ed.), *The Cambridge history of Later Greek and Early Medieval philosophy*, Cambridge, Cambridge University Press, 1970, 251.

partir não do Uno, mas da matéria, o mais afastado limite da realidade. Plotino parte de princípios platônicos e aristotélicos largamente aceitos. Ele entende Aristóteles como tendo argumentado que o supremo substrato de mudança deve ser algo que não possua nenhuma das propriedades dos corpos alteráveis que vemos e manuseamos. Mas, argumenta Plotino, uma matéria que não possua propriedades materiais é inconcebível.

Se descartamos a matéria aristotélica, restam-nos as formas aristotélicas. As mais importantes entre as formas são as almas, e é natural pensar-se que exista um número de almas igual ao número de indivíduos. Mas nesse ponto Plotino apela a outra tese aristotélica: o princípio de que as formas são individuadas pela matéria. Se descartarmos a matéria, seremos forçados a concluir que existe apenas uma única alma.

Para provar que essa alma é anterior ao corpo e independente dele, Plotino faz uso constante dos mesmos argumentos utilizados por Platão no *Fédon*. Ele reverte elegantemente o argumento daqueles que afirmam que a alma é dependente do corpo por não passar de uma harmonização dos tendões do corpo. Quando um músico estende as cordas de uma lira, afirma Plotino, são as cordas, e não a melodia, que ele comanda: mas as cordas não podem ser dedilhadas se a melodia não o demandar.

Como pode um incorruptível Mundo-Alma estar de algum modo na presença de corpos individuais corrompíveis? Plotino, que tinha apreço por metáforas marinhas, explica isso de dois modos distintos. O Mundo-Alma foi uma vez comparado por ele a um homem de pé no mar, com metade de seu corpo na água e metade no ar. Mas Plotino pensava que deveríamos perguntar de fato não pelo modo como a alma está no corpo, mas como o corpo está na alma. O corpo flutua na alma, como uma rede flutua no mar (4, 3, 9, 36-42). Sem metáforas, podemos dizer que o corpo está na alma por depender dela para sua organização e sua contínua existência.

A alma governa o mundo bem e sabiamente, mas a sabedoria que exerce no governo dos mundos não é natural a ela, devendo vir do exterior. Mas não pode vir do mundo material, dado que é o mundo material aquilo a que ela dá forma; deve portanto vir de algo que está por natureza unido às Ideias que são modelos ou padrões para a atividade inteligente. Isso somente pode ser um mundo-mente, ou Intelecto.

Já fomos apresentados aos argumentos em que Plotino demonstra que o Intelecto não pode ser a realidade suprema devido à dualidade de sujeito e objeto e por causa da multiplicidade das Ideias. Assim, ao fim de nossa jornada, alcançamos o um e somente o Uno.

A teologia de Plotino continuou a ser ensinada, porém com modificações, até que a filosofia pagã chegasse a seu término com o fechamento da Escola de Atenas. Mas sua influência sobreviveu, e ainda sobrevive, de maneira não creditada, nas ideias que foram absorvidas e transmitidas por seus primeiros leitores cristãos. O mais importante deles foi Agostinho, que leu Plotino na juventude na tradução de Mario Vitorino. A leitura o encaminhou a uma rota que levou à sua conversão ao cristianismo, e suas *Confissões* e seu *Sobre a Trindade* ecoam Plotino em muitas passagens. Contam-nos que nos últimos dias de sua vida, por ocasião do cerco dos vândalos a Hipona, Agostinho encontrou consolo em uma citação das *Enéadas*: "Como pode um homem ser levado a sério se ele concede importância ao colapso de madeira e pedras, ou à morte — Deus nos livre — de criaturas mortais?" (1, 4, 7, 24-5).

Cronologia

585 a.C.	Tales prevê um eclipse.
547	Morre Anaximandro.
530	Pitágoras migra para a Itália.
525	Morre Anaxímenes.
500	Heráclito chega à meia-idade.
470	Morre Xenófanes.
	Nasce Demócrito.
469	Nasce Sócrates.
450	Parmênides e Zenão visitam Atenas.
	Empédocles chega à meia-idade.
444	Protágoras escreve uma constituição.
427	Nasce Platão.
399	Sócrates é executado.
387	Fundação da Academia de Platão.
384	Nasce Aristóteles.
347	Morre Platão.
336	Alexandre é coroado rei da Macedônia.
322	Morre Aristóteles.
313	Zenão de Cítio chega a Atenas.
306	Epicuro funda o Jardim.

273	Arcesilau torna-se o líder da Academia.
263	Cleanto se torna o líder do Pórtico (Stoa).
232	Crisipo sucede a Cleanto como o líder do Pórtico.
155	Carneades lidera a Academia e visita Roma.
106	Nasce Cícero.
55	*De Rerum Natura*, de Lucrécio.
44	Júlio César é assassinado.
30	Augusto torna-se imperador.
52 d.C.	São Paulo prega em Atenas.
65	Suicídio de Sêneca.
161	Marco Aurélio se torna imperador.
205	Nasce Plotino.
387	Batismo de Santo Agostinho.

Muitas dessas datas, particularmente a dos primeiros séculos, são conjecturais e aproximativas.

Abreviações e convenções

CHHP   K. Algra, J. Barnes, J. Mansfield, M. Schofield (ed.). *The Cambridge History of Hellenistic Philosophy*. Cambridge, Cambridge University Press, 1999.

CHLGP   A. H. Armstrong (ed.). *The Cambridge History of Later Greek and Early Medieval Philosophy*. Cambridge, Cambridge University Press, 1967.

DK   H. Diels, W. Kranz (Hrsg.). *Die Fragment der Vorsokratiker*. Berlin, Wiedmann, ^{6}1951, 3 vols. Citada seguida de capítulo, letra e número do fragmento — exemplo: DK 8 B115. Cada capítulo dessa obra é dividido em duas seções: A (que contém referências dos autores antigos) e B (que contém fragmentos que teriam sido reproduzidos verbatim).

DL   Diógenes Laércio. *Lives of the Philosophers*, trad. R. D. Hicks. Cambridge, Massachusets, Harvard University Press, 1972, 2 vols. (Loeb Classical Library). Citada por livro e parágrafo — exemplo: 8, 8.

KRS   G. S. Kirk, J. E. Raven, N. Schofield (ed.). *The Presocratic Philosophers*. Cambridge, Cambridge University Press, ^{2}1983. Citada seguida do número do fragmento na ordem única em que aparece na edição — exemplo: KRS 433.

LS   A. A. Long, D. N. Sedley (ed.). *The Hellenistic Philosophers*. Cambridge, Cambridge University Press, 1987, 2 vols. Citada seguida do número do capítulo e da letra correspondente ao texto individual — exemplo: LS 30F.
SE   Sexto Empírico

Alexandre de Afrodísia

SA   *Sobre a alma*
SD   *Sobre o destino*

Aristóteles

A forma tradicional de referência se dá na ordem: livro, capítulo, página, coluna e linha da edição clássica de Bekker, de 1831 — exemplo: *Física* 3, 1, 200b32.

1A   *Primeiros analíticos*
2A   *Segundos analíticos*
Barnes   *The complete Works of Aristotle*. Ed. J. Barnes. Trad. Oxford, Princeton, Princeton University Press, 1984.
Cael.   *Sobre os céus*
Cat.   *Categorias*
SA   *Sobre a alma*
EE   *Ética a Eudemo*
EN   *Ética a Nicômaco*
F   *Física*
GA   *Sobre a geração dos animais*
GC   *Sobre a geração e corrupção*
HA   *História dos animais*
Int.   *Sobre a interpretação*
Met.   *Metafísica*
Mete.   *Sobre a meteorologia*
MM   *Magna moralia*
MXG   *Melisso, Xenófanes e Górgias*
PA   *Sobre as partes dos animais*
Po.   *Poética*
Pol.   *Política*
R.   *Retórica*

RS	*Refutações sofísticas*
Top.	*Tópicos*

Cícero

Acad.	*Academica*
Ad.	*Sobre a adivinhação*
SD	*Sobre o destino*
Fin.	*Sobre o fim*
ND	*Sobre a natureza dos deuses*
Off.	*Sobre os deveres (de Officiis)*
Tusc.	*Disputas tusculanas*

Epicteto

Disc.	*Discursos*

Lucrécio

RN	*De Rerum Natura (Sobre a natureza das coisas)*

Platão

É costume universal referir-se às obras de Platão pelo nome da obra seguido de página, seção e linha da edição Stephanus de 1578 — exemplo: *Fédon* 64a5. Essa numeração é mantida em todas as edições e na maioria das traduções de Platão.

Apol.	*Apologia de Sócrates*
Banq.	*Banquete*
Crát.	*Crátilo*
Eut.	*Eutidemo*
Eutíf.	*Eutífron*
Féd.	*Fédon*
Fedr.	*Fedro*
Fil.	*Filebo*
Gorg.	*Górgias*
H. Ma.	*Hípias Maior*
H. Me.	*Hípias Menor*

La.	*Laques*
Mên.	*Mênon*
Parm.	*Parmênides*
Prot.	*Protágoras*
Rep.	*República*
Sof.	*Sofista*
Teet.	*Teeteto*
Tim.	*Timeu*

Plotino

Plotino é tradicionalmente citado segundo o esquema de seu aluno Porfírio, que dividiu as obras do mestre em enéadas, ou grupos de nove. O número da *Enéada* é dado, e a ele se seguem o número do livro, o capítulo e a linha — exemplo: *Enéada* 6, 1, 5, 27; ou apenas 6, 1, 5, 27.

Sexto Empírico

Sexto Empírico é citado como SE, seguido de uma abreviação da obra mencionada — exemplo: SE, *M*.

M.	*Contra os matemáticos*
P.	*História do pirronismo*

Xenofonte

Mem.	*Memorabilia*

Referências bibliográficas

A bibliografia a seguir não contém todas as obras citadas nas notas de rodapé, nem todas as obras mencionadas no correr do texto. Trata-se de uma seleção de obras que creio que os leitores descobrirão serem de precioso auxílio na busca por maiores informações sobre os filósofos antigos e os temas filosóficos que esses pensadores discutem. A seleção foi restringida somente a obras publicadas na língua inglesa e de fácil acesso[1]. Muitas das obras indicadas contêm bibliografias muito mais extensas que esta.

Obras gerais

BRUNSCHWIG, J., LLOYD, G. E. R. *Greek thought*: A guide to classical knowledge. Cambridge, Mass., Harvard University Press, 2000.

FREDE, M. *Essays in ancient philosophy*. Oxford, Clarendon, 1987.

FURLEY, D. (ed.) *Routledge history of philosophy*. From Aristotle to Augustine. London, Routledge, 1999, vol. II.

GOTTLIEB, A. *The dream of reason*: A history of western philosophy from the greeks to the Renaissance. London, Allen Lane, 2000.

---

1. Sempre que possível buscamos mencionar as traduções brasileiras das edições citadas pelo autor. Nestes casos julgamos desnecessário manter a menção às obras em inglês. (N.T.)

IRWIN, T. *Classical philosophy*. Oxford, Oxford University Press, 1999 (Oxford Readers).
OWEN, G. E. L. *Logic, science and dialectic*: Collected papers in greek philosophy. Ed. M. Nussbaum. London, Duckworth, 1986.
TAYLOR, C. C. (ed.) *Routledge history of philosophy*. From the beggining to Plato. London, Routledge, 1997, vol. I.

Filósofos pré-socráticos (capítulo 1)

A coleção-padrão dos textos originais e fragmentos que sobreviveram até nossos dias dos filósofos anteriores a Sócrates é a de H. Diels e W. Kranz, *Die Fragmente der Vorsokratiker*, Berlin, Wiedmann, ⁶1951, 3 vols. Nossa principal fonte para as biografias dos pré-socráticos, e de muitos outros filósofos antigos, é Diógenes Laércio, *Lives of the Philosophers*, trad. R. D. Hicks (Loeb Classical Library), Cambridge, Massachusets, Harvard University Press, 1972, 2 vols. (tradução brasileira de M. Gama Kury, *Vidas e doutrinas dos filósofos ilustres*, Ed. UnB, ²1988.)

Há uma coleção útil, embora menos completa, que oferece traduções inglesas ao lado dos originais gregos: G. S. Kirk, J. E. Raven, N. Schofield (eds.), *The presocratic philosophers*, Cambridge, Cambridge University Press, ²1983.

Uma excelente coleção de traduções de textos para o inglês é: J. Barnes, *Early Greek Philosophy*, Harmondsworth, Penguin, 1987. Uma tradução mais recente: R. Waterfield, *The first philosophers*: The presocratics and the sophists. Oxford, Oxford University Press, 2000.

BARNES, J. *The presocratic philosophers*. London, Routledge, 1982.
CORNFORD, F. M. *Plato and Parmenides*. London, Kegan Paul, 1939.
DE ROMILLY, Jacqueline. *The great sophists in periclean Athens*. Oxford, Clarendon, 1992.
DODDS, E. R. (ed.). *Plato: Gorgias*. Texto precedido de introdução e comentários. Oxford, Clarendon, 1959.
GUTHRIE, W. K. C. *A history of greek philosophy*. Cambridge, Cambridge University Press, 1962-9, vols. I-III. (*Os sofistas*, Paulus, 1995.)
INWOOD, B. *The poem of Empedocles*. Toronto, University of Toronto Press, 1992.
KAHN, C. H. *The verb "be" in ancient greek*. Dordrecht, Reidel, 1973.
———. *The art and thought of Heraclitus*. Cambridge, Cambridge University Press, 1979.
———. *Anaximander and the origins of greek cosmology*. Indianapolis, Hackett, 1994 (reimpressão da edição de 1960).

KERFERD, G. B. *O movimento sofista*. São Paulo, Loyola, 2004.
MOURELATOS, A. P. D. *The route of Parmenides*. New Haven, Yale University Press, 1970.
O'BRIEN, D. *Empedocles' cosmic cycle*. Cambridge, Cambridge University Press, 1969.
OSBOURNE, C. *Rethinking early greek philosophy*: Hippolytus and the pre-socratics. London, Duckworth, 1987.
SCHOFIELD, M. *An essay on Anaxagoras*. Cambridge, Cambridge University Press, 1980.
TAYLOR, C. C. W. (ed.). *Plato: Protagoras*. Tradução seguida de notas, edição revista. Oxford, Clarendon, 1991.

Sócrates e Platão (capítulo 1)

Todas as obras de Platão no original grego somam cinco volumes na série de textos clássicos da Oxford University Press; as mesmas obras são apresentadas em edição bilíngue em doze volumes na coleção Loeb Classical Library, da Harvard University Press. Há uma útil edição inglesa em apenas um volume das obras completas de Platão, sob edição de J. M. Cooper e D. S. Hutchinson, publicada pela Hackett, de Indianapolis, em 1997.

A série das obras de Platão iniciada pela Clarendon Press (Oxford) em 1973 apresenta traduções anotadas dos principais diálogos platônicos, destacando-se: *Theaetetus* (ed. J. McDowell, 1973), *Philebus* (ed. J. C. B. Gosling, 1975) e *Phaedo* (ed. D. Gallop, 1975). Muitos diálogos estão traduzidos nos volumes da série de clássicos publicada pela Penguin e pela Oxford.

A Coleção Clássicos da Filosofia Grega, de Edições Loyola, publicará toda a obra de Platão em edições bilíngues. Até o momento já foram publicadas: *Mênon* (2001), *Parmênides* (2003) e a *Carta VII* (2008).

As obras socráticas de Xenofonte foram publicadas em dois volumes da Loeb Classical Library: *Memorabilia* (trad. E. C. Marchant, London, 1923) e *Symposium and Apology* (trad. O. J. Todd, London, 1961). Uma boa tradução inglesa de Xenofonte é *Conversations of Socrates* (ed. H. Tredennnick, R. Waterfield, Harmondsworth, Penguin, 1990).

ADAM, J. (ed.). *The Republic of Plato*. Cambridge, Cambridge University Press, 1902, 2 vols.
ALLEN, R. E. *Plato's Euthyphro and the Earlier Theory of Forms*. London, Routledge & Kegan Paul, 1970.

———— (ed.). *Studies in Plato's Metaphysics*. London, Routledge & Kegan Paul, 1965.

ANNAS, J. *An introduction to Plato's Republic*. Oxford, Oxford University Press, 1981.

BLONDELL, R. *The play of character in Plato's dialogues*. Cambridge, Cambridge University Press, 2002.

BRANDWOOD, L. *The Chronology of Plato's dialogues*. Cambridge, Cambridge University Press, 1990.

BRICKHOUSE, T. C., SMITH, N. D. *Socrates on trial*. Oxford, Oxford University Press, 1989.

————. *Plato's Socrates*. New York, Oxford University Press, 1994.

DOVER, K. (ed.). *Plato: Symposium*. Cambridge, Cambridge University Press, 1980.

GOSLING, J. C. B. *Plato*. London, Routledge & Kegan Paul, 1973.

HACKFORTH, *Plato's examination of pleasure*. Cambridge, Cambridge University Press, 1945.

IRWIN, T. *Plato's moral theory*: the early and middle dialogues. Oxford, Clarendon, 1977.

KAHN, C. H. *Plato and the socratic dialogue*. Cambridge, Cambridge University Press, 1996.

KRAUT, R. (ed.). *The Cambridge companion to Plato*. Cambridge, Cambridge University Press, 1992.

LEDGER, G. *Re-counting Plato*: a computer analysis of Plato's style. Oxford, Clarendon, 1989.

MEINWALD, C. C. *Plato's Parmenides*. New York, Oxford University Press, 1991.

MORROW, Glenn R. *Plato's epistles*. Tradução acompanhada de ensaio crítico e notas. Indianapolis, Bobbs-Merril, ²1962.

ROBINSON, R. *Plato's Earlier Dialectic*. Oxford, Clarendon, 1953.

ROWE, C. J. (ed.). *Plato: Phaedrus*. Warminster, Aris & Phillips, 1986.

RYLE, G. *Plato's progress*. Cambridge, Cambridge University Press, 1966.

SAUNDERS, T. J. *Plato's Penal Code*. Oxford, Clarendon, 1991.

SAYRE, Kenneth M. *Plato's late ontology*: a riddle resolved. Princeton, Princeton University Press, 1983.

STONE, I. F. *O julgamento de Sócrates*. São Paulo, Companhia das Letras, 2006.

TAYLOR, C. C. W. *Socrates, a very short introduction*. Oxford, Oxford University Press, 1998.

VLASTOS, G. *Platonic studies*. Princeton, Princeton University Press, ²1981.

————. *Socrates, ironist and moral philosopher*. Cambridge, Cambridge University Press, 1991.

WHITE, N. I. *A companion to Plato's Republic*. Indianapolis, Hackett, 1979.

Aristóteles (capítulo 2)

A maioria das obras de Aristóteles aparece no original em volumes da série Oxford Classical Texts e muitas delas aparecem traduzidas em edições bilíngues nos volumes da série Loeb Classical Library. Todas as obras de Aristóteles que sobreviveram foram coletadas em uma tradução em dois volumes produzida pela Oxford com edição de J. Barnes (Princeton, Princeton University Press, 1984).

A série de obras de Aristóteles que a Clarendon Press começou a publicar em 1963 contém traduções de textos selecionados de Aristóteles, acompanhados de detalhadas notas filosóficas. A série inclui: *Categories and de Interpretatione* (ed. J. L. Ackrill, 1963); *de Anima II, III* (ed. D. W. Hamlyn, 1968); *de Generatione et Corruptione* (ed. C. J. F. Williams, 1971); *de Partibus Animalium* (ed. D. M. Balme, 1972); *Eudemian Ethics I, II, VIII* (ed. M. Woods); *Metaphysics* Γ, Δ, E (ed. C. Kirwan, 1971, 1993); *Metaphysics* Z, H (ed. D. Bostock, 1994); *Metaphysics* M, N (ed. J. Anna, 1976); *Physics I, II* (ed. W. Charlton, 1970); *Physics III, IV* (ed. E. Hussey, 1983); *Posterior Analytics* (ed. J. Barnes, 1975, 1993); *Topics 1, 8* (ed. R. Smith, 1994).

Muitas das obras de Aristóteles estão disponíveis em traduções nas séries Penguin Classics e Oxford World's Classics.

A *Metafísica* de Aristóteles foi publicada por Edições Loyola em 2002, com um volume de introdução, um volume com o texto bilíngue e um volume de comentários de G. Reale.

ACKRILL, J. L. *Aristotle the philosopher*. Oxford, Oxford University Press, 1981.
ANSCOMBE, G. E. M., GEACH, P. T. *Three philosophers*. Oxford, Blackwell, 1961.
BAMBROUGH, R. (ed.). *New essays on Plato and Aristotle*. London, Routledge & Kegan Paul, 1965.
BARNES, J. (ed.). *The Cambridge companion to Aristotle*. Cambridge, Cambridge University Press, 1995.
―――. *Aristotle: A very short introduction*. Oxford, Oxford University Press, 2000.
―――, SCHOFIELD, M., SORABJI, R. (ed.) *Articles on Aristotle* [I- Science; II- Ethics and politics; III- Metaphysics; IV- Psychology and aesthetics]. London, Duckworth, 1975.
BROADIE, S., ROWE, C. *Aristotle: Nicomachean Ethics*. Trad., intr. e comentários. Oxford, Oxford University Press, 2002.
IRWIN, T. H. *Aristotle's first principles*. Oxford, Oxford University Press, 1988.
JAEGER, Werner. *Aristotle: Fundamentals of the history of his development*. Oxford, Clarendon, ²1948.

KENNY, A. *The Aristotelian ethics*. Oxford, Clarendon, 1978.
———. *Aristotle on the perfect life*. Oxford, Clarendon, 1992.
KRAUT, R. *Aristotle: political philosophy*. Oxford, Oxford University Press, 2002.
LEAR, J. *Aristotle and logical theory*. Cambridge, Cambridge University Press, 1980.
LLOYD, G. E. R. *Aristotle: the growth and structure of his thought*. Cambridge, Cambridge University Press, 1968.
MEIKLE, S. *Aristotle's economic thought*. Oxford, Clarendon, 1995.
ROSS, W. D. *Aristotle's Metaphysics*. Oxford, Clarendon, 1924.
———. *Aristotle's Physics*. Oxford, Clarendon, 1936.
SORABJI, R. *Time, creation and the continuum*. London, Duckworth, 1983.
———. *Matter, place and motion*: theories in Antiquity and their sequel. London, Duckworth, 1988.
WATERLOW, S. *Passage and possibility*: a study of Aristotle's modal concepts. Oxford, Clarendon, 1982.

Filosofia helenista (capítulo 2)

A maior parte da informação que temos sobre estes filósofos deriva de escritores a eles posteriores, como Cícero, Lucrécio e Sexto Empírico, cujas obras vêm sendo publicadas pelas séries Oxford Classical Texts ou pela Loeb Classical Library.

A coleção mais útil dos fragmentos preservados é o *The hellenistic philosophers*, de A. A. Long e D. N. Sedley, editado pela Cambridge University Press, em 1987, em 2 volumes. Um volume dessa obra oferece as traduções das principais fontes; o outro oferece uma edição anotada dos textos grego e latino.

A edição clássica dos textos estoicos que chegaram até nós foi por muito tempo a de J. Von Arnim, *Stoicorum Veterum Fragmenta*, Leipzig, 1903-5, 3 vols. Ela foi superada recentemente pela edição de K. Hulser, *Die Fragmente zur Dialektik der Stoiker*, Stuttgart, Frommann-Holzboog, 1987. A coleção fundamental no que se refere ao epicurismo é a de H. Usener, *Epicurea*, Leipzig, 1887.

ALGRA, K. BARNES, J., MANSFIELD, J., SCHOFIELD, M. *The Cambridge history of Hellenistic philosophy*. Cambridge, Cambridge University Press, 1999.
ANNAS, J. E., BARNES, J. *The modes of scepticism*: Ancient texts and modern interpretations. Cambridge, Cambridge University Press, 1985.
ASMIS, E. *Epicurus' scientific Method*. Ithaca, NY, Cornell University Press, 1984.
BARNES, J., BRUNSCHWIG, J., BURNYEAT, M., SCHOFIELD, M. *Science and speculation*: studies in Hellenistic theory and practice. Cambridge, Cambridge University Press, 1982.

BURNYEAT, M. *The sceptical tradition*. Berkely, University of California Press, 1983.
FURLEY, D. J. *Two studies in the greek atomists*. Princeton, Princeton University Press, 1967.
LONG, A. A. *Hellenistic philosophy*. Berkeley, University of California Press, 1986.
RIST, J. M. *Stoic philosophy*. Cambridge, Cambridge University Press, 1969.
———. *Epicurus: an introduction*. Cambridge, Cambridge University Press, 1972.
SHARPLES, R. W. *Stoics, epicureans and sceptics*. London, Routledge, 1994.

Filosofia romana e do Império

As obras de Epicteto, Marco Aurélio e Plotino têm sido publicadas na coleção Loeb Classical Library, e as de Plotino na série Oxford Classical Text, editada por P. Henry e H.-R. Schyzer, edição que tornou-se o padrão (Oxford University Press, 1964-82)

Há muitas traduções das *Confissões*, de Santo Agostinho, entre as quais se destaca a de H. Chadwick na World's Classics Series (Oxford, Oxford University Press, 1991)

ARMSTRONG, A. H. *The Cambridge history of later greek and early medieval philosophy*. Cambridge, Cambridge University Press, 1970.
BAILEY, C. *Titi Lucreti Cari de Rerum Natura Libri Sex*. Oxford, Oxford University Press, 1947, 3 vols.
BARNES, J., GRIFFIN, M. *Philosophia Togata*. Oxford, Clarendon, 1989, vol. I, 1997, vol. II.
CLARK, G., RAJAK, T. *Philosophy and power in the Graeco-Roman World*. Oxford, Oxford University Press, 2002.
DILLON, J. *The middle Platonists*. Ithaca, Cornell University Press, 1977.
DODDS, E. R. *Proclus: The elements of theology*. Ed., trad. e comentário. Oxford, Clarendon, ²1992.
GRIFFIN, M. T. *Seneca, a philosopher in politics*. Oxford, Oxford University Press, 1976.
LLOYD, A. C. *The anatomy of neoplatonism*. Oxford, Clarendon, 1990.
O'BRIEN, D. *Plotinus on the origin of matter*. Napoli, Bibliopolis, 1991.
O'DONNEL, J. J. *Augustine: Confessions*. Oxford, Clarendon, 1992.

O'MEARA, D. J. *Plotinus: an introduction to the Enneads*. Oxford, Clarendon, 1993.
RIST, J, *Plotinus: the road to reality*. Cambridge, Cambridge University Press, 1967.
SEDLEY, D. *Lucretius and the transformation of greek wisdom*. Cambridge, Cambridge University Press, 1998.
STUMP, E., KRETZMANN, N. *The Cambridge companion to Augustine*. Cambridge, Cambridge University Press, 2001.

Lógica (capítulo 3)

KNEALE, W. C., KNEALE, M. *The development of logic*. Oxford, Clarendon, 1962.
LUKASIEWICZ, J. *Aristotle's syllogistic from the standpoint of modern formal logic*. Oxford, Clarendon, ²1957.
MATES, B. *Stoic logic*. Berkeley, University of California Press. ²1961.
NUCHELMANS, G. *Theories of the proposition*. Amsterdam, North-Holland, 1973.
PATZIG, *Aristotle's theory of the syllogism*. Dordrecht, Reidel, 1968.
PRIOR, A. N. *Time and modality*. Oxford, Clarendon, 1957.

Epistemologia (capítulo 4)

BOSTOCK, D. *Plato's Theaetetus*. Oxford, Clarendon, 1988.
HANKINSON, R. J. *The sceptics*. London, Routledge, 1994.
MCKIRAHAN, R. D. *Principles and proofs*: Aristotle's theory of demonstrative science. Princeton, Princeton University Press, 1992.
SCHOFIELD, M., BURNYEAT, M., BARNES, J. *Doubt and dogmatism*: Studies in Hellenistic epistemology. Oxford, Clarendon, 1980.
WHITE, N. P. *Plato on knowledge and reality*. Indianapolis, Hackett, 1976.

Filosofia da física (capítulo 5)

BOBZIEN, S. *Determinism and freedom in stoic philosophy*. Oxford, Clarendon, 1998.
HANKINSON, R. J. *Cause and explanation in ancient greek thought*. Oxford, Clarendon, 1998.
HOENEN, P. *Cosmologia*. Roma, Pontifical Gregorian University, 1949.
SORABJI, R. *Necessity, cause and blame*. London, Duckworth, 1980.

———. *Time, creation and continuum*. London, Duckworth, 1983.

WATERLOW, S. *Nature, change and agency in Aristotle's Physics*. Oxford, Clarendon, 1982

Metafísica (capítulo 6)

BARNES, J., MIGNUCCI, M. (ed.). *Matter and metaphysics*. Napoli, Bibliopolis, 1988.

FINE, Gail. *On ideas*: Aristotle's criticism of Plato's theory of forms. Oxford, Clarendon, 1993.

GRAHAM, D. W. *Aristotle's two systems*. Oxford, Oxford University Press, 1987.

MALCOLM, J. *Plato and the self-predication of Forms*. Oxford, Clarendon, 1991.

SCALTSAS, T. *Substances and universals in Aristotle's Metaphysics*. Ithaca, Cornell University Press, 1994.

Filosofia da mente (capítulo 7)

ANNAS, J. E. *Hellenistic philosophy of mind*. Berkeley, University of California Press, 1992.

BRUNSCHWIG, J., NUSSBAUM, M. (eds.). *Passions and perceptions*: studies in Hellenistic philosophy of mind. Cambridge, Cambridge University Press, 1993.

HICKS, R. D. (ed.). *Aristotle: De Anima*. Trad., introd. e comentário. Cambridge, Cambridge University Press, 1907.

NUSSBAUM, M. C. (ed.). *Aristotle: De Motu Animalium*. Trad. introd. e ensaios. Princeton, Princeton University Press, 1978.

———, RORTY, A. O. (ed.). *Essays on Aristotle's philosophy of mind*. Oxford, Oxford University Press, 1992.

Ética (capítulo 8)

ANNAS, J. *Platonic ethics old and new*. Ithaca, Cornell University Press, 1999.

BROADIE, S. *Ethics with Aristotle*. New York, Oxford University Press, 1991.

GOSSLING, J. C. B., TAYLOR, C. C. W. *The greeks on pleasure*. Oxford, Clarendon, 1982

INWOOD, B. *Ethics and human action in early stoicism*. Oxford, Clarendon, 1985.

NUSSBAUM, M. C. *The fragility of goodness*. Cambridge, Cambridge University Press, 1986.

PRICE, A. *Love and friendship in Plato and Aristotle*. Oxford, Clarendon, 1989.
SCHOFIELD, M., STRIKER, G. *The norms of nature*: studies in Hellenistic ethics. Cambridge, Cambridge University Press, 1986.

Filosofia da religião (capítulo 9)

FESTUGIERE, A. J. *Epicurus and his gods*. Oxford, Blackwell, 1955.
KENNY, A. *The five ways*. London, Routledge, 1969.
KRETZMANN, Norman. *The metaphysics of theism*. Oxford, Oxford University Press, 1999.

Ilustrações

30 Anaximandro e seu relógio solar. Mosaico romano
    Rheinisches Landesmuseum Trier

34 Pitágoras recomendando o vegetarianismo, segundo Rubens
    © Coleção Real de Sua Majestade, a rainha Elizabeth II

64 Sócrates e Platão retratados por
    Mathew Parris no século XIII. Quem ensina quem?
    Biblioteca Bodleian, Universidade de Oxford/Manuscrito Ashmole, 304, fl. 31v

73 Uma herma de Sócrates, com
    inscrição de uma citação do *Críton* de Platão
    © Superintendência Arqueológica, Nápoles

86 Crates e Hipárquia: afresco do século IV a.C.
    Arquivos Alinari

94 O lugar exato das escolas filosóficas de Atenas
    Coleção particular de Candace H. Smith

99 Frontispício do manuscrito de uma tradução
    seiscentista da *História dos animais*, de Aristóteles
    © Biblioteca Apostólica Vaticana, 2094

113	Aristóteles sendo cavalgado por sua esposa, Fílis Biblioteca Nacional de França
123	Uma representação veneziana do rei Ptolomeu em sua biblioteca em Alexandria © Biblioteca Nacional Marciana, Veneza (cós. Gr.Z.388 c VI)
127	Alexandre bloqueando a visão da luz de Diógenes Arquivos Alinari (Villa Albani, Roma)
141	As campanhas de Marco Aurélio, representadas em coluna romana Fototeca Unione, Academia Americana em Roma
153	Busto de Aristóteles. Atribuído a Lisipo (século IV a.C.) Kunsthistorisches Museum, Viena
170	Estátua de Crisipo Giraudon/Bridgeman. Biblioteca de Arte
183	Sócrates em um afresco localizado em Éfeso Fotografias Sonia Halliday
192	*A caverna de Platão* (escola holandesa, século XVI) Giraudon/Bridgeman. Biblioteca de Arte
202	Página de abertura de um livro de Lucrécio, *De Rerum Natura*, em um manuscrito com iluminura Biblioteca Britânica (Add ms 11912 f 2)
220	Alexandre, o Grande, e Aristóteles Biblioteca Britânica (Manuscrito Real 20bxx f77v)
240	Parmênides e Heráclito Arquivos Alinari
244	Platão Museu do Vaticano
256	Platão desprezado por Aquino (Capela de Caraffa, S. Maria sopra Minerva, Roma) Arquivos Alinari
270	Pitágoras calculando o peso de Hércules (de um manuscrito do século XV de autoria de Aulo Gélio) © Biblioteca Ambrosiana, Milão (cod. S/P 10/28, 90v)

275	A *morte de Sócrates*, quadro de Claude Dufresnoy Arquivos Alinari/Giraudon
279	A concepção de Platão da alma como um auriga, ilustrada por Donatello Arquivos Alinari/Giraudon
287	Aristóteles ensinando a Averróis, iluminura do século XVI Biblioteca Pierpont Morgan, New York, PML 21194
295	Santo Agostinho em seu gabinete (Vittorio Carpaccio, S. Giorgio, Veneza) Arquivos Alinari/Florença
301	Demócrito e Heráclito em quadro de Bramante Arquivos Alinari
310	Detalhe de uma iluminura de Petrus de Abano (*Conciliator differentiarum philosophorum et medicorum*). Veneza, Herbort, 1483. Atribuída ao mestre das sete virtudes Biblioteca Koninklijke, Haia (169 D 3, f, a2r)
324	Zenão e Epicuro (acompanhados de um porco), representados em uma taça de prata de Boscoreale, século I d.C. Biblioteca de arte Lauros/Giraudon/Pinacoteca Bridgeman
331	Estátua romana no Louvre, tradicionalmente intitulada *A morte de Sêneca* Giraudon/Biblioteca de Arte Bridgeman
345	Cosmologia aristotélica na concepção de Giovanni di Paolo em sua ilustração para uma edição do *Paraíso* de Dante Allighieri Biblioteca Inglesa (Yates Thompson ms 36 f 169r canto XXII)
354	Marco Túlio Cícero como um aluno aplicado, em afresco de V. Foppa Espólio da Coleção Wallace, Londres

Índice remissivo

Academia 34, 74, 75, 93, 94, 96, 97, 102, 120, 124, 128-131, 134, 146, 207, 208, 211, 353
acidentes 258, 259, 265, 277
adiaphora 326
Adimanto 74, 84, 306, 307
adivinhação 135, 252, 353-355
adultério 89, 299, 313, 333
Agostinho, santo 20, 22, 23, 29, 93, 134, 144-146, 236, 289, 293, 295-298, 362
akrasia 316
Alcibíades 61, 337
Alexandre de Afrodísia 144, 232, 294
Alexandre, o Grande 93, 102, 116, 117, 120, 122, 127, 131, 168, 211, 220
alma 33, 35, 39-41, 50, 72, 76, 85, 90, 91, 94, 95, 126, 128-130, 132, 133, 138, 142, 144-146, 188, 189, 194, 195, 197, 199, 231, 261, 262, 269, 271-273, 275-284, 286-296, 300, 305-307, 311, 315, 317, 319, 320, 328, 337, 338, 340, 341, 343, 353, 356, 357, 360, 361
alma-mundo 295, 353
alma sensível 284
alma tripartida 91, 279, 280, 286
alma vegetativa 284, 286
Ambrósio, santo 145, 146
amor 26, 43, 47-49, 56, 57, 118, 133, 273, 278, 279, 321, 323, 333, 337, 338, 345
anatomia 100-102, 198, 278
Anaxágoras 50-53, 59, 60, 62, 68, 89, 95, 199, 274, 309, 344
Anaximandro 29-32, 38, 272
Anaxímenes 32, 36, 46, 50, 272
Andrônico de Rodes 124

Anito 60
antropomorfismo 334
aparência vs. realidade 179, 205
aparição cognitiva 206
apeíron 31
apetite 132, 280, 286, 307, 329
Aquiles 44, 238
Aquino, São Tomás de 16, 21, 29, 256
Arcesilau 124, 130, 131, 207-210
arete 198, 199, 302, 313
argumento da preguiça 233, 234
argumento do desígnio 63, 350
argumento Mestre 169, 297
argumento ontológico 263, 268
Aristófanes 55, 56, 60, 61, 68
Aristóteles 13-17, 19, 21, 23, 25-29, 31, 34, 38, 41-48, 50-53, 55, 57, 60, 64, 65, 68-70, 72, 81, 93-122, 124, 128, 135, 142-169, 171, 176, 180, 195-201, 204, 212, 215-230, 233, 238, 242, 243, 247, 249, 255-267, 271, 273, 274, 282-289, 291-293, 297, 308-320, 322, 323, 326, 328, 334, 341-347, 359, 361
    A Constituição de Atenas 112
    Categorias 96, 148, 154, 156-158, 160-162, 215, 219, 255, 257, 259, 261
    Ética a Eudemo 109-111, 117, 160, 198, 288, 309-312, 314, 317, 319, 320, 326
    Ética a Nicômaco 97, 109-112, 117, 144, 159, 165, 198, 199, 223, 255, 284, 286, 288, 293, 308-319, 322, 326, 327
    Eudemo 94
    Física 104, 118, 216, 217, 219-229, 243, 255, 258, 341, 342
    História dos animais 98-101
    Magna moralia 109, 110
    Melisso, Xenófanes e Górgias 334
    Metafísica 14, 25-27, 29, 42, 43, 53, 65, 68, 97, 103, 104, 144, 180, 195-198, 215, 216, 223, 227, 229, 243, 255, 257-259, 261-264, 294, 341, 344, 346
    Órganon 96, 164
    Poética 104-106, 108
    Política 28, 64, 111-113, 116, 121
    Primeiros analíticos 95, 96, 148, 149, 154, 156, 157, 160, 161, 164, 167, 198, 200
    Problemas 119, 120
    Protréptico 95
    Refutações sofísticas 95, 96, 148, 263
    Retórica 104, 105
    Segundos analíticos 96, 97, 148, 198, 200, 227, 255, 263
    Sobre a alma 197, 271, 282-284, 286, 287, 289, 294
    Sobre a geração dos animais 48, 98, 100, 101, 288
    Sobre a geração e a corrupção 53, 117, 217-219, 228, 229, 242
    Sobre a interpretação 96, 148, 154-156, 160-165, 167, 168, 224, 263
    Sobre a meteorologia 38
    Sobre as partes dos animais 98
    Sobre os céus 29, 31, 117
    Tópicos 95, 148, 159
Arnold, Matthew 49, 139, 349
arte 14, 19, 59, 60, 70, 71, 96, 136, 314, 337, 354
artefatos 228, 229

ascetismo 321
Aspásio 109, 144
assentimento 206, 207, 210, 235, 236, 328
Assos 97, 98
astrologia 16, 353, 356
ateísmo 68, 339, 349
Atenas 23, 29, 41, 44, 50, 51, 54-56, 59, 68, 69, 71, 72, 74, 75, 87, 91, 93, 94, 96, 97, 102, 112, 120, 124, 125, 127, 129, 131, 134, 136, 140, 142-145, 157, 184, 197, 240, 337, 362
ato 70, 85, 89, 133, 265, 283, 285, 326, 331, 332, 339, 345
atomismo 52, 125, 132, 217, 233, 300
atualidade 18, 283-285, 287, 288, 310, 359
Augusto 135
autopredicação 78-81, 247, 249, 251
autopreservação 63, 323
axioma 173
belo 76, 82, 98, 329, 337, 338
Bem, Ideia do 80, 97, 111, 113, 194, 195, 245, 337, 338, 357
bibliotecas 102, 120-124, 202
biologia 98, 100-103, 118, 120, 282
Bolt, Robert 40, 41
Bruno, Giordano 51
Calcídio 91
cálculo hedonista 306, 308
cálculo predicado 177
cálculo proposicional 168, 174, 177
Cálicles 58
Calístenes 117
cânone 16, 18, 144, 201
canônico 100, 149, 201, 227, 230

Cantor, George 45
caráter 48, 87, 101, 104, 106-108, 167, 236, 241, 299, 302, 311, 313, 327, 355
Carneades 131, 135, 208, 210, 235, 353
Case, Thomas 110
Catão, o Censor 131, 355
categorias 95, 96, 148, 154, 156-162, 215, 219, 221, 228, 229, 238, 255, 257-259, 261, 262, 264, 265
causa eficiente 25, 27, 31, 43, 118, 227, 228, 230, 318, 345
causa final 25-27, 118, 227, 267, 284, 318, 345
causa formal 25-27, 118, 228, 284
causa material 25-27, 118, 227, 228
causas 22, 25-27, 47, 89, 90, 104, 146, 198, 227, 228, 230-233, 235, 236, 266, 267, 343, 344, 355
caverna 39, 122, 192
Celso 143
César, Júlio 124, 134, 135, 355
ceticismo 60, 98, 124, 129-131, 146, 181, 182, 184, 208-212
Cícero 91, 124, 129, 131-135, 145, 206, 208-210, 232, 233, 235, 292, 324, 325, 329, 331, 347, 349, 350, 353-356
ciência 14-17, 27, 28, 32, 33, 36, 43, 47, 51, 52, 65, 98, 102, 111, 121, 184, 195, 198-200, 212, 266, 267, 269, 283, 286, 304-306, 314, 315, 322, 329, 357
ciências: produtiva, prática e teórica 103
círculo 28, 69, 76-78, 193, 284, 324, 325

Cleanto 129, 136, 322, 350, 352
Clemente de Alexandria 142
Cleópatra 124
cognição 194, 205, 206, 210, 281
Coleridge, S. T. 120
compatibilismo 296
compulsão 293, 296-298
comunismo 113, 128
conceitos 15, 118, 142, 185, 198, 201, 203-205, 215, 218, 276, 288, 293, 302, 310, 319, 349, 351
concreto *vs.* abstrato 259, 264
condições de verdade 175
conhecimento 15, 16, 20, 22, 36, 52, 54, 55, 68, 69, 71, 72, 76, 81, 95, 97, 121, 125, 136, 145, 179, 181-192, 195, 198-201, 203-206, 208-212, 223, 245, 249, 274, 276, 279, 280, 285-288, 297, 298, 303-307, 316-319, 324, 329, 337, 339, 340, 347, 348, 351, 354, 355, 357-359
conselho noturno 88
consequencialismo 313
constituição 51, 55, 74, 85-87, 112, 114, 115, 117, 273, 323
contemplação 95, 111, 309, 317, 319, 320, 338, 345
contingência 163-166
continuum 215-218, 222, 224
contraditórios 155, 163, 174
contrários 31, 32, 100, 155, 312, 325-327, 351
conversão 20, 152, 153, 236, 295, 362
cosmologia 29, 31, 35, 36, 43, 50, 68, 89, 117, 120, 122, 144, 355
Crates 86, 127, 128

criação 58, 90, 91, 122, 340, 347
Crisipo 129, 130, 170, 175-177, 226, 232, 233, 235, 236, 291, 296, 323, 325, 327, 328, 350-353
cristandade 135, 136, 146
cristianismo 142, 143, 236, 295, 362
Crítias 60, 74
culto 56, 89, 136, 337
dados dos sentidos 195, 196
Dante 118, 122, 345
Darwin, Charles 48, 50, 117
definição 69, 70, 76, 84, 104, 150, 168, 171-173, 185, 186, 189, 190, 194, 205, 207, 209, 221, 222, 224, 225, 227, 228, 252, 253, 258, 259, 261, 262, 302, 303, 336, 340
deliberação 315
Demétrio de Falero 122
demiurgo 90, 360
democracia 23, 59, 62, 86, 87, 112, 114, 115, 120
Demócrito 41, 52-54, 58, 90, 124, 125, 180-182, 188, 195, 196, 217-219, 233, 274, 286, 289, 299-302, 320
Demóstenes 96, 103
Descartes, R. 21, 29, 37, 284, 346
Destino 242, 355
determinismo 57, 118, 130, 232-236, 297, 298
Deus 27, 36, 39, 40, 49, 62, 69, 78, 89-91, 95, 111, 128-130, 136, 139, 140, 142-147, 204, 268, 275, 288, 297, 320, 333-335, 337-339, 341, 345-347, 349-353, 357, 358, 360, 362
deuses homéricos 91, 333, 334

diagramas 52, 100
dialética 193, 194, 246, 249, 250
Diodoro Cronos 128, 168, 169, 171, 271, 297
Diógenes de Enoanda 323
Diógenes de Sinope 127, 128
Diógenes Laércio 40, 74, 112, 122, 125, 128, 172, 181, 323
Díon 74, 172, 173, 176, 213, 251
Dionísio II 74
disciplinas 15, 22, 23, 96, 103, 117, 121, 128, 193, 266
dor 44, 71, 104, 126, 133, 134, 272, 275, 290, 305, 306, 309, 321-323, 326, 330
doutrina *vs.* preceitos 330
doxa 189, 191, 192, 205, 314
drama 105-108, 186
Dryden, John 132, 290, 348
Eco, Umberto 105
Édipo 108, 233
educação 85, 88, 128, 135, 145, 280, 335
eidola 291
elementos 16, 26, 28, 31-33, 36, 38, 39, 46-49, 51, 76, 90, 91, 106, 115, 117, 118, 120, 128, 130, 134, 157, 159, 160, 171, 190, 204, 221, 273, 278-281, 294, 306, 307, 339, 349, 353
elenchus 63, 70, 302
emoções 105, 106, 286, 333
Empédocles 45-50, 56, 58, 90, 117, 195, 271-274, 299
energeiai 223, 265
Enesidemo 211
entendimento 15, 18, 19, 21, 26, 33, 76, 77, 88, 103, 111, 186, 192, 194, 199, 262, 280, 286, 307, 314, 315, 319, 338, 356, 357
Epicteto 139, 140, 205, 330
Epicuro 34, 124-126, 131-133, 143, 201, 203, 204, 234, 289, 320-322, 324, 347-349
episteme 184, 186, 198-200, 205, 314, 315
ergon 199, 311, 314
escravidão 115, 116, 139
esfera 43, 47, 143, 242, 245, 260, 340, 350
Espeusipo 97
essência 57, 66, 114, 115, 185, 186, 195, 257-259, 263, 267, 283, 287, 308, 359
estado 84, 85, 112-115, 306
estoicos 124, 127-131, 135-139, 143, 167, 170-177, 204-209, 212, 230-233, 235, 267, 291, 292, 294, 323-330, 332, 347, 349-355
Euclides 200
eudaimonia 111, 300, 308
Eudemo 94, 109-111, 117, 288, 309-311, 319
evidência 177, 190, 204, 206, 354
evolução 20, 47, 66, 135, 274, 288, 337, 339, 340
existência 31, 35, 40, 53, 62, 89, 90, 126, 143, 146, 150, 171, 217, 220, 231-233, 237, 241, 260, 262-265, 267, 268, 273, 276, 288, 314, 320, 334, 337-339, 341, 344, 348, 350, 351, 361
expansão do universo 50
experiência 16, 32, 58, 72, 77, 79, 197, 198, 203-205, 212, 245, 276, 280, 285, 288, 307, 312, 325, 329

fábula 56, 62, 106, 107
falácia epistemológica 213
falácia socrática 186
falsidade 162, 165, 171, 176, 196, 253, 254
família 45, 72, 74, 106, 112-114, 117, 124, 185, 324-326, 333, 398
fé 42, 201, 271, 335, 348
felicidade 87, 111, 125, 130, 135, 288, 300, 301, 307-311, 317-321, 323, 326-331, 347
ficção 105, 107, 108, 265
figuras do silogismo 150
Filipe II 96, 102
Fílon de Alexandria 136, 142
Fílon de Megara 97, 171, 175
filosofia política 23, 40, 84
fluxo 38, 203, 243, 245, 254, 276, 281, 294
fogo 26, 30-32, 34, 38-40, 46, 47, 49, 53, 56, 76, 90, 117, 118, 120, 128-130, 132, 168, 221, 231, 243, 272, 273, 282, 289, 294, 342, 343, 352, 353
formas (aristotélicas) 261, 262
formas (platônicas) 77, 252, 255, 284, 285
fortuna 28, 56, 138
funções de verdade 140
Frede, Michael 20, 205, 206
Frege, Gottlob 20, 21, 43, 81, 160, 200
Galeno 34, 141, 142, 182, 293, 294
Geminus 208
gênero 98, 158, 198, 253, 257, 259, 263, 267
Gênesis 27, 90, 91
Giovanni di Paolo 345

Glauco 74, 84, 306, 307
gnome 191, 192
Górgias 56-58, 67, 71, 182
gramática 55, 56
grandezas 217
guardiães 84-88
Guerra do Peloponeso 59, 74
habilidades 84, 132, 199, 327
harmonia 33, 38, 52, 86, 90, 130, 279, 306, 307, 323
hedonismo 320-322
Hegel 13, 14, 29, 37, 39
Helena de Troia 56
Heráclito 37-41, 43, 44, 46, 136, 187, 240, 243, 245, 254, 266, 272, 280, 299, 301
heresia 89, 142
Hérmias 97, 102
Hípias 54, 58, 66, 71
hipóteses 70, 193, 194, 204, 234, 246, 248, 249
história 13-23, 25, 29, 37, 38, 43, 45, 47, 49, 54, 55, 58, 59, 62, 63, 65, 83, 89, 91, 93, 98-100, 105, 107, 108, 121, 122, 124, 130, 141, 142, 148, 174, 200, 213, 233, 260, 266, 271, 281, 337, 352
Homero 15, 37, 69, 85, 102, 105, 139, 263, 333, 335, 356
homonímia 159
homossexualidade 89
horme 210
Ideias (platônicas) 82, 83, 282, 359
ideias inatas 19
ilusão 21, 125, 138, 195, 211, 306
imitação 37, 78, 83, 106, 108, 330, 349
imortalidade 50, 72, 88, 143, 271, 274, 276, 280, 291, 294, 295, 337, 351

implicação material 171
impressão sobre os sentidos 203
impulso 57, 210, 211, 304, 323
incontinência 316, 317, 327, 328
indução 70
Inexistente 239-242, 253, 254
infalibilidade dos sentidos 197
inferência 148-151, 154, 176, 177, 226, 271
infinito 31, 35, 36, 40, 44, 45, 50, 52, 53, 63, 125, 126, 217, 219, 334
instantes 226, 261
intelecto 95, 119, 144, 181, 182, 195, 199, 218, 219, 276, 285, 288, 291, 292, 294, 304, 314, 315, 357-361
intelecto ativo 144, 288, 294
intelecto passivo 288
inteligência 51, 63, 288, 294, 311, 315, 345, 346
intemperança 315
inveja 90, 105, 300, 313
Jaeger, Werner 109, 110
Jerônimo, são 133
Jesus 61, 62, 135, 136, 142, 146
Justino, o mártir 142
justo meio 312, 313, 328
Kant, Immanuel 15, 29, 37, 154, 221
katalepsis 205
katharsis 106
katorthoma 327
Kneale, Martha 149, 167
lei divina 40, 41, 136
lekton 172, 173, 230
Leucipo 52
lexicografia 56
lexis 171

liberdade da espontaneidade 18, 236, 296
liberdade da indiferença 18, 236, 296
Liceu 34, 94, 102, 103, 109, 110, 112, 117, 120-122, 124, 156, 219
Lippi, Filippino 256
livre-arbítrio 18, 143, 146, 236, 295-297, 351
lógica 16, 19, 37, 57, 81, 95, 96, 104, 120, 122, 128, 129, 137, 139, 142, 144, 147-149, 154, 160, 165, 167, 168, 171, 174, 175, 177, 182, 200, 297, 351
logos 38, 39, 107, 156, 171, 172, 189-191, 233
loucura 133, 327, 355
Lúcifer 360
Lucrécio 125, 131-133, 201, 202, 204, 234, 289-291, 347-349
lugar natural 117, 221
Macedônia 93, 98, 102, 116, 117
Magnésia 87, 88, 339, 347
mal, problema do 351
maniqueísmo 145
Marco Aurélio 139-142
matemática 16, 26, 33, 34, 44, 54, 74, 88, 103, 149, 228
matéria 21, 31, 32, 46-48, 51, 52, 90, 91, 118, 128, 129, 145, 172, 217, 228-231, 255, 258, 260-262, 265, 266, 274, 283, 284, 287, 338, 360, 361
matéria prima 31, 91, 230
Melisso 44, 57
memória 98, 133, 198, 204, 271, 282, 286, 311
Mente 51, 344

metafísica 22, 23, 43, 74, 80, 83, 88,
    102, 104, 120, 144, 179, 195,
    237, 255, 265, 266, 268, 310, 356
metempsicose 48, 269
metro-padrão 82
Michelangelo 41, 218, 219
microscópio 101
Mitilene 98
mito 85, 106, 107
modalidade 161, 164
modos de inferência 177
modos de silogismo 152
monarquia 86, 112, 114, 115, 117
monoteísmo 36, 129, 334, 335, 338,
    346, 349, 352, 353
More, Thomas 40, 41
morte 35, 39, 43, 48, 50, 52, 60, 62,
    64, 69, 72, 74, 93, 96, 97, 102,
    109, 118, 122, 124-126, 129,
    133-135, 137, 139, 144-146, 200,
    221, 233, 269, 271, 272, 275-278,
    289-291, 302, 326, 331, 332, 335,
    347, 348, 355, 362
moventes imóveis 341, 343, 345-347
movimento 36, 38, 41, 44, 45, 51, 53,
    68, 86, 90, 93, 118, 125, 136,
    216, 218, 219, 221-228, 231,
    232, 235, 243, 250, 253, 263,
    271, 273, 281, 284, 285, 291,
    296, 323, 326, 328, 338,
    340-345, 349, 350, 357
movimento natural 118, 343
mudança 26, 38, 43, 78, 80, 118, 160,
    180, 187, 221, 223-225, 227-229,
    241-243, 247, 265, 266, 281, 282,
    284, 341, 344-346, 348, 361
mulheres 45, 85, 88, 95, 112-114, 125,
    128, 185, 321

música 54, 85, 88, 146, 318, 322
nada 38, 41, 49, 52, 57, 66, 76, 78, 79,
    82, 83, 89, 90, 95, 102, 110, 113,
    116, 125, 130-133, 139, 140, 162,
    166, 169, 179, 180, 182, 185,
    191, 192, 194, 199, 201, 205,
    209, 210, 213, 216, 217, 219,
    220, 226, 229, 230, 232, 238,
    239, 241, 242, 245, 247, 249,
    250, 252, 254, 257, 258, 260,
    261, 267, 276, 277, 285-288, 290,
    295, 300, 303, 308, 309, 325,
    328, 333, 334, 337, 338, 343,
    346, 347, 350, 359
natureza 13, 16, 27, 29, 31, 39, 45, 46,
    51, 57, 70, 84, 85, 95, 98, 103,
    105, 106, 112, 115, 116, 118,
    119, 122, 125, 128, 130, 132,
    133, 135, 137, 140, 145, 146,
    160, 162, 176, 184, 192-195, 199,
    204, 212, 216, 219, 221, 228,
    229, 232, 235, 236, 242, 246,
    253, 254, 262, 267, 269, 272,
    273, 280, 282, 287, 289, 292,
    294, 296, 300, 302, 304, 309,
    315, 317, 318, 322, 323, 325-327,
    329, 339, 343, 345, 346, 348-350,
    353, 357, 360, 361
necessidade 56, 98, 108, 113, 116,
    122, 140, 165-168, 232-234, 241,
    248, 296-298, 353
Neleu de Skepsis 122
Newton, Isaac 15, 221
Nicômaco 93, 97, 109-112, 117, 144,
    286, 288, 308-311, 317, 319
noesis noeseos 346
objetos dos sentidos 195, 196
Ódio 47, 48, 105, 106, 273

oikeiosis 325
oligarquia 59, 86, 87, 112, 114
ontologia 17, 43, 237, 238
opinião 42, 76, 134, 146, 189, 196, 197, 210, 230, 235, 261, 271, 314, 348, 353, 356
opostos 27, 31, 39, 40, 43, 120, 181, 194, 250, 276-278
Oráculo de Delfos 69, 184
Orestes 203
organismo 98, 284
Orígenes 142-144
paixões 104-106, 137, 138, 142, 302, 311, 313, 328, 329
Panteia 49
panteísmo 131, 353
paradigmas 58, 82, 83, 185, 221, 224
Parmênides 17, 18, 41-47, 58, 65, 67, 80, 82, 93, 144, 179, 226, 237-243, 245, 246, 248-255, 257, 258, 262, 263, 266, 267, 272, 357
participação 78, 79, 81, 83, 88, 113, 137, 138, 247, 249, 252
Paulo, são 37, 75, 129, 136, 137, 142, 146
pensamento 18, 19, 22, 35, 43, 46, 49, 57, 58, 63, 89, 93, 95, 96, 102, 106, 107, 109, 110, 136, 146, 182, 189-192, 195, 200, 238-240, 242, 247, 249, 253, 254, 265, 272-275, 284, 286, 288, 292, 294, 301, 315, 317, 334, 345-347, 349, 356, 358-360
per se *vs.* per accidens 246, 258
percepção sensorial 180-182, 187, 188, 195-197, 203, 204, 243, 251, 281, 282, 286, 288, 290, 291, 317

Péricles 44, 50, 55, 59
peripatéticos 102, 294
peripeteia 107
phronesis 199, 305, 310, 314, 315, 318, 319
Pirro de Elis 131, 211
Pitágoras 23, 25-27, 33-35, 37, 44, 45, 269-271
Platão 14, 15, 17-19, 23, 25, 27-29, 33, 34, 38, 39, 41, 46, 51, 56-58, 61-69, 71-87, 89-91, 93, 94, 96, 97, 102, 103, 105-108, 110, 111, 113, 114, 118, 120, 121, 124, 127, 130, 134, 135, 142-147, 157, 160, 176, 180, 181, 184, 186, 190-196, 198, 201, 205, 208, 212, 215, 226, 243-246, 248, 250, 251, 253-255, 257, 259, 266, 267, 274, 275, 278-282, 284, 286, 291, 294, 300, 303, 304, 306, 308, 314, 318, 319, 335, 337-339, 341, 347, 351, 352, 357, 361
  Apologia 61, 66, 68, 69, 184, 275, 278, 335
  Banquete 61, 65, 78, 80, 191, 245, 337, 338
  Carta Sétima 75, 77, 81
  Crátilo 38, 67, 243
  Críton 65, 66, 73, 302
  Eutidemo 66, 305
  Eutífron 67, 69, 75, 184, 302, 336, 337
  Fédon 51, 65, 68, 71, 72, 77-79, 94, 195, 245, 247, 274, 275, 278, 283, 295, 351, 361
  Fedro 67, 278
  Filebo 65, 75, 308, 318

Górgias 67, 71
Hípias Maior 78
Hípias Menor 66, 71, 304
Íon 66, 69
Laques 66, 69, 302, 305
Leis 64, 65, 75, 87-89, 103, 113, 114, 134, 339
Mênon 67, 71, 72, 78, 184, 185, 195, 304
Parmênides 67, 78, 80, 82, 93, 226, 246, 248, 251-253, 255, 257, 258, 357
Protágoras 56, 67, 71, 78, 304, 307, 308, 320
República 33, 39, 61, 64-66, 69, 70, 78-80, 83-85, 87, 88, 91, 105, 111, 113, 114, 128, 130, 134, 185, 190, 191, 193-195, 245-247, 251, 278-281, 302, 303, 306, 307, 335, 337, 338, 357
Segundo Alcibíades 337
Sofista 57, 65, 67, 75, 90, 147, 160, 243, 245, 252-255, 338
Teeteto 29, 67, 180, 186, 191, 195, 243, 281
Timeu 65, 66, 87, 89, 91, 118, 143, 281, 282, 286, 338, 360
Plotino 144-146, 268, 294, 295, 356-362
pluralidade de mundos 51, 54
Plutarco 44, 124, 143, 210
pneuma 129, 231
poderes 63, 115, 186, 219, 284, 296, 339
Posidônio 350
potencialidade 118, 168, 217-219, 222, 266, 310, 344-346, 359
práxis 199, 311

prazer 23, 71, 104, 126, 275, 284, 305-310, 316-323, 326, 329
prazeres cinéticos 321
prazeres estáticos 321
preceitos *vs.* doutrinas 137
predicação 78, 151, 241, 251, 253, 255, 257, 258, 264
premissas 19, 149-152, 154, 156, 161, 167, 176, 177, 193, 198, 200, 242, 316, 317
primeira filosofia 104, 142, 266, 267
primeiro movente 342, 343
Pródico 56, 58
progresso na filosofia 14, 17, 18
prohairesis 140, 293, 311
prolepsis 203, 205
proposição 38, 148, 149, 156, 160-169, 171-174, 177, 180, 203, 207, 235, 303, 328
proposições afirmativas 150-152, 166
proposições negativas 150-152, 169, 174
proposições particulares 149-151, 162
proposições singulares 156
proposições universais 149, 151, 152
propriedade privada 88, 114
próprios sensíveis 274
Protágoras 54-56, 58, 67, 71, 147, 180-182, 187, 188, 195-197, 281, 305, 307, 308, 320
providência 62, 126, 130, 350-352
Ptolomeu II 122
pureza, princípio da 78, 79, 82, 247, 250, 251
quadro de oposição 155, 164
qualidade 32, 118, 156-158, 207, 228, 229, 242, 247, 255, 264, 282, 357, 359

quantidade 32, 50, 53, 60, 66, 70, 80,
    82, 125, 156-158, 205, 208, 215,
    216, 224, 225, 228-230, 235, 255,
    282, 284, 312, 313, 326, 330,
    346, 350, 354
quididade 257-262
quintessência 118
raciocínio prático 286, 293
Rafael 41, 91, 120, 240
raiva 278, 279
razão 14, 18, 20, 31, 39, 50, 51, 56,
    65, 69, 75, 77, 81, 84, 86, 90,
    97, 106, 116, 119, 124, 130, 132,
    139, 140, 154, 165, 167, 172,
    180, 189, 190, 194, 196, 197,
    201, 204, 206, 207, 209, 218,
    227, 234-236, 242, 247, 257, 266,
    274, 279-281, 284, 286, 288, 302,
    304-309, 311, 314-316, 326, 328,
    331, 336-338, 340, 346, 349, 350,
    352-354, 357
recordação 71, 72, 195, 221, 276
reencarnação 48, 74
regras do silogismo 152
reis filósofos 280
relações 55, 78, 79, 89, 96, 117, 121,
    134, 152, 155, 160, 165, 167,
    216, 245, 248, 251-253, 255, 356
religião 16, 27, 28, 33, 36, 38, 56, 60,
    89, 104, 125, 132, 142, 145, 146,
    268, 269, 333, 335, 337, 339,
    349, 353, 356
relógio solar 29, 30
representação 62, 106, 123, 183, 215,
    286
retórica 56, 71, 95, 102-105, 131, 145
Rubens 34
Russel, Bertrand 44, 82, 356

Ryle, Gilbert 120, 121
sabedoria 33, 54, 68, 69, 86, 87, 111,
    138, 158, 184, 199, 258-260, 265,
    280, 288, 305, 306, 308-310,
    313-316, 319, 321, 326, 329, 330,
    338, 340, 351, 361
Schopenhauer 263
Sêneca 137-139, 172, 181, 230, 231,
    267, 323, 328, 330-332
sensíveis comuns 198, 285
senso comum 62, 120
sentidos 18, 53, 54, 72, 78, 79, 89,
    122, 126, 132, 133, 179-182, 187,
    188, 195-198, 201, 204, 205, 243,
    245, 247, 256, 263, 264, 276,
    281, 284-286, 291, 296, 298, 311,
    317, 322, 336, 360
separação, princípio da 78-80, 247
separação de poderes 114
Ser 43, 78, 80, 104, 144, 237-239,
    241-243, 245, 246, 248, 249,
    253-255, 258, 262, 263, 266, 267,
    294, 337, 357, 359
Ser *qua* ser 320, 321
séries infinitas 343, 344
sexo 63, 87-89, 119, 126, 145, 275,
    278, 309, 312, 317, 321, 322
Sexto Empírico 57, 172, 175, 203,
    205, 211, 230
Shylock 116, 271
Sicília 45, 56, 74, 75
silogismo 148, 149, 151-154, 160, 161,
    200, 316
silogística modal 167, 168
sinonímia 159
sintonia 277
Sócrates 26, 37, 51, 58-75, 77, 81, 84,
    85, 89, 93, 102, 120, 127, 130,

135, 156-158, 165, 168, 169, 173, 174, 182-190, 193-195, 198, 208, 209, 233, 245, 246, 258-265, 274-278, 280, 282, 295, 301-306, 308, 314, 316, 329, 335-337
sofistas 54, 55, 58, 62, 71, 182, 246, 304
sol 28-30, 36, 38, 42, 43, 47, 50, 51, 53, 56, 60, 68, 83, 95, 118, 128, 133, 157, 190, 225, 256, 337, 339, 340, 350, 360
solstícios 28
sonhos 39, 187, 191, 203, 275, 282, 353, 356, 360
sono 40, 120, 133, 275, 278, 282, 291
sophia 184, 199, 314, 319
Stoa Poikile 94, 128
sublimidade, princípio da 78, 80, 82, 247
substância 46, 47, 57, 118, 128, 156-158, 228, 229, 255, 257-263, 265-267, 283, 286, 343, 344, 348, 360
substância, primeira *vs.* segunda 158
substantivos 55, 76, 147, 154, 156, 157, 160, 161, 172, 173, 180, 184, 251, 254
suicídio 139, 140, 330-332
superstição 36, 100, 126, 348, 353, 356
Tales 20, 25-29, 31-33, 46, 199, 215, 299, 340
techne 70, 198, 199, 314
teleologia 48
tempo 16, 17, 26, 28, 31, 32, 35-37, 39, 40, 43, 59, 75, 78, 95, 98, 107, 112, 118, 120, 126, 128,

130, 133-136, 140, 143, 145, 146, 151, 154-157, 161, 162, 164, 165, 167, 169, 171, 173, 188, 194, 210, 213, 215-218, 223-227, 230, 231, 234, 236, 238, 241-243, 247, 249, 250, 260, 264, 272, 280-282, 302, 323, 330, 343, 344, 348, 355-357, 360
tempos verbais 164, 165, 223-225
Teofrasto 120, 122, 124, 167, 258
teologia 16, 36, 39, 52, 88, 103, 129, 135, 266, 267, 295, 333, 334, 337, 346, 349, 356, 362
Teoria das Ideias 27, 65-67, 72, 74, 75, 79-81, 83, 87, 93, 97, 105, 111, 146, 191, 195, 212, 245, 246, 248-250, 252, 254, 255, 280, 307, 338
terapia 17
Terceiro Homem 97, 247, 252, 259
termo maior 149, 152
termo médio 149, 150
termo menor 149, 150, 152
Thompson, D'Arcy 100
Timon 131
tirania 74, 112, 114, 115, 132, 139
tragédia 103, 106-108
transmigração das almas 35, 269-271
Trasímaco 58, 66, 193, 194, 302, 303
trindade 356, 358, 360, 362
unicidade, princípio da 66, 67, 247
unidade de virtudes 305, 328
universais concretos 82, 83
Uno 144, 145, 216, 241, 245, 246, 248-251, 253, 285, 356-361
utilitarismo 312
vácuo 44, 53, 125, 221

validade 152, 154, 176
valores de verdade 161, 162, 166, 168, 171, 173, 174, 176
vegetarianismo 34, 312, 313, 326
verbos 18, 39, 55, 57, 76, 147, 156, 157, 160, 161, 172, 184, 222, 223, 237, 238, 241, 254, 257, 262, 264, 267, 341
virtude 56, 62, 68-72, 81, 86, 98, 111, 130, 132, 135, 138, 158, 184, 185, 198, 302-307, 309-316, 318, 319, 326-331, 336, 351
virtude intelectual 111, 198, 199, 302, 311, 314, 315, 319
virtude moral 111, 198, 286, 288, 303, 310-313, 315, 316, 319, 320
voluntarismo 293, 296

vontade 118, 120, 130, 136, 140, 168, 235, 279, 281, 292, 293, 296, 304, 307, 325, 348
Wittgenstein, Ludwig 14, 21, 22, 29, 58, 82, 167, 185, 186
Wordsworth, W. 238
Xantipa 61
Xenófanes 35-38, 42, 45, 46, 58, 333-335, 346
Xenofonte 61-63, 68, 127
Zenão de Cítio 124, 127-130, 206, 207, 209, 210, 231, 323, 324, 350, 351
Zenão de Eleia 44, 45
Zeus 39, 48, 60, 129, 140, 321, 326, 333, 352, 353
zoologia 34, 98, 102, 112, 117, 120